WORLD HERITAGE
OVERVIEW

世界遗产概览

黄松 编著

同济大学出版社
TONGJI UNIVERSITY PRESS
·上海·

前言

本书系统地介绍了世界遗产的基本范畴和经典案例，为当代青年特别是大学生群体了解人类文明的进展以及不同时期、不同地域、不同文化所保留下来的共同遗产，提供一个开放多元的通识体系。在经济全球化和文化多元化并存的时代，本书也为读者进一步的专业学习和探究提供引导，通过归纳知识点，分析典型案例，不仅能提高不同专业背景的学生对各类"世界遗产"的了解程度，而且有助于培养他们尊重历史文化、和谐发展的社会意识与跨学科思考能力。

本书的内容以联合国教科文组织（UNESCO）评定的世界遗产单元为基础，其中既有中国的重点文物保护单位和重要风景名胜区，也兼顾人类口头与非物质文化遗产。除了有关遗产的概念与分类介绍，我们还侧重于对各个遗产的保护及其方法进行分析，同时也涉及各国遗产管理体系和法律法规方面的内容。本书不仅包括了不同视角和深度的世界遗产知识点，而且通过对200个不同类型代表性案例深入浅出、图文并茂的介绍，增强读者对不同类型遗产的分析、鉴赏能力，进而拓宽和丰富大家的审美视野与情趣。

从2008年起，同济大学开设"文化遗产概览"通识课程，在四平路校区和嘉定校区，针对全校不同专业的本科生进行授课。2013年，我们获得同济大学首批通识教育校级精品课程建设项目支持；2017年获得上海市级精品课程建设项目支持。在此基础上，2020年新开设的交叉课程"世界遗产艺术鉴赏"，获得了上海市重点课程建设项目支持。十多年来，以世界文化遗产为对象，我们还结合学科建设和通专结合的需求，建设了双语课程、交叉课程以及微专业课程等多种类、多平台的课程体系，完成了多项教学改革与创新。此外，通过广泛地在学生群体中使用本教案，我们获得了较好的评价和有价值的反馈。在相关课程的开设过程中，也得到了许多同事的支持和帮助，在此，特向刘日明、朱崇志、冯敏、朱宇晖、陈珏、杨晨、李彬，以及同济大学本科生院的领导和专家们表示感谢！本书的出版得到了同济大学"双一流"学科建设经费的资助，同时也十分感谢同济大学出版社主编江岱老师提出的建议和意见。

有关分工方面，杨海燕和陈子明承担了案例资料的收集与整理工作，秦江、李伟组织绘制了分析图，本人负责本书的选题、各章节的初稿和统稿工作。

黄 松
2020年12月

目录

前言　　　　　　　　　　　　　　　　　　　　003

引言：世界文化时空的开端　　　　　　　　　　006

第一章　概述

第一节　世界遗产的缘起　　　　　　　　　　　009
第二节　世界遗产的概念与分类　　　　　　　　010
第三节　世界遗产的评定及其标准　　　　　　　012
第四节　世界遗产的分布与管理　　　　　　　　013

第二章　中国的世界遗产

第一节　中华文明概述　　　　　　　　　　　　017
第二节　中国的遗产保护与管理　　　　　　　　019
第三节　中国的文化遗产　　　　　　　　　　　020
第四节　中国的自然遗产　　　　　　　　　　　041
第五节　中国的双重遗产与文化景观　　　　　　049

第三章　亚太地区的世界遗产

第一节　东方文明概述　　　　　　　　　　　　057
第二节　东亚与东南亚　　　　　　　　　　　　058
第三节　南亚　　　　　　　　　　　　　　　　072
第四节　西亚和中亚　　　　　　　　　　　　　081
第五节　大洋洲　　　　　　　　　　　　　　　088

第四章　阿拉伯地区的世界遗产

第一节　两河流域　　　　　　　　　　　　　　102
第二节　阿拉伯文明概述　　　　　　　　　　　107
第三节　阿拉伯半岛　　　　　　　　　　　　　109
第四节　北部非洲　　　　　　　　　　　　　　114

第五章　非洲的世界遗产

第一节　东部非洲　　　　　　　　　　126
第二节　中部非洲　　　　　　　　　　138
第三节　西部非洲　　　　　　　　　　145
第四节　南部非洲　　　　　　　　　　154

第六章　欧洲与北美的世界遗产

第一节　西方文明概述　　　　　　　　163
第二节　南部欧洲　　　　　　　　　　165
第三节　西部欧洲　　　　　　　　　　181
第四节　中部欧洲　　　　　　　　　　196
第五节　东部欧洲　　　　　　　　　　211
第六节　北部欧洲　　　　　　　　　　218
第七节　北美洲的美加地区　　　　　　227

第七章　拉丁美洲与加勒比地区的世界遗产

第一节　古代美洲与墨西哥　　　　　　241
第二节　中美洲　　　　　　　　　　　248
第三节　西印度群岛　　　　　　　　　252
第四节　南美洲　　　　　　　　　　　258

第八章　世界非物质文化遗产

第一节　基本界定与分类　　　　　　　271
第二节　保护机制与申遗工作　　　　　272
第三节　代表性遗产　　　　　　　　　273
第四节　中国的非物质文化遗产　　　　282

结语：探寻文化基因：世界遗产与人类文明　　299

附录

附录A　案例索引　　　　　　　　　　301
附录B　图片索引　　　　　　　　　　308
附录C　参考文献　　　　　　　　　　317

引言：世界文化时空的开端

如果将地球诞生至今的 45.4 亿年，压缩成 1 年的时间，我们的先祖大约在 12 月 31 日傍晚 6 点左右才登上历史的舞台，而后又过了将近 6 小时，在这一年即将结束的最后 40 秒，人类的第一个文明才呱呱落地。自此，世界的文化时空翻开了崭新的一页。

据考古发掘，大约在公元前 4000 年，古代埃及人开始在尼罗河沿岸建立一系列城邦，包括底比斯、孟菲斯、索伊斯、赫利奥波利斯、坦尼斯等，这些发现证实了"铜石并用"的前王朝时代由此开始。

在公元前 3500 年时，来自神秘东方的苏美尔人在美索不达米亚平原上开掘沟渠，利用底格里斯河和幼发拉底河湍急的河水进行农业生产，并在两河流域创建了第一代文明，相应的物证可知，他们开启了人类最早的楔形文字时代。

公元前 2600—前 1500 年，印度河流域出现了摩亨佐·达罗和哈拉帕两座人口数都在 4 万以上的城市。它们不仅都有一个人工堆成的土墩——用作存放谷物的卫城，而且出土了大量至今无人能懂的印章符号。

而当代考古证实，地处遥远东方的中华文明，是一个多个源头相互交融形成的，拥有辽阔疆域的文化共同体：包括北方辽河地区的红山文化、黄河流域的仰韶文化，以及长江流域的石家河、河姆渡与良渚文化等。但是，按照西方对于文明形成的四项判断标准：城市、青铜、礼制和文字，中华文明的起源目前只能追溯到 3300 多年前的殷商晚期。

值得一提的是，前述三大古代文明，以及公元前 2000—前 1000 年，活跃在地中海地区的克里特-迈锡尼文明，大多已湮灭在人类历史的长河中，或成为后续其他文明的若干源头，唯有中华文明因为独特的地理区位、稳定的社会形态以及包容的文化传统而延续至今，成为人类发展史上一道独特的文化风景线。

如今，不论东西方的标准如何判定，四大文明发源地得到了大多数考古专家和历史学者的认可，而且它们都拥有一些共同的特征：

（1）大河流域的农业生产所带来的定居生活，由此形成了聚落乃至城市；

（2）聚居形态进一步强化了社会分工，并推动了手工业以及先进工具的发明，尤其是金属材料的发现和广泛使用；

（3）生产的剩余导致私有制形成，进一步加剧了社会阶层分化，形成了相应的统治规范，以及保持王权或神权的礼制；

（4）统治者和贵族们在满足了基本需求之后，产生了更高的精神追求，并通过文字等系统化的符号来记录、传播和交流各类知识和信仰。

自此以后，人类逐步摆脱了物理时空上的束缚，走上了一条自我发展、相互促进、共同完善的文化时空之旅，并在历史的长河中，在各个大洲留下了无数的文明印迹。与此同时，我们的祖先们也赋予大自然以及自身的活动以不同的情感与价值，为我们赖以生存和繁衍的地球，留下了更加丰富的各类世界遗产（图 0-1）。

图 0-1 世界遗产分布区划示意图

第一章

概述

第一节
世界遗产的缘起

世界遗产是一个现代概念，指在全世界范围内，被联合国教科文组织（UNESCO）的世界遗产委员会，通过一系列程序确认的、具有突出意义和普遍价值的文物、古迹与自然景观。

这些分布在世界各地的文化和自然遗产，作为人类共同的财富，在历史、科技、艺术、社会和经济等不同层面，为我们学习知识、获取灵感、提升审美，增强凝聚力等各个方面，带来了不同维度的体验与效用。如今，随着经济全球化和文化多元化的不断深入，世界遗产也成为各国各地区，不同社会、族群和个体长远发展中自我认同的重要支撑，具有无可替代的独特价值。例如因偶然发现的刻有古代字符的"甲骨"，从1928年就开启的殷墟发掘工作，不仅是中国考古发掘持续时间最长、规模庞大的案例，其丰富的出土文物及完备的文字体系，也揭示了中华文明真凭实据的脉络与渊源（案例14）。

世界遗产的相关事务，是从"保护阿布·辛拜勒神庙运动"开始的。20世纪50年代，为控制尼罗河的洪水并生产电力，埃及政府决定兴建阿斯旺高坝，其结果将淹没古埃及法老拉美西斯二世（约前1304—前1237在位）所建，历经3000年遗留至今的阿布·辛拜勒神庙。为此，联合国教科文组织发起了一场国际保护行动，在数十个国家的支持下，通过筹集资金，制定技术方案，最终将阿布·辛拜勒和菲莱神庙完整切割，迁移到较高的地方，并重新拼合在一起（案例69）。1972年10月，联合国教科文组织大会第17届会议通过《保护世界文化和自然遗产公约》（简称《世界遗产公约》）。

目前，在全球范围内，共有194个国家或地区加入了《世界遗产公约》，这也是缔约国最多的国际公约之一。截至2020年，共有167个国家的1121处具有"突出普遍价值"的文化遗产、自然遗产、文化和自然双重遗产先后被列入《世界遗产名录》，成为全人类所共有的宝贵财富。其中跨国遗产36项，濒危遗产53项，文化遗产869项，自然遗产213项，双重遗产39项。这些遗产地的面积，总计超过370万平方千米。

世界遗产的标志，是指确认并标示相应世界遗产的图案。目前全球通用的是2003年4月由比利时设计师米歇尔·奥利夫所设计，并在《实施世界遗产公约的操作规则》中予以公布的版本。该标志象征着世界文化遗产和自然遗产之间的相互依存关系；中央的正方形是人类创造力的象征，圆圈代表着大自然，两者紧密相连；这个圆形的标志，既象征全世界及其遗产，也表明它也需要人类的保护与关爱；标志上是三种文字——英文、法文和西班牙文。各个会员国的标志，可以将顶部的西班牙文"PATRIMONIO MUNDIAL"，对应翻译成本国的语言，英文与法文则保留（图1-1）。

图 1-1（a） 全球通用的世界遗产标志

图 1-1（b） 中国通用的世界遗产标志

第二节
世界遗产的概念与分类

世界遗产的类型千姿百态，十分丰富，主要涉及三种不同的对象：一是人类创造并保留至今的文化遗存（非物质文化遗产另行归类）；二是大自然的独特存在物（自然遗产）；三是人类与大自然共同创造而具有特殊意义的场所（文化与自然双重遗产以及文化景观）。相应的界定如下。

一、文化遗产

文化遗产是指具有突出的历史学、考古学、美学、科学、人类学、艺术学价值的文物、建筑物和遗址等。

《世界遗产公约》对文化遗产的定义如下：

1. 文物：从历史、艺术或科学角度看，具有突出、普遍价值的建筑物、碑刻和壁画，具有考古意义的成分或结构，铭文、洞穴住区及各类文物的综合体。例如 1979 年列入世界遗产的法国韦泽尔峡谷石窟及其史前绘画，就是距今 1.5 万～2 万年前人类早期的穴居之地和相关的艺术创作（案例 118）。

2. 建筑物：从历史、艺术或科学角度看，因其建筑的形式、同一性及其在景观中的地位，具有突出、普遍价值的单独或相互联系的建筑群。例如 1993 年列入世界遗产的日本法隆寺地区的佛教古迹，保留了目前最古老的东方木构建筑群（案例 31）。

3. 遗址：从历史、美学、人种学或人类学角度看，具有突出、普遍价值的人造工程或人与自然的联合工程以及考古遗址地带。例如 1987 年入选世界遗产的古希腊雅典卫城的遗址，被誉为西方古典建筑的重要发源地（案例 111）。

二、自然遗产

自然遗产是指具有科学、保护或美学价值的地质、物质、生物结构、濒危动植物栖息地和自然资源保护区等。

《世界遗产公约》对自然遗产的定义如下：

（1）从审美或科学角度看，具有突出的普遍价值的、由物质和生物结构所组成的自然面貌。例如1978年首批入选世界遗产的美国黄石国家公园，是世界上第一座为了保护野生动物和自然景观而设立的国家公园（案例154）。

（2）从科学或保护的角度看，有突出的普遍价值的地质结构，以及明确规定的濒危动植物物种生态保护区。例如1992年被列入世界自然遗产的中国黄龙风景名胜区，不仅拥有独特的自然地貌，也是野生大熊猫和疣鼻金丝猴的重要栖息地（案例19）。

（3）从科学、保护或自然美的角度来看，具有突出的普遍价值的天然名胜或明确划定的自然区域。例如2010年入选的中国丹霞地貌，是一系列壮观的红色悬崖和侵蚀地貌，具有丰富的审美和地质学价值（案例23）。

三、自然与文化双重遗产

世界遗产委员会将自然与文化双重遗产定义为"只有同时部分或完全满足《世界遗产公约》中关于文化遗产和自然遗产定义的遗产项目"，但是，它又是不同于上述两类遗产简单相加的第三类世界遗产：需要我们将在历史、艺术或科学及审美、人种学、人类学方面有突出意义的文物、建筑和遗址，与在审美、科学、保护形态上具有特殊意义的地形或生物，包括景观在内的自然地域融合起来加以审视。显然，世界遗产委员会单独设置这一遗产品类的目的，是为了强调其所具有的特殊意义：即人工创造物如何与自然生成物相融合——从人类改造自然，到运用自然，再到和自然和谐共生。这种观念上的转变与深化，为人类更好地认识自身以及我们所处的环境，带来了深远的影响与价值。

依据《世界遗产公约》定义，双重遗产是指兼具自然与文化之美的代表，迄至2020年，共计有39项入选该类遗产的项目清单。其中，1987年入选的中国泰山是世界上第一个自然与文化双重遗产，也是全球唯一满足7项世界遗产评选标准的项目（案例25）。

四、文化景观

文化景观是1992年后新纳入的另一个子项类遗产，入选的标准参照文化遗产，但强调是"自然与人类的共同作品"，是人类长期的生产生活与大自然所达成的一种和谐与平衡的状态。与之前所确定的单纯的文化遗产和自然遗产相比，文化景观更强调人与环境共存、共荣、可持续发展的理念。例如于 1992 年的被列入世界第一项文化景观遗产——新西兰的汤加里罗国家公园，就是这样一类当地土著毛利人与自然高山和谐相处的典型（案例 58）。

一般来说，文化景观有以下几种具体的状况：

1. 人类创作：出于美学原因建造的园林和公园景观，它们经常（但并不总是）与宗教或其他纪念性建筑有联系。

2. 有机进化：最初产生于一种社会、经济、行政以及宗教需要，并通过与周围自然环境的联系或相适应，发展到目前的形式，既包括残存遗物，也包括仍然演进中的对象。

3. 关联性景观：以与宗教、艺术、历史相联系的自然景观为主要因素，而不是以文化的物证为主要对象。例如 1996 年列入世界文化景观的庐山，千百年来，中国古代文人和艺术家，已将传统的儒释道文化，融汇于"白鹿洞""观音桥""仙人洞"等自然景致之中，成为人们不同审美情趣的来源（案例 28）。

第三节
世界遗产的评定及其标准

根据联合国教科文组织颁布的《实施世界遗产公约的操作规则》，凡是提名列入《世界遗产名录》的遗产项目，必须符合下列一项或几项标准方可获得批准。其中，前六项针对文化遗产，后四项针对自然遗产。

（i）代表一种独特的艺术成就，一种创造性的天才杰作。例如 1979 年入选，保留至今人类最古老的地面建筑——古埃及金字塔，就是这种伟大的创造性成就（案例 70）。

（ii）在一定时期内或世界某一文化区域内，对建筑艺术、纪念物艺术、城镇规划或景观设计方面的发展产生过较大影响。例如 1980 年入选的罗马历史中心，在建城后的 2000 多年间，通过不断吸收外来建筑技术与艺术，所形成的建筑形式和城市风格，对世界建筑的发展产生了广泛的影响（案例 106）。

（iii）能为一种现存的或已消逝的文明或文化传统提供一种独特的或至少是特殊的见证。例如 1988 年入选的墨西哥奇琴伊察古城，是古代玛雅文化和托尔特克文化在当下最重要的历史遗存之一（案例 166）。

（iv）可作为某种类型的建筑物、建筑群或景观的杰出范例，代表一种或几种文化，展示人类历史上一个（或几个）重要阶段的作品。例如 1987 年我国首批入选世界遗产的明清故宫，正是中国皇权统治晚期 5 个多世纪至高无上的等级象征（案例 1）。

（v）可作为传统的人类居住地或使用地的杰出范例，并代表一种（或几种）文化，尤其是当中在不可逆转变化的影响下变得易于损坏的时候。例如中国闽南地区的福建土楼，正是数百年来持续使用的一类独特防御性客家民宅，弥足珍贵（案例 15）。

（vi）与具有特殊普遍意义的事件、现行传统、思想、信仰或文学艺术作品，有直接和实质的联系（只有在某些特殊情况下，或该项标准与其他标准一起作用时，此条款才能成为列入《世界遗产名录》的理由）。例如尼泊尔的兰毗尼，就因为是佛祖释迦牟尼的诞生地，而成为全世界佛教徒的信仰之地（案例 48）。

（vii）具有壮观的自然现象或非凡的自然美景、具有美学价值的地点。例如屹立在非洲赤道地区的海拔 1800 米的乞力马扎罗山，不仅是一座傲然耸立的休眠火山，也在热带非洲形成了十分罕见的直径达到 2400 米的高山"冰湖"（案例 80）。

（viii）代表地球演化的各主要发展阶段的典型范例，包括生命的记载、地形发展中主要的地质演变过程或具有主要的地貌或地文特征。例如最受游客欢迎的美国大峡谷，深达 1.5 千米，蜿蜒 400 多千米，是亚利桑那州凯巴布高原被科罗拉多河冲刷侵蚀数百万年而形成的壮观景象（案例 156）。

（ix）代表陆地、淡水、沿海和海上生态系统植物和动物群的演变及发展中的重要过程的典型范例。例如 1981 年入选，位于澳大利亚东部沿海，绵延 2000 千米的"大堡礁"，正是南太平洋珊瑚礁生态系统的重要组成部分（案例 56）。

（x）对生物多样性原地保护而言意义重大的自然栖息地，包括有珍贵科学保护价值的濒危物种的栖息地。例如 2006 年入选世界自然遗产的中国四川大熊猫栖息地，正是这样一处典型的案例，它同时也是小熊猫、雪豹和云豹、以及众多鸟类等数百种珍稀动植物的保护区（案例 22）。

第四节
世界遗产的分布与管理

一、世界遗产的分区

不同于按地理和行政维度对世界版图进行分区，联合国也常常依据各国在政治、经济、社会、文化方面的相关性，对全球进行区域划分。以此为基础，联合国教科文组织将世界遗产在全球的分布，归类为五个板块：①亚洲与太平洋地区；②阿拉伯地区（包括北非）；③非洲（北非除外）；④欧洲与北美；⑤拉丁美洲与加勒比地区。

相比于欧美与亚太地区较为多样而良性的遗产管理状态，非洲、阿拉伯和拉美地区等的遗产数量仍然偏少，尤其是相关区域的自然遗产在遗产总数中占比偏低，管理能力和体系也较为落后。此外，不少发展中国家存在不同程度的"重申报、轻管理"现象，遗产地旅游与可持续发展之间的矛盾十分突出，特别是近来武装冲突不断的中东、北非地区，很多濒危遗产的保护与管理工作，面临着极其严峻的挑战。

二、世界遗产的管理层级

世界遗产的分布广泛，品类繁多，对其评定、管理的要求严格，因此，相关管理体系的设计和运作十分重要。按照不同的功能，世界遗产的管理大体上可以分为决策层、执行层和协作咨询层——这三个有机关联的层面。它们遵循一套动态、开放、操作性较强的机制体系，对纷繁复杂的世界遗产及其相关事务，进行着公平、高效的管理。

（一）决策层

联合国教科文组织大会和缔约国大会（The General Assembly）是世界遗产管理的最高决策机关，负责最重要的审查、决策事务，包括：选举世界遗产委员会、审查世界遗产基金的财务报告以及在《世界遗产公约》框架内制定主要政策等。1976年11月，在肯尼亚首都内罗毕举行第一届《世界遗产公约》缔约国大会，并正式成立了世界遗产委员会。

（二）执行层

执行层由世界遗产委员会（The World Heritage Committee）及其主席团、世界遗产中心（The UNESCO World Heritage Centre，WHC）和各个缔约国（States Parties）组成。

世界遗产委员会及其主席团是非常设机构，在联合国教科文组织总干事的领导下负责《世界遗产公约》的实施；世界遗产中心是常设机构，协助开展具体的各项工作；缔约国是实施《世界遗产公约》的基本单元，根据承诺的义务开展保护本国世界遗产的具体事务，并承担相应的国际义务。

世界遗产委员会是根据《世界遗产公约》第8条而设立的政府间委员会，负责制订《世界遗产名录》和《濒危世界遗产清单》，负责监测各成员国已列入名录的遗产项目，运行和管理世界遗产基金，并每年定期召开成员国大会。

从1977年召开第一次大会算起，截至2019年，世界遗产委员会已召开了43届年会（2020年，因全球新冠肺炎疫情暴发，原定于中国福州召开的第44届世界遗产大会被推迟）。年会的主要议题是对申请列入名单的遗产项目进行审批，并监测、评估已列入清单的遗产项目的保护与管理工作，包括相应的宣传促进和教育培训活动。

世界遗产中心是世界遗产委员会的秘书处，是联合国教科文组织总干事为了落实公约的日常管理而于1992年设立的。它负责组织世界遗产委员会主席团和世界遗产委员会每年的会议，并在推荐遗产的准备工作方面向缔约国提供指导，此外还包括应缔约国的要求组织国际援助，协调各国世界遗产状况的通报，落实遗产基金会的日常事务等。

作为世界遗产管理的核心机构，世界遗产委员会主要负责以下几方面的工作：

（1）审议、录入《世界遗产名录》的文化和自然遗产地时，负责对世界遗产的定义进行解释，并出版有关文献，指导成员国或相关组织的遗产保护与管理工作。

在世界遗产的定义过程中，波兰华沙古城是一个有示范性的案例。第二次世界大战以后，由于华沙古城80%以上的建筑和城区遭到战争破坏，而根据战前保留下来的真实而有依据的图档信息，重建后的华沙古城依然在1980年被列入了《世界遗产名录》。这为许多世界遗产建档保护与管理指明了方向（案例133）。

（2）审查世界遗产保护状况报告。当遗产得不到恰当对待和保护时，该委员会对缔约国警示，并督促其采取特别性保护措施，如果仍得不到有效回应和处置，经世界遗产大会的审议，相关遗产也有被"除名"的可能。迄今为止，因为保护和管理不当，现有1121项世界遗产以外，有2个项目被除名：2009年因修建大桥破坏文化景观被除名的德国易北河谷景观（案例142），以及2007年因保护不力被除名的阿曼阿拉伯大羚羊保护区（案例66）。

（3）经过与有关缔约国协商，该委员会决定把濒危遗产列入《濒危世界遗产名录》，对于战争或极端特别状态下的遗产，委员会将协同相关国家和组织采取必要的保护和干预措施。例如著名的阿富汗巴米扬山谷的文化景观和考古遗迹，2001年在遭受极端宗教组织塔利班破坏后，2003年被紧急列入了世界遗产濒危项目。此后，许多国家和国际组织都积极参与了联合国有关该遗产的保护与修复计划（案例54）。

（4）管理世界遗产基金（保护世界文化和自然遗产基金）。通过筹集和使用该基金，对申请国给予技术和财力援助，保护与管理遗产名录的相关单元。例如因战乱和贫困影响，1992年被同步列入世界遗产和世界濒危遗产的柬埔寨吴哥窟，在国际社会不懈的努力下，于2004年成功从濒危遗产名单中除名，成为国际保护世界遗产合作行动的又一成功案例（案例40）。

（三）协作咨询层

协作咨询层是世界遗产管理体系的支持系统，包括：

（1）提供行政性支持并参与项目合作的联合国教科文组织文化部的文化遗产处（The Cultural Heritage Division）、科学部的生态科学处（The Division of Ecological Sciences），以及联合国环境计划署世界保护监测中心（The UNEP World Conservation Monitoring Centre）；

（2）提供专家咨询、技术培训、考察评估支持的国际文化财产保护与修复研究中心（The International Centre for the Study of the Preservation and Restoration of Cultural Property, ICCROM）、国际古迹遗址理事会（The International Council on Monuments and Sites, ICOMOS）、国际自然与自然资源保护联盟（The International Union for Conservation of Nature and Natural Resources, IUCN）；

（3）提供行业性、地区性支持的国际博物馆委员会（The International Council of Museums, ICOM）、奥斯陆北欧世界遗产办公室（The Nordic World Heritage Office, NWHO）、世界遗产城市组织（The Organization of World Heritage Cities, OWHC）等。

第二章

中国的世界遗产

中国于 1985 年加入《世界遗产公约》，1987 年首批 6 项遗产被列入世界遗产清单，至 2019 年 7 月，共入选 55 项世界遗产，数量上首次与意大利并列世界第一。虽然起步较晚，但中国在世界遗产的申报和管理工作上取得的成绩是十分显著的。这一方面和中国政府领导的遗产管理体系的高效运作密不可分，另一方面也因为中华文明拥有着广袤的疆域，经历了数千年的积淀和融合。数量庞大，质量上乘的各类遗产项目，是中国参与世界遗产评选，并得到全世界专家和国际组织认可的坚实基础。

第一节
中华文明概述

中华文明，亦称华夏文明，不仅是世界上现存最古老的文明之一，也是世界上持续时间最长，存世的遗产最为丰富的文明（图 2-1）。从距今 170 万年的云南元谋人开始，到 100 万年前的陕西蓝田人，再到 70 万～20 万年前的周口店北京人（案例 4），以及 10 万年前的山西丁村人以及许家窑人，直至距今 3 万年前的山顶洞人，中国近百年的科学考古证明，从旧石器时代、新石器时代，至"石铜并用"的过渡时期，在四周被高山、荒漠和大海所围合的华夏文明发源之地，人类在史前不同阶段的活动印迹，都能在这里考证到相应的证据。

目前，中国已发现的旧石器地点有 200 多处，新石器时代的遗址更是数以千计，经科学发掘的也有四五百处之多。这些不同时代和地域分布的遗址，呈现出不同的文化面貌，考古学者根据它们的特征，划分出 60 多个不同名称的文化共同体。令世人瞩目的包括：分布于黄河流域的仰韶文化、大汶口文化和龙山文化；分布于长江流域的河姆渡文化、石家河文化和良渚文化（案例 18）；分布于北方草原地区的红山文化等。此外，中华文明在漫长的形成过程中，还逐步影响、汇聚了周边其他的文化形态，是一种多源头区域文明相互交流、融合、升华的辉煌成果。

通过对诸多史前文化遗址的发掘，使我们对当时人类的社会结构、经济生产、日常生活、宗教信仰以及艺术活动，有了直接而深入的了解。这些中华文明的文化根基，将为我们进一步探索中国的世界遗产拉开序幕。

近年来随着国家"夏商周断代工程"和"文明探源工程"的先后实施，学术界对于中华文明的起源、孕育以及发展的过程有了进一步的认识。在数千年的历史长河中，以黄河与长江流域为中心所形成的文化圈层，相互不断渗透与融合，形成了基于农耕文明的一体化特征：包括生产、生活方式、信仰、审美、语言、文字，以及社会组织、建筑、风俗和饮食等，在整个东亚、东南亚地区产生了广泛的影响力，并形成了较为牢固的关联。

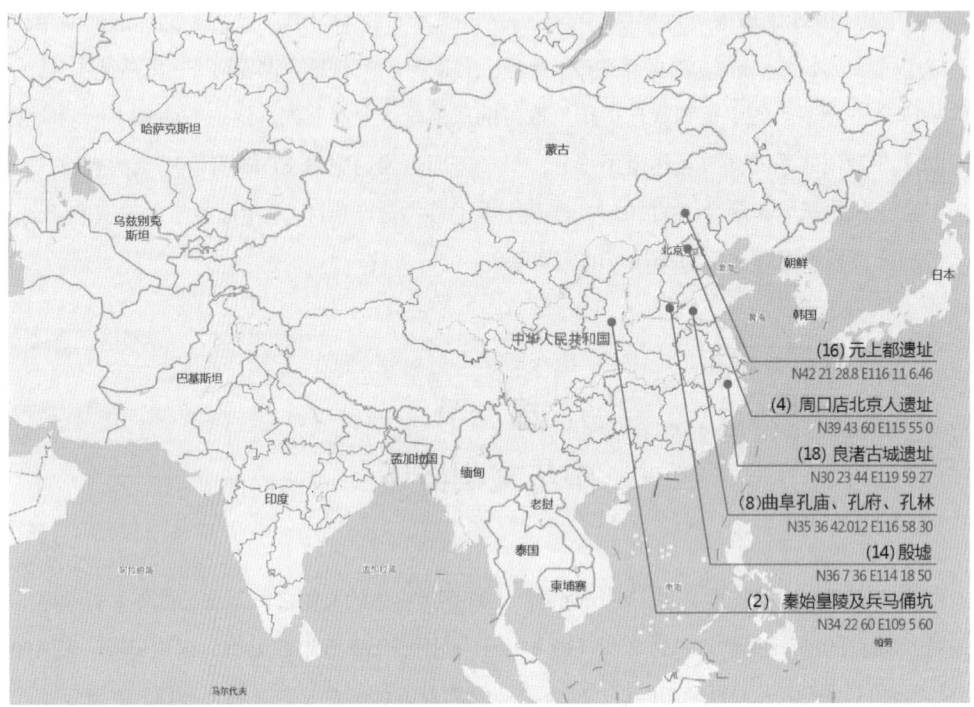

图 2-1 中国的遗产案例分布图（一）

中华文明不曾间断的累积过程也是世界上绝无仅有的，主要体现在两个方面：一是由文字记载而形成的大量书面史料；二是众多的实物，包括器物、遗迹、遗址等。前者如历史文献，数千年的文明被连续不断地记录在史籍中：仅正史就有25部之多，还有《通典》《文献通考》《通志》等大量的"政书"以及野史、笔记等；后者如各类文物，尤其是20世纪以来的大量考古发现，使中华文明及其源头有了越来越清晰和确切的实物证明。除此之外，还有不同族群口口相传的文化传统、各地多姿多彩的民俗风情等，也都是中华文明难能可贵的重要组成部分。

在跨入现代社会之前，中华民族以不屈不挠的顽强意志、勇于探索的精神和卓越的聪明才智，谱写了波澜壮阔的历史诗篇，创造了同期世界历史上灿烂的物质文明、制度文明与精神文明。包括秦始皇陵（案例2）、万里长城（案例5）、大运河、元上都（案例16）、明清故宫在内的各种文物、遗址和历史建筑，反映出当时高超的生产技术和发达的生活方式，也为人类文明的发展作出了独特的贡献（图2-2）。

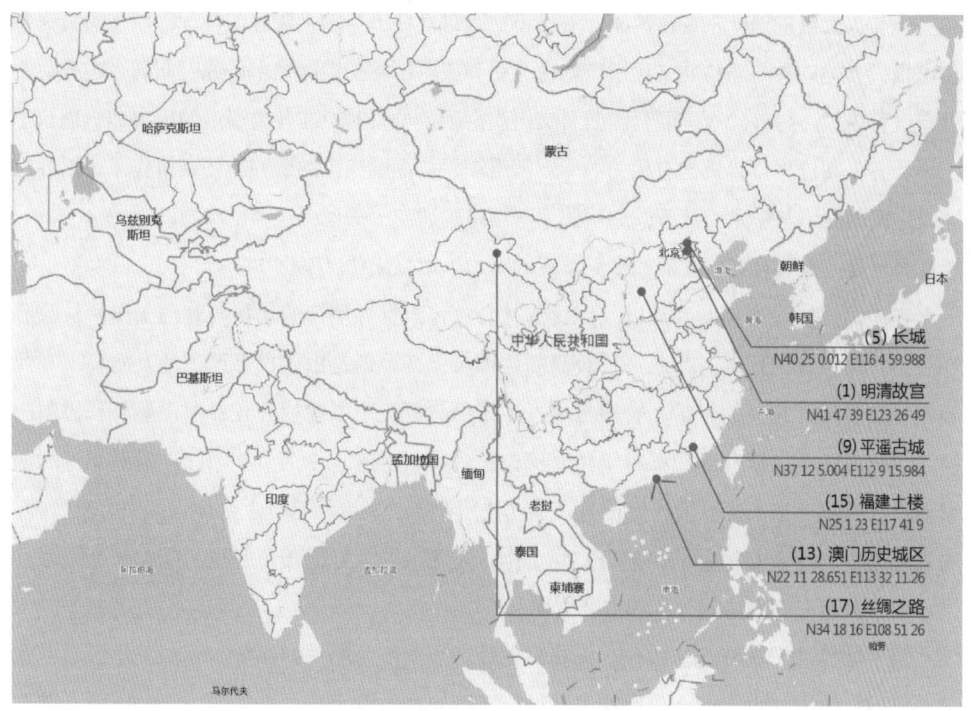

图 2-2　中国的遗产案例分布图（二）

第二节
中国的遗产保护与管理

中国 1985 年加入《世界遗产公约》后，世界遗产体系为中国的遗产保护与管理提供了国际视野、国际标准、国际范例、国际交流平台，以及国际技术支持，至今形成了丰富多彩、层次分明的遗产主题和类型，也包括完整的遗产评价标准、保护要求、保育措施，以及阐释与展示理念。这一过程有力地推动了中国的遗产保护与管理工作。

如今，中国从中央到地方建立了较为健全的世界遗产管理体系，不仅拥有较为完备的世界遗产保护、管理和监测系统，也建设和具备了较为完备的遗产研究格局，遗产研究机构和保护水平不断提升，遗产保护和管理状况持续改善。三十多年来，在数代人的不懈努力下，中国的遗产管理逐步形成了自身的特色，并在全球范围内树立了典范。

就保护与管理体系而言，中国的遗产管理具有纵向分层和平行分列的特点，即文化遗产和文化景观主要由国家、省、市三级政府的文物管理部门来实施申报和管理，例如山西平遥古城的保护与管理工作，就建立了从上至下、不同层级的法规体系（案例 9）；自然遗产和文化与自然双重遗产主要由国家、省、市三级自然环境与国土资源的管理部门来实施保护和申报；人类口头与非物质文化遗产则由文化和旅游部委托中国艺术研究院向联合国教科文组织进行申报。另外，中国联合国教科文组织全国委员会对上述各类遗产的申报和管理给予指导。各个高校与科研机构有相关的专业和组织机构提供相应的研究与咨询协作，包括参与国家之间的联络与学术交流等，如中国第一项跨国遗产——丝绸之路的申报，从1998—2014年几经反复，最终在各国政府和专家学者的努力下申报成功（案例17）。

在中国，经过多年的实践以及广泛的社会宣传，世界遗产的保护与管理工作，从政府到社团，从官方到民间，都获得了较高的认可与支持。但是由于世界遗产涉及面广，专业领域复杂多样，相关的保护、管理与申报工作仍然是一个需要社会各界积极参与和协同的领域，任何一个组织和部门都难于独立承担并落实相应的工作细节。因此，借鉴先进的国家和地区经验，加快各级遗产保护与管理立法，在完善制度的基础上，优化集中行政管理，并发动社会广泛参与相关的保护与协同工作，尤其是处理好保护与利用之间的平衡关系，是目前中国遗产管理体制改革的主要方向。

由于世界遗产具有无法替代、无法再生的特点，使得相关的保护与管理工作容不得差错。目前，中国的世界遗产仍面临着地域广、不均衡、资金少、人才缺、法制环境不健全等主要矛盾，因而仍需要从政府到社会组织以及每个公民的积极参与，加速完善和落实相关立法和管理体制改革，从世界遗产大国迈向遗产强国。

第三节
中国的文化遗产

截至2019年，中国入选的55项世界遗产中，文化遗产33项，文化景观4项，双重遗产4项、自然遗产14项。数量和类型的丰富性均居世界前列。从遗产的入选标准上看，中国的文化遗产通常都符合4～5项要求，具有显著的多样化、多层次的特征（图2-3）。

中国的文化遗产多有独具一格的文化特征，如北京的天坛（案例11）；也有影响深远的，如中西方文化交融之地的敦煌莫高窟（案例3）；还有形态丰富、意境高妙的江南古典园林（案例10）；在地域性和宗教性方面，也都有代表性十分突出的项目，如皖南古村落（案例12）和拉萨布达拉宫历史建筑群（案例7）。这些案例充分展现出中国文化遗产特殊的艺术魅力和人文价值。

此外，中国的文化遗产因数量大、储备丰富，在申报世界遗产的过程中，有关部门十分注重平衡性的要求。无论是官方与民间、世俗与宗教，还是社会形态以及艺术品类，包括在时空方面等，都有兼顾和相应的体现。

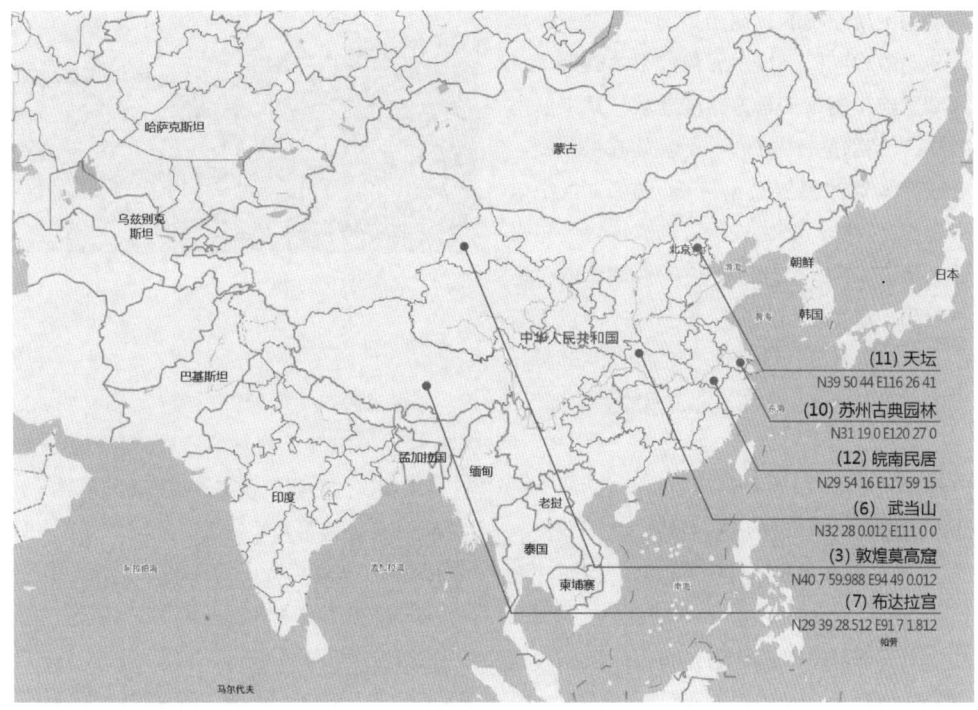

图 2-3　中国的遗产案例分布图（三）

---

1. 中国：明清故宫（文化遗产）
China：Imperial Palaces of the Ming and Qing Dynasties（Cultural heritage）

入选时间：1987 年，2004 年
入选标准：(i)(ii)(iii)(iv)

遗产概述：

北京明清故宫是中国 15 世纪至 20 世纪明清两代的皇宫，也是封建晚期的国家权力中心。
北京明清故宫——紫禁城，由明朝皇帝朱棣于 1406 年至 1420 年间建造，在此后的 505 年间见证了 14 位明朝皇帝和 10 位清朝皇帝的统治。2004 年的扩展项目沈阳故宫由努尔哈赤和皇太极在 1625 年至 1637 年间初建，后世陆续有扩建。

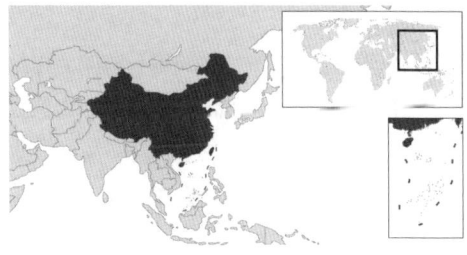

图 2-4　中国的区位图

紫禁城位于北京市中心，是中国古代宫殿的最高典范。其布局和空间关系继承和体现了中国古代城市规划和宫殿建设的基本特征，特点是中轴线对称设计以及前部外朝、后部内廷和附属园林的三组团布局。作为古代建筑最高等级、最佳技术和最优艺术的典范，深刻影响了后来的官方宫殿建筑。其中的宗教建筑，特别是宫内的一系列皇室礼佛空间，吸收了丰富的民族文化特征，是14世纪以来满族、汉族、蒙古族和藏族建筑融合与交流的见证。此外，超过100万件珍贵的皇室收藏品，皇室使用的典籍和大量的古代工程技术档案材料，包括书面记录、图纸和模型等，也都是明清宫廷文化和法律法规的重要证据。

图 2-5　北京故宫

遗产评价：

北京故宫于1987年被列入《世界遗产名录》，2004年沈阳故宫成为其扩展项目，目前合称为明清故宫。北京故宫作为5个世纪（1416—1911年）最高皇权的宫殿，包含近一万间房间及陈设家具与工艺品的众多殿宇、花园景观，是明清两朝中华文明的无价见证（图2-5）。沈阳清朝故宫建于1625—1783年，共有114座建筑，其中包括一个极为珍贵的藏书馆。沈阳故宫是统治中国的最后一个古代王朝在将权力扩大到全国中心、迁都北京之前，朝代建立的见证，后来成为北京故宫的附属皇宫建筑。这座雄伟的建筑为清朝历史以及满族和中国北方其他部族的文化传统提供了重要的历史见证。

遗产保护：

故宫的珍贵不仅在于其古建筑群，也因为它是故宫博物院，是一处收藏大量可移动文物的宝库。其藏品超过180万件，其中珍贵文物168万多件。2019年，故宫单日最高客流量突破20万人次，全年客流量突破1900万人次，是世界上接待游客最繁忙的博物馆。

作为中国最重要的文化遗产地之一，故宫的保护也受到各方面的重视，在列入《世界遗产名录》后，这里每年都会收到国家的专项资金，编制北京明清故宫的保护计划，用于应对各种潜在威胁，包括城市发展以及巨大的旅游压力。

此外，《世界遗产监测报告》指出，2008年10月，在中国国家文物局、世界遗产中心、国际古迹遗址理事会的支持下，北京市政府组织了有关高校和科研机构，召开了东亚木结构彩绘保护国际研讨会，专家们通过与北京故宫类似的东亚宫殿建筑比较研究，提高东亚地区多色彩修复的知识水平，从而完善保护与决策的理论框架，扩展与世界遗产真实性有关的东方的保护与管理视角。

2. 中国：秦始皇陵及兵马俑坑（文化遗产）
China: Mausoleum of the First Qin Emperor (Cultural heritage)

入选时间：1987 年
入选标准：(i)(iii)(iv)(vi)

遗产概述：

秦始皇陵及兵马俑坑，位于陕西省西安市以东 35 千米的临潼区境内的骊山北麓。陵墓建于前 246—前 208 年。兵马俑坑位于秦始皇陵东侧，是秦陵的大型陪葬坑，1974 年被发现。现已挖掘四个坑，面积共 2.5 万余平方米。坑内随葬大量与真人真马等同大小的陶制彩绘兵马俑和当时实战使用的各种兵器，出土文物达万件之多（图 2-6）。

图 2-6 秦始皇陵兵马俑坑

秦始皇陵所在的骊山，层峦叠嶂，山林葱郁；北侧是逶迤曲转、似银蛇横卧的渭水。高大的封冢在巍巍峰峦环抱之中与骊山浑然一体，景色优美，环境独秀。陵墓规模宏大，气势雄伟。陵园总面积为 56.25 平方千米。陵上封土原高约 115 米，现仍高达 76 米，陵园内有内外两重城垣，内城周长 3840 米，外城周长 6210 米。内外城郭有高 8～10 米的城墙，至今尚残留遗址。

据史书记载：秦始皇从 13 岁即位时就开始营建陵园，由丞相李斯主持规划设计，大将章邯监工，修筑时间长达 38 年，工程之浩大、气魄之宏伟，创历代封建统治者奢侈厚葬之先例。作为统一国家的第一位皇帝的陵墓，它是中国历史上最大的陵墓，具有独特的标准和布局，并包含了大量精美的随葬之物。

遗产评价：

1974 年，这座考古遗址中的成千上万件陶俑被世人发现。第一位统一中国的皇帝秦始皇，殁于前 210 年，葬于陵墓的中心，在他周围围绕着那些著名的兵马俑。结构复杂的秦始皇陵是仿照其生前的都城——咸阳的格局而设计建造的。兵马俑形态各异，连同他们的战马、战车和武器，成为现实主义的完美杰作，具有极高的历史与艺术价值。

遗产保护：

秦始皇陵 1961 年就被列为全国重点文物保护单位，受《中华人民共和国文物保护法》保护。2005 年 7 月，陕西省人大通过《陕西省秦始皇陵保护条例》，成立了专门的保护机构。2009 年，秦始皇兵马俑博物馆由陕西省文物局升格为秦始皇陵博物院，负责整体规划、管理、考古发掘、科学研究和日常维护。

为应对城市发展和旅游业的压力，陕西省政府于 2010 年 7 月批准了《秦始皇陵保护规划》，明确了陵园周边保护区和建设控制区的边界。该措施有效地保护了陵墓，预防了破坏性活动，保护了遗产的真实性和完整性。

3. 中国：敦煌莫高窟（文化遗产）
China：Mogao Caves（Cultural heritage）

入选时间：1987 年
入选标准：(i)(ii)(iii)(iv)(v)(vi)

遗产概述：

莫高窟俗称千佛洞，坐落在河西走廊西端的敦煌，以精美的壁画和塑像闻名于世，被誉为20世纪最有价值的文化发现。它始建于十六国的前秦时期，历经十六国、北朝、隋、唐、五代、西夏、元等历代的兴建，形成如今的规模，现有洞窟492个，壁画4.5万平方米、泥质彩塑2415尊，是世界上现存内容最丰富的佛教石窟艺术胜地。

图 2-7 敦煌莫高窟

莫高窟是古建筑、雕塑、壁画三者相结合的艺术殿堂，尤以丰富多彩的壁画著称。敦煌壁画数量和内容之丰富，是当今世界上任何宗教石窟、寺院或宫殿都不能比拟的。环顾洞窟的四面和窟顶，到处都画着佛像、飞天、伎乐、仙女等。壁画有佛经故事画、经变画和佛教史迹画，也有神怪画和供养人画像，还有各式各样精美的装饰图案等；莫高窟的雕塑久享盛名，有高达33米的坐像，也有高十几厘米的小菩萨像，绝大部分洞窟都保存有塑像，数量众多，堪称是一座大型雕塑馆；它的石窟寺建筑主要开凿于盛唐时期（图 2-7）。

莫高窟也具有极高的历史价值。其拥有的大量生动的材料，描绘了中国西部历史上政治、经济、文化、艺术、宗教、民族关系和日常服饰的各个方面。敦煌独特的艺术风格，不仅是汉民族艺术传统与古印度、犍陀罗风俗的融合，也是突厥、吐蕃等少数民族艺术的重要表现。1900年莫高窟藏经洞的发现，连同数万份手稿和文物，被誉为对古代东方文化最伟大的发现，为研究古代中国和中亚的复杂历史提供了宝贵的参考资料，由此衍生专门研究藏经洞典籍和敦煌艺术的学科——敦煌学。

遗产评价：

莫高窟地处丝绸之路的一个战略要点。它不仅是东西方贸易的中转站，同时也是宗教、文化和知识的交汇处。莫高窟的492个小石窟和洞穴庙宇，以其雕像和壁画闻名于世，展示了延续千年的佛教艺术。

遗产保护：

1944年1月1日，国立敦煌艺术研究所成立，敦煌石窟保护与研究由此起步，不仅做了大量的保护、临摹工作，并对敦煌石窟完成了较全面的清理、调查和编号的整理工作，且刊布了部分资料。1951年国立敦煌艺术研究所改名为敦煌文物研究所，委派专家提出了抢救性加固石窟崖体和洞窟的方案。1961年莫高窟被公布为第一批全国重点文物保护单位。1984年敦煌文物研究所升格为敦煌研究院，扩大编制，改善基础设施。1987年莫高窟被列为中国首批世界文化遗产。2014年莫高窟数字展示中心落成，有利于在文物保护的前提下传播敦煌文化。

2003年敦煌研究院委托中国建筑设计研究院建筑历史研究所主持，美国盖蒂保护研究所、澳大利亚遗产委员会、敦煌研究院共同参与，开始编制《敦煌莫高窟保护总体规划》。2011年，《敦煌莫高窟保护总体规划》正式实施，提出了"整体保护"目标，使莫高窟的保护区划达1344平方千米，统筹规划了遗产地的遗产保护、生态保护和旅游发展。

4. 中国：周口店北京人遗址（文化遗产）
China：Peking Man Site at Zhoukoudian（Cultural heritage）

入选时间：1987年
评价标准：(iii)(vi)

遗产概述：
周口店北京人遗址是著名的"更新世"时期原始人遗址，位于华北平原和燕山山脉的交界处。该地区充足的供水和天然石灰岩洞穴为早期人类提供了良好的生存环境。迄今科学家已经发现了古代人类化石、文化遗迹和动物化石，它们来自500万年前到1万年前的23个地方。其中包括生活在中更新世（70万至20万年前）的直立人的遗骸，大约20万～10万年前的古代智人遗骸和追溯到3万年前的智人遗骸。与此同时，人们发现了数百种动物的化石，超过10万件石器以及北京人用火的证据（包括炉膛、灰烬和烧焦的骨头）。这里也是举世闻名的人类化石宝库和古人类学、考古学、古生物学、地层学、年代学、环境学及岩溶学等多学科综合研究基地。

在亚洲大陆发现的这处重要的原始人类遗址，展示了一种进化文化序列，周口店在全球范围内都具有重要意义。它不仅是亚洲大陆史前人类社会的特殊见证，而且也佐证了东方人类进化的过程，对早期人类历史的研究和重建具有重要价值（图2-8）。

图2-8　周口店北京人遗址主入口

遗产评价：
周口店北京人遗址位于北京西南42千米处，遗址的科学考察工作仍在进行中。到目前为止，科学家已经发现了中国猿人属北京人的遗迹，他们大约生活在中更新世时代，同时发现的还有各种各样的生活物品，以及可以追溯到公元前18000—11000年的新人类的遗迹。周口店遗址不仅是有关远古时期，亚洲大陆人类社会的一个罕见的历史证据，而且也阐明了人类进化的进程。

遗产保护：
周口店北京人遗址1961年被国务院公布为首批全国重点文物保护单位；1987年被联合国教科文组织作为中国首批项目列入《世界文化遗产名录》；1992年被北京市列入青少年教育基地；1997年中宣部又将其列为全国

百家爱国主义教育示范基地之一；2006 年被团中央授予全国青少年科普教育基地；2008 年被国家文物局评为国家一级博物馆。

周口店遗址分遗址区和博物馆两部分，常年向观众开放。遗址区有著名的猿人洞、新洞、山顶洞等多个化石地点。博物馆包含七个展厅，藏有大量珍贵的文化遗物、动物化石、石器，以图文并茂的展示形式向观众诠释了周口店遗址的历史价值和文化内涵。

根据《中华人民共和国文物保护法》等法律法规，周口店的北京人遗址为保护遗产地，北京市人民政府于 1989 年颁布了《北京市周口店北京猿人遗址保护管理办法》，并于 2009 年修订，禁止了可能损害该遗产地的活动，如采矿和烧窑。

1994—2001 年，中国政府通过制定保护计划，升级管理体系，较为系统地针对遗产地所面临的不稳定的考古地层和洞穴屋顶、缺乏维护、现场挖掘问题、工业污染等一系列威胁进行了改进和整治，取得较为明显的成效。

5. 中国：长城（文化遗产）
China：The Great Wall（Cultural heritage）

入选时间：1987 年
入选标准：(i)(ii)(iii)(iv)(vi)

遗产概述：

长城是前 3—17 世纪在中国北部边境连续修建的伟大军事防御工程，全长 2 万多千米。长城东起河北山海关，西至甘肃嘉峪关。它的主体由城墙、马道、望塔和城墙上的庇护所组成，此外还包括城墙上的堡垒和隘口的通道。长城既反映了中国古代农业文明与游牧文明的碰撞与交流，也是中央帝国高瞻远瞩的政治战略思想和强大的军事国防力量的重要物证；它既是中国古代高超的军事建筑、技术和艺术的典范，也对维护国家和人民安全具有无可比拟的象征意义。国歌《义勇军进行曲》的传唱，使长城在人们心目中升华为勤劳、智慧、百折不挠、众志成城、坚不可摧的民族精神和意志。

图 2-9　八达岭长城

长城的历史可上溯到西周时期，发生在首都镐京（今陕西西安）的著名传说"烽火戏诸侯"就源于此。春秋战国时期列国争霸，互相攻防，使得长城的修筑进入高潮，但此时修筑规模都比较小。秦灭六国统一天下后，秦始皇连接和修缮战国的长城，始有万里长城之称。明朝是最后一个大修长城的朝代，今天人们所看到的长城多是此时修筑（图 2-9）。

长城主要分布在河北、北京、天津、山西、陕西、甘肃、内蒙古、黑龙江、吉林、辽宁、山东、河南、青海、宁夏、新疆15个省、自治区、直辖市。其中河北省境内的长度是2000多千米，陕西省境内的长度1838千米。根据文物和测绘部门的全国性长城资源调查结果，明长城总长度为8851.8千米，秦汉及早期长城超过1万千米，总长超过2.1万千米。

长城以其雄伟的气势和博大精深的文化内涵，吸引着历代的文人墨客，他们以长城为题材创作了大量的诗词歌赋、美术、音乐等文艺作品，其中唐代的"边塞诗"尤为典型。如李白的"长风几万里，吹度玉门关"，王昌龄的"秦时明月汉时关，万里长征人未还"，王维的"劝君更进一杯酒，西出阳关无故人"，岑参的"忽如一夜春风来，千树万树梨花开"等名句，千载传诵不绝。

遗产评价：

约前220年，秦始皇下令将早期修建的一些分散的防御工事连接成一个完整的防御系统，用以抵抗来自北方的侵略。长城的修建一直持续到明代（1368—1644年），终于建成为世界上最大的军事设施。长城在建筑学上的价值，足以与其在历史和战略上的重要性相媲美。

遗产保护：

长城各组成部分均被《中华人民共和国文物保护法》列为国家或省级重点保护单位。2006年颁布的《长城保护条例》是专门保护和管理长城的具体法律文件。这一系列长城保护规划正在不断延伸和完善，涵盖了从总体规划到省级规划和专项规划的各个层面，是长城综合保护和管理的重要保障。

国家文化遗产管理局和长城段所在地省级文化遗产管理局负责指导地方政府实施长城保护管理措施。《长城保护总体规划》于2018年年底完成，经国务院批准并实施。

6. 中国：武当山古建筑群（文化遗产）
China: Ancient Building Complex in the Wudang Mountains (Cultural heritage)

入选时间： 1994年
入选标准： (i)(ii)(vi)

遗产概述：

这些宫殿和庙宇古建筑群位于湖北风景如画的武当山的山峰、峡谷和沟壑之间。其中一些道教建筑始建于初唐，可追溯到7世纪。现存的建筑体现了元、明、清时期相关宗教的建筑艺术成就。这里的建设在明朝达到顶峰，共有9座宫殿、9座道观、36座尼姑庵和72座岩庙。如今有53座古建筑和9座建筑遗址幸存下来，

图2-10 武当山古建筑群

其中包括太和宫、金殿、紫禁城、净乐宫、玄岳门、玉虚宫、纯阳宫和太子坡（图2-10）。

武当山的建筑展示了卓越的建筑艺术和建设技术。同时，作为一组规模宏大、保存完好的道教建筑群，是研究明初政治和中国宗教史的重要物质依据。

遗产评价：

这里的宫殿和庙宇构成了这一组世俗和宗教建筑的核心，集中体现了中国元、明、清三代的建筑和艺术成就。古建筑群坐落在沟壑纵横、风景如画的湖北省武当山，在明代（14—17世纪）逐渐形成规模，其中的道教建筑可以追溯至公元7世纪，这些建筑代表了近千年的中国道教艺术和建筑的最高水平。

遗产保护：

武当山古建筑群是全国重点文物保护单位，受《中华人民共和国文物保护法》最高级别保护。遗产所在地武当山旅游管委会行使地方政府职责，专门负责武当山风景区的保护、管理、开发、利用、规划和建设。管委会的文化遗产部门负责文化遗产保护与管理工作，该部门下辖设有文化遗产保护研究所、博物馆，并根据山地文化遗产的分布情况设立五个文化遗产分支管理部门，明确管辖范围和人员，开展文物保护工作。

7. 中国：拉萨布达拉宫历史建筑群（文化遗产）
China：Historic Ensemble of the Potala Palace, Lhasa（Cultural heritage）

入选时间：1994年，2000年，2001年
入选标准：(i)(iv)(vi)

遗产概述：

布达拉宫1994年被列入《世界遗产名录》，2000年和2001年增补了大昭寺和罗布林卡。布达拉宫相传最初为吐蕃王朝首领松赞干布为迎娶文成公主而兴建，7世纪起成为达赖喇嘛的宫殿，是藏传佛教及其历代行政统治的中心。清顺治二年（1645年）重建之后，布达拉宫成为后世达赖喇嘛冬宫居所。同时这里也是重大宗教和政治仪式举办地，并供奉着历世达赖喇嘛灵塔，旧时与驻藏大臣衙门共为统治中心。

布达拉宫坐落在拉萨河谷中心海拔3700米的红色山峰之上，主体建筑分为白宫和红宫两部分（图2-11）。宫殿高200余米，外观13层，内为9层。布达拉宫前辟有布达拉宫广场，也

图2-11 拉萨布达拉宫

是世界海拔最高的城市广场。大昭寺也建造于7世纪，是一组极具特色的佛教建筑群。建造于18世纪的罗布林卡，作为达赖喇嘛的夏宫，也是西藏艺术的杰作。

遗产评价：

布达拉宫和大昭寺是西藏佛教和历代行政统治的中心，承载着汉藏两族人民文化交流的历史。建筑精美绝伦，设计新颖独特，加上丰富多样

的装饰以及与自然美景的和谐统一，更增添了其在历史和宗教上的重要价值。

遗产保护：

布达拉宫、大昭寺和罗布林卡这三组建筑群均被列入全国重点文物保护单位名录，受《中华人民共和国文物保护法》保护。当地政府为该遗产确定了保护缓冲区，在缓冲区内的任何活动都须得到管理部门的批准，对遗产点进行修缮也应严格遵守管理条例。为了缓解旅游对遗产地所带来的压力，当地政府制定了相应的管理条例并限制每日参观人数。

1988—1994年，中央政府拨款，相关文物管理部门根据详实的历史考证和周全的现代设计，进行了大规模的修缮工程。

8. 中国：曲阜孔庙、孔府、孔林（文化遗产）
China：Temple and Cemetery of Confucius and the Kong Family Mansion in Qufu（Cultural heritage）

入选时间： 1994年
入选标准： (ii)(iv)(vi)

遗产概述：

"三孔"即孔庙、孔府和孔林，位于中国山东省曲阜市以北，占地183公顷，是中国规模最大的集祭祀孔子的祠庙、其嫡系后裔的府邸，以及孔子及其子孙墓地于一体的建筑群（图2-12）。孔子（前551—前479年），中国儒家学说的创始人。孔子死后的第二年，他的住宅被改为孔庙。汉代以后历代皇帝都提倡尊孔读经，对孔子也不断追谥加封，同时扩大他的祠庙，使得孔庙的规模越修越大。现存孔庙占地327.6亩，建筑物466间，前后有九进院落，纵向轴线贯穿整座建筑，左右对称，布局严谨，气势宏伟。前三进院落布置导向性建筑物，如仪门或牌坊。第四进院落有一座三重檐的高阁——奎文阁，其中藏有历代皇帝赏赐的图书。第七进院落中有"杏坛"，据说是孔子生前讲学处。

孔庙的东侧是孔府，占地200余亩，有房舍480余间，是孔子嫡长孙世袭的府第。始建于宋代，

图2-12　曲阜孔林

经历代不断扩建，形成现在的规模。官衙和住宅建在一起，是一座典型的封建贵族庄园，衙署大堂用于接受皇帝颁发的圣旨，或处理家族内事务。孔府后院有一座花园，幽雅清新，布局别具匠心，可称园林佳作，也是园宅相结合的范例。孔府藏有大量的历史档案、传世文物，历代服饰和用具等，都极其珍贵。

孔林又称至圣林，在曲阜城北门外，占地3000亩，周围砖砌的围墙长达7千米，是孔子和他的后代子孙们的家族墓地。孔林内柏桧夹道，进入孔林要经过1200米的甬道，然后穿过石牌坊、石桥到达孔子墓前。孔子的坟墓封土高6米，墓

东是孔子之子孔鲤和他的孙子孔汲的坟墓。整个孔林沿用 2500 年，内有坟冢十余万座，其延续时间之久，墓葬之多，保存之完好，举世无双。孔府、孔庙、孔林不仅是东方建筑技艺的杰出代表，而且具有深厚的历史内涵，是人类文化遗产的重要组成部分。

子的坟墓，而且他的后裔中，有超过 10 万人也葬在这里。当初小小的孔宅，如今已经扩建成一个庞大显赫的府邸，整个宅院包括了 152 座殿堂。曲阜的古建筑群之所以具有独特的艺术和历史特色，应归功于 2000 多年来中国历代帝王对孔子的大力推崇。

遗产评价：
孔子是前 6—前 5 世纪最伟大的哲学家、政治家和教育家。孔子的庙宇、墓地和府邸位于山东省的曲阜市。孔庙是前 478 年为纪念孔子而兴建的，千百年来屡毁屡建，到今天已经发展成为超过 100 座殿堂的建筑群。孔林里不仅安放了孔

遗产保护：
1961 年，孔庙、孔府、孔林被列入第一批全国重点文物保护单位，曲阜市文化遗产管理委员会负责具体的文物保护和管理。国家和地方有关法律法规的制定与实施，为遗产保护提供了强有力的法律保护。

9. 中国：平遥古城（文化遗产）
China: Ancient City of Ping Yao（Cultural heritage）

入选时间：1997 年
入选标准：(ii)(iii)(iv)

遗产概述：
山西省晋中市平遥县位于中国北方的黄河中游，地处汾河东岸、太原盆地的西南端，面积 1260 平方千米，与同为第二批国家历史文化名城的四川阆中、云南丽江、安徽歙县并称为中国"保存最为完好的四大古城"。

图 2-13　平遥古城

平遥依据中国汉民族文化思想和建筑风格建立，是保存完好的明清时期古代县城的原型，其城墙及城内建筑仍保持着 14—18 世纪的历史风貌（图 2-13）。鸟瞰平遥古城，可见整个平面呈方形的城墙，形如龟状，城门六座，南北各一，东西各二，总周长 6163 米，墙高约 12 米，把平遥县城隔为两个风格迥异的世界。城墙以内街道、铺面、市楼保留明清形制；城墙以外称新城。平遥

古城的城墙修建于明朝初年，为防御外族骚扰，始建城墙，历时数代。

明洪武三年（1370 年）在旧墙垣基础上重筑扩修，并全面包砖。以后景泰、正德、嘉靖、隆庆和万历各代进行过十多次的补修和修葺，更新城楼，增设料敌台。康熙四十三年（公元 1704 年）因皇帝西巡路经平遥，又修筑了四面的大城楼，使城池更加壮观。

遗产评价：

平遥古城建于 14 世纪，是迄今保存完整的汉民族城市的杰出范例。其城镇布局集中反映了 5 个多世纪以来，中国的建筑风格和城市规划的发展。特别值得一提的是，因为 19 世纪至 20 世纪初期的平遥是整个中国金融业的中心，这里与银行业有关的建筑格外雄伟。

遗产保护：

1986 年，平遥古城被国务院列为国家历史文化名城。遗产的保护和管理依照 1982 年《中华人民共和国文物保护法》、1991 年修订的《中华人民共和国文物保护法实施条例》和《中华人民共和国城乡规划法》，以及《世界遗产公约》等国际公约实施。同时，为了平遥古城的永久保存和可持续利用，成立了专门的保护管理机构——世界文化遗产平遥古城管理委员会，下设办公室，依照《山西省平遥古城保护条例》《世界文化遗产平遥古城管理规划》《平遥古城保护性详细规划》等规定实施保护和管理。

1997 年 12 月 3 日，联合国教科文组织在意大利那不勒斯召开的世界遗产委员会 21 届大会决定将平遥古城以古代城墙、官衙、街市、民居、寺庙作为整体列入《世界遗产名录》，它是研究中国政治、经济、文化、艺术和宗教发展的重要实物标本。

10. 中国：苏州古典园林（文化遗产）
China：Classical Gardens of Suzhou（Cultural heritage）

入选时间：1997 年，2000 年
入选标准：(i)(ii)(iii)(iv)(v)

遗产概述：

苏州古典园林，简称"苏州园林"，其历史可上溯至公元前 6 世纪春秋时期吴王的苑囿。私家园林则从 4 世纪开始出现，到明清时期，苏州成为中国最繁华的地区，私家园林遍布古城内外。16—18 世纪全盛时期，苏州有园林 200 余处。苏州古典园林现存保存完整的有 60 多处，尤其以沧浪亭、拙政园、网师园、留园四大园林著称。

苏州古典园林宅园合一，可赏，可游，可居，这种建筑形态的形成，是在人口密集和缺乏自然风光的城市中，人类依恋自然，追求与自然和谐相处，美化和完善自身居住环境的一种创造。各个

图 2-14 苏州退思园

朝代的造园者通过巧妙利用他们所能利用的物理空间，运用各种技术来巧妙地模拟自然。

苏州古典园林受限于私人住宅内的有限空间，通过融入水、石、植物等基本元素，以及具有文学和诗意意义的各类建筑，意在成为自然世界的缩影。这些独特的园林设计受到了自然的启发，但不受自然概念的限制，对东西方园林艺

术的演变产生了深远的影响。这些由建筑、岩石、书法、家具和装饰艺术作品组成的园林建筑群，展示了长三角地区的最高艺术成就，它们在本质上是中国传统文化内涵的体现（图 2-14）。

遗产评价：

没有任何地方比历史名城苏州的园林更能体现中国古典园林设计"咫尺之内再造乾坤"的理想。苏州园林被公认是实现这一设计思想的杰作。这些建造于 11—19 世纪的园林，以其精雕细琢的造园手法，折射出中国文化取法自然而又超越自然的深邃意境。

遗产保护：

多处苏州古典园林被列为全国重点文物保护单位，受到《中华人民共和国文物保护法》等法律法规的保护。苏州市政府于 1949 年成立了园林和文化遗产保护管理机构。苏州市园林绿化管理局是每个园林的管理单位，下设文物监督管理部门、文物监测保护中心和遗址管理办公室。

除此之外，当地政府还出台了《苏州园林保护和管理条例》和《世界文化遗产苏州古典园林保护规划》，明确了遗产区和缓冲区，园林的保护已纳入苏州市总体规划框架。

2018 年 8 月 7 日，第四批《苏州园林名录》正式公布，端本园、全晋会馆、墨客园等 18 座园林入选，苏州园林总数达到 108 座，苏州由"园林之城"成为"百园之城"。

11. 中国：天坛——北京皇家祭坛（文化遗产）
China：Temple of Heaven: an Imperial Sacrificial Altar in Beijing（Cultural heritage）

入选时间：1998 年
入选标准：(i)(ii)(iii)

遗产概述：

天坛位于北京旧城南部，在东城区永定门内大街东侧，占地约 273 万平方米，分为内坛和外坛。天坛原是明永乐十八年（1420 年）仿南京形制所建的天地坛，当时是在大祀殿举行祭典，合祭皇天后土。嘉靖九年（1530 年）开始天地分祭，在大祀殿南建圜丘祭天，在北城安定门外另建方泽坛祭地。嘉靖十三年（1534 年）圜丘改名天坛，方泽改名地坛。大祀殿废弃后，改为祈谷坛。嘉靖十七年（1538 年）祈谷坛被废，于两年后在坛上另建大享殿，嘉靖二十四年（1545 年）建成。清乾隆十六年（1751 年）改名祈年殿（图 2-15）。

图 2-15　天坛祈年殿

天坛是明、清两代皇帝祭祀皇天、祈祷五谷丰登之场所。天坛是圜丘、祈谷两坛的总称，主要建筑物在内坛，南有圜丘坛、皇穹宇，北有祈年殿、皇乾殿，由一条贯通南北的甬道把这两组建筑连接起来。外坛古柏苍郁，环绕着内坛，使主要建筑群显得更加庄严宏伟。坛内还有巧妙运用声学原理建造的回音壁、三音石、对话石等，显示了古代中国建筑的工艺水平。

天坛是古代建筑和景观设计的代表作，象征着处于中国宇宙进化论中心的天和地的关系以及皇帝在此关系中所扮演的特殊角色。它是中国现存最完整的帝王祭祀建筑群，也是世界现存最大的祭天建筑群。

遗产评价：

天坛建于 15 世纪上半叶，位于旧北京城南郊的皇家园林当中，四周古松环抱，是保存完好的坛庙建筑群。无论在整体布局还是单一建筑上，都反映出天地之间（即人神之间）的关系，而这一关系在中国古代宇宙观中占据着核心位置。同时，这些建筑还体现出帝王在这一关系中所起的独特作用。

遗产保护：

天坛 1961 年被国务院列入第一批国家重点保护单位。在切实执行《中华人民共和国宪法》《中华人民共和国刑法》《中华人民共和国文物保护法》等有关法律的基础上，制定了有关的保护管理规定，未经国家文物局批准，禁止在遗产区内外采取可能影响遗产价值的措施和项目。

目前，祈年殿、圜丘坛、斋宫等主要祭祀建筑群被完整保存。天坛的管理遵循了中央政府和北京市政府在规划、文物立法和政策等方面所采取的各种措施，并遵守《天坛文物保护规划》的有关原则和规定，通过常态化、严密的维护和保护工程，保证文物的真实性和完整性。

12. 中国：皖南古村落——西递、宏村（文化遗产）
China：Ancient Villages in Southern Anhui – Xidi and Hongcun（Cultural heritage）

入选时间： 2000 年
入选标准： (iii)(iv)(v)

遗产概述：

西递、宏村位于安徽省黄山市黟县，是中国传统徽派建筑村落的典型代表。这两座村落的总体布局、景观、建筑形制和细部装饰都保留了 14—20 世纪皖南村落的原始风貌。西递、宏村的建设深深受到徽州传统文化的影响，这里建筑大多是由在外地做官或经商成功者出资建设的，形成了一种以宗祠为核心的村落形式。宏村里保留着许多结构精美的建筑和完好的排

图 2-16　皖南民居

灌水系统，其水潭和房屋布局与中国"风水"思想有关（图 2-16）。

遗产评价：

西递、宏村这两个传统的古村落在很大程度上仍然保持着在 20 世纪已经消失或改变了的乡村的面貌。其街道规划、古建筑和装饰，以及供水系统完备的民居都是非常独特的文化遗存。这些幸存的村落有着 600 多年的历史，具有重要的科学、文化和美学价值，也是研究区域历史文化的丰富资源。

遗产保护：

西递、宏村古村落（古建筑群）既是全国重点文物保护单位，也是国家历史文化名村，受到《中华人民共和国文物保护法》《中华人民共和国城乡规划法》《历史文化名城名镇名村保护条例》等法律保护。此外，当地政府联合专家委员会制定了西递、宏村保护规划等一系列专项规划，以加强对遗产及周边的管理。

西递、宏村的长期规划基于这样一种认识：不仅保护西递、宏村的整体空间格式和外观，即保护遗产自身的物质组成部分如建筑、水域、街道和周边自然景观等，还保持村落中人们的传统生活方式，使之保持文化遗产的真实性和完整性。

---

13. 中国：澳门历史城区（文化遗产）
China: The Historic Centre of Macao（Cultural heritage）

入选时间：2005 年
入选标准：(ii)(iii)(iv)(vi)

遗产概述：

澳门是中国国际贸易具有战略意义的港口，本遗产包括 22 个主要建筑物和公共空间，从中可清楚地了解旧港口城市的结构。澳门历史城区拥有历史悠久的街道、民居、宗教建筑，以及葡萄牙和中国式的公共建筑，为东西方在美学、文化、宗教、建筑和技术方面的影响提供了独特的见证。澳门作为中国与西方之间最持久的交往门户，在世界贸易中发挥了重要作用（图 2-17）。

不同国籍的人定居在复杂海上贸易网络的这个枢纽，传教士们带来了宗教和文化影响，引入的外国建筑类型（中国第一个西式剧院、大学、医院、教堂和要塞），许多仍在使用中。这些城市中并置的中西建筑遗产，使澳门独特的多元文化特征得到动态解读。例如，在圣保罗遗

图 2-17　澳门的历史建筑

迹的巴洛克风格的教堂立面上采用汉字作为装饰摆件。从定居点的城市结构中也可以看到典型的欧洲港口城市特征，公共广场沿着狭窄蜿蜒的街道融入密集的地段，按葡萄牙定居点的经验将港口与旧城堡相连。相关历史已渗透到当地百姓的生活方式中，影响了宗教、教育、医学、慈善事业、语言和美食等方面。遗产的核心价值不仅在于其建筑、城市结构、居民或其风俗习惯，还包含了东西方文化底蕴以及生活传统的共存。

遗产评价：

澳门是一个繁华的港口，在国际贸易发展中有着重要的战略地位。1999年，中国恢复对澳门行使主权。澳门历史城区保留着葡萄牙和中国风格的古老街道、住宅、宗教和公共建筑，见证了东西方美学、文化、建筑和技术影响力的交融。城区还保留了一座堡垒和一座中国最古老的灯塔。在国际贸易蓬勃发展的基础上，此城区是中西方交流最早且持续沟通的见证。

遗产保护：

2005年，澳门历史城区列入《世界遗产名录》后，相关遗产的保护工作开始在地方法令的要求下得到保障，这直接关系到每栋建筑和城市环境保护的管理实践。2006年行政长官的指示进一步扩大了对整个控制区和缓冲区的规划管制。2008年，行政长官再次对遗产区的发展提出要求，确保对景观视觉走廊的保护，以及灯塔与海景的连接。

为保护澳门作为贸易港口城市的核心价值，并减轻环境变化的影响，地方政府的相关机构已就新澳门城市规划的编制工作进行研究，结合世界遗产地的管理要求，加强历史城区与海景之间的联系。这项工作还将与社会各界携手合作，使公众了解遗产的普世价值，并肩负保护澳门世界遗产的使命，携手共建澳门新的文化与价值观。

14. 中国：殷墟（文化遗产）
China: Yin Xu (Cultural heritage)

入选时间：2006年
入选标准：(ii)(iii)(iv)(vi)

遗产概述：

殷墟位于中国河南省安阳市殷都区，占地414公顷，封闭缓冲区面积为720公顷。主要包括殷墟王陵遗址与殷墟宫殿宗庙遗址、洹河北侧的商城遗址等，大致分为宫殿区、王陵区、一般墓葬区、手工业作坊区、平民居住区和奴隶居住区。殷墟是中国历史上第一个文献可考、并为考古学和甲骨文所证实的都城遗址（图2-18）。

图2-18 殷墟遗址俯瞰

殷墟古称"北蒙"，甲骨卜辞中又称为"商邑""大邑商"。自公元前1300多年盘庚迁殷，到公元前1046年帝辛亡国，经历了盘庚、小辛、小乙、武丁、祖庚、祖甲、廪辛、康丁、武乙、文丁、帝乙、帝辛共8代，12位国王273年的统治，创造了辉煌灿烂的殷商文明。

据《竹书纪年》记载："自盘庚迁殷，至纣之灭，二百七十三年，更不徙都。"这里一直是中国商代后期的政治、经济、文化、军事中心。古老的洹河从市中缓缓流过，城市布局严谨合理。从殷墟的规模、面积、宫殿的宏伟，出土文物的质量之精、之美、之奇、数量之巨，可充分证明它当时不仅是全国，而且是东方政治、经济、文化的中心。

商灭亡后，这里逐渐沦为废墟。包括 80 多个夯土地基，其中有木结构遗存、祖先神龛，环绕的防御沟也起到防洪的作用。宫殿区域内的许多坑穴都出土了被认为具有中国书面语言最早证据的铭文甲骨。位于高地的皇家陵墓区域包括含有战车的牺牲坑和被认为是牺牲品的人类遗骸。埋葬物品包括装饰的青铜仪式器皿、玉器、骨雕和陶瓷。

殷墟作为中国早期最重要的首都之一，其规划和布局对中国后续国都的建设和发展具有重要影响；殷墟皇家陵墓地区是中国最早的大型皇家墓地，也是中国皇室陵寝的源头；甲骨文是中国最早的成熟文学，是商代历史的证据，帮助人们追踪 3300 年前的中国历史记录；殷墟不仅完整表现了商代晚期的社会生活，而且也反映了高度发达的科学和建筑技术，确立了殷商社会作为信史的科学地位，在历史、艺术和科学方面具有重要的价值。

遗产评价：

建于公元前 1319—前 1046 年，位于河南安阳，是中国商朝后期的都城遗址。20 世纪初，这里因发现甲骨文而闻名于世，此后还发掘出大量城市遗址以及精美的青铜器，展现了商代晚期灿烂的中华文明。

遗产保护：

1961 年 3 月，殷墟被定为第一批全国重点文物保护单位；1997 年 7 月，殷墟被定为全国首批爱国主义教育示范基地。殷墟的发现和发掘被评为 20 世纪我国"100 项重大考古发现"之首。2006 年 7 月 13 日，在立陶宛召开的世界遗产委员会第 30 届会议上，殷墟以符合世界遗产的第 (ii)、(iii)、(iv)、(vi) 条遴选标准被列入《世界遗产名录》，成为世界文化遗产。2011 年 3 月 19 日，殷墟通过国家级评审验收，跻身国家 5A 级旅游景区。

15. 中国：福建土楼（文化遗产）
China：Fujian Tulou（Cultural heritage）

入选时间：2008 年
入选标准：(iii)(iv)(v)

遗产概述：

福建土楼是东方文明的一颗明珠，因其大多数为福建客家人所建，故又称"客家土楼"。它以历史悠久、种类繁多、规模宏大、结构奇巧、功能齐全、内涵丰富著称，具有极高的历史、艺术和科学价值，被誉为"东方古城堡""世界建筑奇葩""世界上独一无二的、神话般的山区建筑模式"。

图 2-19　福建南靖的田螺坑土楼群

成为世界文化遗产的 46 座福建土楼由六群四楼组成，土楼故里南靖县和华安县占三群两楼，龙岩市永定区占三群两楼，覆盖了完整的土楼群建筑样式。福建土楼产生于宋元，成熟于明末、清代和民国时期。其中，风格奇异的南靖田螺坑土楼群，其造型、装饰和建造工艺较为罕见，土楼，俗称"生土楼"。它是以生土作为主要建筑材料，掺上细沙、石灰、竹片、木条等，经过反复揉、舂、压建造而成。楼顶覆以火烧瓦盖，经久不损。土楼高可达五六层，供三代或四代人同楼聚居（图 2-19）。

福建土楼的形成与历史上中原汉人几次著名的大迁徙相关。西晋永嘉年间，即公元 4 世纪，北方战祸频仍，天灾肆虐，当地民众大举南迁，拉开了千百年来中原汉人不断举族迁徙入闽的序幕。进入闽南的中原移民与当地居民相互融合，形成了以闽南话为特征的福佬民系；辗转迁徙后经江西赣州进入闽西山区的中原汉人则构成福建另一支重要民系——以客家话为特征的客家民系。

遗产评价：
福建土楼建于 15—20 世纪期间，位于福建省西南部，分布在 120 多平方千米范围内，共包含 46 栋建筑物。这些建造在稻田、茶叶和烟草田间的土楼为土质建筑，通常为多层，内檐为圆形或方形，每座土楼可供数百人居住。土楼外墙高大坚实、屋顶覆以瓦片，形成宽阔的屋檐，最初是为防御目的而建造，因而只有一个入口，一楼以上才有对外的窗户。土楼内部围绕中央形成开放式庭院，周边聚合了圆形的集体建筑，实际上是一个小村寨。建筑内部纵向区分为不同的家庭，每户拥有两到三个房间。与朴实的外墙相反，土楼内部是为舒适性而建造的，并具有极高的装饰性。土楼以其传统功能和典型范例，被列入《世界遗产名录》，展现出人类与自然的和谐相处。

遗产保护：
土楼的真实性不仅体现在维持土楼及其建筑传统，也与其耕作和林地景观环境相关，包括这一系统的结构及其运作的过程。此外，土楼的完整性既与建筑物有关，也与周围耕作和林地景观有关，当初的建设者们根据风水的整体性原则精心选址。

目前，尽管需要有关管理部门更好地制定关于当地农业和林业传统的景观可持续性发展的计划，但对指定地区及其缓冲区的法律保护还是充分的。在政府行政机构和当地社区两类相互协同的保护机制下，该世界遗产的整体管理系统是完善和有效的。

16. 中国：元上都遗址（文化遗产）
China：Site of Xanadu（Cultural heritage）

入选时间：2012 年
入选标准：(ii)(iii)(iv)(vi)

遗产概述：

元上都遗址位于内蒙古自治区锡林郭勒盟正蓝旗草原，曾是世界历史上最大帝国——元王朝的首都。元上都的城址及相关墓葬的位置借鉴了中国传统风水的理论。此外，从元上都的平面图看，宫殿和皇城部分被外城包围，符合汉族宫殿的特点。该遗址北靠群山、南临河流，具有游牧文明和农耕文明相互融合的特点。

元上都南临上都河，北依龙岗山，周围是广阔的金莲川草原，形成了以宫殿遗址为中心，分层、放射状分布，既有土木为主的宫殿、庙宇建筑群，又有游牧民族传统的蒙古包式建筑的总体布局形式，体现出一个高度繁荣的草原都城的宏大气派，是草原文化与中原农耕文化融合的杰出典范（图 2-20）。

图 2-20　元上都遗址

遗产评价：

元上都遗址在长城的北面，这里曾是元朝忽必烈大汗的传奇首都城，由蒙古统治者的汉族顾问刘秉东于 1256 年设计。该项目是在 25000 公顷土地上的一个独特的尝试，充分吸收了游牧民族蒙古族和汉族的中国文化。从这个基地开始，忽必烈建立了统治中国一个世纪的元朝，扩展了中国在亚洲的边界。在这里举行的宗教辩论扩大了藏传佛教在东北亚的传播，在今天的许多地区，这种文化和宗教传统仍然存在。该遗址与附近的山脉和河流有关，是根据中国传统风水规划的，拥有城市的各类遗迹，包括寺庙、宫殿、墓葬、游牧营地、运河，以及水利设施。

遗产保护：

1988 年，该遗产被列入第三批全国重点文物保护单位，受国家、自治区和县市等不同层级的法律保护。根据《中华人民共和国文物保护法》的规定，国家对元上都及其邻近地区和幡竿渠实行保护。砧子山墓葬群等指定区域由内蒙古自治区人民政府进行一级保护；一棵树墓葬群等指定区域和 12 处敖包遗址也由正兰旗进行一级保护。

元上都周围的草原保护适用于《中华人民共和国草原法》、《内蒙古自治区草原管理条例》。周边草原的全面保护由锡林郭勒盟管理，以《内蒙古自治区元上都遗址保护管理办法（2010）》为依据。通过这项立法，政府控制了遗产地附近的农田，保护草地生态系统和自然景观。

该遗产的管理机构在《元上都遗址保护管理规划》的指导下，由锡林郭勒盟保护管理委员会负责协调。其目的不仅是实现当地社会经济的可持续发展，同时还要确保遗产的完整性，为此遗产管理的效率需要不断加强和提高。

17. 中国、哈萨克斯坦、吉尔吉斯斯坦：丝绸之路：长安—天山廊道的路网（联合文化遗产）

China, Kazakhstan, Kyrgyzstan：Silk Roads: The Routes Network of Chang'an-Tianshan Corridor（Cultural heritage）

入选时间：2014 年
入选标准：(ii)(iii)(v)(vi)

遗产概述：

该项遗产形成于公元前 2 世纪，兴盛于 6—14 世纪，沿用至 16 世纪，分布于今中国、哈萨克斯坦（图 2-21）和吉尔吉斯斯坦境内，是古代亚欧大陆间以丝绸为大宗贸易而开展的长距离商业贸易与文化交流的交通大动脉，也是东西方文明与文化的融合、交流和对话之路，近两千年中为人类的共同繁荣作出了重要的贡献。

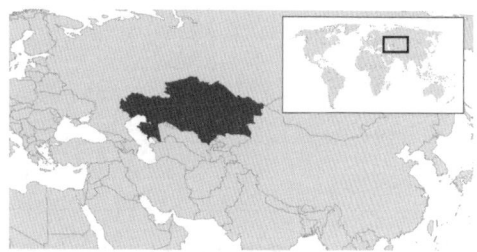

图 2-21 哈萨克斯坦的区位图

丝绸之路见证了公元前 2 世纪至公元 16 世纪，亚欧大陆在经济、文化、社会方面的交流，尤其是游牧与农耕文明之间的联结关系；在长途贸易推动大型城镇和城市发展、水利管理系统支撑交通贸易等方面是一个出色的范例；并与张骞出使西域等重大历史事件相关，反映出佛教、摩尼教、琐罗亚斯德教等宗教和城市规划思想等在古代中国和中亚等地区的传播（图 2-22）。

图 2-22 丝绸之路跨国廊道

遗产评价：

"丝绸之路：长安—天山廊道的路网"线路跨度近 5000 千米，从汉唐时期的中国首都长安 - 洛阳延伸至中亚，沿线包括中心城镇遗迹、商贸城市、交通遗迹、宗教遗迹和关联遗迹等 5 类代表性遗迹共 33 处，申报遗产区总面积 42680 公顷，遗产区和缓冲区总面积 234464 公顷。中国境内有 22 处考古遗址、古建筑等遗迹，哈萨克斯坦、吉尔吉斯斯坦境内各有 8 处和 3 处遗迹。丝绸之路在公元前 2 世纪至公元 1 世纪之间形成，直到 16 世纪仍在使用，将多个文明联系起来，促进了贸易、宗教信仰、科学知识、技术创新、文化习俗和艺术方面的深远交流活动。该项目是世界上第一个以联合申报的形式成功列入《世界遗产名录》的丝绸之路关联项目，也是我国第一个跨国联合申报世界遗产的项目。

遗产保护：

1998 年，联合国教科文组织启动"对话之路：丝绸之路整体性研究"项目，提出丝绸之路申请世界文化遗产的想法，并于 2006 年 8 月，在吐鲁番召开了"丝绸之路跨国联合申报世界文化遗产国际协商会议"。中国与中亚五国（哈萨克斯坦、吉尔吉斯斯坦、塔吉克斯坦、乌兹别克斯坦、土库曼斯坦）达成了跨国联合申遗的共识。此后，2009 年又成立了丝绸之路系列世界遗产申报政府间协调委员会。但因为这条路线如此之长，涉及国家如此之多，申遗的时间也一再推后。

2011 年，世界遗产中心对该跨国联合申遗的策略进行调整：一条是中国、哈萨克斯坦和吉尔吉斯斯坦的跨国廊道；另一条是塔吉克斯坦和乌兹别克斯坦的跨国廊道。2013 年，前述三国确定申遗项目名称为"丝绸之路：起始段和天山廊道的路网"，并将申遗文本提交给世界遗产中心。2014 年丝绸之路申遗成功。

18. 中国：良渚古城遗址（文化遗产）
China：Archaeological Ruins of Liangzhu City（Cultural heritage）

入选时间：2019 年
入选标准：(iii)(iv)

遗产概述：
良渚古城遗址位于中国东南沿海长江流域天目山东麓河网纵横的平原上，是环太湖地区早期区域性国家的权力和信仰中心（图 2-23）。

图 2-23　良渚古城遗址

良渚古城遗址揭示了中国新石器时代晚期以稻作农业为经济基础、社会分化和统一信仰体系的早期区域性国家状态。遗产内容包括公元前 3300—公元前 2300 年的城市遗址、功能复杂的周边水利系统和社会等级公墓（包括祭坛），以及一系列象征信仰体系的以玉器为代表的出土文物。早在良渚文化初期，这里的发展成果就代表了长江流域对中华文明起源所作的卓越贡献。此外，城市的格局和功能，聚落和外城梯田的特点，也鲜明地展示出遗产的价值。

遗产评价：
位于中国东南沿海长江三角洲的良渚古城遗址（约公元前 3300—公元前 2300 年）向人们展示了新石器时代晚期一个以稻作农业为支撑、具有统一信仰的早期区域性国家。该遗址由 4 个部分组成：瑶山遗址区、谷口高坝区、平原低坝区和城址区。通过这些大型土质建筑、城市规划、水利系统以及不同墓葬形式体现了当时的社会等级制度，使这些遗址成为东方早期城市文明的杰出范例。

遗产保护：
申报之前，瑶山遗址区、山前堤道区、良渚考古遗址的城址区三个组成部分已获得国家最高等级保护，位于保护范围内的重点保护分区。2017 年谷口高坝区和平原低坝区被列入浙江省省级保护区，目前也已列入国家重点保护区。

相关遗产受《中华人民共和国文物保护法》《中华人民共和国文物保护法实施条例》等有关法律、法规保护。另外该遗产还受到《浙江省文物保护管理条例》保护，具有国家级和省级双重保护地位。

政府管理机构制定完善了《杭州市良渚遗址保护管理条例（2013年修订）》，以及一系列遗产保护专项条例，发布并实施了《良渚遗址保护总体规划（2008—2025年）》，将其列为国家重点保护遗址，同时加强了对该遗址及其周边环境的监测。

良渚遗址的四个区域共用一个缓冲区，由杭州良渚遗址管理区管理委员会统一管理。包括有明确的分工负责制度，功能齐全，有足够的专门从事保护工作的技术和管理人员，以及充裕的资金来源，相关设施完善。

与此同时，各级政府和研究机构还在进一步加强遗产价值的研究、解读和传播，适当发挥文化旅游、生态保护等遗产综合功能，形成可持续发展的保护关系。

第四节
中国的自然遗产

中国幅员辽阔，从南到北，风光旖旎，地跨热带、温带、寒带等多个温度带；由西向东，大河奔腾，流经复杂而多样的地形。从平原、沙漠，到高原、山脉，各种类型的地理环境，造就了丰富多彩的自然面貌以及遗产品类（图2-24）。

在中国，不仅有四川九寨沟海拔4800多米的高山喀斯特地貌（案例20），也有姿态万千、蔚为壮观的湖南武陵源3103座石英砂岩奇峰（案例21），还有覆盖面积达1.7万平方千米，世界罕见的云南三江并流奇观，以及有神秘原始的湖北神农架自然保护区（案例24），这些著名的风景名胜区无一不是科学家、探险家和旅游者的向往之地，具有重要的科学价值、美学意义以及丰富多彩的少数民族文化价值。

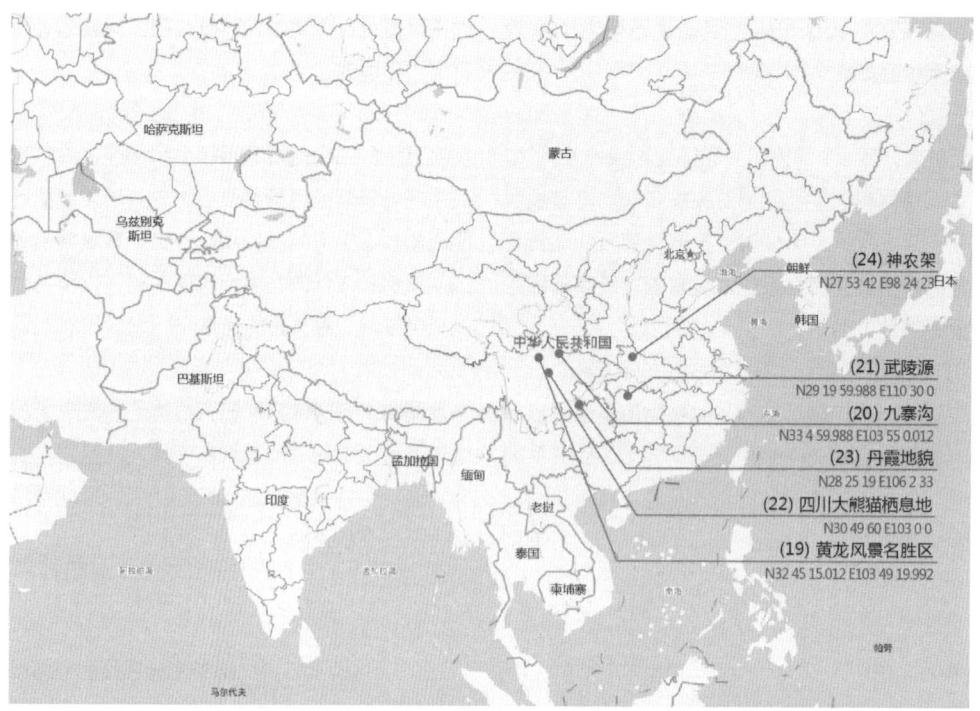

图 2-24 中国的遗产案例分布图（四）

19. 中国：黄龙风景名胜区（自然遗产）
China：Huanglong Scenic and Historic Interest Area（Natural heritage）

入选时间：1992 年
入选标准：(vii)

遗产概述：

黄龙景区由黄龙本部和牟尼沟两部分组成。拥有一系列的石灰岩湖泊、瀑布、森林和山景，是一个极为优美的自然遗产。这里有终年白雪皑皑的山峰，海拔从 1700 米到 5588 米，其中包括中国最东端的冰川。该区域占地 6 万公顷，位于岷山山脉内，还包括壮观的石灰岩地层和温泉。其多样化的森林生态系统为许多濒临灭绝的动植物提供了栖息地，包括大熊猫和四川金丝猴。

图 2-25 黄龙风景名胜区

黄龙本部主要由黄龙沟、丹云峡、雪宝顶等景点构成；牟尼沟主要是扎嘎瀑布和二道海两个景点。这里主要因佛门名刹黄龙寺而得名，而以彩池、雪山、峡谷、森林"四绝"著称，是中国唯一保存完好的高原湿地（图 2-25）。

黄龙沟位于岷山主峰雪宝顶，下临涪江源头——涪源桥，沟内布满乳黄色岩石，远望好似蜿蜒于密林幽谷中的黄龙，黄龙沟之名即来源于此。明代（公元1368—1644年）在此修建了黄龙寺，用以奉祀黄龙。黄龙沟以它"奇、绝、秀、幽"的自然景观而蜚声中外，它酷似中国人心目中"龙"的形象，因而历来被喻为"人间瑶池""中华象征"。在当地更为各族乡民所尊崇，藏民称之为"东日·瑟尔峻"，意为东方的海螺山（指雪宝山）、金色的海子（指黄龙沟），并沿袭着一年一度遍及西北各省区各族民众参加的盛大转山庙会。黄龙沟连绵分布的钙化段长达3600米，最长钙化滩长1300米，最宽170米；彩池数多达3400余个；边石坝最高达7.2米。

遗产评价：

黄龙风景名胜区，位于四川省西北部，是由众多雪峰和中国最东边的冰川组成的山谷。除了高山景观，人们还可以在这里发现各种不同的森林生态系统，以及壮观的石灰岩构造、瀑布和温泉。这一地区还生存着许多濒临灭绝的动物，包括大熊猫和四川疣鼻金丝猴。

遗产保护：

黄龙于1982年被国务院列为全国重点风景名胜地。1992年被联合国教科文组织列为世界自然遗产。

黄龙生物圈保护区位于海拔高达5588米的山区。该地区因其生物多样性而闻名，主要野生动物包括大熊猫和云豹，遗产保护的难度极高，生物圈保护区还包括一个由石灰岩浅滩，激流和瀑布相连的3400个石灰池系统。

生物圈保护区管理委员会通过监测气象、地质和水体，监测森林病虫害、监测大熊猫、监测旅游经济组织发展，并吸纳当地居民参与环境保护，努力寻找保护该地区自然资源的科学方法，同时以可持续的方式使用它们。此外，通过与当地社区合作，利用当地产品改善人口的经济状况，也是持续保护相关遗产重要的途径。

---

20. 中国：九寨沟风景名胜区（自然遗产）
China: Jiuzhaigou Valley Scenic and Historic Interest Area (Natural heritage)

入选时间：1992年
入选标准：(vii)

遗产概述：

九寨沟位于四川省北部，海拔4752米，占地7.2万公顷，拥有一系列重要的森林生态系统，包括古老的生长林，为大熊猫和羚牛在内的众多濒危动植物物种提供了重要的栖息地。在九寨沟风景名胜区内，壮观的此起彼伏的高山映衬在针叶林之上，周围有清澈、奇异的蓝、绿、

图2-26 九寨沟自然保护区

紫色的池塘、湖泊、瀑布，石灰岩梯田、洞穴等美丽地貌，其中包括许多喀斯特地层；事实上，该地区还是研究高山喀斯特水文和地质的"自然博物馆"。同时，那里还有大量保存完好的第四纪冰川遗迹，具有重要的旅游价值（图 2-26）。

遗产评价：

曲折狭长的九寨沟山谷海拔 4800 多米，因而形成了一系列多种森林生态系统。壮丽的景色因一系列狭长的圆锥状喀斯特地貌和壮观的瀑布而更加充满生趣。山谷中现存约 140 种鸟类，还有许多濒临灭绝的动植物物种，包括大熊猫和四川扭角羚。

遗产保护：

九寨沟作为国家级公园和自然保护区，受到国家和省级等各级法律法规的保护，以保证九寨沟遗产的长期管理和保护。2004 年，四川省《四川省世界遗产保护条例》和《阿坝州实施＜四川省世界遗产保护条例＞条例》成为法律，为该遗产的保护提供了更严格的依据。

九寨沟世界遗产管理局成立于 2006 年，为确保该遗址落实阿坝州有关四川省世界遗产保护条例的指导方针，该局下设自然保护部、多学科科学部、规划建设部、驻地管理处等 21 个部门。目前，九寨沟国家公园的总体规划已经出台，并得到了国家批准，该规划不仅为九寨沟国家公园的保护和管理提供了框架，还包括详细的公园资源监测计划，涉及水资源、生物多样性、森林病虫害、天气和气候等方面的严格监测。此外，该规划还明确了在旅游业不断发展的情况下，保护生物多样性、传统文化环境等相应规定。

作为九寨沟遗产监测与保护工作的一部分，当地的多学科科学部与国内外高校和科研人员密切合作开展研究，重要的研究领域包括九寨沟凝灰岩矿床的演化；空气和水质监测；考古学；草地再造林和生物多样性；以及人类与景观的相互作用等。这些研究项目的结果构成了新管理政策的基础。旅游业的持续增长是一个挑战，令人关切，有关部门在研究和监测项目的基础上采取了许多补救行动，以最大限度地控制人类活动的影响。

21. 中国：武陵源（自然遗产）
China: Wulingyuan Scenic and Historic Interest Area （Natural heritage）

入选时间：1992 年
入选标准：(vii)

遗产概述：

武陵源风景名胜区位于中国中部湖南省西北部，由张家界市的张家界森林公园、慈利县的索溪峪自然保护区和桑植县的天子山自然保护区组合而成，总面积约 500 平方千米。最近又发现了邻近的杨家界新景区。

图 2-27　武陵源自然保护区

武陵源风景名胜区是 20 世纪 80 年代初发现的山水名胜。这里的风景没有经过任何的人工雕凿，到处是石柱石峰、断崖绝壁、古树名木、云气烟雾、流泉飞瀑、珍禽异兽。置身其间，犹如到了一个神奇的山水世界和趣味天成的艺术长廊。武陵源水绕山转，据称仅张家界就有"秀水八百"，众多的瀑、泉、溪、潭、湖各呈其妙。金鞭溪是一条十余千米长的溪流，从张家界沿溪一直可以走到索溪峪，两岸峡谷对峙，山水倒映溪间，别具风味。

武陵源的溶洞数量多、规模大、极富特色，其中最为著名的是索溪峪的"黄龙洞"。黄龙洞全长 7.5 千米，洞内分为四层，景观奇异，是武陵源最为著名的游览胜地之一。

遗产评价：
武陵源景色奇丽壮观，位于中国湖南省境内，连绵 26000 多公顷，景区内最独特的景观是 3000 余座尖细的砂岩柱和砂岩峰，大部分都 200 余米高。在峰峦之间，沟壑、峡谷纵横，溪流、池塘和瀑布随处可见，景区内还有 40 多个石洞和两座天然形成的巨大石桥。除了迷人的自然景观，该地区还因庇护着大量濒临灭绝的动植物而引人注目（图 2-27）。

遗产保护：
1988 年，武陵源被国务院批准为国家重点风景名胜区，此后一直处在国家和省级有关法律法规的保护下。1999 年，由于日益商业化导致该遗产自然价值的部分丧失，当地政府宣布了《保护世界自然遗产武陵源的决定》，并开始拆除景区内的房屋。扩大景区规模，减少聚落，推进生态旅游。2001 年 1 月，实施的《湖南省武陵源世界自然遗产保护条例》，为保护遗产提供了更有力的法律依据。到 2002 年年底，武陵源风景名胜区所受到的负面影响有所缓解。

目前，该遗产由武陵源风景名胜区管理局管理，其他几家资源管理机构协助管理。文物保护办公室成立于 2000 年，是管理文物的业务机构，随后成立了张家界、天子山、索溪峪、杨家界风景区办事处和保护站。共有管理人员约 500 人。此后，为了研究、教育和解释该遗产的自然价值而建立了博物馆和游客中心。

2005 年，修订了《武陵源风景名胜区总体规划》，确保了武陵源遗产的长期保护和保存措施，对武陵源的石英砂岩峰、柱、喀斯特景观、峡谷、物种、植被、生态等所有有助于武陵源审美价值的要素，都需要严格维护和监测，同时科学控制和调整游客数量、季节分布和活动，实现世界遗产、人口和经济的动态平衡。

22. 中国：四川大熊猫栖息地——卧龙、四姑娘山和夹金山（自然遗产）
China：Sichuan Giant Panda Sanctuaries - Wolong, Mt Siguliang and Jiajin Mountains（Natural heritage）

入选时间：2006 年
入选标准：(x)

遗产概述：

四川大熊猫栖息地位于中国西南部的四川省，总面积为 9245 平方千米，周围有着 527100 公顷的缓冲区。

图 2-28　四川大熊猫栖息地

该遗产是中国和世界上最大最重要的大熊猫栖息地，也是大熊猫物种圈养繁殖最重要的基地（图 2-28）。除大熊猫之外，这里还有大量的受威胁植物和动物物种，包括其他标志性的哺乳动物如小熊猫、雪豹和云豹等。同时，该遗产也是一个重要的鸟类保护中心，有 365 种鸟类记录，其中 300 种在当地繁殖。该地还是世界上温带植物最丰富的地区之一，记录了数千种植物，包括一些已灭绝物种，例如鸽子树，并且木兰、竹子、杜鹃花和兰花等类群，具有显著的多样性。此外，该遗址是数百种传统药用植物的主要来源和基因库，但是其中的许多物种目前正受到威胁。

遗产评价：

四川大熊猫栖息地面积 9245 平方千米，目前全世界 30% 以上的濒危野生大熊猫都生活在这里。该栖息地包括邛崃山和夹金山的七个自然保护区和九个景区，是全球最大、最完整的大熊猫保护区，为第三纪原始热带森林遗迹，也是最重要的圈养大熊猫繁殖地。这里也是小熊猫、雪豹及云豹等全球极濒危动物的栖息地。同时，这里也是世界上除热带雨林以外植物种类最丰富的地区之一，生长着属于 1000 多个属种的 5000～6000 种植物。

遗产保护：

该遗产受国家和省级法律法规保护，包括：《中华人民共和国野生植物保护条例》（1997 年）；《中华人民共和国自然保护区条例》（2002 年）；《中华人民共和国文物保护法》（2002 年）；《中华人民共和国野生动物保护法》（2004 年）；《四川省自然保护区管理条例》（2000）。

2002 年颁布的《四川省世界遗产保护条例》，是管理全省所有世界遗产的法规依据。该管理计划旨在确保"大熊猫的生物多样性、生态系统和栖息地在世界遗产地得到有效保护，该地区人口的社会和经济发展与自然环境容量相协调"。它为遗产地场地管理和保护提供了一个完整的框架。

该遗产的保护管理机构分为三个层次：四川省世界遗产管理委员会，相关的县或市世界遗产管理办公室，以及当地的现场管理机构。省政府成立了四川世界遗产管理委员会和四川世界遗产专家委员会，有效地提高了科学管理水平。

目前，遗产地受到了良好保护。在 2008 年四川汶川里氏 8.0 级的地震之后，已经编制并实施了该遗产的恢复和重建计划。

23. 中国：丹霞地貌（自然遗产）
China：Danxia（Natural heritage）

入选时间： 2010 年
入选标准： (vii)(viii)

遗产概述：

中国丹霞位于亚热带地区，是一个系列景区，包括六个组成部分：赤水、泰宁、狼山、丹霞山、龙虎山和江郎山，从贵州西部到浙江东部的约 1700 千米的新月形弧形地带。

丹霞，这个术语指的是一种有着特殊地貌特征以及与众不同的红颜色的地貌景观（即"丹霞地貌"），像"玫瑰色的云彩"或者"深红色的霞光"。在地质和地貌学层面上，丹霞反映了一个干热气候条件下的氧化陆相沉积环境。它的特点是壮观的红色悬崖和一系列被侵蚀地貌，包括戏剧性的天然柱子、塔楼、峡谷、山谷和瀑布。

中国丹霞地貌包括从新近纪至今连续发育的红色沉积序列。列入世界自然遗产的六个组成部分，代表了从"最少侵蚀"到"严重侵蚀"的丹霞地貌的各种重要例子，具有"地貌发育的典型性、区域的连续完整性、生态环境的原生性、地貌景观的优美性、研究程度的深入性和管理条件的可行性"特点，总体上构成了东南部湿润区不同发育阶段的低海拔"峰林—峰丛型"丹霞的完整系列，具有全球意义的突出普遍的景观美学价值、生态学价值。

"中国丹霞"于 2010 年 8 月 1 日在巴西利亚举行的第 34 届世界遗产大会上，经联合国教科文组织世界遗产委员会批准，被正式列入《世界遗产名录》。

遗产评价：

中国丹霞是中国境内由陆相红色砂砾岩在内生力量（包括隆起）和外来力量（包括风化

图 2-29 丹霞地貌奇特的风化效果

和侵蚀）共同作用下形成的各种地貌景观的总称（图 2-29）。这一遗产包括中国西南部亚热带地区的 6 处遗址。它们的共同特点是壮观的红色悬崖以及一系列侵蚀地貌，包括雄伟的天然岩柱、岩塔、沟壑、峡谷和瀑布等。这些跌宕起伏的地貌，对保护包括约 400 种稀有或受威胁物种在内的亚热带常绿阔叶林和许多动植物起到了重要作用。

遗产保护：

丹霞地貌同时也被列入联合国教科文组织世界地质公园的保护体系，进一步挖掘其较高的文化和考古价值。包括 12.9 万年前居住在这里的史前人类"马巴人"的发现地；四千年历史的"年玉传"文化的发源地。

中国丹霞虽分属于 6 个不同的地方，但都受到国家、省市和地方各级法律和条例的保护，各地也建立健全了高素质的人才管理体系，并制定了严格的保护与监测系统，及时评估自然价值和相关物种的变化。

此外，丹霞山博物馆在普及科学方面发挥着重要作用，既是国家科学教育中心，也是国土资源科学普及中心和中山大学、韶关学院等院校的教学中心。

24. 中国：神农架（自然遗产）
China: Hubei Shennongjia (Natural heritage)

入选时间：2016 年
入选标准：(ix)(x)

遗产概述：
神农架国家森林公园位于湖北省西北部，由房县、兴山、巴东三县边缘地带组成，南濒长江，北望武当山，是大巴山脉和秦岭交交汇处，以及我国南部亚热带向北部温带过渡的地带。主峰太神农架海拔超 3000 米，面积 3250 平方千米，林地占 85% 以上，森林覆盖率 69.5%，区内居住着汉族、土家族、回族等民族，人口数近 8 万。神农架的最高峰神农顶海拔 3105.4 米，最低处海拔 398 米，平均海拔 1700 米，3000 米以上山峰有 6 座，被誉为"华中屋脊"。

这里拥有世界中纬度地区唯一保持完好的亚热带森林生态系统，珙桐、水杉、水青树、连香树、领春木等，古老、特有而且珍稀。苍劲挺拔的冷杉、古朴郁香的岩柏、雍容华贵的梭罗、独占一方的铁坚杉，枝繁叶茂，遮天蔽日；金丝猴、白熊、苏门羚、大鲵以及白鹳、白鹤、金雕等走兽飞禽出没草丛，翔天林间。神农架区内还有众多的奇洞、潮水河、猴子石、南垭山、小当阳等美景（图 2-30）。

遗产评价：
神农架遗产地由两部分构成：西边的神农顶和东边的老君山。这里有中国中部地区最大的原始森林，是中国大鲵螈、川金丝猴、云豹、金钱豹、亚洲黑熊等许多珍稀动物的栖息地。湖北神农架是中国三大生物多样性中心之一，在

图 2-30 神农架自然保护区

19-20 世纪期间曾是国际植物收集探险活动的目的地，在植物学研究史上占据重要地位。

遗产保护：
神农架是国家著名风景名胜区，受到一系列国家、省和地方法律法规的长期严格保护。该遗产在各级政府、当地人民和其他利益相关者中都得到广泛认同。当地政府应该对遗产外围的缓冲区进行积极有效的管理，以达到开发既不破坏自然环境又充分利用当地条件的目的。

神农架目前面临的威胁主要来自过多的游客导致超出其承载力。随着交通等基础设施的逐渐完善，尤其是 2014 年神农架机场启用，快速增加的游客量产生了较大的负面影响。此外，在缓冲区内的人类活动，如种植茶树等都可能会对神农架造成破坏，所以管理机构应持续监测周边土地的使用情况，也应注意遗产的综合保护和当地经济发展相结合，这样才能做到长期可持续保护。

第五节
中国的双重遗产与文化景观

在全球167个世界遗产成员单位中，中国不仅拥有数量最多的世界遗产，而且大多数的遗产还具有多重的价值特征，尤其是双重遗产和文化景观，在数量与质量上也是其他国家所难以匹敌的（图2-31）。

中国既拥有世界上第一个双重遗产——泰山（案例25），也包括"五岳归来不看山"的黄山（案例26），还有"名满天下"的武夷山（案例27），它们都是文化和自然遗产交相辉映的，世界上独一无二的荟萃之地。

探寻这些案例的成因，一方面是源于中国文化讲究"天人合一"的世界观——古时候的人们常常"寄情山水"，在奇山丽水之间，留下丰盛的人文印记；另一方面，也与华夏民族所处的得天独厚的地理位置，以及绵延数千年不曾迁徙和断裂的历史轨迹有关——丰硕的积淀造就了物华天宝、人杰地灵的多维价值特征。尤其可贵是，这些世界遗产所体现的自然与人文和谐交融的品质，人与环境永续相处的精神，更是与中华文化"包容""平和""自在"的气度有着密不可分的关联。

在文化景观方面，无论是城市山林——杭州西湖（案例29），还是乡村胜景——红河哈尼梯田（案例30），在中国这个神奇的国度里，还有很多独一无二的绝妙去处。

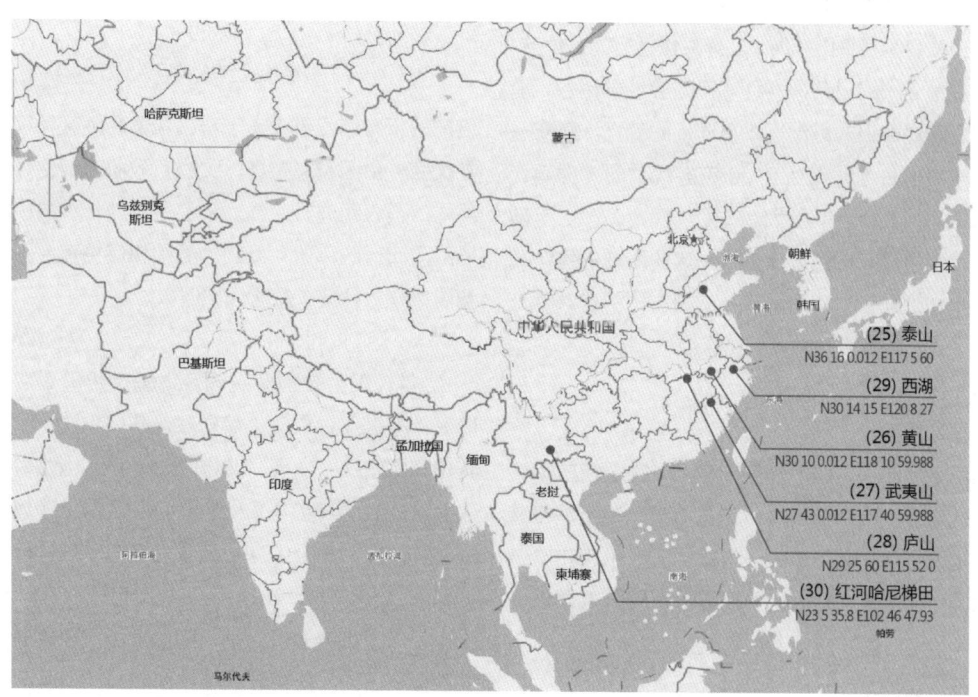

图2-31 中国的遗产案例分布图（五）

25. 中国：泰山（双重遗产）
China: Mount Taishan （Mixed heritage）

入选时间：1987 年
入选标准：(i)(ii)(iii)(iv)(v)(vi)(vii)

遗产概述：
泰山占地 25000 公顷、海拔 1545 米，是中国最著名的神山，早在新石器时代（大汶口遗址就在附近）就有人类定居，具有独特的历史、文化、美学和科学价值。

公元前 219 年，秦始皇统一中国后，开启了统治者祭祀泰山，宣扬功德的传统。如今，泰山仍有 12 次帝王祭拜的历史记载、约 1800 块石碑和碑文、22 座寺庙，这使得泰山成为中国最重要的纪念地、世界著名的历史文化宝库（图 2-32）。

重点古迹有泰山岱庙，收藏了公元 1009 年的道教名画《泰山神游》。碑文包括张骞、恒芳、金孙夫人的汉代碑文；北齐的佛经碑刻谷；唐玄宗对泰山的歌颂，以及唐代的碑文。还有一些古树名木，包括 2100 年前栽种的 6 棵汉代柏树；1300 年前栽种的唐代槐树；500 年前栽种的迎宾松和五大夫松。这些所有的建筑元素、绘画、现场雕塑、石刻和古树都自然融入了泰山的景观之中。

遗产评价：
两千多年来，庄严神圣的泰山一直是帝王朝拜的对象。山中的人文杰作与自然景观完美和谐地融合在一起。泰山一直是中国艺术家和学者的精神源泉，是古代中国文明和信仰的象征。

遗产保护：
历史上泰山已经被保护和管理了 2000 多年。

图 2-32 泰山的南天门

目前的行政组织是泰安市泰山风景名胜区管理委员会，由国家文物局、文物宗教局、卫生环保局的代表组成。此外，还包括其他相关的职能部门和行政单位。泰山的维护和保护资金由政府拨款，并辅以景区门票收入。

1982 年，泰山被国务院确定为国家级风景名胜区。根据《世界文化和自然遗产保护法》和其他有关法律、法规，2000 年 10 月，山东省人大常委会通过了《泰山风景名胜区保护管理条例》文件，为泰山保护综合治理的有效运行提供了法律依据。2004 年，泰安市政府在公报上公布了世界遗产最高级别保护区，在最高级别保护区内，任何建设项目都必须按照既定的法律和程序，经有关行政部门审批。

26. 中国：黄山（双重遗产）
China：Mount Huangshan（Mixed heritage）

入选时间：1990 年
入选标准：(ii)(vii)(x)

遗产概述：

黄山被称为"中国最美的山"，被无数绘画和文学作品所歌颂，原名"黟山"，因峰岩青黑，遥望苍黛而名。后因传说轩辕黄帝曾在此炼丹，故改名为"黄山"。黄山代表景观有"四绝三瀑"，四绝：奇松、怪石、云海、温泉；三瀑：人字瀑、百丈泉、九龙瀑。

黄山位于安徽省南部黄山市境内，有 72 峰，主峰莲花峰海拔 1864 米，与光明顶、天都峰并称三大黄山主峰，为 36 大峰之一。黄山是安徽旅游的标志，是中国十大风景名胜唯一的山岳风光。在中国传统绘画中，黄山历来是传统中国风景的典范，尤其在 16 世纪的明朝，这里怪异的石头、苍劲的树木启发了当时的画家们并形成了独特的画派。另外，黄山也是西方视域中东方的象征之一。

明朝旅行家徐霞客登临黄山时赞叹："薄海内外之名山，无如徽之黄山。登黄山，天下无山，观止矣！"被后人引申为"五岳归来不看山，黄山归来不看岳"。

黄山是生物的宝库，植物覆盖率达到 80% 以上，种类超过 1450 种，是中国南方植物的荟萃地之一。黄山还庇护着大量的野生动物，包括鱼类 24 种，两栖类 20 种，爬行类 38 种，鸟类 170 种，脊椎动物 300 种。其中，黄山梅花鹿是国家一级保护动物。

图 2-33 黄山迎客松

遗产评价：

黄山被誉为"震旦国中第一奇山"，在中国历史上的鼎盛时期，通过文学和艺术的形式（例如 16 世纪中叶的"山""水"风格）受到广泛的赞誉。黄山以其壮丽的景色——生长在花岗岩石上的奇松和浮现在云海中的怪石而著称。如今，对于从四面八方来到这个风景胜地的游客、诗人、画家和摄影家而言，黄山仍具有永恒的魅力（图 2-33）。

遗产保护：

作为一座知名风景名胜地及国家公园，黄山受到包括《文物保护法》《森林法》《风景名胜管理法》《野生动物保护法》等多部法律的保护。为了加强对黄山的保护和管理，黄山市设立了直属于市政府的黄山国家公园管理委员会。另外，当地政府设立了针对黄山的特别基金，确保能有足够的财政资金以最高国际标准来监测和保护这一重要遗产。

黄山是中国最受欢迎的风景名胜之一，年游客量为 274 万人次，年均增长 8.96%，日益增长的游客量是黄山保护与发展最大的挑战。

27. 中国：武夷山（双重遗产）
China: Mount Wuyi（Mixed heritage）

入选时间：1999 年
入选标准：(iii)(vi)(vii)(x)

遗产概述：
武夷山位于江西省铅山县、福建省武夷山市境内，是中国东南部最著名的生物多样性保护区，这里拥有极其丰富的动植物资源，它还是大量古代珍稀物种的避难所，其中很多是中国特有的物种，包括华南虎、云豹和大鲵。

图 2-34　武夷山自然保护区

九曲溪两岸峡谷秀美，寺院庙宇众多，但其中也有不少早已成为废墟。该地区为理学的发展和传播提供了良好的地理环境，从北宋到清朝，至少有 35 座儒家学院在此设立。另外，该地还拥有石窟、石碑、墓葬等物质遗产及 60 多座道教和佛教建筑。

遗产评价：
武夷山脉是中国东南部最负盛名的生物多样性保护区，因其丰富的动植物资源在世界上享有盛名（图 2-34）。另外，此地拥有大量的寺院和儒家书院，是古代理学发展的重要地点。1 世纪时，汉朝统治者在此建立了一处行政机构，厚重坚实的围墙环绕四周，极具考古价值。

遗产保护：
武夷山被列为国家级自然保护区、国家风景名胜区、森林公园，受到《自然保护区条例》《文物保护法》《风景名胜管理条例》等多部法律法规保护。

在省级层面，福建省出台了《武夷山世界文化与自然遗产保护条例》以及其他有关武夷山世界遗产保护的地方性法规。同时，地方政府把遗产保护范围划分为四个区域并进行了规划，设立了专门的机构进行对应管理。

目前武夷山保护需要加强的工作有：减少生活污水和固体废物对九曲溪水质的影响；利用地理信息系统技术改进森林火灾管理；改进消防设施并培训专业人员；减少游客人为破坏；实现茶叶种植业可持续发展。

28. 中国：庐山国家公园（文化景观）
China：Lushan National Park（Cultural landscape）

入选时间：1996 年
入选标准：(ii)(iii)(iv)(vi)

遗产概述：

庐山是中国历史悠久的名山，位于江西省九江市以南，星子县以西，地处江西省北部东近婺源，南望省会南昌，西邻京九大通脉，北向滔滔长江。耸峙于长江中下游平原与鄱阳湖畔。景区总面积 302 平方千米，山体面积 282 平方千米，最高峰汉阳峰海拔 1474 米，山脉自东北向西南延伸约 25 千米，宽约 15 千米。东西两侧为大断裂地带，山体多峭壁悬崖，山势雄伟（图 5-35）。

传周代有匡氏兄弟七人上山修道，结庐为舍，因名庐山。又称匡山、匡庐。东汉明帝（58—75 年在位）时为中国佛教中心之一。6—8 世纪又为道家、诗人、学者汇聚地，寺庙道观遍布。胜迹有白鹿洞、仙人洞、观音桥、三叠泉、含鄱口等。山中牯岭，又名牯牛岭，以有大块岩石状如牯牛得名。

清光绪年间开始，庐山先后为英、法、美等国强行租占，1935 年被中国政府收回，兴建疗养院、休养所等多处。庐山植物园因有地形屏障，亚热带、南亚热带植物在此驯化生长良好。2009 年，庐山植物园荣膺中国世界纪录协会中国最早的亚热带山地植物园。

中国地质学家李四光曾提出第四纪期间庐山有冰川发育，引起国际学术界瞩目。

图 2-35　庐山观云亭

遗产评价：

江西庐山是中华文明的发祥地之一。江西庐山是中华文明的发祥地之一。这里既有佛教的寺庙和道教的宫观，也有代表儒家理学思想的白鹿洞书院，它们以独特的方式融汇在具有突出价值的自然美景之中，形成了有极高美学价值的文化景观。历来无数的艺术家也因此获得了灵感，创造出体现中华民族精神的艺术作品和审美方式。

遗产保护：

庐山也是联合国教科文组织 2015 年指定的世界地质公园，通过普及地球科学，教育和促进地方可持续发展，采用公园志愿者进入社区、校园和景区，以各种方式积极参与地球科学和地质遗迹保护和环境保护教育，参与者广泛。

此外，国家公园与周边的大学、学院和机构合作，为学生提供实践基地，吸纳地球科学教育的志愿者，通过采用新的地球科学普及读物和动画电影，以简单、时尚的方式，使公众易于理解环境保护的理念。

29. 中国：杭州西湖（文化景观）
China: West Lake Cultural Landscape of Hangzhou（Cultural landscape）

入选时间：2011 年
入选标准：(ii)(iii)(vi)

遗产概述：
西湖三面环山，另一面毗邻杭州城。从唐代开始，它的美丽就一直被诗人和画家所称赞。西湖的堤道、岛屿和周边群山都被"人工改造"过，增加了很多寺庙、宝塔、亭台楼阁和观赏树木，使之看起来更加美丽动人。自南宋（13 世纪）以来，"西湖十景"一直被认为是理想化的经典美景，体现了人与自然的完美融合。西湖的景观不仅对中国山水画美学产生了重要影响，还对中国传统园林设计产生了深远影响。

遗产评价：
自公元 9 世纪以来，西湖的湖光山色引得无数文人骚客、艺术大师吟咏兴叹、泼墨挥毫。景区内遍布庙宇、亭台、宝塔、园林，其间点缀着奇花异木、岸堤岛屿，为江南的杭州城增添了无限美景。数百年来，西湖景区对中国其他地区乃至日本和韩国的园林设计都产生了影响，在景观营造的文化传统中，西湖景区是对天人合一这一理想境界的最佳阐释。

遗产保护：
西湖在国家和地方两个层面受到多部法律法规的保护，如《文物保护法》《风景名胜管

图 2-36 重建后西湖的雷峰塔

理条例》等。2010 年，杭州市人民政府制定了针对西湖文化景观缓冲区的专项计划，对西湖周边区域发展进行了限制以保证其不会破坏西湖景观。在西湖周边的建设活动需要进行"遗产影响评估"并在得到许可后才可以开展。

西湖免费开放后，游客量激增。西湖风景区由于面积广阔所以游客承载量较大，但游客往往集中于某些景点导致过载，从而对西湖景观造成不利影响。雷峰塔的重建计划，也就是在此背景下提出并落实完成的（图 2-36）。该方案既恢复了西湖十景之一的"雷峰夕照"，也通过向南线分流客流，有效缓解了西湖北岸的压力。

30. 中国：红河哈尼梯田（文化景观）
China: Cultural Landscape of Honghe Hani Rice Terraces（Cultural landscape）

入选时间：2013 年
入选标准：(iii)(v)

遗产概述：

红河哈尼梯田分布于云南元阳、红河、绿春、金平等县，从山脚延伸至海拔 2000 多米的山顶上，级数可达 3700 多级。核心区位于元阳县，包括了红河哈尼梯田中规模最大的三个片区——老虎嘴、坝达、多依树。这里有 26000 余户哈尼族居民，共有 82 个村寨，人口超过 11 万人。红河哈尼梯田景观处展现着生态和谐、山水壮观、古老农耕文明保护完好、人与自然和谐相处的特点，是世界农耕文化遗产中保护良好的范例（图 2-37）。

图 2-37　红河哈尼梯田

遗产评价：

中国红河哈尼族水稻梯田景观位于云南省南部，占地 16603 公顷。梯田沿着哀牢山山坡直达红河两岸，景色十分壮观。在过去的 1300 年中，哈尼族人开发出一套复杂的渠道系统，将水从山顶的森林深处引到梯田上进行灌溉。他们还建立了包括饲养水牛、鸭、鱼在内的综合农业系统，辅助该地区主要农作物——红米的生产。该地的哈尼族居民崇拜太阳、月亮、山脉、河流、森林等自然事物和包括火在内的自然现象。红河哈尼族梯田景观是人与自然和谐相处的典范之一。

遗产保护：

红河哈尼梯田在 2008 年被元阳县人民政府指定为保护单位。该遗产受到文化和旅游部颁布的《世界文化遗产保护和管理办法》以及其他国家层面的法律保护，同时该地政府还制定了《云南省红河哈尼族彝族自治州哈尼梯田保护管理条例》和《红河哈尼族传统民居保护修缮和环境治理导则》等规定，同时还通过哈尼族社会自己的习惯法，管理资源用于解决内外矛盾。由此形成了中央与地方共同保护、管理和监测世界遗产的完整系统。

第三章

亚太地区的世界遗产

21世纪以来，伴随着亚洲与太平洋地区民族与文化意识的增强，各缔约国申报和入选的世界遗产项目逐年递增，使之成为世界遗产分布最广泛的区域之一，改变了20世纪后期《世界遗产名录》以欧美国家为主体的失衡状况。

亚太地区（Asia and the Pacific）是一个地域术语，泛指亚洲地区和太平洋沿岸地区。广义上说，这一地区包括整个环太平洋，主要涉及亚洲、大洋洲和美洲的沿岸国家；也有狭义上所指的西太平洋地区。在世界遗产的区域归类上，联合国教科文组织的亚太地区是指：除阿拉伯国家以外的大部分亚洲国家和大洋洲国家，且不包含俄罗斯远东地区。这样的归类方式，是源于该地区长久以来的经济、社会与文化联系，而不仅仅是大航海时代以来所形成的地缘政治与区域经济关系。

在欧洲殖民势力介入本区域以前，亚太地区的生产和生活方式长期保持着一种自给自足，人文与自然环境和谐相处的状态。无论是澳大利亚的卡卡杜国家公园（案例55），还是菲律宾的科迪勒拉水稻梯田（案例41），或者印度次大陆的科纳拉克太阳神殿（案例46），我们都可以感受到这一地区所保留的与天地共生、与信仰共存的文化共性。

目前，如何通过宣传、交流以及积极参与，完善本区域的文化自信与文明意识，促进文化与自然遗产保护事业健康发展，是亚太地区各个国家共同面临的机遇和挑战。在此基础上，进一步提升东方文化对世界遗产全球治理的贡献度，向世界展示亚太生态文明与文化传承的理念与成就，并共享最新的经验，贡献东方智慧，也是亚太地区各缔约国需要认真思考与实践的新问题。

第一节
东方文明概述

虽然无从考证人类文明于何时开始有了"东方"和"西方"的区分，但总体而言，东方文明的概念，最初是相对于发源欧洲，以古希腊文明和古罗马文明为根基，融合了基督教文化的西方文明而形成的。

广义上说，东方文明产生之初，都属于大河流域的农业文明，这与其所处的自然与地理环境密切相关。如古埃及、古巴比伦、古印度，以及绵延至今的华夏文明，分别产生于尼罗河、底格里斯河与幼发拉底河、印度河与恒河、黄河与长江。这些大河流域土地肥沃，水力资源丰富，适合人们发展农业，并形成定居的生产生活方式。因此世界范围的农业革命以后，文明率先在东方农业生产效率较高、人口稠密的大河流域产生。

出于修建和管理水利灌溉工程、统治众多人口和辽阔大陆地域的需要，这些古代文明在经历了长期的兼并与分封之后，一般都采用了君主专制政体。所以经济上的大河农业和政治上的中央集权是古代东方文明的基本特征。在文化与社会心理层面上，与具有探险、殖民、贸易传统的西方海洋文明相比，东方农耕文明大都主张"静"多于"动"，主张心灵的满足多于生理的满足，主张"无我"，以及中庸平和的处事原则等，社会关系更强调集体意识而不是个人主义的价值观。

在世界遗产名录中，东方文明的传承也有具体的体现。如中国本土的儒家文化（案例8）和道教文化（案例6），以及同样深受佛教影响的国家：尼泊尔、巴基斯坦、印度、日本（案例35）等。有意思的是，儒家和佛教文化在亚太的绝大部分地区，都呈现出融合、共存的状态。

全球范围内，大航海时代所开启的文明融通进程使流布已久的"西方—东方"二元论的文明观被逐渐淡化，尤其是第二次世界大战以后，取而代之的是以主权国家为依托所呈现出的多文明并处的新格局：中华文明、日本文明、印度文明、伊斯兰文明、东正教文明、西方文明、拉丁美洲文明和非洲文明等。在世界遗产方面，东西方文明在相互接触、碰撞、交流的过程中，也出现了一些影响深远的文明融合的成果（案例13）。

第二节
东亚与东南亚

东亚和东南亚位于亚洲的东部，濒临太平洋，这一区域的国家或民族，历史上深受中国及汉文化影响——有的曾受中国君主册封，有的曾向中国朝贡。在古代，这些地方主要是农耕民族，存在册封体制，从中国历代王朝引进生产方式、社会制度和宗法思想，在保持着相对独立的政治关系的同时，发展出相同或相似的文化价值观（图3-1）。

从公元1世纪到5世纪，随着佛教教义的成熟，这个发源于喜马拉雅山西南麓地区的信仰体系（案例44）不仅在南亚各地广泛传播，而且分别沿北上、东进两个方向，传入东亚和东南亚地区，并与各地本土文化融合，成为影响至今的最重要的东方宗教之一。

15世纪中叶开始，随着海上新航路的开辟，工业革命后的欧洲对亚洲的影响逐渐加深，历次战争、各种贸易以及殖民地的广泛建立，使得东亚和东南亚地区在政治、经济、技术和文化、思想等各个层面，产生了巨大的变革，最终引发了本地区现代意义上的社会转型。

除了之前介绍的中国以外，在东亚和东南亚地区的世界遗产，主要以当地传统的生产、生活方式所遗留下来的古迹为主，包括日本幕府时期所遗留下来的领主城堡（案例32），叠合不同历史时期印迹的历史建筑和园林（案例33）；朝鲜半岛新罗王朝的佛教寺院（案例36）、李氏王朝的宫殿（案例37）；展现人与自然两千年和谐相处的农耕稻作场景（案例41），以及远播太平洋海岛的古代佛教圣殿（案例39）等，都可以使我们深刻感受到这些地区厚重的文化，以及彼此紧密的关联。此外，现代文明冲突的战争记忆（案例34）与

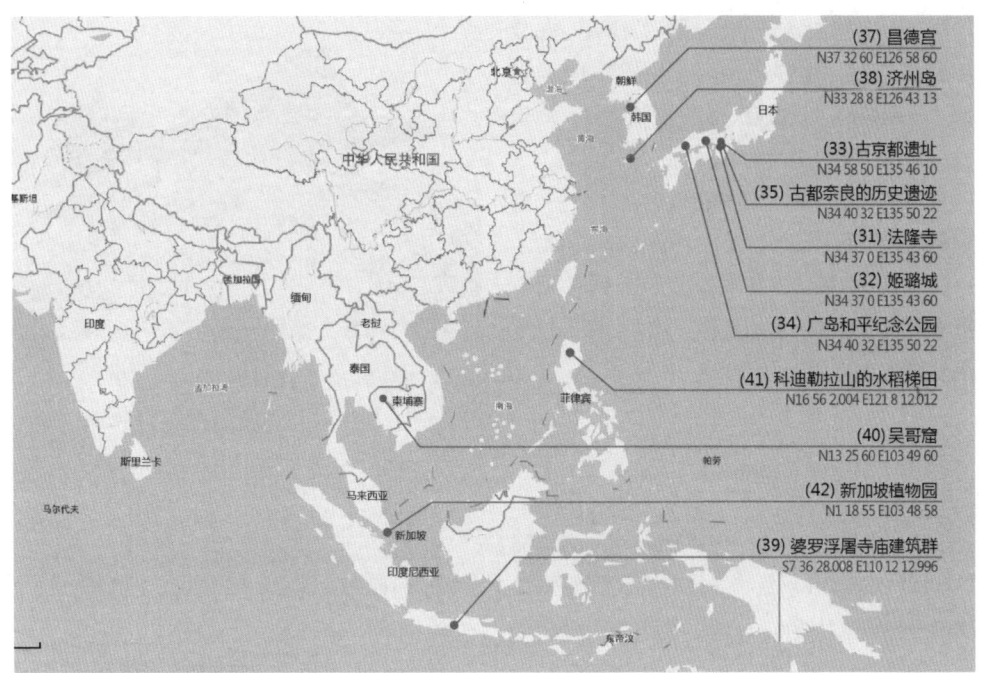

图 3-1　东亚和东南亚的遗产案例分布图

自然与文化交融的景观（案例 42）也在这里得到了印证。

另外，东亚和东南亚地区，还有各种分布广、类型多、价值独特的自然遗产（案例 38），大多令人叹为观止。

31. 日本：法隆寺地区的佛教古迹（文化遗产）
Japan：Buddhist Monuments in the Horyu-ji Area（Cultural heritage）

入选时间： 1993 年
入选标准： (i)(ii)(iv)(vi)

遗产概述：

法隆寺地区佛教古迹位于日本奈良县，占地面积约 18.7 万平方米，共有 48 座古代木结构建筑，不仅是日本现存最古老的建筑形式，也是木质建筑的杰作。包括法隆寺、东大寺、唐招提寺、药师寺和兴福寺等著名古刹（图 3-2）。

图 3-2　日本的区位图

法隆寺全名为法隆学问寺，别名斑鸠寺。607年，推古天皇根据先帝用明天皇的遗命与圣德太子一起修建了法隆寺，670年被烧毁，后重建。该设计受中国南北朝时期建筑的影响，寺内众多古建筑物中，仍保存着数百件7—8世纪的艺术精品。此外，圣德太子也在附近地区兴建了许多寺庙。这些木造建筑物记录了日本接受佛教由中国传入的过程，并对后来的日本宗教建筑产生了深远的影响。

图3-3　法隆寺的金堂与五重塔

法隆寺分为东西两院，西院保存了金堂、五重塔等建筑（图3-3），东院建有梦殿、中宫等。金堂内供奉着中国北魏风格的释迦牟尼青铜佛像和药师如来像，这些也是日本最古老的佛像。法隆寺是佛教从中国传入日本时修建的最早的一批寺院之一，成为其后日本佛教兴盛的基础，是众多日本佛教徒的朝圣之地。

遗产评价：
在奈良县的法隆寺地区，约有48座佛教建筑，其中有一些建于7世纪末至8世纪初，是世界上现存最古老的木结构建筑。这些木结构建筑杰作的重要性不仅仅在于它们展现了中国佛教建筑与日本文化的艺术融合过程，还在于它们标志着宗教史发展的一个重要时期，因为修建这些建筑的时候正是中国佛教经朝鲜半岛传入日本的时期。

遗产保护：
根据1950年《文化财产保护法》，构成该遗产的48座建筑物均被列为国家珍宝和重要文化遗产。同时，该遗产的占地区域面积（15.3公顷）也被指定为特殊历史遗迹。根据该法，对遗产现有状态的变更受到严格限制，必须经国家政府批准。

日本政府颁布了三项法律文书确定了该地缓冲区（570.7公顷）的范围和对古迹的开发利用：《自然公园法》《古都保护法》《奈良县风景区条例》。

这项遗产由负责其管理的法隆寺宗教组织和法兴寺宗教组织拥有。奈良县教育委员会批准的几位驻守建筑师也住在法隆寺附近，负责计划和监督古建筑的维修工作。

由于所有古迹及其附属建筑都为木结构建筑，因此每个古迹都配备了自动火灾警报器、消火栓和避雷器。

32. 日本：姬璐城
Japan: Himeji-jo（Cultural heritage）

入选时间：1993 年
入选标准：(i)(iv)

遗产概述：

姬路城和熊本城、松本城合称日本三大名城，和松山城、歌山城合称日本三大连立式平山城。由于姬路城保存良好，被称为"日本第一名城"。它既是石木建筑的杰作，也是日本封建主义强权的象征。

图 3-4　姬璐城天守阁

姬路城是一个典型的 17 世纪早期城堡，设计和布局包括 82 个建筑物，其中第一道东大门里有丰臣秀吉所建的城堡，其他的都由池田辉政在 1601 年以后建造。固若金汤的军事防御和柔美典雅的建筑艺术，奇迹般地融为一体，在日本城堡建筑中是个创举。

姬路城的中心是天守阁，位于城内最高的地方，包括一个主楼和三个附属城堡。天守阁是一个系统的瞭望塔，墙上设有成对的抱厦，它们和腰檐相互穿插，重叠错落。城堡外部是厚厚的呈陡斜状的石垣，上部向外翘出，使人难以攀登。为了美观和防护的需求，在墙壁上全部涂满白色灰浆，窗格也在装上铁板后同样施作。引人注目的外观与白色的墙壁，使得这个伟大的城堡像一个展翅欲飞的白鹭，这也是姬路城的别称为白鹭城的缘由。由于地势较高，在日本姬路市内的大多数地方，都可以看见它。

遗产评价：

姬路城堡是 17 世纪早期日本城堡建筑保存最为完好的例子，整个城堡由 83 座建筑物组成，展示了幕府时代高度发达的防御系统和精巧的防护装置。这些建筑在保证了防御功能的同时也体现了极高的美学价值，是石木结构建筑的典范之作。城堡的白色外墙、建筑物的布局和城堡屋顶的多层设计都显得气势恢宏，雄伟壮观（图 3-4）。

遗产保护：

自 1868 年日本近代开始以来，日本政府与地方机构密切合作保护该遗产。根据 1950 年颁布的《文化财产保护法》，其 82 座建筑和 107 公顷的场地被列为国家瑰宝，是重要文化财产和特殊历史遗址。根据该法律，对遗产现有状态的更改都受到限制，必须得到中央政府的批准。此外，遗产周边 143 公顷缓冲区的开发由 1987 年《姬路市城市设计总休规划》控制，该条例的监管权在 2008 年根据 2004 年颁布的《景观法》得到了进一步的加强。

姬路城的所有建筑物和大部分场地都归中央政府所有，其余地区的所有权分为兵库县，姬路市和私人公司。根据 1950 年的法律，姬路市被任命为管理受法律保护的姬路城遗址和建筑物的官方机构，并根据 1964 年的姬路城管理条例，1986 年的姬路城历史遗址管理计划（最终修订于 2008 年）和国家政府的指导履行其职责。这些工作包括日常维护、清洁、定期检查、交通限制、防灾以及现场布置和口译。由于火灾和地震对遗产构成最大的危险，因此建筑物配备了自动火灾警报器、安全摄像机、消火栓和避雷器。这些设施的所有信息均由姬路城防灾中心监控。

33. 日本：古京都遗址（京都、宇治和大津城）（文化遗产）
Japan: Historic Monuments of Ancient Kyoto (Kyoto, Uji and Otsu Cities) (Cultural heritage)

入选时间：1993 年
入选标准：(i)(iv)

遗产概述：

京都是世界上著名的文化古都，市内历史古迹众多，建筑古朴典雅，庭园清新俊秀，京都也被称为园林城市，在日本堪称杰作。这里集中了日本全国最丰富的历史和文化遗产。现有佛寺 1500 多座，神社 2000 多座，全市有列为"国宝"的建筑物 38 处，定为重要文物的建筑物 199 处。城内外古色古香的寺院、神社和亭台楼阁，与现代化建筑错落相间，组成了一幅瑰丽的都市风情画。

图 3-5　古京都金阁寺

这座千年古都的最初设计是模仿中国隋唐时代的长安和洛阳，整个建筑群呈长方形排列，以贯通南北的朱雀路为轴，分为东西二京，东京仿照洛阳，西京模仿长安城，中间为皇宫。宫城之外为皇城，皇城之外为都城。城内街道呈棋盘形，东西、南北纵横有序，布局整齐划一，明确划分皇宫、官府、居民区和商业区。有著名的金阁寺、清水寺等遗址。

金阁寺原为西园寺的别墅，后为足利义满所得。足利义满死后，根据遗言改为禅寺，取名鹿苑寺。金阁寺为三层，第二三层的外墙用金箔贴成，远远望去，金光闪闪。三层高的金阁寺，每层都象征着不同时代的风格：第一层是平安时代，第二层是镰仓时代，第三层是禅宗佛殿的风格。塔顶尾部装饰着一只金铜合铸的凤凰，堪称一绝（图 3-5）。

清水寺，坐落在东山山麓，创建于 798 年，后由德川家康将军于 1633 年重建。清水寺在音羽山半山腰，依山而建，正殿（本堂）建在悬崖边。前部是悬空的"舞台"，下面由 139 根高 15 米的高大圆木支撑。

遗产评价：

古京都仿效古代中国首都形式建造于 794 年（平安时代开始），从那时起到江户时代（1600—1868 年），一直是日本首都。作为 1000 多年来日本的文化中心，古京都不仅见证了日本木结构建筑，特别是宗教建筑的发展，而且也向世人展示着日本园林艺术的变迁，对全世界的景观设计产生了重大影响。

遗产保护：

构成该遗产的所有建筑物、园林均受 1950 年《文化财产保护法》的保护。在 198 座建筑中，有 38 座被指定为国宝，有 160 座被指定为重要文化财产。12 处园林，有 8 处被指定为风景名胜，4 处被指定为风景名胜地。根据相关法规，对遗产现有状态的拟议改建都会受到限制，任何改建都必须由中央政府或地方政府批准，即使是小规模改建。

遗产保护的缓冲区由历史环境控制区覆盖。在这些地区，拟议的开发活动受①国家公园法，②古都保护法，③《志贺县风景区条例》或《京都府风景区条例》，④《城市城镇规划》以及相关城市条例的规定进行管制。此外，市区建筑物高度也由历史环境控制区控制。

由于火灾是该财产的最大危险，古迹配备了自动火灾警报器、消火栓，并在必要时配备了避雷器。另外，某些组成部分的所有者组织了与公共消防局合作的消防队。

34. 日本：广岛和平纪念公园（原爆遗址）（文化遗产）
Japan：Hiroshima Peace Memorial (Genbaku Dome) (Cultural heritage)

入选时间： 1996 年
入选标准： (vi)

遗产概述：

1945 年 8 月 6 日上午 8 时 15 分，美军轰炸机在广岛市中心投下世界上第一颗用于实战的原子弹，巨大的爆炸力摧毁了这个小城市。在瞬间有 75000 人死亡，这还不算之后的死伤人数与核辐射祸延几代的人口，以及无数被摧毁的房屋。残存的原爆纪念地，正是这个毁灭性惨剧的见证。

建于 1950 年的广岛和平纪念公园位于广岛市街中心，其主要地标是"原爆穹顶"，原为广岛县工业展览中心，是一幢 3 层的钢筋混凝土框架，砖砌外墙的建筑，中央带有一个 5 层高的椭圆屋顶。这里经核爆后，成为一个钢铁穹顶及其周围残存物构成的遗址（图 3-6）。

该展览中心距爆炸的爆心投影点仅有 150 米，因此破坏严重，但由于爆炸的威力来自正上方，

图 3-6 广岛核爆纪念地

屋顶下面建筑的框架没有倒塌，该建筑只剩下数面残墙和一个钢铁穹顶架构，故被称为"原爆穹顶"。目前基本保持了建筑在爆炸发生后的残破状态，将"废墟""残骸"直接展现给世人，时刻提醒着人类对和平与现代科技的思考。"原爆穹顶"作为废除核武器和祈求永久和平的警示物，其重要性在于所象征的意义，而不是美学和建筑方面的价值。

遗产评价：

广岛和平纪念公园是 1945 年 8 月 6 日广岛原子弹爆炸区留下的唯一建筑。通过包括广岛市

民在内的许多人的努力,这个遗址被完好地保留了下来,一直保持着遭受原子弹袭击后原初的样子。广岛和平纪念公园是人类历史上最具毁灭性力量,所带来的惨痛和荒凉的象征,也表达了全世界人民追求和平的愿望。

遗产保护:

1950 年,日本颁布《文化遗产保护法》,广岛和平纪念公园被指定为历史遗迹,由广岛市政府和日本政府指导管理,日本政府提供财政和技术支持。广岛市公园管理办公室位于广岛和平纪念公园内,与负责文化遗产保护的部门合作进行日常维护,每三年对其状况进行一次详细调查。后来,广岛市制定了美化城市规划,从景观管理标准上要求广岛和平纪念公园附近建筑就高度和轮廓以及墙壁颜色、材料和广告牌进行协调,也包括缓冲区内的其他建筑,以将这一地区建设成一个符合国际和平文化城标志的、有吸引力的空间。

2001 年 3 月,日本发生强烈地震,幸而未对该遗址造成损坏。2007 年,根据 1950 年颁布的《文化遗产保护法》对文化景观的要求,和平纪念公园的保护得到进一步强化。

35. 日本:古都奈良的历史城区(文化遗产)
Japan: Historic Monuments of Ancient Nara (Cultural heritage)

入选时间:1998 年
入选标准:(ii)(iii)(iv)(vi)

遗产概述:

该遗产位于现代奈良市,占地 617.0 公顷,由缓冲区(1962.5 公顷)和"历史环境协调区(539 公顷)"所环绕。

奈良的选址是根据中国风水学原则精心挑选的。依据长安等中国的案例,制定了宏大的城市规划,其中宫殿、佛教寺庙、神道圣地、公共建筑、房屋分布在棋盘状的道路网上。宫殿本身位于中央大街的北端,占地 120 公顷。它包括进行政治和宗教仪式的官方建筑物,特别是皇室观众厅、州政府厅和皇室住所,以及用于行政和其他目的的各种建筑。奈良的组成部分包括考古遗址(奈良皇宫遗址),5 座佛教寺庙(东大寺、国福寺、药师寺、甘谷寺和东大寺),神社(春日大社)和相关的文化景观(春日山原始森林)——自然环境是所有神道神社

图 3-7 奈良的历史建筑

不可或缺的一部分。这些地方展现出 8 世纪的日本首都生动、全面的宗教和生活画面,这也是一个重要的政治和文化变革时期(图 3-7)。

遗产评价:

奈良在 710—784 年是日本的首都,在那个时期,日本确定了国家政府的结构,并到达了其鼎盛时期,奈良也成为了日本文化的发源地。古奈良的历史遗迹——佛教庙宇、神道教神殿以及挖掘出来的帝国宫殿遗迹——向世人展示

了一幅8世纪日本首都的生动画面，也深刻揭示了当时的政治动荡和文化变迁。

遗产保护：

根据1950年《文化财产保护法》，所有组成部分均被指定为国家瑰宝、特殊自然纪念物、特殊场所等。

宗教场所（佛教寺庙和神道圣地）归其各自的宗教团体所有，并且保护状况良好。奈良县负责管理和保护春日山原始森林，奈良宫遗址由日本政府和奈良县合作维护。特别是奈良皇宫遗址及其缓冲区自2008年以来一直是国家政府公园的一部分，并且不断增补维护项目，以更好地保护和利用考古遗址。

根据1950年的《文化财产保护法》《古都保存法》以及各种县市规章的规定，在所有遗产组成部分周围都有明确定义和足够的缓冲区。尽管每个组成部分都被作为养护和维护调查计划的目标，但没有针对整个遗产的总体维护和管理计划。为了确保长期的遗产保护状态，需要制定管理和养护政策。

36. 韩国：海印寺（文化遗产）
Republic of Korea: Haeinsa Temple（Cultural heritage）

入选时间： 1995年
入选标准： (iv)(vi)

遗产概述：

海印寺位于庆尚南道伽耶山南麓，是韩国最著名的三大佛寺之一，初建于新罗时期的802年，由顺应、利贞两位大师所创建。因多次遭受火灾，除石柱和石塔，寺内早期建筑大部分被烧毁。李朝末年重建后，主要建筑有一柱门、凤凰门、解脱塔、九光楼、冥府殿、大寂光殿、法宝殿、藏经阁等40多座雄伟精美的古建筑。寺内的墙壁上还绘有李朝时代的风俗画，还有石塔、玉灯、塔香炉等30多件文物（图3-8）。

海印寺之所以闻名于世，主要是寺中藏经版库里存放着13世纪问世的世界级文化遗产——高丽大藏经版。大藏经版共81258块，号称"八万大藏经"，总字数约5200万之多，据称无一错漏，既工整又精致，具有很高的艺术价值和文献价值。在现存的大藏经中，这一部

图3-8 韩国的区位图

历史最悠久，内容最完善。这部大藏经刻于高丽高宗年间，历时15载，在平整而有光泽的版面上雕刻而成的千上万的字，均为欧阳询字体，如出一人之手，其高超的木版雕版印刷技术水平在世界文化出版史上占有重要的地位（图3-9）。

大藏即三藏，是佛教经典的总称，集经藏、律藏和论藏之大成，是研究世界佛教的宝贵文献。八万大藏经是现存大藏经中历史最久、内容最

丰富、举世公认的标准大藏经和佛教全书。日本新修大藏经时以此为准，中国也将其引回国内。大藏经在高丽王朝时代曾收藏于江华岛传灯寺内，到李氏王朝太祖七年（1374 年）运至海印寺，保留至今。储藏大藏经版的版库建成于 1488 年，建成后从未遭受过战乱和火灾，是世界上唯一保管大藏经经版的建筑。

图 3-9 海印寺大藏经经版库

遗产评价：

海印寺位于伽耶山，属于朝鲜三藏禅寺，是最完整的藏经收藏地，经文在 1237—1249 年间雕刻在 80000 块版木上。修建于 15 世纪的最古老的三藏收藏库，其设计上的熟练与保存技术的高超令人惊讶。

遗产保护：

大藏经经版库建筑在海印寺的伽蓝布局上，与大寂光殿共同位于中轴线上。其木结构建筑形式属早期朝鲜传统建筑风格，南北各一长间，东西各一小间，形成矩形建筑群体。大藏经版库不仅以其优美的建筑著称，尤其令人称奇的是，该建筑没有特殊的通风设备，却保持良好的通风效果，并具有调节温度湿度的功能，完整地将藏经保存了数百年之久。大藏经版和版库于 1995 年 12 月被列入《世界遗产名录》。

37. 韩国：昌德宫（文化遗产）
Republic of Korea: Changdeokgung Palace Complex（Cultural heritage）

入选时间：1997 年
入选标准：(ii)(iii)(iv)

遗产概述：

昌德宫建筑群始建于 15 世纪，占地 57.9 公顷，位于首尔市钟路区，主要风水守护山白加山的翁峰脚下，与自然环境融为一体，是官方建筑和住宅建筑的典范。该建筑群最初是作为景福宫的次要宫殿而建，与首都的目的和空间布局有所不同。它位于山脚下，将宫殿建筑向南放置，向北并入一个广阔的后花园，称为"秘苑"。

因顺应自然地形，昌德宫与传统宫殿建筑有较大

图 3-10 昌德宫仁政殿

的不同，包括三个大门和三个法院（行政法院、皇家居住法院和官方听众法院），行政区后方的居住区反映了"三门三朝"和"前朝后寝"的布局原理。这些木建筑建造在石头平台上，许多顶棚带有拱形天花和装饰性雕刻，且铺有陶片望板。

在树木繁茂的背景下，后花园中的景观包括了一系列的露台，草坪、开花的树木、鲜花、荷花池和凉亭。这里有超过56000种树木和植物的标本，包括胡桃木、白橡树、榉树、李子、枫树、栗子、角树、紫杉、银杏和松树。

昌德宫曾是景福宫的二级宫殿，原有近200年的历史。在16世纪后期，日本侵略期间烧毁了这些宫殿，之后被重建，此后的250年，成为李氏王朝的主要所在地。该遗产对韩国建筑，园林和景观规划，以及相关艺术的发展产生了长期的影响，体现出精致的建筑价值，并与优美的环境融为一体。

遗产评价：

公元15世纪早期，朝鲜李氏王朝的太宗皇帝下令在吉祥之地再修建一座新的宫殿，于是成立了修建宫殿的队伍来执行这项命令，新的宫殿占地58公顷，内有处理政务的宫殿和皇族的寝宫，整个宫殿完美地适应了当地的崎岖地形，与四周的自然环境和谐地融为一体，成为远东地区宫殿建筑设计的典范之作（图3-10）。

遗产保护：

昌德宫建筑群所在的整个区域，包括该建筑群内的各个建筑物和植物，均已根据《文化遗产保护法》，成为国家指定的文化遗产。此外，该建筑群的许多建筑物被指定为国宝或珍宝（仁政殿、仁正门、善贞殿、会贞堂厅、大正殿、宣元殿旧址和敦化门）或天然纪念物（中国杜松门树、猕猴桃和李树）。法规要求对这些遗产的任何变更施加严格的控制。

根据《文化遗产保护法》，昌德宫建筑群周边100米的范围，被指定为历史文化环境保护区，该区域内的所有建筑和改建工作均需获得当地文化遗产管理局的批准。昌德宫的后花园被《自然环境保护法》指定为生态风景保护区。

昌德宫的保护和管理政策，由国家文化遗产管理局负责制定和执行，具体的保护工作由遗产保护专家进行，他们在各自的专业领域都通过了国家认证考试。自2009年以来，文化遗产管理局针对5个宫殿和宗庙的综合安全系统制定了严格的保护计划，以应对可能损害遗产完整性的事故和灾难。

---

38. 韩国：济州火山岛和熔岩洞（自然遗产）
Republic of Korea：Jeju Volcanic Island and Lava Tubes（Natural heritage）

入选时间：2007
入选标准：(vii)(viii)

遗产概述：

济州火山岛是韩国最大岛屿，位于其西南海域，面积1845平方千米。济州火山岛120万年前由火山喷发而形成，地貌十分奇特。其地质由堆积岩层、玄武岩、火山暗流、以及火山碎屑岩等构成，也属于典型的熔岩洞窟地形，迄今已发现溶洞60余处。

图3-11 济州岛的最高峰汉拿山

济州火山岛的历史可以追溯到石器时代。通过对遗迹的发掘可知，当时的人们在洞穴或岩窟中居住，已发现有打制石器、磨制石器等遗物，还出土了青铜器、铁器时代的遗物。支石墓、磨制石器、土器、瓮棺墓等散布于岛内四处，是研究济州历史起源的重要资料。济州的古名有岛夷、东瀛州、涉罗、耽牟罗、托罗等，这些名称中，除了"东瀛州"以外，都是"岛国"的意思。济州火山岛与熔岩管是一个连贯系列，由三个部分组成。保存完好的熔岩管系统，以及其他两个组成部分中所展示的火山特征，可使我们进一步了解全球火山活动。

遗产评价：

济州火山岛和熔岩洞位于大韩民国最南端，由三部分组成，占地面积18846公顷，为济州岛面积的10.3%。遗产包括：地质遗址、绚丽多彩的碳酸盐洞顶和地面、纯黑色的熔岩洞壁、被视为最完美的熔岩洞窟体系；日出峰、由凝灰岩构成的锥形山峰，如堡垒般矗立在海边，景色令人叹为观止；韩国最高峰——汉拿山（图3-11），以瀑布、形态各异的岩石和火山口湖泊而闻名。济州火山岛和熔岩洞不仅美丽绝伦，而且见证了地球的发展、特征和进化过程。

遗产保护：

韩国政府对该遗产进行了良好的管理和资源配置，制定了2006—2010年的管理计划，并筹措所需的经费。关键的管理问题包括避免农业对地下环境的潜在影响以及管理该遗产的大量访客。该遗产有可能进一步扩展，以包括其他重要的熔岩管系统和济州岛，更全面地展示火山特征。

39. 印度尼西亚：婆罗浮屠寺庙建筑群（文化遗产）
Indonesia：Borobudur Temple Compounds（Cultural heritage）

入选时间：1991年
入选标准：(i)(ii)(vi)

遗产概述：

婆罗浮屠寺庙是世界上最伟大的佛教古迹之一，是锡兰德拉王朝时期的纪念物，位于印度尼西亚爪哇岛的中心。主庙是一座佛塔，以自然的山丘为中心，分三层建造：一个金字塔式基座和五个同心方形露台，一个带有三个圆形平台的圆锥形主塔，以及一个顶部的纪念性佛塔。墙壁和栏杆装饰有精美的浮雕，占地总面积为2520平方米。圆形平台周围有72个镂空佛塔，每个佛塔都装有佛像。

婆罗浮屠寺庙在基础、主体和上部结构上的垂直划分完全符合佛教宇宙学中宇宙的概念，宇

图 3-12 婆罗浮屠寺庙建筑群

宙被分为三个重叠的，分别代表我们的欲望世界，放弃我们欲望的形式世界，以及不再存在名称或形式的无形式世界。婆罗浮屠神庙的整个结构展示了祖先崇拜与梯田山敬仰的融合，以及佛教徒获得圆满的观念。

这座寺庙自建造以来一直被用作佛教寺庙，直

到 10 至 15 世纪逐渐被废弃。自 19 世纪重新被发现和 20 世纪恢复参观以来,这里一直也是佛教的考古遗址。

遗产评价:

这座著名的佛教圣殿,建于 8—9 世纪,位于爪哇岛中部。整个建筑分为三层。基座是五个同心方台,呈角锥体;中间是三个环形平台,呈圆锥体;顶端是佛塔。四周围墙和栏杆饰以浅浮雕,总面积 2500 平方米。围绕着环形平台有 72 座透雕细工的印度塔,内有佛龛,每个佛龛供奉一尊佛像。该遗址在联合国教科文组织的援助下于 20 世纪 70 年代重建(图 3-12)。

遗产保护:

20 世纪 70—80 年代,在联合国遗产专家的指导下,当地采用原初的材料来重建寺庙,其中大部分被用于加固纪念物,并确保适当的排水,不会对遗产价值产生任何重大不利影响。尽管博罗布杜尔神庙的现状是修复的结果,但它在重新发现时保留了足够的原始材料,使重建成为可能。如今这片土地仍可以作为佛教圣地,然而由于缺乏对商业活动的控制,以及旅游产生的压力,遗址的整体氛围受到了一定程度的损害。

1992 年第 1 号总统令规定了有效管理遗产的法律和体制框架。世界遗产区内的已建区域分别由教育和文化部博罗布杜尔遗产保护办公室和国有的研究所负责,并对博罗布杜尔寺庙大院进行了综合管理研究,包括关注生态系统、社会和文化方面、生态旅游、公私伙伴关系和组织运行的可行性研究。

40. 柬埔寨:吴哥窟(文化遗产)
Cambodia:Angkor(Cultural heritage)

入选时间:1992 年
入选标准:(i)(ii)(iii)(iv)

遗产概述:

柬埔寨北部暹粒省的吴哥窟,被称作柬埔寨国宝,是世界上最大的庙宇,同时也是世界上最早的高棉式建筑。吴哥窟的意思为"毗湿奴的神殿",中国佛学古籍称之为"桑香佛舍",是吴哥古迹重要组成部分,又称吴哥寺,梵语意为"寺之都"。苏利耶跋摩二世(1113—1150 年在位)时为供奉毗湿奴而建,三十多年才完工。吴哥窟是吴哥古迹最精华的部分,由数十座寺庙组成,也是柬埔寨早期建筑风格的代表(图 3-13)。

几个世纪以来,吴哥一直是高棉王国的中心。

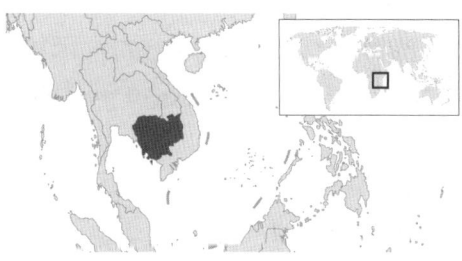

图 3-13 柬埔寨的区位图

图 3-14 吴哥窟

该遗址拥有令人印象深刻的古迹，包括几个不同时期的古城和大型水利设施。高棉建筑如吴哥窟、巴戎寺、圣剑寺和塔普伦寺，与它们的地理环境紧密相关，吴哥窟的建筑和布局见证了高棉帝国内的社会秩序和等级。因此，吴哥是代表高棉文化、宗教和象征价值的重要场所，并具有重要的建筑、考古和艺术意义（图3-14）。

遗产评价：
吴哥窟是东南亚最重要的考古学遗址之一。吴哥窟遗址公园占地面积达 400 多平方千米，有 9—15 世纪高棉王国各个时期首都的辉煌遗迹，其中包括了著名的吴哥寺，以及坐落在吴哥索姆的以无数雕塑饰品而著称的白永寺庙。联合国教科文组织已经对这一遗址及其周边地区，制定了一项覆盖范围广泛的保护计划。

遗产保护：
1992 年，联合国教科文组织将吴哥古迹列入世界文化遗产名录，同时也将它列入濒危世界文化遗产名单。保护吴哥古迹国际协调委员会于 1993 年 10 月 13 日成立，以确保各个保护与修缮项目的一致性，在必要时提供技术和财务支持。该项目还有助于遗产的整体管理及其可持续发展。同年，世界各国对吴哥窟的保护工作重新展开。

相关的修缮工作包括修理结构倒塌、防止进一步倒塌等项目：例如自 2002 年以来，上层围廊的西外墙，一直用棚架支撑。与此同时，2005 年日本的维修队完成了周边廊内北藏经阁的恢复工作，中国国家文物局也派驻维修队，参与修复柬埔寨的古迹。经过世界各国古迹维修专家们十多年的努力，原是一片废墟的周萨神庙已修复完毕。

2004 年 7 月 4 日，联合国教育科学文化组织决定，将吴哥古迹从濒危世界文化遗产名单除名。目前，吴哥古迹包括吴哥窟的维修工程仍然继续。

41. 菲律宾：科迪勒拉山的水稻梯田（文化遗产）
Philippines: Rice Terraces of the Philippine Cordilleras （Cultural heritage）

入选时间：1995 年
入选标准：(iii)(iv)(v)

遗产概述：
菲律宾科迪勒拉山的水稻梯田位于菲律宾吕宋岛科迪勒拉山脉沿线的伊富高省，是世界最大的人造灌溉系统。它是当地土著部落——伊富高部落的人民为了谋生而在裸露的山地上开垦出的高山稻田，被世人誉为"通往天堂的天梯"。

几个世纪以来，当地居民为了防止土壤流失，不辞辛劳地用一块块的岩石垒成一道道的堤

图 3-15 科迪勒拉山的水稻梯田

坝。这完全靠肩扛手扶，在海拔 1500 米的山上修筑出大规模的高山梯田，由于山坡陡峭，最大的只有 1/4 公顷，最小的不到 4 平方米。

梯田的外壁全部用石块筑成，最高约 4 米，最低不到 2 米，总长度达 1.9 万千米，所用的石料比古埃及金字塔还多。

稻米梯田在整个亚洲并不罕见，但是完全靠人工在吕宋岛以北的崎岖的山脊上开垦出来的，唯有菲律宾的稻米梯田。与此同时，伊富高部落并未融入现代的主流社会，而是继续从事农耕生活，他们仍保持自己的传统信仰。两千多年以来，这里的稻田一直是沿着山坡种植的，代代相传的知识，神圣的传统和微妙的社会平衡，使这里形成了一道美丽的风景（图 3-15）。

遗产评价：
两千多年以来，伊富高山上的稻田一直是依山坡地形种植的。种植知识代代相传，神奇的传统文化与社会关系使这里形成了一道美丽的风景，体现了人类与环境之间的妥协和融合。

遗产保护：
1973 年，菲律宾科迪勒拉山的水稻梯田在总统令中被宣布为国宝。梯田同样受到《第10066：2010 号共和国法》的保护，该法规定了对国家文化遗产的管理责任。

长期以来，梯田通过土著伊富高社区的祖传土地利用管理方式得到保护和管理。各个梯田是私有财产，通过祖传权利，部落法律和传统习俗得到保护。水稻梯田的维护反映了整个社区的主要合作方式，这是基于居民们对现有生物资源丰富多样性的详细了解而建立的，涉及月球周期、分区和规划、广泛的水土保持、基于各种草药的加工以及宗教仪式，还有最复杂的害虫控制方式。

1994 年 2 月成立的伊富高梯田委员会是一个负责保护水稻梯田的总统委员会。它制定了一个为期 10 年的总体规划。目前，水稻梯田由伊富高省政府和全国文化艺术委员会管理。水稻梯田总体规划全面涵盖管理、保护和社会经济问题。

42. 新加坡：新加坡植物园（文化遗产）
Singapore Botanic Gardens （Cultural heritage）

入选时间：2015 年
入选标准：(ii)(iv)

遗产概述：
新加坡植物园在新加坡市中心，大部分位于国家公园内，分为建筑保护区、树木保护区和自然雨林区，包括 44 棵古树，以及许多受保护的建筑物，例如来福士书院，转角屋、伯基尔厅、霍尔特姆厅、里德利厅、演奏台和天鹅湖凉亭等。全面展示了英国热带殖民地植物园的演变，从英式山水风格的"游乐园"，到具有园艺和植物研究设施的殖民地经济园，再到现代化的植物园、科学机构以及自然保护、娱乐和教育场所。通过其连续性的宗旨和保存完好的景观设计，新加坡植物园成为热带英国式植物园的杰出典范（图 3-16）。

遗产评价：
这座植物园位于新加坡市中心，由一座英国殖民时期热带植物园发展成为致力于植物保护和教育的世界级科研机构。这里包括不同阶段的历史印迹，展示出这座植物园自 1859 年建园以来的发展历程。1875 年以来，这里已成为东南亚地区

植物保护和科学研究的重要基地，尤其是关于橡胶种植方面的研究。

遗产保护：

新加坡植物园主要受到新加坡规划法的保护，该法规范了保护和开发行为，并由国家土地利用规划和保护局执行，分区和发展政策则根据法定总体规划（2014年）制定。同时，需要定期审查总体规划，其中有针对特定开发控制计划的规定，这些计划为新开发项目的高度、位置以及历史建筑的保护提供了指导。

缓冲区内的土地包含有关住宅开发的高度和建筑形式的准则。根据这些指导原则，缓冲区内的开发项目通常应保持低层和低密度。其主要目的是确保有效保护、展示和传播该遗产的杰出普遍价值。

图 3-16 新加坡植物园

第三节
南亚

南亚位于亚洲南部，北侧是著名的喜马拉雅山脉，向南面对浩瀚的印度洋，东临孟加拉湾，西濒阿拉伯海。因其是一个相对独立的地理单元，也被称为南亚次大陆（图 3-17）。

历史上，南亚不仅是四大文明的发源地之一，也是佛教、印度教，以及伊斯兰教的盛行之处，由于多次受到外族的入侵，这里汇集了两千多个不同的种族，也由此产生了丰富多彩的地域文化。良好的地理环境和适宜的气候条件，使得南亚在传统的农耕时代一直是世界上最为富庶的地区之一。

1498 年，葡萄牙人达·伽马首航印度后，西方殖民势力相继侵入南亚地区，到 1757 年，除高山王国尼泊尔保持相对独立外，南亚的其余地区均沦为英国的殖民地，直到二战后，在民族独立运动的推动下，南亚地区先后出现了印度、巴基斯坦、孟加拉、斯里兰卡、尼泊尔、不丹和马尔代夫七个主权国家。

以印度为主，南亚各国拥有丰富多样的世界遗产，既有雄伟的婆罗门庙宇（案例

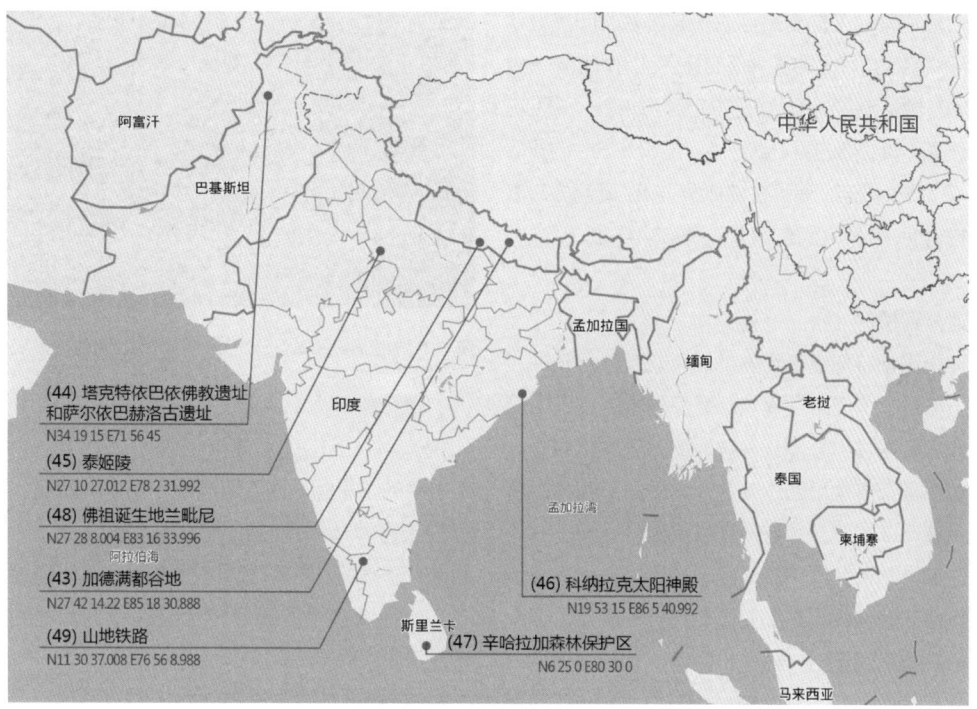

图 3-17 南亚的遗产案例分布图

46）；也有堪称穆斯林艺术典范的陵寝（案例 45），以及世界三大高山铁路之一的喜马拉雅山地铁路（案例 49）。此外，在巴基斯坦还保留着公元 1 世纪的佛教和相关的城市遗址（案例 44），以及传承数百年的高山王国的文化圣地（案例 43），另有斯里兰卡保存完好的，珍稀而独特的原始热带森林（案例 47）。

这些世界遗产展示了南亚丰富而独特的文化与自然风貌。

43. 尼泊尔：加德满都谷地（文化遗产）
Nepal: Kathmandu Valley （Cultural heritage）

入选时间： 1979 年
入选标准： (iii)(iv)(vi)

遗产概述：
加德满都谷地的七个纪念馆和建筑群包括：加德满都的哈努曼多卡皇宫广场、帕坦皇宫广场、巴克塔布尔皇宫广场、斯瓦扬布佛塔和博大哈佛塔，以及伯舒伯蒂印度神庙与钱古·纳拉扬印度神庙。

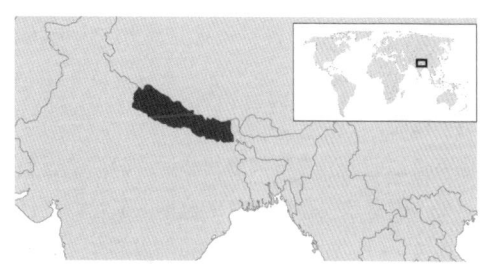

图 3-18 尼泊尔的区位图

伯舒伯蒂印度神庙是尼泊尔最著名的印度教遗址。皇宫广场是加德满都的社会、宗教和城市中心，由尼泊尔的马拉王国的国王于12—18世纪建立，其主要的历史遗迹中，最引人入胜的要数塔雷珠女神庙、黑拜拉佛神像、锘达勒宫殿、拿梭宫苑、大钟、巨鼓，以及扎简拿神殿（图3-18）。

遗产评价：
加德满都谷地享誉世界，拥有众多独一无二、无与伦比的纪念性建筑，是尼泊尔山地、山区的主要居住中心及喜马拉雅的主要文化中心。加德满都市是尼泊尔人的大熔炉，其独特的建筑遗产、神殿、神庙及其庭院给予许多国内外作家、艺术家以创新灵感。这里的文化巧妙地融合了印度教、东南亚佛教和佛教密宗，至今仍然像几百年前一样生机勃勃，其影响在加德满都随处可见（图3-19）。

遗产保护：
根据1956年的《古迹保护法》，上述指定的遗产位于被宣布为受保护的古迹区，受到最

图3-19 加德满都谷地

高水平的国家保护。该遗产地是由中央政府、地方政府和非政府组织各阶层，通过协调行动进行管理的，其职责和权限在2007年通过的《加德满都世界遗产综合管理计划》中被明确列出。

《综合管理计划》以五年为周期，审查保护规定的执行情况，以进行必要的修改和扩充，应对不断变化的情况。该遗产保护要解决的关键问题是地震等灾害风险管理。

44. 巴基斯坦：塔克特依巴依佛教遗址和萨尔依巴赫洛古城遗址（文化遗产）
Pakistan: Buddhist Ruins of Takht-i-Bahi and Neighbouming City Remains at Sahr-i-Bahlol（Cultural heritage）

入选时间：1980年
入选标准：(iv)

遗产概述：
塔克特依巴依的佛教遗迹和邻近的萨而依巴赫洛城市遗迹是巴基斯坦甘达拉地区最壮观的佛教遗迹之一，包括一个主要的佛塔庭院、一组三座佛塔、带有冥想室的寺院四合院、会议厅、有台阶的通道和其他世俗建筑（图3-20）。

图3-20 巴基斯坦的区位图

佛教遗迹是一些建于1世纪早期的寺院建筑群，坐落在36.6米至152.4米大小不一的山顶上，是佛教遗址的典型代表，占地约33公顷，一直持续使用到7世纪。这里是巴基斯坦最完整的早期佛教寺院，是用当地经过修整和半修整的石块建造的，嵌在石灰和泥浆灰浆中。

公元前2—3世纪的萨尔依巴赫洛遗址是库山时期一个古老的设防小镇的遗迹。小镇坐落在一个高达9米的细长土堆上，四周环绕着一部分防御墙。占地面积为9.7公顷。

图 3-21　塔克特依巴依佛教遗址和萨尔依巴赫洛古城遗址

遗产评价：

塔克特依巴依（王位的起源）的佛教寺庙建筑群是于1世纪早期修建的，由于它坐落在高山的顶端，所以躲避了一次又一次的侵略，至今仍然保存完好。附近有萨尔依巴赫洛古城遗迹，是同一时期的一座防备森严的小城（图3-21）。

遗产保护：

塔克特依巴依佛教遗迹和萨尔依巴赫洛附近的城市遗迹，根据《古代遗迹保护法》（1904年）和随后的联邦政府《古物法》（1975年）被确定为受保护的古迹。塔克特依巴依遗址由联邦考古部拥有，萨尔依巴赫洛遗址属于私有财产，由当地的可汗拥有。

政府已建立了专业的分区监控办事处，并通过年度预算落实相应经费。此外，还制定了公共部门发展计划，以通过定期且严格的维修和养护计划来维护和保护场地。管理职责由位于白沙瓦的开伯尔－普赫图赫瓦省考古部门负责。

2011年，政府为萨赫勒-巴洛尔市的塔克特依巴依和附近城市遗迹的佛教遗迹编制了总体规划。该规划旨在作为现场保管人的工作文件，还为保护工作提供详细的整体框架并通过管理原则阐明优先行动计划，涵盖从遗址保护到游客管理等多个领域。为了控制城市化，最近，开伯尔－普赫图赫瓦省政府宣布将整个445公顷的山区宣布为"考古保护区"。

45. 印度：泰姬陵（文化遗产）
India: Taj Mahal（Cultural heritage）

入选时间：1983 年
入选标准：(i)

遗产概述：

泰姬陵建于1631—1648年，位于印度北方邦阿格拉区亚穆纳河右岸一个巨大的花园中。该花园占地约17公顷，是莫卧儿皇帝沙贾汗为

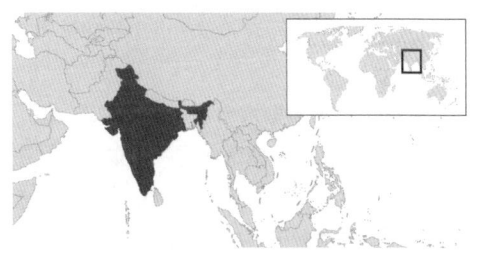

图 3-22　印度的区位图

纪念他的妻子穆塔兹·玛哈尔建造的。当初为了建造这座建筑，皇帝在整个帝国以及中亚和伊朗，都征用了泥瓦匠、切石机、夹层工、雕刻工、画家、书法家、圆顶建筑工和其他工匠。泰姬陵是一幢布局完美的建筑，沿中心轴线的双侧对称布置，采用大理石饰面，并镶嵌了各种宝石。其外围的清真寺和招待所则用红色砂岩建造，与中央的大理石陵墓形成鲜明对比。泰姬陵中央的八角形墓室，被门厅和四个角室所包围，外观上部是一个大型的双层穹顶，里面并置着玛哈尔和沙贾汗的棺椁：玛哈尔的在墓室的正中心，沙贾汗的略大，偏西侧，是三十多年后被安置的。这些棺椁只是示意性的，真正的坟墓则在墓穴（地下室），这是莫卧儿帝国陵墓的一种常规做法（图3-22）。

图3-23 泰姬陵

遗产评价：

泰姬陵是一座由白色大理石建成的巨大陵墓清真寺，是莫卧儿皇帝沙贾汗为纪念他心爱的妻子于1631年至1648年在阿格拉修建的。泰姬陵是印度穆斯林艺术的瑰宝，是世界遗产中令世人赞叹的经典杰作之一（图3-23）。

泰姬陵的独特之处在于园艺规划师和建筑师的创新，规划方案是将墓葬放置在四方花园的一端，而不是正中央，这样使整体效果增添了丰富的景深，同时它也是高台古墓的范例。此外，平台角落的四个独立式宣礼塔，为这座建筑扩展了前所未有的空间尺度。四个宣礼塔不仅提供了一种空间平衡，而且还为主体建筑烘托出三维的视觉效果。

泰姬陵被认为是整个印度-伊斯兰建筑领域中最伟大的成就之一。

遗产保护：

泰姬陵建筑群的管理由印度考古调查局负责，通过各种立法和法规对古迹以及周围区域进行控制，包括1958年《古迹、考古遗址和遗存法》和1959年的《古迹、考古遗址和遗存法细则》，附加的补充法律确保了对遗产周边地区的控制。

为保护古迹不受污染，泰姬陵周围10400平方千米的土地被限定使用。印度最高法院于1996年12月作出裁决，禁止在位于泰姬陵附近地区的工业中使用煤/焦炭，改用天然气或将其迁移到保护区之外。保护区由40个受保护的古迹组成，其中包括三个世界遗产：泰姬陵、阿格拉堡和法塔赫布尔西格里。联邦政府通过执行一项综合管理计划，提供的资金足以对综合建筑群进行整体保护、保存和维护。

46. 印度：科纳拉克太阳神殿（文化遗产）
India: Sun Temple, Konarak (Cultural heritage)

入选时间：1984 年

入选标准：(i)(iii)(vi)

遗产概述：

位于印度次大陆东岸的科纳拉克的太阳神庙是 13 世纪奥里萨邦的杰出见证，也是神性人格化的不朽典范，在太阳神苏利耶崇拜传播的历史上留下了深刻的烙印。从某种意义上讲，它与婆罗门教和密宗信仰体系存在实质性的联系。

图 3-24 科纳拉克太阳神殿

神殿在构思和实现上都是天才创造力的杰作：代表着太阳神的战车，由 6 匹马牵着 12 对轮子在天上运动，并点缀着描绘当时生活和活动的场景。在南北两侧的 24 个轮子，每个直径约 3 米，刻画了象征季节和月份周期的图案，塑造出神庙战车神奇的幻觉结构。在轮子之间，寺庙的基座被构图奇妙的狮子、音乐家和舞者的浮雕完全装饰。像许多印度神庙一样，这里也是由几个不同且组织良好的空间单元组成的，而主要庇护所被带有冠帽的高塔所覆盖（图 3-24）。

太阳神殿是 13 世纪奥里萨邦印度帝国的一个特殊见证，代表了这个恒河帝国的控制力量以及历史上的价值体系。如今，它的美学和视觉上的叙事方式，是我们理解那时宗教、政治、社会和世俗生活的宝贵窗口。这座太阳神庙与"吠陀经"等古典文本中体现的"太阳神"人格化的思想和信念有关。太阳被人化为具有历史、血统、家庭、妻子和后代的神灵，因此在神话中扮演着重要的角色。此外，它还伴随着其自身艺术创作的所有传奇故事，并与婆罗门教和密宗的生活传统有关。

遗产评价：

科纳拉克太阳神庙位于孟加拉湾沿岸，沐浴着冉冉升起的太阳。神庙依照太阳神苏利耶驾驶战车的样子建造。24 个车轮饰有字符图案，6 匹马拉着战车。这座神庙建于 13 世纪，是印度最著名的婆罗门庙宇之一。

遗产保护：

科纳拉克太阳神庙在印度的国家框架下受到《古迹、考古遗址及遗存法》（1958 年）及其细则（1959 年）的保护。其他相关的保护立法包括《森林法》《科纳拉克开发法》和《议会区域法》。此外，根据《阿马斯尔法》，在该遗产外 100 米的区域和在该遗产外 200 米的区域分别构成禁止和管制的发展区或其他类似的活动区，这些活动区可能对该遗产尚未实现的普遍价值产生不利影响。

所有的保护方案都由印度考古调查局通过其国家、区域和地方的代表执行。与管理有关的计划有五项：安全、环境、总体规划、环境发展和旅游业，并在世界遗产基金的支持下，对神庙结构进行稳定性的评估。随着时间的推移，要保持该遗产突出的普遍价值，就需要继续加强对主要结构及其雕塑和相关材料的保护；加强地方和中央的职能整合；包括把较大的景观环境纳入规划的范围进行发展；应对与发展压力、环境压力、旅游压力、自然灾害和当地人口增长相关的已确定的威胁。

47. 斯里兰卡：辛哈拉加森林保护区（自然遗产）
Sri Lanka: Sinharaja Forest Reserve （Natural heritage）

入选时间：1988 年
入选标准：(ix)(x)

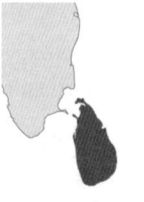

图 3-25 斯里兰卡的区位图

遗产概述：

辛哈拉加森林保护区位于斯里兰卡西南低地湿润地带，是斯里兰卡最后一片原始低地雨林，占地 8864 公顷，海拔 300～1170 米，过去 60 年的年降雨量在 3614～5006 毫米之间，大部分降水发生在西南季风（5-7 月）和东北季风（11～1 月）时期。"辛哈拉加"的意思是"狮子王"，是传说中斯里兰卡的狮子民族或斯里兰卡狮子的家园。这条狭长的起伏地带是一系列的山脊和山谷，包括错综复杂的河流网络，从南面和北面排水，流入遗产保护区边界的基英河和卡鲁河（图 3-25）。

斯里兰卡是 830 种特有物种的家园，其中 217 种树木和木质攀缘植物生长在低地潮湿地带（图 3-26），被记录在案有 139 种（64%），包括 16 种珍稀物种。鸟类的区系特有性极高，在该地区记录的 20 种鸟类中，有 19 种（95%）是斯里兰卡特有的。哺乳动物和蝴蝶的特有性也超过 50%。保护区内有许多濒危和稀有物种，包括：豹、印度象、特有的紫面叶猴、斯里兰卡木鸽、绿嘴鸟、斯里兰卡白头椋鸟等。

遗产评价：

辛哈拉加森林保护区位于斯里兰卡西南部，是该国最后一片原始热带雨林。这里 60% 以上的树木都是当地特有的，其中许多属于珍稀树种。保护区里还生存着很多当地特有的野生动物，并以鸟类居多。保护区是斯里兰卡 50% 以上的哺乳动物和蝴蝶生存的家园，也是种类繁多的各种昆虫、爬行动物和珍稀两栖动物繁衍生息的地方。

图 3-26 辛哈拉加森林保护区

遗产保护：

1988 年 10 月 21 日该辛哈拉加地被列为国家级遗产荒野保护区，但早在 1875 年 5 月 3 日，该保护区内大部分地区就被宣布为森林保护区，拥有悠久的保护历史。根据斯里兰卡《国家遗产和荒野地区法》，该遗产受到最高级别的法律保护。1978 年 4 月被宣布为生物圈保护区，并于 1988 年列入世界遗产，使该遗产的价值得到了进一步确认。1985/1986 年和 1992/1994 年制定的遗产管理计划强调保护、科学研究、缓冲区管理、利益分享和社区参与。

该遗产由土地和土地开发部主管的林业司森林官员直接管理。一个国家指导委员会负责协调国家荒野地区、生物圈保护区和世界遗产地的保护工作。根据相关政策要求，为辛哈拉加保护区和遗产周边天然林编制相应管理计划，落实相应的实践和研究。

48. 尼泊尔：佛祖诞生地兰毗尼（文化遗产）
Nepal: Lumbini, the Birthplace of the Lord Buddha（Cultural heritage）

入选时间：1997 年
入选标准：(iii)(vi)

遗产概述：
尼泊尔南部特赖平原的兰毗尼，作为佛祖释迦牟尼的诞生圣地，与基督教圣地耶路撒冷，伊斯兰教圣地麦加一样，享誉世界。这里也因此成为世界上最伟大、最神圣的宗教圣地之一（图3-27）。

图 3-27 佛祖诞生地兰毗尼

前 2 世纪，印度孔雀王朝国君阿育王来兰毗尼朝圣，并建造了尼加里瓦石柱和毕波罗瓦塔，尼加里瓦石柱上用巴利文刻有祷词和日期；1898 年，在毕波罗瓦塔中还曾发现了一些真正的佛舍利；公元 635 年，玄奘在兰毗尼取经时，曾亲眼目睹阿育王石柱；根据他的《大唐西域记》记载，尼泊尔考古局于 1967 年至 1972 年间，在兰毗尼附近的蒂劳拉特村，发掘出古代释迦时期的废墟，发现了陶制头像、佛像、石雕、钱币等一批珍贵文物。另外，当时还发掘出神龛、佛院遗址及残砖断瓦等。现在该遗址正被发展成为佛教朝圣中心，其中与佛陀诞辰有关的考古遗迹，已成为佛教圣地的主要象征。

遗产评价：
释迦牟尼佛祖于前 623 年诞生于尼泊尔兰毗尼一座著名的花园里，后来该处就成为朝圣之地。古印度的阿育王也是朝拜者之一，并在此建立了一个他的纪念碑。这里现在不但已成为佛教徒的朝圣中心，而且以考古遗迹和佛祖诞生地为主要特色。

遗产保护：
该遗产受到 1956 年的《古代遗迹保护法》的保护，由自治的非营利组织——兰毗尼发展信托进行管理。整个遗产归尼泊尔政府所有。该遗产的总体规划由肯佐·丹吉教授在 1972 年至 1978 年间与联合国共同发起并实施。保护和管理遗产的长期挑战是控制游客的影响以及该地区包括湿度在内的自然影响和工业发展的冲击。

目前，当地政府正在制定管理计划，以确保长期保护遗产的考古遗迹，同时允许世界各地的朝圣者和游客继续参观该遗产。

49. 印度：山地铁路（文化遗产）
India: Mountain Railways of India（Cultural heritage）

入选时间： 1999 年
入选标准： (ii)(iv)

遗产概述：

印度的山地铁路由三条铁路组成：位于西孟加拉邦（印度东北部）喜马拉雅山麓的大吉岭喜马拉雅铁路，占地 5.34 公顷；位于泰米尔纳德邦（印度南部）的尼尔吉里山的山区铁路，面积为 4.59 公顷；以及位于喜马拉雅山麓（印度西北部）的卡尔卡·西姆拉铁路，面积为 79.06 公顷，三条铁路仍处于正常运行状态。

印度的山地铁路是山区铁路的杰出典范。他们于 1881 年至 1908 年间建成，采用大胆而巧妙的工程解决方案来解决在风景秀丽的山区建立有效的铁路连接问题，是 19 世纪末 20 世纪初的工程企业的典范（图 3-28）。

遗产评价：

本遗产包括三条铁路线，大吉岭喜马拉雅铁路是第一条，也是最著名的一条，堪称山区客运铁路的典范。大吉岭喜马拉雅铁路自 1881 年开始运行，设计使用大胆而巧妙的机车系统，解决了穿越美丽的山区，因地形起伏引起的机车有效牵引的难题。尼尔吉利铁路是一条 46 千米长的窄轨单线铁路，位于泰米尔纳德邦，其建造方案于 1854 年提出，但因山势险峻，工程直至 1891 年才开工，1908 年竣工。这条铁路海拔从 326 米升至 2203 米，代表了当时

图 3-28　喜马拉雅的山地铁路

的最高水平。卡奥卡 - 西姆拉铁路 96 千米长，也是单线窄轨铁路，19 世纪中叶与高海拔的西姆拉镇连接通车，成为建造技术和材料突破的象征。

遗产保护：

这三处遗产的所有者是印度政府铁道部。印度联邦有关铁路的所有法律均适用于该遗产，包括针对技术保护措施的《铁路法》（1989 年）和《公共场所法》（1971 年），其中特别规定了驱逐未经许可的居住者的权力。铁道部正在努力实施法律规定，以防止遗产边界以及缓冲区内未经授权占用土地的行为。

这三条铁路的管理部门都保存有英国殖民时期维护轨道、基础设施、机车车辆和车站所必需的技术文件。印度铁路局有一个中央研究部门，负责研究气候和地质条件对山脉的影响，并制定适当的防护措施。

第四节
西亚和中亚

西亚地处亚洲与欧洲连接处，是一块四周被地中海、黑海、里海、阿拉伯海、波斯湾等水域环绕的高原与山地。值得注意的是，不同于通常意义上的地理和行政区划，在世界遗产分布体系中，阿拉伯半岛与毗邻的两河流域则不属于西亚区域。中亚即亚洲中西部的内陆地区，也处于欧亚的结合部。以下的分析包括三个相关联的地区（图 3-29）。

一、伊朗高原

位于亚洲西南部的伊朗高原，东部连接着帕米尔高原，西部与小亚细亚的亚美尼亚高原接壤，海拔在 900～1500 米之间，四周对峙着高山，中部则比较平坦。这里不仅是众多古代文化的发源地，也因其独特的地理位置，连接着东地中海文明、两河流域文明、印度河流域文明，以及北方各个时期的游牧族群。

从历史脉络上看，公元前 4000 多年，这一地区就诞生了文明，并先后出现了埃兰（前 3200—前 639 年）和米底（前 678—前 553 年）两个古老的部落联盟王国。此后，是不同阶段的外族入侵、王朝的自治与更替，包括出现了四次横贯欧亚的波斯帝国。

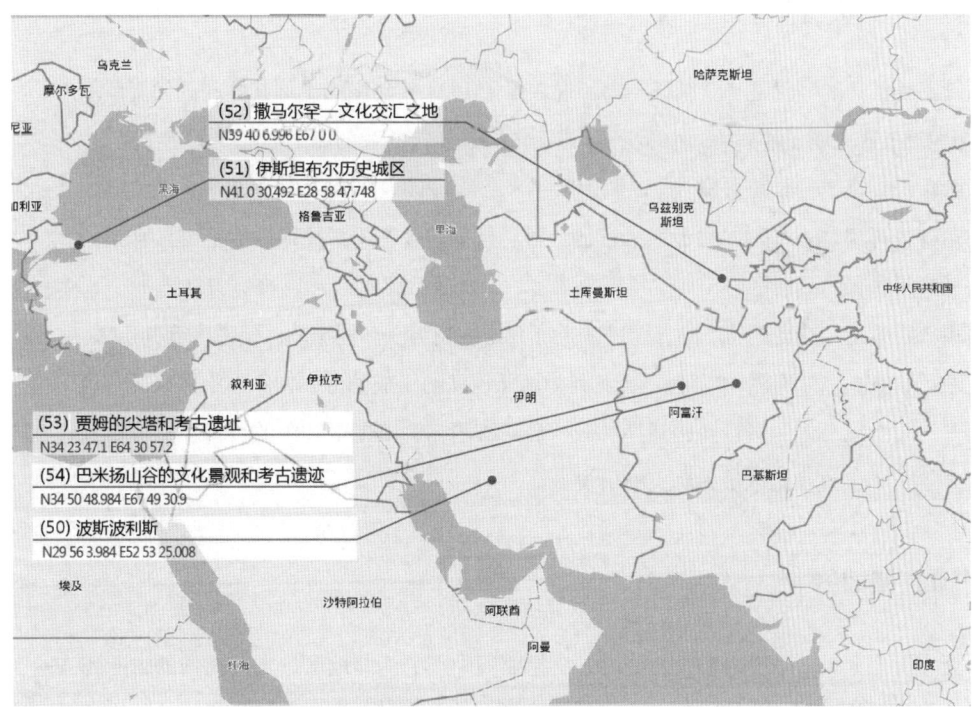

图 3-29 西亚与中亚的遗产案例分布图

(1) 前 550—前 330 年的波斯第一帝国：阿契美尼德王朝。

(2) 前 330—前 170 年马其顿帝国入侵后的希腊化时期，以及安息帝国（前 247—前 224 年），也有学者称之为波斯第二帝国。

(3) 226—650 年的波斯第三帝国：萨珊王朝。

(4) 650—1290 年，是阿拉伯帝国的统治时期，其伊斯兰教的影响持续至今。

(5) 1219—1500 年蒙古人大举入侵及统治时期，也包括相对独立的伊利汗国（1256—1335 年）。

(6) 1500—1722 年的波斯第四帝国：萨法维王朝。

(7) 1722—1914 年是突厥人入侵、统治的封建割据时期，同时欧洲人也加入了本地区的"大博弈"，包括 1722 年俄国彼得大帝联合奥斯曼帝国的入侵，以及以英属印度为基地的大英帝国对伊朗高原东南部地区的蚕食。

(8) 1914—1935 年，是第一次世界大战所带来的半封建、半殖民地时期。1921 年，哥萨克上校礼萨·汗发动政变，建立了巴列维王朝，并于 1935 年更名为伊朗。

(9) 1979 年，宗教领袖霍梅尼发动伊斯兰革命，建立了政教合一的伊朗伊斯兰共和国。

在这数千年的复杂进程中，伊朗高原及其临近地区，由于不同人种、宗教和文化交流，留存了丰富的文化遗产，包括最早的波斯帝国的首都波斯波利斯（案例 50）。

二、安纳托利亚半岛

西亚靠近欧洲的一侧是小亚细亚半岛，现在属于 1923 年建国的土耳其共和国领土范围（另包括地理位置上属于欧洲的一小部分）。这一地区是连接欧亚的海上与陆上的十字路口，其地缘政治的战略地位极其重要，所以两千多年来，从 3200 年前的特洛伊战争，到波斯与希腊的争夺，再到拜占庭帝国和十字军东征，随后是奥斯曼帝国对此地区的征服，直到一战后才迎来了现有的政治格局。

值得一提的是，在世界遗产的分区中，土耳其是被列为欧洲国家的，但考虑到其历史、地理、文化与宗教上的渊源，本节还是将其列为西亚地区的组成部分。东罗马帝国（拜占庭）的首都——君士坦丁堡，1453 年被穆斯林攻占后，被更名为奥斯曼帝国的首都伊斯坦布尔（案例 51），正是这个地区最为真实的历史见证。

三、中亚内陆地区

中亚在历史上是一个较为模糊的概念，泛指亚洲中部的内陆地区。古典时期的中亚各部，民族界限十分模糊，往往因高山和荒漠的阻隔，形成了以血源、语言为纽带的部族社会。这里不仅有各种游牧民族生活的草原，也有适宜定居农耕生产的绿洲。如今这些古代丝绸之路上的各种部族，有的已经消亡，有的融入其他族群，直到第二次世界大战以后，苏联下属的五个加盟共和国：哈萨克、吉尔吉斯、乌兹别克（案例52）、塔吉克、土库曼，也就是"非斯拉夫"民族犬牙交错的聚居区，成为了狭义上的中亚地理范围。苏联解体后，上述五个独立后的斯坦共和国，以及阿富汗斯坦（案例53）所辖地域，也被称为政治地缘意义上的中亚地区。

中国自古以来，通过陆上丝绸之路同中亚地区保持着密切的经济、社会与文化上的联系，2014年6月，在卡塔尔多哈举行的第38届世界遗产大会上，由中国、哈萨克斯坦与吉尔吉斯斯坦三国联合提交的古丝绸之路的东段："丝绸之路：长安-天山廊道的路网"项目，成功申报为世界文化遗产。这也是中国首例跨国合作、成功申遗的项目（案例17）。

50. 伊朗：波斯波利斯（文化遗产）
Iran: Persepolis（Cultural heritage）

入选时间： 1979年
入选标准： (i)(iii)(vi)

遗产概述：

波斯波利斯宏伟的废墟坐落在伊朗西南部的慈悲山脚下，是世界上最大的考古遗址之一。波斯波利斯的皇家城市被誉为阿契美尼德的瑰宝，在建筑、城市规划、建筑技术和艺术等领域相互融合，是无与伦比的文化遗址，对最古老的文明有独特的见证价值。阿契美尼德帝国的国王大流士在约前518年开始建造这座城市的巨大露台。在这个露台上，历届国王建造了一系列令人叹为观止的宫殿建筑，其中包括庞大的王座大厅（图3-30）。

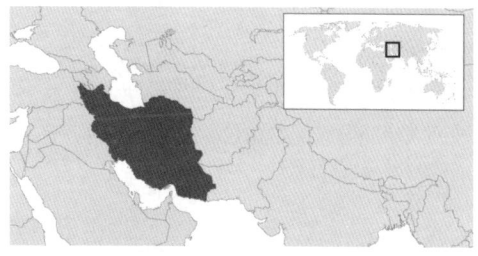

图3-30 伊朗的区位图

图3-31 伊斯法罕的伊玛目广场

受美索不达米亚模式的启发，阿契美尼德国王达里乌斯一世（522—486），他的儿子施乐一世（486—465）和他的孙子阿塔尔塞斯一世（465—424）在一个巨大的半自然地带上建造了宏伟的宫殿建筑群，半人工露台。占地13公顷雄伟壮观的建筑群被列为世界上最大的古代宫殿之一。波斯波利斯也是阿契美尼德帝国的政府所在地，主要是作为国王及其帝国的招待会和节日壮观的展示场所的中心（图3-31）。

遗产评价：

宏观壮丽的波斯波利斯遗址位于拉赫马特山山脚，即现在的伊朗伊斯兰共和国首都德黑兰以南 650 千米处。这里曾是古代阿契美尼德帝国的行宫和首都，兴建于前 518 年大流士一世在位期间。波斯波利斯坐落于石头台基之上，将自然地理形貌和人类艺术精华完美地融汇在一起，受美索不达米亚都城的启发，建造出令人惊叹的宫殿建筑群。

大流士兴建此宫殿群的初衷似乎并非是仅仅作为权力的象征，而主要是为了炫耀以及接见阿契美尼德帝国国王和举行节日活动。波斯波利斯是这个南部城邦的卓越典范，是帝国的象征，这也是亚历山大大帝在前 330 年将之付之一炬的原因。

遗产保护：

波斯波利斯于 1931 年 9 月 5 日作为第 20 项被列入伊朗国家纪念单位。有关这一遗产的法律法规包括《国家遗产保护法》（1930 年，1998 年修订）和 1980 年关于防止非法盗掘的法案。伊朗政府的文化遗产、手工艺和旅游组织依法保护该世界遗产及其缓冲地。

2001 年，该组织实施了一项关于确定遗产边界、缓冲区、土地所有权和优先保护事项的管理措施。波斯波利斯研究基地是 2001 年设立的一个管理和保护办公室，负责调查、保护、修复和展示文化遗产，并与国内外大学和研究机构合作开展保护活动。

随着时间的推移，为保持该文化遗产的突出普遍价值，需要建立对空气污染物、风化和其他环境影响因素进行监测和评估的系统；控制遗产的边界和界限，使之不受农业、建设发展工业的影响；制定衡量马夫达什特镇和新农村潜在增长和发展影响的指标；调查、评估，以及消除任何可能对遗产的突出普遍价值、完整性或真实性产生的负面影响。

51. 土耳其：伊斯坦布尔历史城区（文化遗产）
Turkey: Historic Areas of Istanbul （Cultural heritage）

入选时间：1985 年
入选标准：(i)(ii)(iii)(iv)

遗产概述：

伊斯坦布尔处于欧亚大陆交界处，历史上它相继成为 3 个帝国的首都：即东罗马帝国、拜占庭帝国和奥斯曼土耳其帝国。它曾一度名为拜占庭，后改为君士坦丁堡，现在为伊斯坦布尔。2000 年来，伊斯坦布尔一直是欧洲和亚洲政治、宗教和艺术中心（图 3-32）。

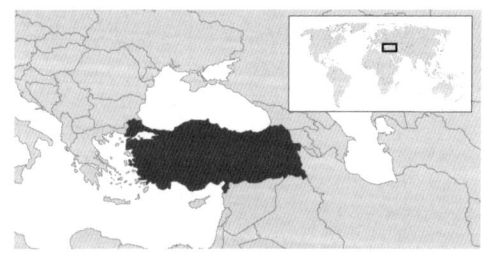

图 3-32　土耳其的区位图

中古时期，伊斯坦布尔城内的建筑极大地影响着欧亚建筑艺术、教堂艺术和空间组织的发展。此外建于 447 年，拜占庭帝国皇帝狄奥多西二世时期的陆上城墙，也是军事建筑史上的杰出代表；圣索菲亚大教堂是所有教堂和其后的清真寺的模仿对象，君士坦丁堡宫殿和教堂的马赛克镶嵌画，也深深影响着周边地区的装饰艺术。

遗产评价：

伊斯坦布尔历史城区位于巴尔干与安纳托利亚、黑海与地中海之间。两千多年来，这里总是与一些重要的政治、宗教和艺术事件联系在一起。它的杰作包括古代君士坦丁堡竞技场、6世纪的哈吉亚·索菲亚教堂和16世纪的苏莱曼清真寺。这些遗迹现在受到了人口增长、工业污染以及过度城市化的威胁。

遗产保护：

伊斯坦布尔的历史区域通过国家保护立法得到法律保护。保护这些遗产的管理机构包括国家政府（文化和旅游部文化资产和博物馆总局、虔诚基金会总局）地方行政部门和若干国家机构。登记建筑和保护地的任何改造都必须获得保护委员会的批准。

伊斯坦布尔文化和自然遗址管理局于2006年在伊斯坦布尔大都市区内成立，以协调伊斯坦布尔世界遗产的管理规划进程。该局的工作得到一个咨询委员会和一个协调和监督委员会的支持。文化和旅游部还设立了一个部门，其负责协调的土耳其世界遗产地的管理问题，并与有关当局合作执行《世界遗产公约》和相关业务准则。

图3-33 俯瞰伊斯坦布尔历史城区

泽耶雷克、苏莱曼尼耶和城墙的第一批保护计划是在1979年和1981年制定和批准的。包括世界遗产在内的一项新的保护计划得到了伊斯坦布尔市议会的批准。通过规划措施，保留了历史半岛令人印象深刻的天际线，包括托普卡普宫、索菲亚大教堂和苏莱曼清真寺。法律保护和管理机构足以确保遗产得到适当保护。作为欧洲文化之都运动的一部分，除了文化和旅游部、伊斯坦布尔特别省管理局之外，国家政府还为遗址内的修复和保护项目拨出了大量资金，包括虔诚基金会总理事会和地方政府的年度预算。

52. 乌兹别克斯坦：撒马尔罕——文化交汇之地（文化遗产）
Uzbekistan：Samarkand – Crossroad of Cultures（Cultural heritage）

入选时间：2001年
入选标准：(i)(ii)(iv)

遗产概述：

历史名城撒马尔罕位于乌兹别克斯坦东北部泽拉夫山河谷的一个大绿洲上，被认为是世界文化的十字路口，相传有2600多年的历史。该地区

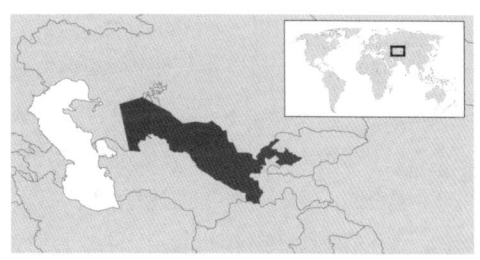

图3-34 乌兹别克斯坦的区位图

人类定居的证据甚至可以追溯到前 1500 年，从 14 世纪到 15 世纪，撒马尔罕曾是当时强大的帖木儿王国的首都（图 3-34）。

撒马尔罕的历史遗址包括三个主要部分。东北部有一座建于前 7 世纪、13 世纪被成吉思汗摧毁的古城遗址，作为考古保护区保存下来。考古发掘揭示了古代的城堡和防御工事，统治者的宫殿（建于 7 世纪，陈列着重要的壁画），以及住宅和工艺品区。这里还有一座建于 8—12 世纪的大型古代清真寺的遗迹（图 3-35）。

图 3-35 撒马尔罕的历史遗迹

遗产评价：

撒马尔罕历史名城是世界多元文化交汇的大熔炉，建于公元前 7 世纪，在公元 14—15 世纪的贴木尔王朝时期得到了重要发展。撒马尔罕拥有众多著名的古代建筑，如列吉斯坦伊斯兰教神学院、比比·哈内姆大清真寺、贴木尔家族陵墓和兀鲁伯天文台等。

遗产保护：

1982 年 5 月 26 日，乌兹别克斯坦共和国内阁颁布法令建立撒马尔罕国家历史建筑保护区，要求区内所有建设和开发工作均按照撒马尔罕地区文化遗产保护和修复区域规定的建议进行。

保护区管理的总体责任由国家文化体育事务部和撒马尔罕省政府承担。此外，影响遗产保护和管理的经营机构还包括文化古迹保护与利用首席科学委员会、撒马尔罕地区保护和利用古迹科学委员会和撒马尔罕市。国家文化遗产保护和利用检查局负责与这些古迹相关的日常活动，例如注册、监测、保护和修复的技术监督或新项目的技术管理，这些活动由世界遗产保护组织实施。

53. 阿富汗：贾姆的尖塔和考古遗址（文化遗产）
Afghanistan：Minaret and Archaeological Remains of Jam（Cultural heritage）

入选时间：2002 年
入选标准：(ii)(iii)(iv)

遗产概述：

在海拔 1900 米，远离任何城镇的地方，贾姆尖塔矗立在赫拉特以东 215 千米处的哈里鲁德河与贾姆河交汇处的崎岖山谷中（图 3-36）。从一个直径 9 米的八角形底座上升至 65 米高，它的四个重叠的、逐渐变细的圆柱轴是用烧火砖建造的。宣礼塔被几何装饰完全覆盖，浮雕上用绿松石瓷砖强化了库菲克铭文（图 3-37）。

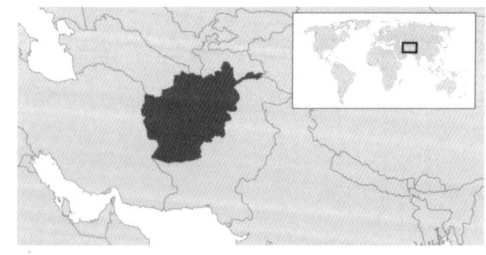

图 3-36 阿富汗的区位图

该塔建于 1194 年，它的安放可能标志着菲鲁兹库古城的位置，这里被认为是古尔王朝的夏季首都。周围的遗存还包括 11—12 世纪哈里鲁德河两岸和尖塔东面古尔人定居点的城堡和塔楼遗迹。

贾姆尖塔是为数不多保存完好的纪念碑之一，代表了当时独特的艺术创造力和对结构工程的掌握。从艺术史的角度来看，它的建筑和装饰也是很有特色的，以独特的方式融合了该地区早期发展的元素，并对该地区后来的建筑产生了长久的影响。

遗产评价：
贾姆尖塔庄严肃穆、高耸入云，其历史可以追溯到 12 世纪，它是为了纪念古尔帝国时期的一次重大胜利所建造。贾姆尖塔总高 65 米，底部是一个直径为 9 米的八角形。宣礼塔主体是四个依次变窄、陶瓷砖制成的圆柱体，由石灰砂浆粘合。宣礼塔外表雕刻着宗教图案，底层的圆柱装饰最为精美。整个圆柱被纵向分为八个区域，每块区域内都雕刻着生动各异的图案。贾姆尖塔是伊斯兰建筑和装饰风格的典范，对该地区文化的传播有着十分重要的意义。

遗产保护：
阿富汗信息与文化部通过其下设的历史遗迹部对贾姆尖塔进行了有效的管理和保护，其依据的法律是《历史文化遗产保护法》，该法律为遗产的

图 3-37 贾姆尖塔

经费和技术支持奠定了基础。

根据联合国教科文组织的决定，贾姆尖塔在达到预期的保护状态后，将被从《濒危世界遗产名录》中删除。为此，阿富汗政府需采取的措施有：安排有能力负责遗产保护的工作人员；划定清晰和准确的遗产保护区和缓冲区边界，确保贾姆尖塔能长期得到保护；制定并实施长期性政策，确保该地的安全。

目前，针对贾姆尖塔的破坏主要来自于自然灾害（洪水）、风化和战争破坏。

54. 阿富汗：巴米扬山谷的文化景观和考古遗迹（文化遗产）
Afghanistan：Cultural landscape and Archaeological Remains of the Bamiyan Valley（Cultural heritage）

入选时间： 2003 年
入选标准： (i)(ii)(iii)(iv)(vi)

遗产概述：
巴米扬山谷位于阿富汗中部高地兴都库什山脉之间，它的开敞口是一个大盆地，北边是一条长长的、高高的岩石峭壁。巴米扬山谷的文化景观和

图 3-38 巴米扬山谷的文化景观和考古遗迹

考古遗迹由一系列遗产组成，包括山谷及其支脉内的 8 个独立遗址。巴米扬悬崖上雕刻了前 3 世纪至 5 世纪的两座高 38 米和 55 米的巨型佛像，可惜 2001 年被塔利班摧毁。悬崖上还有一个大型佛教寺院群；山谷山麓还有一座小教堂和圣所。在一些洞穴和壁龛中，通常由壁画廊道连接，有壁画和坐着的佛像遗迹。在巴米扬支脉的山谷中还有更多的洞穴群，包括卡克拉克山谷洞穴。巴米扬悬崖东南约 3 千米处有 100 多个洞穴，这些洞穴可追溯到 6 世纪至 13 世纪，其中有一个 10 米高的佛像和一个带有萨萨尼亚时期彩绘装饰的圣所。

巴米扬山谷的文化景观和考古遗迹代表了该地区从 1 世纪到 13 世纪的艺术和宗教发展历程，也见证了古代印度、希腊、罗马、萨珊和伊斯兰在此地的影响（图 3-38）。

遗产评价：
巴米扬山谷的文化景观和考古遗址汇集了大量的佛教寺院、庙宇，以及伊斯兰教时期的防御建筑，向世人展示了从 1 世纪至 13 世纪期间以古代巴克特里亚文化为特征的艺术和宗教发展。正是在这一发展过程中，佛教艺术的干达拉流派兼收并蓄了各种文化影响。

2001 年 3 月，遗址中的两尊立佛像被极端宗教组织塔利班摧毁，震惊了全世界。

遗产保护：
巴米扬山谷的古迹和考古遗迹是阿富汗的国有遗产，但其缓冲区的大部分是私有的。许多界定所有权的文件在几十年的冲突和内乱中被销毁，现在正在重新建立。司法部 2004 年 5 月 21 日颁布的《历史文化遗产保护法》在财政和技术上提供了保证。这一系列遗产的管理由信息和文化部下属的考古研究所和历史遗迹保护局，以及巴米扬省省长负责。

2018 年 12 月 3 日至 5 日，联合国教科文组织遗产保护委员会组织召开巴米扬世界遗产的未来国际技术会议，提出了一系列建议：确定了在遗产保护上加强协调和治理的必要行动；成立一个国家技术工作委员会，加强修复巴米扬佛像和壁龛的工作；意大利提供的资金帮助在沙赫里·高古拉部署几名警卫；另外，内务部任命了 20 名警察，负责监测和保护巴米扬山谷内的遗产。2018 年，巴米扬还举办了几次遗产管理讲习班，让当地社区来参与遗产的管理和保护；由联合国教科文组织 - 大韩民国信托基金资助的巴米扬文化创意中心（巴米扬文化中心）已于 2019 年年底完工。

第五节
大洋洲

　　大洋洲位于太平洋中南部，是一块"被大洋环绕的陆地"（Oceania），陆地总面积约 897 万平方千米，约占世界陆地总面积的 6%，是世界上最小的一个大洲。除南极洲外，也是世界上人口最少的一个大洲。该洲包括澳大利亚、新西兰、新几内亚岛（伊里安岛）以及美拉尼西亚、密克罗尼西亚、波利尼西亚三大岛群（图 3-39）。

　　在欧洲殖民者到达这里以前，大洋洲的原住民最早来自东南亚，16 世纪葡萄牙人和西班牙人远航至此，发现这些头发卷曲的土著还处于新石器时代，遂以"巴布亚"称之。此

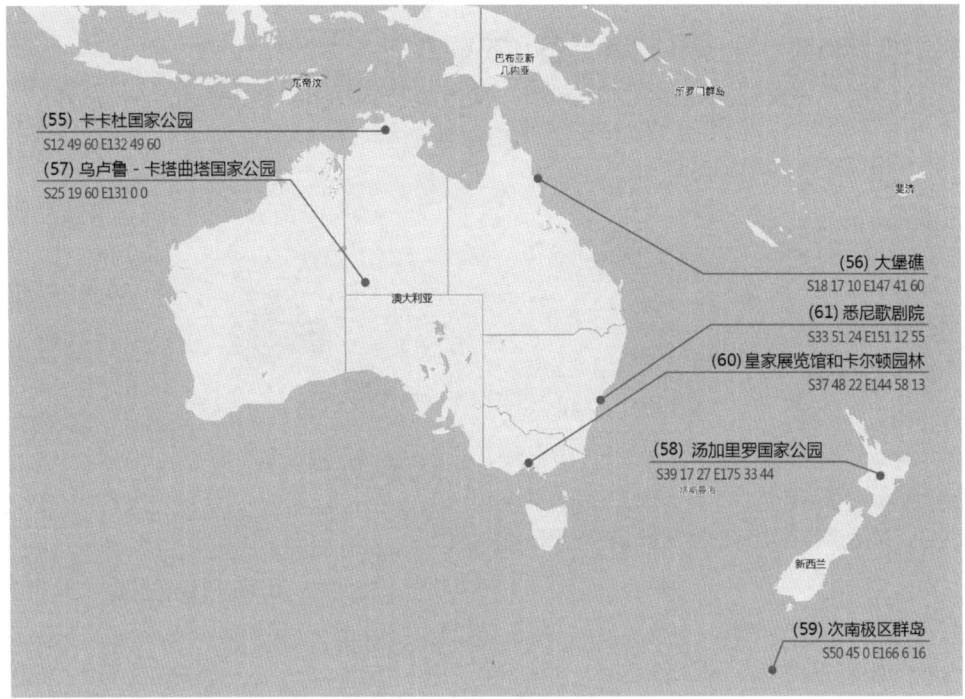

图 3-39 大洋洲的遗产案例分布图

后数百年间，荷兰人、英国人、法国人、德国人、美国人陆续抵达大洋洲，彻底改变了当地的经济、社会和文化发展的进程。

目前，大洋洲有 14 个独立国家，其余 10 个地区尚在美、英、法等国的管辖之下，各国经济发展水平差异显著。澳大利亚和新西兰是发达国家，其他岛国多为农业国，经济比较落后。截至 2019 年，联合国教科文组织评定的世界遗产，也主要集中在澳大利亚（20 项），其次是新西兰（3 项）。

相比于欧亚大陆，澳大利亚的文明史并不长，因此，其世界遗产主要是当地土著所遗留下来的，并且与自然环境紧密相关的类型（案例 55），甚至有一些项目地处澳洲中部地区，人迹罕至（案例 57）。另一方面，英国殖民者来到澳洲后，也带来了不少维多利亚时期的建筑类型（案例 60），成为这个特定时期的历史记忆。此外，还有名满世界的、建造时历经波折的作品（案例 61），使得澳大利亚成为世界遗产非常独特的一处胜地。

由于大洋洲的大部分地区地处南半球，四周被大洋环绕，因此也拥有很多其他地方所不具备的自然美景，除了我们之前介绍的为海洋生物提供生存空间的大堡礁，还包括为珍稀鸟类提供庇护的各类海岛（案例 59）。

55. 澳大利亚：卡卡杜国家公园（双重遗产）
Australia：Kakadu National Park （（Natural heritage/ Cultural heritage）

入选时间：1981 年
入选标准：(i)(vi)(vii)(ix)(x)

遗产概述：

卡卡杜国家公园是澳大利亚最大的国家公园，面积 131.6 万公顷，位于澳大利亚北部地区达尔文市以东 220 千米处，是一处独特而复杂的生态系统，潮汐涨落、冲积平原，低洼地带和高原，是适合各种独特动植物繁衍的理想环境（图 3-40）。

图 3-40　澳大利亚的区位图

卡卡杜国家公园包括不同地貌的区域：海潮区植被主要由丛林及海蓬子科植物组成，其中包括海岸沙滩上的半落叶潮湿热带林。这里也是濒临绝迹的潮淹区鳄鱼出没之地；而在平原区多为低洼地，雨季洪水泛滥形成沼泽带，是栖鸟类的理想去处；在低地区多为起伏平原，间有小山和石峰，这里植物的形态不同，有多为蓝桉的稀疏树林，也有草原、牧场和灌木丛；在与水涝平原交界处分布着沿海热带森林，林内有多种动物；陡坡和沉积岩孤峰区，这里雨季时会形成蔚为壮观的瀑布，并有多种动物栖息于此；高原区则由古老的沉积岩组成，海拔在 250～300 米之间，个别突兀的石峰，海拔达 520 米。主要植物为灌木，偶尔可见茂密的森林，多为野生巴旦杏。

卡卡杜国家公园还拥有别样的古迹，在悬崖上许多洞穴中有大约 7000 处岩石壁画，这些岩画是当地土著的祖先用蘸着猎物的鲜血或和着不同颜色的矿物质涂抹而成。壁画里的动物种类随着绘画的年代变化，反映出海平面上升所带来的变化。最早的壁画形成于最后一次冰河时期，当时海面较低，卡卡杜荒原位于距海约 300 千米的地方。冰河时期约在 6000 多年前结束，海面上升，阿纳姆地悬崖下的平原变成了海洋和港湾，所以这一时期的壁画中主要是巴拉蒙达鱼和梭鱼等鱼类动物，同时也有许多壁画把脊椎动物的内部构造都展现了出来。

壁画的内容反映了当地土著祖先们各个时期的生活内容、生产方式，以及某些野兽、飞禽的形象。其中一部分内容与原始图腾崇拜、宗教礼仪有关。在壁画中有一些不为现代人所理解的抽象图形。有的人体壁画很奇特，头常呈倒三角形，耳朵呈长方形，身躯及四肢特别细长，并且经常可以见到多头多臂的人体图形。画中人物多处于一种舞蹈姿态，从他们或曲身、或跳跃的劲舞姿势中，可看出这是个热情开放、能歌善舞而又极富幻想的民族。

卡卡杜和毗邻的阿海姆地高原有着难以计数的独特的动植物种群，这在世界上也是罕有的。其中的植物种类繁多，超过 1600 种，仅红树属植物就有 22 种。公园最值得称道之处是保存较完整的自然生态原始环境和优美的景色。柠檬桉、大叶樱、南洋杉等树木，是澳大利亚的特产，公园还生长着大片的棕榈林、橘红的蝴蝶花树、松树林等。公园里的沼泽地带红树

图 3-41 卡卡杜国家公园

林形成天然堤坝，丘陵地带是热带树林和大草原（图3-41）。

遗产评价：

这是一个独一无二的考古和人种保护区，位于澳大利亚北领地州，4万多年以来，一直有人类在此居住。这里的石洞壁画、石刻以及考古遗址完整记录了该地区人民的生活技能和生活方式，包括从史前狩猎采集者到如今仍在此生息的土著居民。这里还是各种生态系统共存的一个特例，包括潮坪、漫滩、低地和高原，为当地大量珍稀动植物提供了栖息之地。

遗产保护：

这里曾是土著自治区，1979年被辟为国家公园。1981年，卡卡杜国家公园作为文化与自然双重遗产列入《世界遗产名录》，1987和1992年扩展范围。

该遗产受到立法的良好保护，并与土著传统业主共同管理，这是管理制度的一个重要方面。国家公园总监根据公园的管理计划和卡卡杜国家公园管理委员会的相关决定，按照1999年《环境保护和生物多样性保护法》行使职能和权力，而大多数董事会成员代表公园的传统所有者。这些安排确保公园拥有可操作的法律保护、健全的规划框架和解决问题的机制。

上述法规保护澳大利亚所有的世界遗产，是澳大利亚履行《世界遗产公约》义务的法定文书。它旨在保护世界遗产的价值，包括不受来自遗产外部的影响。根据法律，任何对世界遗产价值产生、将产生或可能产生重大影响的行动，必须提交负责的部长审议。未经批准采取此类行动将受到处罚，而且该法案已在法庭上就保护世界遗产的价值进行了检验。2007年，卡卡杜国家公园被列入国家遗产名录，以确认其作为国家遗产的重要性。

自1981年提名以来，针对世界遗产价值观的其他威胁，公园的管理和保护成效已得到广泛认可。其中的关键管理问题包括：

（1）旅游业。由于其世界遗产的名气，游客数量显著增加。鼓励游客在不影响公园自然和文化价值的情况下欣赏公园。

（2）采矿。管理废弃的小规模铀矿开采场地，并监测现有的瑞格矿山租约。已经完成了一项恢复计划，以减少旧矿区废弃物放射性危害。当前铀矿开采对公园未来的潜在影响将需要持续的监测。

（3）文化遗址。在自然和化学风化作用下，保护岩石艺术遗址，以应对其年岁增长和水、植被、黄蜂、白蚁、野生动物以及人类的破坏。

（4）引入植物群。控制和防止引入杂草（尤其是含羞草和鼠尾草）蔓延。

（5）引入动物群。亚洲水牛的迁移和恢复由此产生的对生态系统的影响。

（6）气候变化。咸水入侵淡水生态系统，改变了火灾发生的季节和规律。公园管理者正在为公园实施一项气候变化战略，并采取一系列适应、缓解和沟通行动，以管理气候变化带来的影响。

目前，整个澳大利亚北部小型哺乳动物的数量不断下降，初步的研究表明，火灾、疾病、野猫的引入和甘蔗蟾蜍的快速入侵是主要的原因。相关的监测计划已经到位，以确定甘蔗蟾蜍的分布和对公园不同栖息地内的本地野生动物的影响。目前，还没有大范围管理甘蔗蟾蜍种群的方法，澳大利亚政府正在对可行的控制和适应性选择进行研究。

56. 澳大利亚：大堡礁（自然遗产）
Australia：Great Barrier Reef（Natural heritage）

入选时间：1981 年
入选标准：(vii)(viii)(ix)(x)

遗产概述：

大堡礁有着世界上分布最广的珊瑚礁群，面积 34.8 万平方千米,横跨 14 个纬度（10 度至 24 度）。1981 年，其整个生态系统几乎都被列为了世界遗产。大堡礁从大陆海岸的低水位线延伸到近海 250 千米，包括广阔的浅水近岸区、中陆架和外礁，以及大陆架以外 2000 米深的海洋水域。大堡礁包括 2500 个大小和形状各异的珊瑚礁，900 多个岛屿，从小沙洲和大植被礁，到起伏不平的大洲岛，其中一个岛屿甚至海拔超过了 1100 米。此处还有各种鱼类 1500 多种，珊瑚 400 多种，软体动物 4000 多种，鸟类 240 多种，海绵、海葵、海洋蠕虫、甲壳类动物和其他物种更是种类繁多。

图 3-42 大堡礁

纬度和跨大陆架的多变性，加上纵贯海洋深处的多样性，包括一系列全球独一无二的生态群落、生存环境和多物种栖息地，使大堡礁成为地球上最丰富和最复杂的自然生态系统之一（图 3-42）。世界遗产中没有其他遗产的生物多样性可与之媲美。大堡礁特有物种的多样性和相当数量的濒危物种，使其具有巨大的科学意义。世界自然保护联盟的评估报告写道："如果世界上只有一处珊瑚礁遗址被列入世界遗产名录，那么大堡礁就是被选中的地点"。

遗产评价：

大堡礁位于澳大利亚东北海岸，这里物种多样、景色迷人，有着世界上最大的珊瑚礁群，包括 400 种珊瑚、1500 种鱼类和 4000 种软体动物。大堡礁还是一处得天独厚的科学研究场所，这里栖息着多种濒临灭绝的动物，比如儒艮（美人鱼）和巨星绿龟。

遗产保护：

澳大利亚非常重视法律的地位和作用，目前已建立起十分完善的遗产保护和旅游管理的法律法规体系。《大堡礁海洋公园法》(1975) 是关于海洋公园的基本法，为海洋公园的建立、保护和管理提供了框架。昆士兰州政府制定的《昆士兰海洋公园法》(1990)，对邻近海域的保护提出了补充规定。此外，还有一系列关于大堡礁的专项立法，如《大堡礁海洋公园法（环境管理消费税）》(1993)、《大堡礁海洋公园法

（一般环境管理费）》(1993)、《大堡礁地区（禁止采矿）条例》(1999)、《大堡礁海洋公园（水产业）条例》(2000)、《环境保护和生物多样性保护法》(1999)等。

大堡礁海洋公园管理局是一个独立的澳大利亚政府机构，负责保护和管理大堡礁海洋公园。昆士兰州负责管理大堡礁海岸海洋公园，该公园是根据《2004年海洋公园法》（昆士兰州）建立的。它与大堡礁海洋公园相邻，覆盖低水位和高水位之间的区域以及昆士兰管辖范围内的许多水域。

目前，大堡礁受到了气候变化、劣质水质流入、石油泄漏等多重因素导致的破坏，在世界遗产委员会的建议下，"大堡礁2050年长期可持续发展计划"已制定完成，旨在更好地保护大堡礁这一珍贵遗产。

57. 澳大利亚：乌卢鲁－卡塔曲塔国家公园（双重式遗产）
Australia：Uluru-Kata Tjuta National Park（Mixed heritage）

入选时间：1987，1994
入选标准：(v)(vi)(vii)(viii)

遗产概述：
乌卢鲁－卡塔曲塔国家公园，位于澳大利亚北部炎热的内陆沙漠地区，属干旱地区，占地1325平方千米，公园的名字是由两处独特的地理特征组成的：乌卢鲁意为"遮荫之处"，是一座砂岩独石，高高地耸立在平坦的沙原上；卡塔曲塔意为"许多头颅"，如俯视观望，可以看到36个圆形的山头。这两处景点都以奇特的景观吸引着全世界的游人前来参观。

图3-43 乌卢鲁巨石

乌卢鲁－卡塔曲塔国家公园，有植物480种、爬行动物70种、哺乳动物40种，大约有150种鸟在这里栖息，包括鸸鹋、楔尾雕和吸蜜鸟。爬行动物中最著名的是巨蜥，它的体长可达2.5米，表皮呈橄榄绿，装点着美丽的花纹。这个地区还有剧毒的褐眼镜王蛇和西部眼镜蛇，长达1.8米。生活在沙丘间的青蛙、蜥蜴、袋鼹以及跳鼠都是毒蛇很容易捕捉的猎物，它们也是澳大利亚野狗的猎物。公园内还生长着一种猴面包树，也叫澳大利亚瓶树。瓶子似的大肚子树干直径可达几米，它把多余的雨水吸收贮存，干旱季节可以延续生命，若在沙漠旅行中饮尽了自带的水，又找不到别的水源，只需用小刀在猴面包树的肚子上挖开一个小洞，水便汩汩流出，可解干涸之苦。

乌卢鲁的地层大约形成于6亿年前，是目前世界上最大的独石，呈椭圆形。长3600米，宽约2000米，高348米，基围约8800米。岩石光滑，形状有些像两端略圆的长面包。有人把乌卢鲁称为——"澳大利亚的红色心脏"，巨石整体呈红色，突兀在广袤的沙漠上，硕大无比，雄伟壮观，如巨兽卧地，格外醒目。

乌卢鲁巨石在阳光照耀下闪闪发光，随着阳光方向的变化而显出不同颜色，这是非常少见的自然景观：拂晓时它显出旭日的橙黄色；晨曦的暗影又使它显出赭红；中午时分是一片琥珀色；到夕阳西下变成一片非常壮丽的绯红色，就像正在熊熊燃烧的大煤块。这种奇特的现象是岩石中所含的铁在一定的空气湿度中发生氧化反应的结果（图3-43）。

卡塔曲塔的各种大岩石，有的连在一起，有的个别独立，最高峰约540米，从地面算起，甚至比乌卢鲁巨石高190多米。岩面裂缝中多清水，故而各种野生植物和动物能生存于上，看上去比乌卢鲁巨石更具活力。在岩石堆中攀岭越谷，眺望远处的雾霭和近处的飞沙，完全是一派粗犷的戈壁大漠风光。

遗产评价：

该公园原名乌卢鲁国家公园，特点在于其壮观的地质构造，是澳大利亚中部广阔的红砂土平原的特殊构造。卡塔曲塔是几块巨大的独石柱，而乌卢鲁则是穹顶形巨石，位于卡塔曲塔的西部，它们共同构成了世界上最古老人类社会传统信仰体系的一部分。乌卢鲁－卡塔曲塔原来的所有者是阿南古土著人。

58. 新西兰：汤加里罗国家公园（文化与自然双重遗产）
New Zealand：Tongariro National Park （Dual heritage of nature and culture）

入选时间：1992年
入选标准：(vi)(vii)(viii)

遗产概述：

汤加里罗公园位于新西兰北岛中央的罗托鲁瓦-陶波地热区，是著名的火山公园，有15座近代活动过或正在活动的火山口，呈线状排列，向东北延伸。该公园处在一座2500千米长的火山带南端，这一火山带从新西兰东北部一直延伸到太平洋，其中既有活火山又有死火山。汤加里罗公园内的冰川经过几十年的融解后退，现在只存在于鲁阿佩胡山的包围圈里，其长度也缩小到了1千米之内。这里有多样化的栖息地，既有残余的热带雨林，也有贫瘠的冰原地。地热资源丰富，沸泉、间歇泉、喷气孔、沸泥塘等遍地可见。这里的沸泥塘也是一大奇观，泥塘中黄色的泥浆会突突地沸跳，就像用火熬稠了的米粥。除此之外，鸟类是这里唯一的脊椎动物，在这座公园里，有记录的鸟类达

图3-44 新西兰的区位图

到56种，而最具代表性的哺乳动物则是蝙蝠。特别值得一提的是，公园里的几维鸟是新西兰的国鸟，新西兰的国徽和硬币都用它作标记（图3-44）。

这里的高山对新西兰的毛利人具有显著的精神作用。因此，作为一种极大的信任，毛利酋长蒂休休图基诺四世于1887年将三座壮观的火山作为礼品赠送给了国家。1894年，新西兰政府挂牌建立了最早的汤加里罗国家公园（图3-45）。

遗产评价：

1992 年，汤加里罗成为第一处根据修改后的文化景观标准被列入《世界遗产名录》的项目。地处公园中心的群山对毛利人具有文化和宗教意义，象征着毛利人社会与外界环境的精神联系。公园里有活火山、死火山和不同层次的生态系统以及非常美丽的风景。

图 3-45 汤加里罗国家公园

遗产保护：

鲁阿佩胡火山在 1995 年和 1996 年喷发导致大量火山灰堆积，堵住了火山口湖的出口。由于火山本身对毛利人有重要的精神意义，所以当地政府既要处理好这一公共安全问题，又要考虑到对于自然和文化价值的保护。当地政府在火山附近安装了最先进的预警系统，并在旺加胡河沿岸修建了堤坝以应对公共安全风险。由于遭到不同群体的反对，政府决定不在火山口开展工程，避免对火山本身造成破坏。

59. 新西兰：次南极区群岛（自然遗产）
New Zealand：Sub-Antarctic Islands（Natural heritage）

入选时间：1998 年
入选标准：(ix)(x)

遗产概述：

新西兰次南极岛屿包括位于南纬 47 度至 53 度之间的五个岛屿群，总陆地面积 76458 公顷，海洋面积达 1400000 公顷，是新西兰最偏远的自然保护区之一，也是人迹罕至的岛屿（图 3-46）。

图 3-46 新西兰次南极区群岛

该地区位于南极和亚热带的交汇处，海洋具有较高的生物多样性、野生动物种群密度和特有性。由于地处太平洋构造板块上，各岛群的地质历史和时代不同，与新西兰本岛相聚遥远，彼此之间的地理隔离也相当大，形成了岛屿独特而显著的生物多样性，包括独有的植物、鸟类、无脊椎动物、海洋哺乳动物、鱼类和海洋藻类群落。该生物群含有许多地方性和稀有元素，以及一些特殊的适应环境的例子。

尤其值得注意的是，利用这些岛屿进行繁殖的远洋海鸟和企鹅的数量和多样性。该遗产是南大洋洲最多样化的海鸟繁殖群落，有 126 种鸟类，包括 40 种海鸟，其中 5 种为当地独有。此外，这些岛屿孕育着全球 22 种信天翁中的 10 种主要种群，仅在斯内尔斯群岛就有近

200万只乌海鸥筑巢。考虑到可用的陆地面积有限，陆地鸟类也表现出令人惊讶的多样性，有大量受到威胁的特有种群，包括世界上最稀有的鸭子。世界上95%以上的新西兰海狮也在这里繁殖，海洋环境为南露脊鲸提供了重要的繁殖区域。

新西兰次南极区群岛的另一个显著特点是陆海界面和许多物种对两种环境的依赖性，因此，世界遗产将12海里以内的海洋环境也纳入了其保护范围。

遗产评价：
新西兰次南极区群岛包括了新西兰南部和东南部海域的五个岛屿（斯内斯群岛、邦提群岛、安提波德斯群岛、奥克兰群岛和坎贝尔岛）。这些岛屿位于南极和亚热带之间的海域，具有富饶的资源和多种多样的生物，包括野生动植物、特殊的鸟类、植物以及无脊椎动物。

该保护地的动植物以其多样性、特殊形式和独特的群落而著名，这也是该遗产中重要的生物和生态过程的突出例子。斯内尔斯群岛和奥克兰群岛的两个岛屿（亚当斯岛和失望岛）是世界上最后一个未被人类或外来物种改变的重要地区。

遗产保护：
1977年，根据《保护区法》设为自然保护区，由新西兰环境保护部进行管理，全面实施法律、行政和保护管理制度，确保新西兰次南极区群岛拥有最高水平的保护立法。五个岛群均被定为国家级保护区。1953年的《野生动物法》涵盖了这些岛屿；此外，还包括《野生动物管制法》（1977年）、《海洋哺乳动物保护法》（1978年），《资源管理法》（1991年），《渔业法》（1996年），以及《海洋和沿海地区法》（2011年）。奥克兰群岛周围现有的禁止捕捞海洋保护区和海洋哺乳动物保护区由环境保护部管理。

60. 澳大利亚：皇家展览馆和卡尔顿园林（文化遗产）
Australia：Royal Exhibition Building and Carlton Gardens（Cultural heritage）

入选时间：2004年
入选标准： (ii)

遗产概述：
皇家展览馆和卡尔顿园林是19世纪末至20世纪初蓬勃发展的国际展览运动的遗存，包括一个由四条城市街道界定的26公顷矩形街区，周围的缓冲区的面积有55.26公顷。展览馆最初旨在举办1880年的墨尔本国际展览会，以及随后的1888年的墨尔本百年殖民国际展览会。这些都是在澳大利亚殖民地举行的大规模的活动，也有助于向世界介绍澳大利亚的工业和技术。

图3-47 墨尔本皇家展览馆和卡尔顿园林

该遗址包括墨尔本市的三块皇家土地，分别是两个公共娱乐用皇家土地保护区（卡尔顿园林），一个专用展览馆和最近建造的博物馆（展览保护区）。刻有铭文的大会堂位于展览保护区,其南北均为卡尔顿园林。该建筑的平面图为十字形,并结合了早期展览建筑的典型建筑样式:圆顶、大型入口、观景台、塔和扇形窗户。古典的卡尔顿园林及其绿树成荫的小径、喷泉和湖泊,是整个场地设计不可或缺的一部分,也是这一时期展览建筑的特色(图3-47)。

遗产评价:
澳大利亚皇家展览馆及其周边的卡尔顿园林,是为1880年和1888年墨尔本的盛大国际展览而特别设计的。展览馆由约瑟夫·里德设计,整个展馆和园林由砖、木头、钢和石板等材料建成,风格则融合了拜占庭式、罗马式、伦巴第式以及意大利文艺复兴风格。展览馆专门用于举办国际展览活动,1851—1915年,有50余场来自巴黎、纽约、维也纳、加尔各答、牙买加金斯敦、智利圣地亚哥等地的展览在此举办。所有活动有一个共同的主题和目的:通过对各国工业成就的展示,表现当时物质和精神的进步。

遗产保护:
该遗产具有有效的法律保护和完善的规划框架。皇家展览馆也是国家博物馆维多利亚博物馆的组成部分,卡尔顿园林则由墨尔本市管理。管理体系考虑了澳大利亚政府和维多利亚州政府在规划和遗产立法和政策下的相应职责。《巴拉宪章》也支持皇家展览馆和卡尔顿园林的保护管理及其周围地区发展战略。这些文件共同提供了保护和管理的政策框架。通过各级政府定期且严格的养护工作,遗产得到了良好的维护和保存。

根据1999年的《环境保护和生物多样性保护法》,皇家展览馆和卡尔顿园林于2004年被列入《国家遗产名录》;根据《1995年遗产法》,1998年被列入维多利亚州国家遗产名录。《国家遗产名录》要求在未获得联邦部长批准的情况下,禁止在国家遗产地或世界遗产的边界内外采取可能对遗产价值产生重大影响的任何行动。整个遗址的保护管理计划于2009年完成。2010年建立了一个缓冲区,即世界遗产周围地区,占地55.26公顷,并在《世界遗产周围地区发展战略》中得到进一步的补充和强化。

61. 澳大利亚:悉尼歌剧院(文化遗产)
Australia:Sydney Opera House(Cultural heritage)

入选时间:2007年
入选标准:(i)

遗产概述:
悉尼歌剧院位于澳大利亚悉尼市贝尼朗岬角,是20世纪最具特色的建筑之一,也是世界著名的表演艺术中心,悉尼市的标志性建筑(图3-48)。

悉尼歌剧院整个建筑占地1.84公顷,长183

图3-48 悉尼歌剧院

米，宽 118 米，高 67 米，相当于 20 层楼的高度。歌剧院的独特设计，表现了巨大的反传统的勇气，也对传统的建筑施工提出了挑战。悉尼歌剧院从 20 世纪 50 年代开始构思兴建，1955 年 9 月 13 日澳大利亚政府向海外征集悉尼歌剧院设计方案，至 1956 年共有 32 个国家 233 个作品参选。1957 年，由 4 人组成的评委会讨论审议歌剧院的各种设计方案，其中著名建筑师伊尔罗·沙里宁注意到了已经被扔进废纸篓里的设计图。这位老资格的芬兰裔美国建筑师独具慧眼，发现丹麦设计师耶尔恩·伍重的构思别具一格，富有诗意，颇具吸引力。最终沙里宁据理力争，终于说服了另外 3 个评委，使伍重的设计被选中。此后，经过 20 多年的建设，这座综合性的艺术中心，成为现代建筑史上巨型雕塑式的经典作品，也是澳大利亚的象征性标志。

遗产评价：

落成于 1973 年的悉尼歌剧院是 20 世纪的伟大建筑工程之一，无论是在建筑形式上还是在结构设计上，都是各种艺术与技术创新的结晶。在迷人海景映衬下，一组壮丽的城市雕塑巍然屹立，基址顶端呈半岛状，翘首直指悉尼港。这座建筑给建筑业带来了深远的影响。歌剧院由三组贝壳状相互交错的穹顶组成，内设两个主演出厅和一个餐厅。这些贝壳状建筑屹立在一个巨大的基座之上，四周是露台区，作为行人汇集之所。1957 年，国际评审团决定由当时不出名的丹麦建筑师耶尔恩·伍重设计悉尼歌剧院项目，标志着建筑业进入了全新的合作时期。悉尼歌剧院作为向全社会开放的伟大艺术杰作列入了《世界遗产名录》。

遗产保护：

根据《遗产法》（1977 年），2003 年悉尼歌剧院被列入新南威尔士州的国家遗产名录；根据《环境保护和生物多样性保护法》（1999 年），悉尼歌剧院被列入《国家遗产名录》（2005 年）。未经环境和遗产部长的批准，禁止在国家遗产地或世界遗产的范围之内或之外采取可能对遗产价值产生重大影响的行动。

悉尼歌剧院所有必要的价值元素都包含在提名区域和缓冲区的边界内。这确保了其在海滨环境中作为优美建筑的完整体现。悉尼歌剧院将继续发挥其作为世界一流表演艺术中心的作用。相关保护计划明确了作为纪念碑的建筑物和最先进表演中心的平衡关系，从而保持其使用功能和审美上的真实性。这座建筑物的真实性以保护计划所明确的伍重设计原则为最终评价结果。

第四章

阿拉伯地区的世界遗产

阿拉伯地区位于亚、非两大洲的结合部，具有重要的战略地位，其中非洲部分占72%，亚洲部分占28%。该地区总面积约为1420万平方千米，包括12个西亚国家：巴勒斯坦、约旦、叙利亚、黎巴嫩、沙特阿拉伯、伊拉克、也门、科威特、阿拉伯联合酋长国、卡塔尔、巴林、阿曼；6个北非国家：阿尔及利亚、摩洛哥、突尼斯、利比亚、苏丹、埃及；另外还有非洲东部的吉布提、索马里、科摩罗以及非洲西部的毛里塔尼亚，总人口数超过4亿。

这些阿拉伯国家，又称阿拉伯世界，是指以阿拉伯人为主要族群的国家，他们有统一的语言，也有相似的文化和风俗习惯，尤其是绝大部分阿拉伯人都信奉伊斯兰教。

这片神奇的土地，自古就是人类文明的重要发源地之一，包括古埃及文明（前5450年到前30年）、亚述文明（前2000年到前605年）、巴比伦文明（前1894年到前1595年）、腓尼基文明（前1200年到前800年）等，都是这个地区颇有影响力的历史阶段。此后，这里被一个个的外族入侵和统治，直至阿拉伯文明的兴起（图4-1）。

公元7世纪，穆罕默德（约570年—632年）创立伊斯兰教，统一了阿拉伯半岛，其后的继任者逐步建立了横跨亚、非、欧三大洲的阿拉伯帝国，直至11世纪初解体。此后，这里又先后历经了塞尔柱突厥人（11—12世纪）、蒙古人（13—14世纪）、奥斯曼土耳其人（14—20世纪初）的统治。

17世纪起，阿拉伯世界逐渐沦为西方资本主义列强的殖民地和半殖民地。第一次世界大战后，奥斯曼帝国瓦解，埃及、沙特阿拉伯、伊拉克、阿曼等少数国家获得形式上的独立。二战后，阿拉伯国家的民族解放运动蓬勃发展，并相继取得了国家独立。

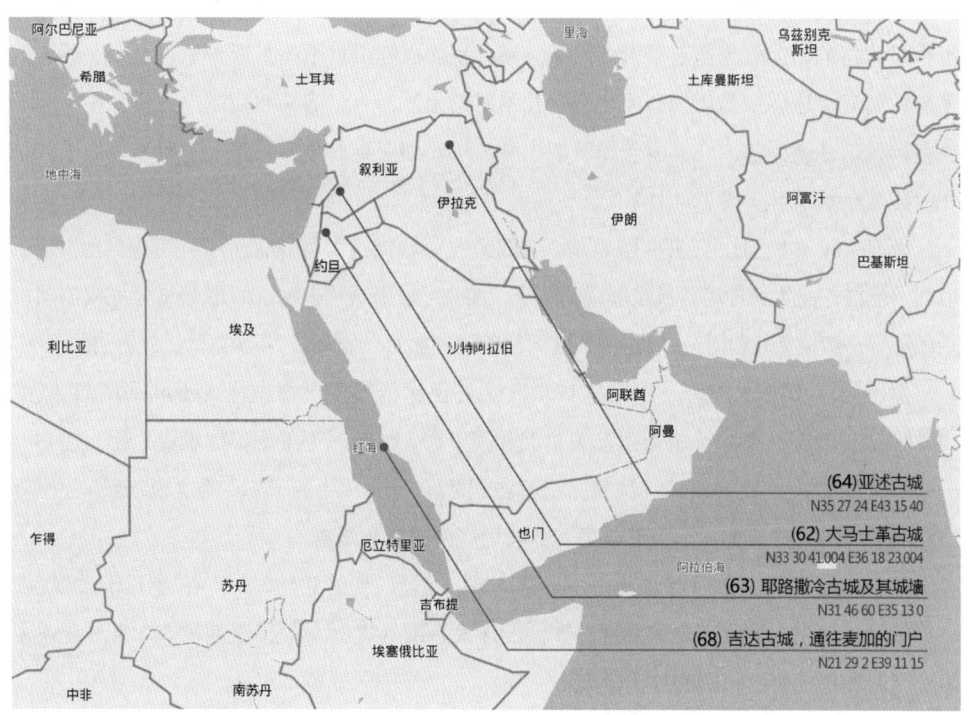

图4-1 阿拉伯地区的遗产案例分布图（一）

值得一提的是地理位置同属于中东地区的以色列国——是被周边阿拉伯国家所包围的以犹太人为主体民族的国家。自从前 1450 年离开埃及迁徙到迦南地区（现今的巴勒斯坦地区），到 70 年被罗马人征服与驱逐，直到 1948 年，犹太人才再次回到先祖们生活过的地方，并成立了以色列国。从 622 年起，一直在这里生活的阿拉伯人，于 1988 年宣布建立巴勒斯坦国，定都耶路撒冷。由此，如同千百年来该地区的一个缩影，围绕耶路撒冷及巴勒斯坦地区的归属问题，这两个国家及其背后的各种外部势力，产生了持续至今的宗教、种族和民族国家的对立和冲突（案例 63）。

第一节
两河流域

两河流域是指幼发拉底河和底格里斯河的流域范围，面积共 105 万平方千米，在古希腊时期被称为美索不达米亚，意为两河之间的土地。公元前 3200 年，这里就出现了苏美人发明的农业灌溉网络以及楔形文字，是人类最古老的文化摇篮之一。在《圣经·创世记》中记载，人类最早的祖先亚当、夏娃居住的伊甸园里有四条河流，其中的两条就是幼发拉底河和底格里斯河。

这两条河流发源于小亚细亚半岛的安纳托利亚高原，在南部靠近波斯湾的巴比伦尼亚汇合成阿拉伯河，成为西亚最大的河流，其冲积而成的美索不达米亚平原也是西亚最大的平原。两河平原朝东与伊朗高原西缘的扎格罗斯山脉为界，南临波斯湾，向西与叙利亚草原及阿拉伯沙漠为邻，北面隔着托罗斯山脉与小亚细亚半岛分界。整个平原地势低平，平均海拔 200 米以下，从北向南降低。

两河流域是古巴比伦文明的发源地。在四大古文明中，因其已彻底消亡，并被其他文明所取代，使得它成为最神秘、最难解读的一个。如今，位于这片土地上的是 1958 年成立的阿拉伯国家——伊拉克共和国，"伊拉克"在阿拉伯语中意为"血管"，指像血管一样密集的水网。

据考古和历史学研究，公元前 1792 年，古巴比伦国王汉穆拉比（Hammurabi）（前 1792—前 1750 年）即位，征服了苏美尔人和阿卡德人，统一了美索不达米亚平原，建立了一个强大的中央集权的奴隶制国家。史称古巴比伦王国（约前 1894—前 1595 年）。他所颁布的《汉谟拉比法典》是世界上第一部较为完备的成文法典。

前 10 世纪开始，在底格里斯河中上游，进入铁器时代的亚述城邦，在历任国王的统领下持续向外扩张，建立了地跨亚洲、非洲的庞大帝国（案例 64），直到前 612 年，亚述帝国在米底和新巴比伦王国的打击下灭亡。

新巴比伦王国是由迦勒底人建立的，他们也是闪米特人，于公元前 1000 年左右来到两河流域。在灭亡了亚述帝国后，新巴比伦王国（前626—前538年）分取了西部的大部分领土，包括两河流域、叙利亚、巴勒斯坦等地区，直到被从伊朗高原而来的波斯人所灭。

古代两河流域创造了许多人类文明最早的记录，包括第一张世界地图就是以巴比伦为中心的，以及最早的数学和几何记录、最早的天文学记录、最早的图书馆以及最早的青铜冶炼技术等，此外，还有建筑上的成就，包括神庙、祭台、宫殿以及城墙等，著名的"空中花园"也是这一时期所建。尤其值得关注的是，伴随着古代贸易、战争、官方与民间的各类交往，使得两河文明得以传播到北非、爱琴海、小亚细亚以及南亚次大陆等地区，为后世带来了深远的影响。

一、大马士革

大马士革位于地中海西岸，向南距离耶路撒冷360千米。从古老的亚述、腓尼基文明，到罗马帝国、拜占庭帝国，阿拉伯帝国，再到伊儿汗国和奥斯曼帝国，4000年来，这里一直是兵家必争之地。现代考古证实，这一地区在距今一万年前就有人居住，在公元前12世纪，这里就建成了人类最古老的城市地下水道系统，此后，大马士革也是多个帝国叙利亚行省的首府，遗留了不同时期、不同宗教、不同文化的历史印迹（案例62）。

二、耶路撒冷

耶路撒冷是位于近东黎凡特地区的一座历史悠久的城市，在地理上位于犹大山地，介于地中海与死海之间，被誉为三大宗教：犹太教、基督教和伊斯兰教的圣城。虽然，耶路撒冷是由Jeru（城市）和Salem（和平）两个词根组成，意思是"和平之城"，但数千年来，由于其处于欧、亚、非三洲的交汇之地，却一直历经各种战乱和冲突，延续至今（案例63）。

---

62. 叙利亚：大马士革古城（文化遗产）
Syrian Arab Republic：Ancient City of Damascus（Cultural heritage）

入选时间：1979
入选标准：(i)(ii)(iii)(iv)(vi)

遗产概述：

大马士革城堡始建于2000多年前，11世纪时重建，由巨石垒建而成，四周围绕着护城河，河上架有吊桥，占地共3.3万余平方米。城堡

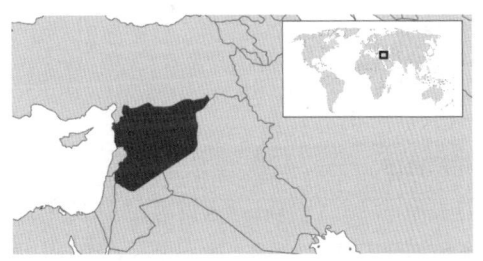

图4-2 叙利亚的区位图

建有用于瞭望和防守的高塔，城堡及城墙上有超过 300 个射孔（图 4-2）。

前 11 世纪中期，一支犹太人部落居住在此。前 10 世纪，大马士革是亚美尼亚王国的都城，此后经过包括巴比伦人、埃及人、赫梯人、亚述人和波斯人在内的多次外敌入侵后，大马士革被亚历山大大帝征服。前 64 年罗马人占领了大马士革，使之成为罗马叙利亚省的一部分，并日趋繁荣。

636 年，大马士革被穆斯林所占领，并在倭马亚王朝的哈里发统治时期（650—750 年），再次进入了黄金时代，成为从北非到中国边界之间庞大帝国的都城。705—715 年期间，一座座清真寺在罗马神庙的旧址上拔地而起。阿尤布王朝建立后，萨拉丁正是在大马士革集结了他所有的军队，于 1187 年从十字军手中夺回了耶路撒冷，大马士革重新作为一个伟大帝国的首都而大放光彩。1516 年，大马士革和叙利亚一起被奥斯曼土耳其人攻占。

大马士革是一座"古迹之城"，被保存下来的著名古建筑很多。全市有 250 座清真寺，包括建于 705 年的奥玛亚清真寺，是伊斯兰最著名的清真寺，也是世界上最古老的清真寺之一；大清真寺是朝圣者的首选，也是伊斯兰教最神圣的地方，其建筑结构影响了叙利亚、土耳其、

图 4-3 大马士革古城

西班牙以及其他一些地区清真寺的设计规划。清真寺附近的罗马神话中主神朱庇特的神庙遗迹和阿拉伯民族英雄萨拉丁的陵墓也是久负盛名的古迹。

遗产评价：

大马士革建成于公元前 3 世纪，不仅是世界上历史最为悠久的城市之一，也是古代科学与艺术的灯塔，影响了后来几千年来的建筑和城市规划系统。如今这里仍保存着被阿拉伯文化征服前的历史风貌，其中甚至包括一些罗马时代的遗迹（图 4-3）。

遗产保护：

大马士革目前被列入《濒危世界遗产名录》，包括大马士革在内的所有叙利亚世界遗产在过去几年的内战中都受到不同程度的破坏。目前，叙利亚政府军已完全获得对大马士革的控制权并开始着手重建这座城市。

63. 约旦：耶路撒冷古城及其城墙（文化遗产）
Jordan: Old city of Jerusalem and its Walls（Cultural heritage）

入选时间：1981
入选标准：(ii)(iii)(vi)

遗产概述：
耶路撒冷距今大约有五千年的历史，相传阿拉伯的迦南人中一个名叫"耶布斯"的部落从阿拉伯半岛迁徙到这里定居，并以部落的名字命

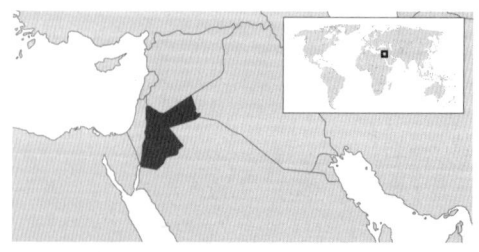

图 4-4 约旦的区位图

世界遗产概览

名此地。大约在前1000年左右，犹太王国创始人大卫征服了这个地方，将它作为犹太王国的都城（图4-4）。耶路撒冷在阿拉伯语和希伯来语中都是"和平之城"的意思，但耶路撒冷却是世界上最不和平的城市之一。以色列与巴勒斯坦都宣布这里是首都，基督教、犹太教和伊斯兰教都视这里为圣地。因主权争议激起的巴以冲突，持续多年，纠结不断。

城区面积约1平方千米，划为4个区。东部为穆斯林区，包括著名的神庙区，神庙区的圣地有岩顶（伊斯兰教）及岩顶上的圣殿（伊斯兰教）、阿克萨清真寺、哭墙（犹太教）。西北部为基督教区，有基督教的圣墓教堂，西南部为亚美尼亚区，南部为犹太教区。城西南面的锡安山为犹太教又一重要圣地。城东的橄榄山有基督教与犹太教圣地。

犹太教、基督教和伊斯兰教根据自己的宗教传说，都奉耶路撒冷为圣地。

自前10世纪，所罗门圣殿在耶路撒冷建成，这里一直是犹太教信仰的中心和最神圣的城市。如今，全世界的犹太会堂祈祷时仍要面朝耶路撒冷，建筑如果可能也设计成朝向耶路撒冷，朝向至圣殿所在的地方。哭墙又称西墙，是耶路撒冷旧城古代犹太国第二圣殿护墙的一段。这处仅存的遗址长约50米，高约18米，由大石块筑成。千百年来，犹太教把该墙看作是第一圣地，教徒至该墙必须致哀（图4-5）。

耶路撒冷又是基督教的圣地。据传说，基督教创始人耶稣被其12门徒之一的犹大出卖后，被犹太祭祀长和守殿官拘禁，罗马帝国犹太省执政官将其钉死在城外的十字架上。对基督教来说，耶稣是上帝的儿子，是上帝赐予人类的救世主。耶稣被钉死的受难地，最后一次晚餐餐室、罗马皇帝君士坦丁时期在耶稣墓地上建造的圣墓教堂

图4-5 约旦申报的耶路撒冷古城及其城墙

等，均是世界基督教徒心目中的圣地。

耶路撒冷通常也被认为是伊斯兰教的第三圣地。在麦加被确定为圣城之前，耶路撒冷就是穆斯林祷告的方向。620年，穆罕默德夜行登霄（穆斯林相信穆罕默德在一个夜里奇迹般的从麦加来到耶路撒冷圣殿山，升到天堂，会见早先的先知们）之后，耶路撒冷就长期被穆斯林所控制。穆斯林相信穆罕默德夜行登霄的登霄石就在圆顶清真寺。

遗产评价：

耶路撒冷是犹太教、基督教和伊斯兰教共同的圣地。"哭墙"是犹太教徒的信仰中心；圣墓教堂对于基督教来说是最重要的礼拜堂；对于相信穆罕默德就是在这里升天的伊斯兰教徒来说这里就是圣地。这座屡遭破坏又重建的城市，即使在今天也是最具宗教象征的城市。

犹太教经典《塔木德》写道："世界若有十分美丽，九分在耶路撒冷。"这是对耶路撒冷最美的评价。

遗产保护：

作为世界遗产的耶路撒冷虽然是由约旦向联合国教科文组织世界遗产中心申请的，但它是数个民族和多种宗教共同的圣地。不同的宗教和

民族都努力想要抹去除自己以外其他宗教信仰的痕迹，在过去几十年中发生的冲突、对抗，使耶路撒冷的古迹一直处于危险的状态。这也令联合国教科文组织将它列入《濒危世界遗产名录》中；当物质破坏被慢慢平息后，不同民族和势力便尝试如何让对方在人们的记忆中变得淡薄，从另一个方面使耶路撒冷的遗产原真性和完整性受到损害。

64. 伊拉克：亚述古城（文化遗产）
Iraq: Ashur (Cultural heritage)

入选时间：2003 年
入选标准：(iii)(iv)

遗产概述：

亚述现名谢尔卡特堡，是古亚述王国的第一个都城，也是古代亚述人的主神阿舒尔的神宫所在。至前 614 年，此城遭巴比伦人破坏，之后被荒废。据考古学家发现，在乌尔第三王朝时期，亚述古城由一位苏美尔人总督治理时，当地就已经形成一个城市，后来又被阿卡德人统治。前 2004 年，乌尔第三王朝被埃兰人消灭，亚述古城成为一个商业中心，大批亚述人来此经商，主要做锡和木材生意，并在当地建造亚述神庙。在前 18 世纪—前 17 世纪期间，亚述古城成为亚述帝国的首都，在前 912 年—前 612 年的新亚述时期，帝国迁都，但亚述古城仍然是帝国的宗教中心（图 4-6）。

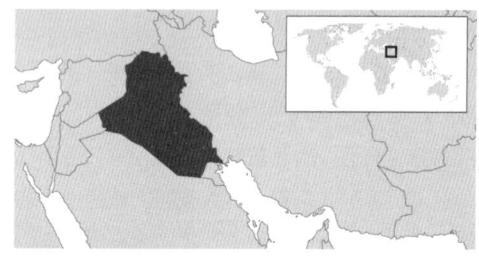

图 4-6 伊拉克的区位图

图 4-7 亚述古城遗址

亚述古城在历史长河里，沉淀积累了很多宗教性的建筑和宫殿（前 7 世纪留下来的文件表明，亚述古城应该有 34 所神庙、3 所宫殿），到目前为止，考古发掘只完成了极少部分。亚述城的城市布局呈三角形，西面和北面有城墙。城墙长约 4 千米，分内外两层，已确定 8 座城门。内墙厚 7 米，城门饰有彩色琉璃砖；外墙外有宽约 20 米的护城河，其两端通底格里斯河，东面和北面有砖石砌的堤墙以防洪水（图 4-7）。

亚述古城城内建筑多位于北部，建筑物饰有大量浮雕，有很高的艺术水平。"萨尔贡二世宫殿的守护神兽"（前 742—前 706 年），是在王宫两侧雕凿的神兽，亚述人称舍都，人首、狮身、牛蹄；头顶高冠，胸前挂着一绺经过编结的长胡须，一对富有威慑力的大眼睛，身上还长着展开着的一对翅膀，显得气宇轩昂，令人敬畏。这种形象的石雕矗立在宫门口，是一种王权不可侵犯的象征。两只镇门兽的形象也影响到其他民族，在古波斯和西亚地区十分盛行，成为一种具有神秘力量的吉祥动物。

遗产评价：

亚述古城位于美索不达米亚北部底格里斯河的特殊地带上，处于雨水灌溉农业和人工灌溉农业的交界处，其历史可以追溯到前3000年。前14世纪到前9世纪，亚述古城是城邦国家亚述帝国的第一个都城，是重要的国际贸易平台。古城同时也是帝国的宗教都城，与阿舒尔神紧密相连。亚述古城最后被巴比伦人所摧毁，但在1世纪和2世纪帕提亚时代又曾经历过短暂的复兴。

遗产保护：

亚述古城遗址，现正遭受被洪水淹没的威胁。若在巴格达北方的底格里斯河谷修筑马侯尔水坝，可能导致现代最大的考古灾难。这座大坝将造出30千米长的蓄水库，将公元前2000年建立的亚述古城大部遗址淹没。

亚述古城1847年以来即由英国考古学家开始挖掘，不过大部遗址仍原封未动。34座寺庙中，已挖掘的不到1/3，而考古学家认为，出自前13世纪皇家工坊的伟大艺术作品仍然埋在地下，水坝蓄洪会将之毁灭。大英博物馆首席权威寇蒂斯说，亚述古城是近东最重要的考古遗址，一旦被淹，造成的损失可能超过1970年阿斯旺水坝对古埃及遗址所造成的损失。

第二节
阿拉伯文明概述

阿拉伯人是闪族最年轻的一支。闪族发源于阿拉伯半岛，泛指使用亚非语系闪米特语的人群。历史上包括巴比伦人、阿摩里人、迦南人、阿拉马人、阿卡德人、迦勒底人、亚述人、希伯来人和阿拉伯人，都是与这一母语属性有关联的民族。公元610年，伴随着伊斯兰教的问世，阿拉伯人开始登上历史舞台。从633年开始，仅仅用了十年的时间，就打下了整个中世纪阿拉伯帝国的版图。

在向外拓疆的过程中，阿拉伯人从落后的游牧民族，迅速成长为"整个中世纪高举文明火炬的民族"。在阿拉伯文明最为鼎盛的时期，恰巧是中国和欧洲两个东西方文明处于低谷的时候：罗马帝国在北方蛮族的入侵下开始风雨飘摇，走向灭亡，欧洲从此进入长达千年的中世纪黑暗时代，而中国也在此前历经了近四个世纪的分裂和战乱。这些外部因素的变化，不仅使阿拉伯文明在古希腊、古罗马和西方近代文明之间起到了承前启后的作用，同时，也在东西方文明的交往中充当了重要的媒介。阿拉伯人在哲学、医学、数学、化学、天文学、语言学、文学、历史学等诸多领域成就显赫，涌现了一大批思想家、科学家、文学家，并在广袤的欧亚非阿拉伯世界，留下了数不胜数的辉煌遗迹（图4-8）。

阿拉伯帝国是一个幅员辽阔的、多民族的集合体，除阿拉伯人外，还有波斯人、埃及人、印度人、塔吉克人、突厥人、西班牙人、叙利亚人等。各族群间通过互相接触、相互影响，逐渐渗透融合，在长期的生产、生活和贸易中共同创造了阿拉伯文化。可以说，阿拉伯文明也是这片土地上各族人民共同劳动和集体智慧的结晶。

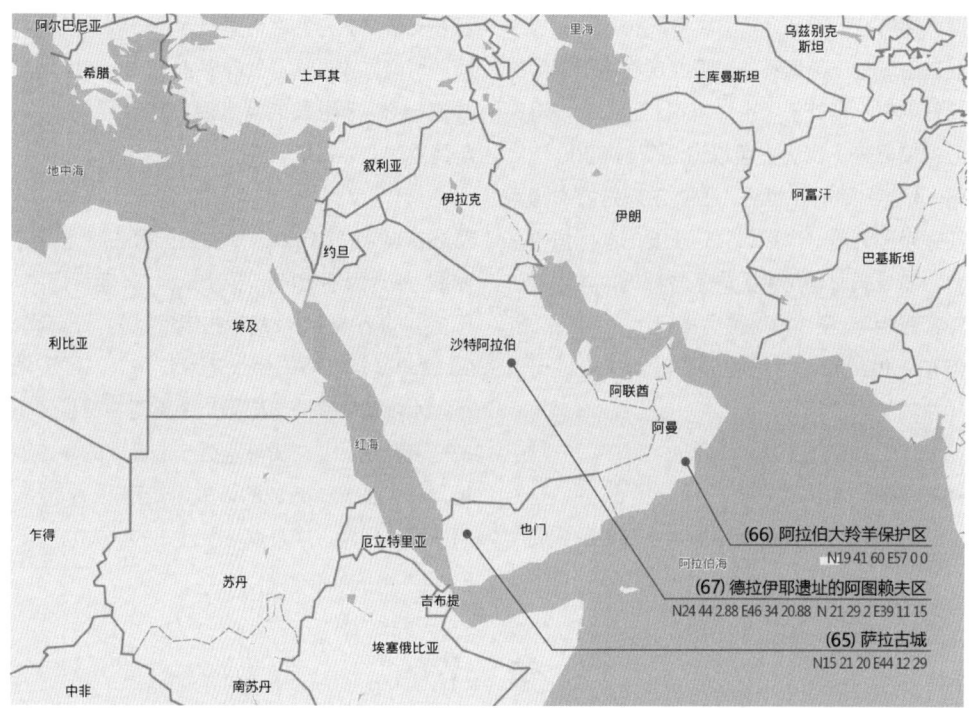

图 4-8 阿拉伯地区的遗产案例分布图（二）

尤其需要指出的是，如果没有 7 世纪伊斯兰教的诞生，就不会有地跨亚欧非三大洲的阿拉伯帝国，也就没有阿拉伯文明的传世，如今也就没有统合成一体的阿拉伯国家（阿拉伯联盟）。伊斯兰教不仅是阿拉伯统一的旗帜，同时也是中古时期推动阿拉伯文明进步的原动力。伊斯兰教文化主要包括古兰经、古兰经经注学、圣训、圣训学、教义学、教法学、礼拜、封斋、开斋、朝觐、节日等与日常生活密切相关的宗教内容，尤其是兴建于各地的清真寺建筑，更是一处处特色鲜明的文化载体。

在文化遗产方面，阿拉伯国家大都拥有伊斯兰风格的城市与建筑遗存，尤其是大小不一、形制各异的清真寺建筑，十分引人瞩目（案例 67）。包括硕大的木质穹隆顶，高高矗立的宣塔；被连续拱廊围合的庭院空间，以及重复的几何、文字或植物装饰纹样等，成为伊斯兰教建筑的经典特征。这种建筑风格也在世界各地，从西班牙到非洲，从阿拉伯到印尼，从中亚到印度的穆斯林教徒中，产生了强烈的影响力和认同感。尤其值得注意的是，在《古兰经》以及相关教义的规定下，伊斯兰信徒每日五次祈祷时，必须面向圣城麦加的方向。这也使得全世界的清真寺建筑有了统一的"向心"方位。

第三节
阿拉伯半岛

阿拉伯半岛位于亚洲西南部，从中东向东南方伸入印度洋，面积约 300 万平方千米，是世界上最大的半岛。这里常年受副高压带及信风带控制，几乎整个半岛都是热带沙漠气候区并有面积较大的无河流区，是世界上最热的地区之一。由于气候环境恶劣以及人为的破坏，曾经被列入世界遗产保护项目的阿曼阿拉伯大羚羊保护区，因其保护状态不佳而被世界遗产组织在 2007 年除名（案例 66）。

沙特阿拉伯、也门、阿曼、阿拉伯联合酋长国等国家位于阿拉伯半岛上。其中以沙特阿拉伯面积最大。半岛沿波斯湾周边有大量石油储藏，给阿拉伯半岛上临近波斯湾的国家带来了巨大的财富。

阿拉伯半岛是伊斯兰教的诞生地，创教人穆罕默德在这里出生和生活。以阿拉伯半岛为中心的阿拉伯帝国曾横跨欧、亚、非大陆。即便是到了 21 世纪，阿拉伯半岛上所有国家都仍以伊斯兰教为国教。每年，世界各地仍会有大量的伊斯兰教徒不辞辛劳，前往沙特阿拉伯西部的麦加和麦地那朝觐。

在阿拉伯半岛与邻近的东地中海沿岸，有几座著名的历史名城，不仅历经了时间的考验，也凝结了文化的影响。

一、麦加

麦加位于西部山区，群山环抱，炎热少雨，难于种植。但它是半岛有名的古城，是阿拉伯半岛的宗教中心和商业中心。先知穆罕默德就诞生在该城。该城后来成了伊斯兰教的第一个圣地。在世界遗产中，吉达古城正是通往麦加的重要门户之地（案例 68）。

二、麦地那

麦地那位于麦加北面，正处在联系也门与叙利亚的大道上。麦地那是个肥沃的绿洲，宜于种植。麦地那原名叶斯里布，622 年，穆罕默德从麦加迁到这里以后，始称麦地那，意为"先知之城"。麦地那是穆斯林的第一个首都，穆罕默德及其以后的三任哈里发（艾布·伯克尔、欧麦尔、奥斯曼）的中央政府也都设在这里。麦地那既是穆罕默德母亲艾米娜的诞生地。也是他及其父亲阿卜杜拉和部分弟子的安息之处。因此，麦地那是仅次于麦加的伊斯兰教的第二个圣地。

三、萨拉

萨拉是位于也门的一座古老的城市，拥有许多名胜古迹，有"阿拉伯明珠"之称。伊斯兰教产生之前，这个城市叫"艾扎勒"。萨拉海拔2300米，群山环抱。这里雨量充足，气候宜人，美丽富饶，处在穿越也门山脉的主要交通线上，与非洲之角遥相呼应。在古代，这里是阿拉伯半岛东西方贸易主要的港口中转和交易地（案例65）。

65. 也门：萨拉古城（文化遗产）
Yemen: Old City of Sana'a （Cultural heritage）

入选时间：1986 年
入选标准：(iv)(v)(vi)

遗产概述：

萨拉位于也门西部的高原地带，是阿拉伯半岛的交通要冲和贸易枢纽。早在前10世纪，萨拉就是萨巴王国的一个要塞，在萨巴女王的统治下，建起了巨大的城郭，作为商业都市繁荣一时。此后历经埃塞俄比亚、波斯和阿拉伯等多个民族的统治，使萨拉成为一座文化多元的城市。在萨拉古城，至今仍留有《天方夜谭》所描绘的场景（图4-9）。

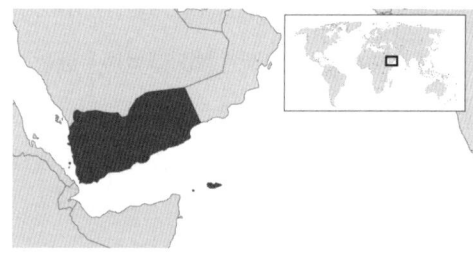

图4-9 也门的区位图

图4-10 萨拉古城

整个古城内的建筑保存较为完好，看上去与许多雕刻和绘画作品一样，风韵十足，充分展现出伊斯兰阿拉伯建筑的特色与风格。这里的街道狭窄，商店云集，商品琳琅满目，阿拉伯披风、珍珠宝石、腰刀、金银饰品及手工艺品应有尽有，具有典型的阿拉伯贸易风格。

古城外围有一道5米高的厚厚城墙，建于800年前。其正南方的城门名为"也门之门"，是这里保存得最完整的古迹之一，城内大部分建筑都是历史上遗留下来的，也是许多古代王朝的遗迹，体现出正统的伊斯兰阿拉伯建筑风格（图4-10）。

萨拉城是也门古代文明的发源地，也是南方北上麦加朝圣的必经之路，

遗产评价：

萨拉坐落于海拔2200米的山谷里，人类在那里的居住历史已超过2500年。在7世纪和8世纪期间，此城成为伊斯兰教的主要传播中心。其中的政治和文化遗产包括103座清真

寺、14座哈玛姆寺和6000间会所，全部建于11世纪前。萨拉城的多层塔楼为景点增添了美丽。

遗产保护：
在20世纪30年代萨拉一部分城墙被拆毁，四个城门只有一处得以幸存。60年代也门成为共和国家后，对城市进行了规划和开发，萨拉古城被较好地保存了下来。

随着人口爆炸式增长，萨拉也出现了各种"城市病"，如垃圾处理问题。大多数富裕的市民搬到了古城外面。也门政府与萨拉市在不久前才完成了古城区的下水管道的修建工作。古城区的街道与广场也已按照原来的样式加以修复，装饰焕然一新，于是移居到郊外的市民又渐渐回到了古城。对都市功能进行整修时，人们细心地注意不去影响古城的外观，为了让这座"延续至今的中世纪都市"保存良好，需要更多人的努力。

66. 阿曼：阿拉伯大羚羊保护区（2007年被除名的自然遗产）
Oman: Arabian Oryx Sanctuary（Natural heritage）

入选时间：1994年（2007年被除名）
入选标准：(x)

遗产概述：
阿拉伯大羚羊保护区位于阿曼的中东沙漠及高山地区，主要有阿拉伯羚羊，保护区在1994年被联合国教科文组织的世界遗产委员会会议列入为世界遗产之一，登记面积2750000公顷（图4-11）。

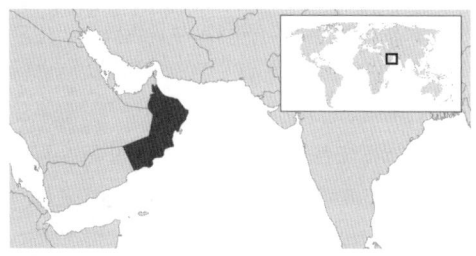

图4-11 阿曼的区位图

阿拉伯大羚羊保护区，位于阿曼中部的哈拉西斯平原。哈拉西斯平原位于阿拉伯半岛东端的阿曼内陆。地势起伏平缓，海拔在100～150米之间，也有300米高的山丘，是典型的阿拉伯半岛的内陆地形，昼夜温差极大。这里的沙漠与别处不同，由于有海风吹来，空气中的水分接触到石头或植物，便形成了露水或雾，因此每天都有一点水分补充。

哈拉西斯平原的植物并不茂盛，草、矮树和灌木丛中生活着蜥蜴、蛇、壁虎等爬行动物。这里的鸟类多达168种，多半是候鸟。最知名的动物当属阿拉伯大羚羊（图4-12）。

图4-12 阿拉伯大羚羊

遗产评价：
阿拉伯大羚羊保护区位于阿曼的中东沙漠及高山地区，1994年因有世界珍稀动物——阿拉伯大羚羊被作为自然遗产列入《世界遗产名录》。后因对阿拉伯大羚羊保护不力，2007年被从《世界遗产名录》中除名。

遗产保护：

由于人类的捕猎，阿拉伯大羚羊于 1972 年前就差不多被猎杀至灭绝。1982 年初期，阿曼政府开始了重新引入的计划，但由于非法捕猎屡禁不止，数量仍然由 1996 年的 450 头下降至 2003 年的 106 头。进入 21 世纪，阿曼政府大幅减少阿拉伯大羚羊保护区面积，用来开采石油，其九成的面积已不复存在，实际上阿拉伯大羚羊在该保护区已经灭绝。因此，阿拉伯大羚羊保护区于 2007 年 6 月 28 日在新西兰基督城召开的第 31 届世界遗产委员会会议中被宣布除名。

67. 沙特阿拉伯：德拉伊耶遗址的阿图赖夫区（文化遗产）
Saudi Arabia: At-Turaif District in ad-Dir'iyah（Cultural heritage）

入选时间： 2010 年
入选标准： (iv)(v)(vi)

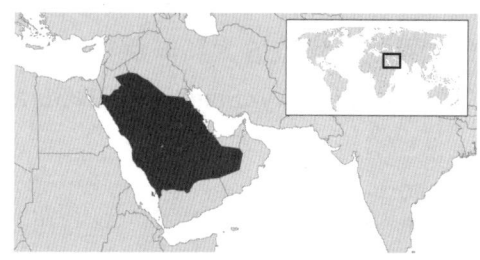

图 4-13 沙特阿拉伯的区位图

遗产概述：

德拉伊耶遗址位于沙特阿拉伯利雅得省，距首都利雅得 16 千米。利雅得是一个典型的绿洲城市，在阿拉伯语中为庭院之意，位于阿拉伯半岛中部的哈尼法谷地的平原。18 世纪中叶，利雅得四周修筑城墙后，开始使用利雅得这个名称。1824 年成为沙特王室京邑。1891 年归属拉西德部族。1902 年沙特阿拉伯王国的创始人阿卜杜勒·阿齐兹率部重新攻占利雅得，1932 年王国建立时正式成为首都。攻克利雅得时，最后占领的马斯马克城堡仍然屹立（图 4-13）。

图 4-14 德拉伊耶遗址

德拉伊耶遗址的阿图赖夫区是沙特王朝的第一任首都所在地，也是沙特家族的发源地。该城建有许多清真寺，曾是默罕穆德传播教派的根据地，在部落中推行逊尼派的罕百里学派教法，大批宗教学者云集、学生纷至沓来。1818 年，奥斯曼帝国驻埃及总督穆罕默德·阿里率军镇压瓦哈比教派运动，该城被摧毁。这一遗址具有重要的历史文化价值，也是阿拉伯半岛纳吉迪建筑的见证（图 4-14）。

于阿拉伯半岛中部，利雅得西北部，始建于 15 世纪。18 世纪期间及 19 世纪初，随着政治和宗教的作用加强，阿图赖夫区的城堡成为了沙特王室临时权力中心，同时这里也是穆斯林宗教内部传播瓦哈比教派改革的中心。这一遗址包括了许多宫殿遗迹和在德拉伊耶绿洲边缘兴建的城市区域。

遗产保护：

自 1972 年以来，该遗产一直受到《古物法》的保护。这项法律保护被注册为"古代"的不

遗产评价：

此处遗址是沙特王朝的第一任首都所在地，位

可移动的遗产——至少有 200 年历史的遗迹。教育部和古物理事会负责法律的执行,并由州长负责的警察部门协助落实。一项新的法案正在系统地确定遗产边界外的 200 米保护区范围,目前尚待批准。

沙特旅游与古迹委员会和遗产博物馆的设计者正在计划该遗产的未来管理结构,建立一个具有广泛权力的科学保护委员会,以定义、监督和监视该遗产的工作计划和项目。

68. 沙特阿拉伯:吉达古城,通往麦加的门户(文化遗产)
Saudi Arabia: Historic Jeddah, the Gate to Makkah (Cultural heritage)

入选时间:2014 年
入选标准:(ii)(iv)(vi)

遗产概述:
历史悠久的吉达位于红海的东岸。从 7 世纪起,它就被确立为印度洋贸易路线的主要港口,将货物运往麦加。它也是穆斯林朝圣者经海上到达麦加的门户。这两个角色使这座城市发展成为一个蓬勃发展的多元文化中心,其特色是独特的建筑传统,包括该城市的商业精英在 19 世纪后期建造的塔楼房屋,并将红海沿岸珊瑚的建筑传统与沿岸的影响和手工艺相结合。

图 4-15　吉达古城的老建筑

珊瑚石房屋,清真寺和小型公共广场共同构成一个充满活力的空间(图 4-15)。

遗产评价:
自 7 世纪,被哈里发·奥斯曼·伊本·阿凡三世定为麦加的正式港口以来,历史悠久的吉达就成为乘船到达阿拉伯的穆斯林朝圣者通往麦加的大门。与穆斯林年度朝圣的这种严格联系使吉达成为一个国际化的大都市,来自亚洲、非洲和中东的穆斯林在此居住和工作,为这座城市的发展和繁荣作出了贡献。

吉达反映了红海建筑传统,这是红海两岸城市曾经很普遍的一种建筑风格,其中只有很少的痕迹保留在沙特阿拉伯王国和指定遗产之外。这种风格的特点是气势宏伟的塔房,由城市的商业精英在 19 世纪后期建造的大型木制装饰,以及下部

遗产保护:
沙特部长会议于 2014 年 11 月 2 日通过了新的《古物、博物馆和城市遗产法》,为保护历史悠久的吉达提供了法律依据。指定遗产的日常管理由位于老城区中心的吉达市和地方分支机构负责。他们的工作人员负责监督现场的维护、清洁、保护和展示。

这一传统机制是一个平行的系统,依靠内政部,与警察和民防部门协调,负责该地区人民的社会福利和安全安排,以便能够接触到全体民众,让商人和业主协会参与遗产管理。2011 年吉达市政府批准的新城市法规对该遗产及其缓冲区制定了明确和严格的规定,从而保证该遗产普遍价值得到保护。

第四节
北部非洲

北非即非洲大陆北部地区，以撒哈拉沙漠以北的广大区域为主。面积837万平方千米。这个地区包括埃及、利比亚、突尼斯、阿尔及利亚、摩洛哥、苏丹等许多穆斯林国家（图4-16）。其主要人种是白种人，大部分是阿拉伯人，还有北非土著柏柏尔人，他们也是白种人，这可能与他们祖先早年的生活环境有关。

宗教上，北非的阿拉伯人大多是穆斯林，但也有不少人信奉基督教。生活方式上，本地区也是以伊斯兰教文化色彩为重。传统服装为白长衫、粗毛呢斗篷、黑色灯笼裤、戴白布或方格布的头巾或缠头，大部分地区的妇女外出戴面纱，喜欢戴戒指、项链或鼻环等首饰。

在北非，人类活动的历史非常悠久，既有史前人类活动留下的痕迹（案例74），也有不同的历史阶段所形成的不同文明体。

一、古埃及

古埃及是世界四大文明发源地之一，位于非洲东北部，横跨亚非两洲，其西奈半岛属于亚洲。纵穿全境的尼罗河，由发源于非洲中部的白尼罗河和发源于苏丹的青尼罗河汇合而成。每

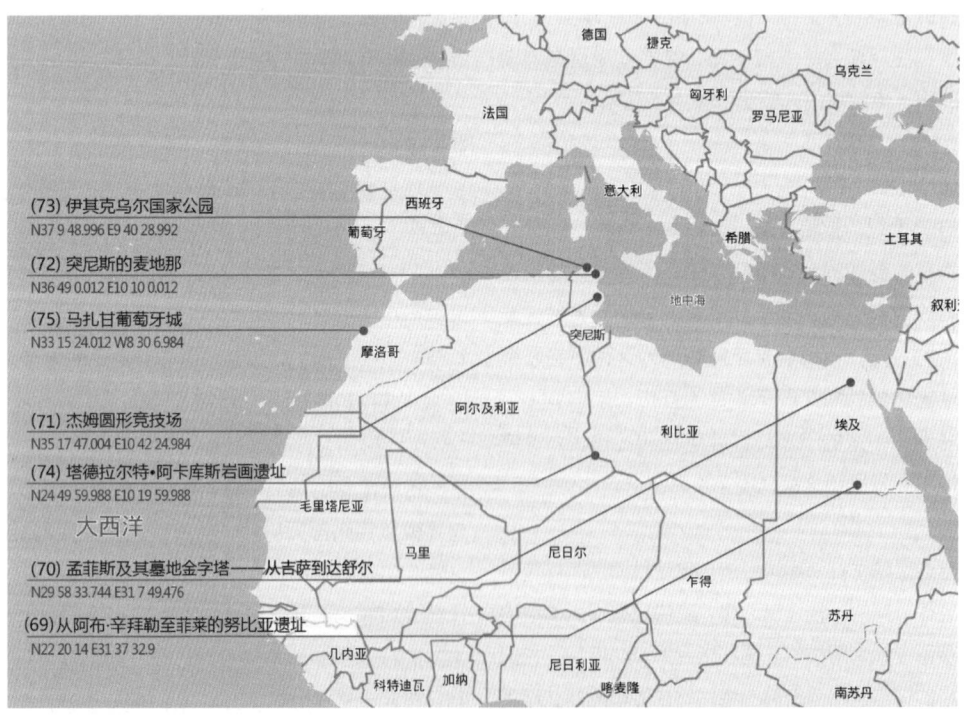

图4-16 北部非洲的遗产案例分布图

世界遗产概览

114

年定期的河水泛滥，为两岸带去了肥沃的土壤。尼罗河谷因之为早期人类定居后的农业和畜牧业生产生活，提供了保障。

现代考古发现，早在前 5450 年，在下埃及的法尤姆地区，当地先民们的耕作物就有大麦和小麦。到前 3150 年，南北埃及完成统一，建立了延续更迭长达 3000 年的统一王国，并历经了前王朝、早王朝、古王国、第一中间期、中王国、第二中间期、新王国、第三中间期、晚王国、托勒密时期，共 10 个时期，33 个王朝的统治。

古埃及人通过治理和控制尼罗河一年一次的泛滥，形成了完备的农耕生产方式。在此基础上，也逐步形成了政治体系、多神信仰的宗教，以及象形文字系统，并在诗歌、绘画、雕塑与建筑方面形成了独特的艺术形式（案例 69-70）。古埃及文明对后世的古希腊、古罗马和犹太文化产生过巨大的影响。

二、迦太基与突尼斯

起源于地中海东岸的腓尼基人，于前 8 世纪，通过跨地中海商贸活动，开始在北非建立了殖民城邦——迦太基。随后，这里逐步发展成一个控制地中海贸易的强大海上帝国，强盛时期的疆域包括北非西部沿海、西班牙南部、西西里岛大部以及科西嘉岛、撒丁岛和巴利阿里群岛。前 3 世纪，随着古罗马对外扩张，与迦太基产生了直接的冲突，爆发了三次著名的"步匿战争"，最终，前 147 年，迦太基城被罗马军占领，成为罗马帝国的阿非利加省首府（案例 71）。

此后，这个突出于地中海的北非要塞之地，先后被汪达尔人和拜占庭所占据，直到 7 世纪被阿拉伯帝国征服（案例 72）。13 世纪时，这里建立了哈夫斯王朝，并在 1574 年成为横跨欧亚非的奥斯曼帝国的属地。

如今，这个"北非之角"成了突尼斯共和国，面积为 16.42 万平方千米，人口 700 多万，其中 98% 为阿拉伯人。官方语言为阿拉伯语，部分国民也精通法语。因地理位置靠近欧洲，所以这里成为北非国际会议以及贸易往来的中心。受商务社交的影响，突尼斯人相当西化，这与其他邻近伊斯兰教国家有很大不同。突尼斯也拥有北非代表性的自然景观（案例 73）。

三、摩洛哥

摩洛哥位于非洲西北端，东接阿尔及利亚，南部为撒哈拉沙漠，西濒浩瀚的大西洋，北隔直布罗陀海峡与西班牙相望，是扼守地中海入大西洋的门户。这里最早的居民为柏柏尔人。先后受腓尼基、罗马帝国、拜占庭帝国统治。788 年建立第一代阿拉伯王国。从 15 世纪末至 20 世纪初，摩洛哥先后遭葡萄牙、西班牙、法国等殖民者入侵（案例 75），直到 1956 年独立。1957 年 8 月 14 日定名为摩洛哥王国。

目前，摩洛哥的人口总量为 3624 万人。阿拉伯人约占 75%，柏柏尔人约占 20%，5% 为其他民族。国民大多数是伊斯兰教逊尼派教徒，此外还有少数犹太教徒和基督教徒。

69. 埃及：从阿布·辛拜勒至菲莱的努比亚遗址（文化遗产）
Egypt: Nubian Monuments from Abu Simbel to Philae (Cultural heritage)

入选时间：1979 年
入选标准：(i)(iii)(vi)

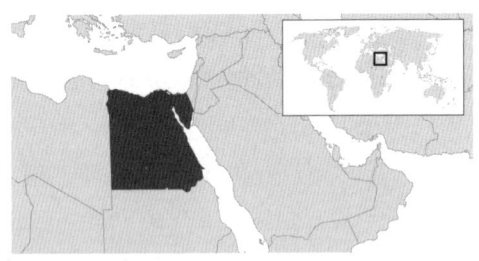

图 4-17　埃及的区位图

遗产概述：

遗址位于埃及和苏丹的交界处，阿斯旺以南 290 千米处，前 1284 —前 1264 年，由古埃及新王国第十九王朝的拉美西斯二世建造，是新帝国法老王时代的遗迹。古代的努比亚拥有自己独特的文化、建筑和语言，拉美西斯在此建造阿布·辛拜勒神庙，用以巩固他的帝国对于南部邻邦的统治（图 4-17）。

神庙原址坐西朝东，由依崖凿建的牌楼门、巨型拉美西斯二世摩崖雕像、前后柱厅及神堂等组成，共有两座由岩石雕刻而成的巨型神庙，分别为神化的拉美西斯二世的大神庙，以及附近的他最宠爱的夫人奈菲尔塔瑞王后的小神庙。大神庙正面高 31 米，门前有 4 尊法老坐像，高 20 米，气势雄伟（图 4-18）。60 米进深的庙内采用石梁柱厅，四周是神像壁画，栩栩如生。刻满的图画和文字描述了拉美西斯二世当政期间的生活情景，以及与赫梯人为争夺叙利亚地区而会战于卡迭石城的情形（约前 1312 年）。

遗产评价：

这里是古埃及文明重要的保留地。区域内保存有大量极具考古价值的宏伟古迹和遗址，包括阿布·辛拜的拉美西斯二世神庙和菲莱的伊希斯女神圣殿。在 1960—1980 年间，这些遗产险遭尼罗河下游阿斯旺水坝蓄水的毁坏，通过联合国教科文组织发起的国际联合保护行动，最终才幸免于难。

图 4-18　复建后的阿布·辛拜勒神庙

遗产保护：

这个区域之内曾有许多努比亚文化的建筑遗迹，但由于阿斯旺水坝导致水位上涨，许多遗迹都遭到了严重威胁。在联合国教科文组织的协调下，1964 年瑞典专家提出切割拆卸重新装配的方案，将神庙后移 180 米，比原址高 65 米。整个工程于 1968 年 9 月竣工，耗资 3600 万美元。从该地区挖掘出来的文物则转移至努比亚博物馆内收藏展示，参观者可以在博物馆内看到努比亚民族在埃及不同时期与其他民族的融合状态。

70. 埃及：孟菲斯及其墓地金字塔——从吉萨到达舒尔（文化遗产）
Egypt: Memphis and its Necropolis – the Pyramid Fields from Giza to Dahshur (Cultural heritage)

入选时间：1979 年
入选标准：(i)(iii)(vi)

遗产概述：

孟菲斯位于尼罗河西侧洪泛区的中心。前 3000 年，上下埃及统一后，法老美尼斯在尼罗河三角洲建立了新的都城，并以自己的名字来命名。在此后漫长的岁月中，这里曾几经兴衰，最后毁于 7 世纪。如今，孟菲斯古城仅存拉美西斯二世时代的神庙遗迹、第 18 王朝的司芬克斯石像、阿庇斯圣牛庙和第 26 王朝的王宫遗迹等，这些神庙遗址是仅存的孟菲斯的光辉历史的印证（图 4-19）。

图 4-19 古埃及金字塔与斯芬克斯狮身人面像

孟菲斯遗址距开罗约 27 千米。这里有 80 多处古代法老的陵墓——金字塔，其中最为著名的是吉萨大金字塔，共有 3 座，分别由古埃及第四王朝的法老胡夫、哈夫拉和孟考勒所建。金字塔是古埃及奴隶制国王的陵墓。这些统治者在历史上被称为"法老"。古代埃及人有一个根深蒂固的"来世观念"，他们把冥世看作是尘世生活的延续。因此修建自己冥世的住所，往往被法老们看成生前的一件大事。

胡夫金字塔建筑于前 2760 年，高 146.5 米，底面呈正方形，每边长 230 米。金字塔不仅外观雄伟，且角度、线条、土石压力都事先经过周密的计算。它的拐角处几乎是完美的直角，四个斜面正对东、西、南、北四方。金字塔用 230 万块巨石建成，每块石头平均重达 2.5 吨，最重的一块达 50 吨。所用的石头均经过仔细的打磨，石头之间不用灰浆等黏结物，石块叠垒之严密，其缝隙连刀都插不进。金字塔经历了多次大地震，依然完好无损。

金字塔外形庄严、雄伟、朴素、稳重，与周围高地、沙漠浑然一体，十分和谐。它的内部结构复杂多变，匠心独具，自成风格，凝聚着非凡的智慧。作为古埃及文明的象征，历经数千年沧桑，金字塔如今仍屹立而不变形，显示了极高的科技水平与精湛的建筑艺术。

遗产评价：

古埃及王国首都有着令人叹为观止的墓地古迹，包括石冢、装饰华丽的墓室、庙宇和金字塔。这处遗址奠定了古埃及作为世界上最光辉灿烂的文明发源地之一的地位，是古代世界七大奇迹之一。

遗产保护：

作为埃及最宝贵的财富，政府为孟菲斯地区的遗产保护投入虽大，但尚未制定一个全面的遗产保护计划。它最大的阻力来自该项遗产包括了五个不同的考古遗址，它们各自的保护、规划、旅游开发和管理难以统一到一个计划中，但这样一个全局性的规划又是必要的。

埃及考古部门对该遗产进行了多次保护和修缮工作，并计划开展更多的项目，吸引当地社区加入遗产保护中来。在埃及政府不同机构的合作下，保护和开发吉萨高原的项目正在稳步推进。总的来说，该地的遗产建筑相对完善地保留了下来，可以使参观者体验到当年埃及文明的伟大。

71. 突尼斯：杰姆的圆形竞技场（文化遗产）
Tunisia：Amphitheatre of El Jem（Cultural heritage）

入选时间：1979 年（2010 年调整范围）
入选标准：(iv)(vi)

遗产概述：

罗马的移民城市杰姆在其鼎盛期，建造了北非地区最宏大的竞技场。这座竞技场长轴 162 米，短轴 118 米，高 40 米，比赛场地直径 65 米，规模略小于罗马的斗兽场。据计算，杰姆竞技场可以容纳 35000 人，这一数字大大超过了当时这座城市的总人口。此外，杰姆保存下来的还有两个小规模的剧院、小竞技场、装饰有镶嵌画的浴场和宅邸群遗迹（图 4-20）。

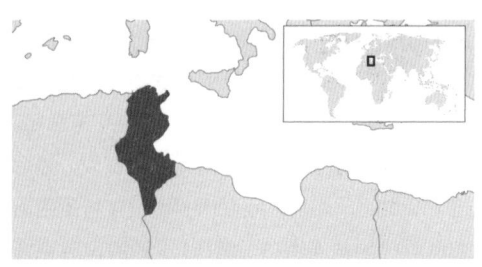

图 4-20 突尼斯的区位图

图 4-21 杰姆圆形竞技场

竞技场的修建始于公元 200 年前后，建筑师们在这里使用了当时罗马未曾使用的方法，尝试了一种新的结构，即将通往比赛场的出入口和通道设在观众席和比赛场的下方。以前，这类设施都是利用倾斜的地面而建，但杰姆竞技场则建在平地上，因此需要将台阶和通道或者观众席等的荷载分散开来。于是，建筑师们在地下设置了支撑它们的基础墙壁，并由中心向外拓展，以减轻外围墙壁承载的重量。这是一个划时代的结构（图 4-21）。

遗产评价：

罗马时代被称为"蒂斯德鲁斯"的杰姆，现在正逐渐沙漠化，但这个过去有很多绿色植物的美丽城市曾因橄榄油贸易而欣欣向荣。为显示其繁荣，杰姆开始兴建巨大的圆形竞技场。之后，由于新税制打击了橄榄油贸易，愤怒的民众要求皇帝退位，杰姆成了民众暴动的堡垒。为了报复，皇帝命令放火烧城，使得竞技场的兴建中断。经历了磨难的竞技场，是北非最大保存最完好的角斗场，也被称"非洲的罗马斗兽场"。

遗产保护：

1695 年，奥斯曼帝国的穆罕默德·贝伊为使以竞技场为堡垒抵抗的柏柏尔人投降，将竞技场的西侧部分破坏。竞技场的南侧，是罗马和平时代北非经济发展鼎盛期的象征，以原有状态保存下来，而北侧遭破坏的痕迹至今清晰可见。不过，通道、阶梯坐席的基座、比赛场、迷宫般的地下通道均以最佳状态保存下来。竞技场的修复工作已于 1980 年结束。

目前，杰姆竞技场由一个由不同背景人员混合组合的机构来负责保护、修复和展示。这个机构目前正在计划设立一个缓冲区，以保证该遗产不受城市发展所带来的负面影响，从而保证遗产环境的真实性。

72. 突尼斯：突尼斯的麦地那（文化遗产）
Tunisia: Medina of Tunis (Cultural heritage)

入选时间：1979 年，2010 年
入选标准：(ii)(iii)(v)

遗产概述：
突尼斯旧城区位于突尼斯东北部一片肥沃的平原地区，是马格里布地区最早的阿拉伯城市之一，也是目前保存最完好的古城之一。旧城中心是一个称为"宰图纳"的大清真寺，宰图纳意为橄榄，是马格里布地区第二大清真寺。突尼斯曾是多个王朝的首都，见证了不同民族在政治、经济和文化上的相互交流。12 世纪到 16 世纪，它被认为是阿拉伯世界最伟大、最富有的城市之一，即使在今天我们仍可以通过建筑和其他遗物来看到它往日的辉煌。

图 4-22 突尼斯的阿拉伯人聚集区

遗产评价：
突尼斯城的旧城区至今仍保留着庄严的清真寺和宫殿，以及学习《古兰经》的学校。这意味着这座城市是北非保存状态最完好的古城。虽然多数阿拉伯市场是中世纪后期形成的，但并不是说侯赛因王朝的当政者放松了对市中心的美化。相反，他们很重视美化城市，壮观的宫殿建筑证明了这一点。现在这些宫殿已被当作政府官署或博物馆使用。1968 年以来，突尼斯政府与联合国教科文组织共同对这个在马格里布面积居第二位的古城不断进行修复，使其成为北非留下的众多古城的典范（图 4-22）。

遗产保护：
1968 年，为了保护历史建筑，成立了"突尼斯古城保护协会"，开始对重要建筑进行修复。18 世纪侯赛因王朝时期修建的拉萨拉姆宫又恢复了往昔的辉煌。对拉萨拉姆宫的修复已成为突尼斯古城保护协会最重要的工作。宫殿内的塔哈尔·哈达德俱乐部，经常举办诗歌朗诵会、音乐会、展览会等。为使下一代"更亲近和理解历史"，大部分文化遗产已被修复，焕发出新的光彩。

73. 突尼斯：伊其克乌尔国家公园（自然遗产）
Tunisia：Ichkeul National Park（Natural heritage）

入选时间：1980 年
入选标准：（x）

遗产概述：

伊其克乌尔山位于伊其克乌尔湖南岸，整个国家公园的面积 126 平方千米。通过对山麓自然环境的调查，推测北非 3000 年前的自然环境就有很大变化。该山山顶由石灰岩和大理石构成，温泉水源丰富。葱郁茂盛的植物群中，有油橄榄和桂花科植物，以及阿月浑子树的同类茱萸。夏季，生长最旺盛的是阿月浑子树上缠绕的绿色菝葜类植物。在山的东南坡，还可看到灯架草科植物，北坡则有扁柏科的金丝雀圆柏。尤其值得一提的是，这里还长着苦草属（紫苏科）植物，而这种植物本来只生长在突尼斯北部，是一种独特的植物。

伊其克乌尔国家公园湿地辽阔茂密的苇塘，已成为来自欧洲的众多候鸟的理想休养地。伊其克乌尔国家公园栖息着多达 200 种鸟，为了躲避欧洲大陆的严寒，每年有 25 万只候鸟飞到这个禁猎区来过冬。主要候鸟种类有赤颈鸭、绣眼鸭、灰雁等。20 世纪 70 年代末以前，濒临灭绝的鹊鸭也在这里越冬。在欧亚大陆和北非繁衍的鹊鸭，明显的特征是繁殖期的雄鸭喙呈绿色。青铜绿鹭、鹳、黑鹳等迈着长腿在高草丛中走来走去，寻找青蛙和小动物。紫水鸡在茂密的苇塘中产卵，小鹰雕、白腹雕、鹰雕、欧洲沼泽鹞、灰泽鹞、游隼、埃及兀鹫等则瞄准湿地地带丰富的猎物，在空中盘旋。

遗产评价：

横亘于北非地中海沿岸附近的阿特拉斯山脉，从太古时代起就是欧洲大陆候鸟极好的越冬之

图 4-23 伊其克乌尔国家公园

地（图 4-23）。每年冬季，多达 25 万只的候鸟到突尼斯北部这个远离村落的湿地休养。保留着北非原生态环境的伊其克乌尔湖，各种植物繁茂丛生，是全地域均被划为禁猎区的国家公园。1980 年，联合国教科文组织将其列入《世界遗产名录》，其环境保护和生物保护工作均得到重视。

遗产保护：

伊其克乌尔山和伊其克乌尔湖周围的湿地，现在是北非惟一保留大自然原貌的地方。过去北非一带常见的湿地，大都被排水开垦成了农田。但以伊其克乌尔湖为中心的这一地区，尽管人口密度很高，湿地却未被人为利用。因为自 1705 年起，统治突尼斯达 250 年的侯赛因王朝，将伊其克乌尔湖一带作为皇家禁地保护起来。现代国家成立后的 1980 年，这里被划为国家公园，同时被联合国教科文组织列入《世界遗产名录》。同年，根据提倡保护水鸟栖息地的国际湿地条约《拉姆萨公约》，此地也被列入保护名录。

1996 年，伊其克乌尔国家公园被列入联合国教科文组织的《濒危世界遗产名录》，急需采取保护措施：首先是要严厉取缔偷猎；其次是解

决公园内居民的生计问题。这些人拥有渔业权。但舆论希望突尼斯政府采取限制捕鱼期等妥善措施;最后,毗邻的采土场也给自然保护造成了威胁。这个采土场规模逐渐扩大,污水流入湖中,造成国家公园环境污染,给动植物带来恶劣影响,使人深感忧虑。

74. 利比亚:塔德拉尔特·阿卡库斯岩画遗址(文化遗产)
Libya:Rock-Art Sites of Tadrart Acacus(Cultural heritage)

入选时间:1985 年
入选标准:(iii)

遗产概述:

塔德拉尔特·阿卡库斯石窟位于利比亚与阿尔及利亚接壤的边境地区,是一片面积为 250 平方千米、现已荒无人烟的广阔地区,因有古代不同时期的数千种不同风格的壁画而著称于世。这处在撒哈拉的中心地带被发现的石窟,使得被世界最大的沙漠隐藏了上千年的古代文明及其优美壁画重见天日。近 40 年来,多种多样的研究工作在此地展开,逐渐揭示了一幅存在于 12000 年前的社会生活画面。在塔德拉尔特·阿卡库斯山区几乎所有的地方都分布着风格各异的壁画和各种雕件,它们展示了在漫长的史前时期曾在此居住的各个时期的不同文化群体的文化习俗。

这些不同时期的绘画和文物以不同的风格向人们展示了由于气候的演变而使当地物种和居民生活方式发生巨大变迁的情况:"自然主义时期"(约前 12000~前 8000 年)留下了许多描绘大型草原哺乳动物的雕刻,如大象、犀牛和长颈鹿等;在"圆头时期"(前 8000—前 4000 年),可以看到湿润气候带所特有的动物群和一些魔幻宗教场面,在这个时期,雕刻和绘画同时存在;在"放牧时期"(前 4000—前 1500 年),众多的牛群被画在洞穴的墙面上作为装饰,这个时期的雕刻和绘画数目最多因而

图 4-24 阿卡库斯石窟内的岩画

也最重要;在"马时期"(前 1500 年前后),半干燥的气候造成某些物种的灭绝并从画面上消失,驯马开始出现;最后是"骆驼时期",即公元后的几个世纪,由于沙漠化日益严重,单峰驼是当时石窟画的主题。

塔德拉尔特·阿卡库斯石窟的一些岩石表面上,还绘有一些长着圆形头部、很难分清性别的当时地中海地区人的画像,以及一些绘有牛的图饰。这些图案是用黄色、绿色、红色以及黑色的染料绘成的,这表明人类发明使用碳的历史可以追溯到公元前 8000 多年。图像上绘于前 1500 年的马及马车,可能就是历史之父希罗多德所描绘的古加达梅斯部落的生活场景(图 4-24)。

遗产评价:

塔德拉尔特·阿卡库斯石窟位于阿尔及利亚边境。这座石山有数千种不同风格的壁画,时间

可以追溯到前 12000 年至 100 年。这些壁画表现了动植物的明显变化以及撒哈拉地区每代人生活的不同方式。

在塔德拉尔特阿卡库斯山脉，从史前时代的生活遗迹中发现了线刻画和着色的岩画。这足以证明，现为撒哈拉沙漠的辽阔地带，曾经是稀树草原，它同时也为后人提供了了解狩猎和放牧等史前时代生活和文化的线索。对这些分属几个时期的岩画进行比较，可以了解自然界的变迁。栖息在这片土地上的动物种群，起初为适应稀树草原气候的大象和长颈鹿等，后来它们逐渐消失，取而代之的是在干燥的气候条件下也能生存的牛、马和骆驼等。

75. 摩洛哥：马扎甘葡萄牙城（文化遗产）
Morocco：Portuguese City of Mazagan（Cultural heritage）

入选时间：2004 年
入选标准：(ii)(iv)

遗产概述：

葡萄牙马扎甘市位于卡萨布兰卡以南 90 千米处，是 16—18 世纪欧洲和摩洛哥文化交流影响的杰出见证。16 世纪初，马扎甘作为大西洋沿岸的一个设防殖民地而建。弗朗西斯科和迪奥戈·德阿鲁达兄弟于 1514 年建造了第一座城堡。1541—1548 年，根据意大利建筑师贝内德托·达拉文纳的设计，若奥·里贝罗和胡安·卡斯蒂略扩建了城堡，将其改造成了一座星形防御工事。

马扎甘要塞及其沟渠和倾斜的城墙是在卢西塔尼亚时期，葡萄牙技术的应用，是适应于火器出现的最早证据之一。这一文艺复兴新风格在摩洛哥出现，也是一种整体而独特的见证。相比于世界上大多数葡萄牙贸易据点都经历了许多变化，马扎甘比摩洛哥的其他葡萄牙防御工事保存得更好（图 4-25）。

在 1769 年葡萄牙人离开并最终放弃这座城市后，这座堡垒在 19 世纪中叶被修复，取名为埃尔贾迪达，并成为商业中心和穆斯林、犹太人和基督教徒多元文化交融的天地。

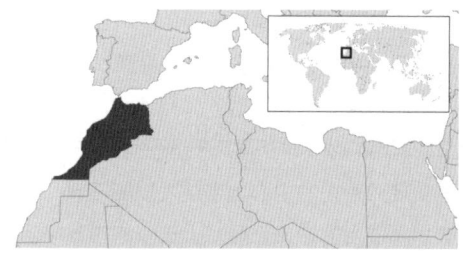

图 4-25 摩洛哥的区位图

图 4-26 马扎甘葡萄牙城

目前，该城堡的形状和布局都保存完好，其内部的历史结构反映了几个世纪以来不同的变化和影响。葡萄牙时期现存的纪念碑有：城墙及其堡垒、蓄水池（这类结构的一个突出例子）和天主教堂，晚期哥特式风格，16 世纪初的马诺琳风格（图 4-26）。

遗产评价：

卡萨布兰卡西南 90 千米处的马扎甘军事要塞

是葡萄牙人 16 世纪早期在大西洋海岸修筑的殖民地，现在为贾迪达市的一个部分。1769 年，这里被摩洛哥人夺取。防御工事及其城墙和堡垒具有文艺复兴早期军事设计的风格。保留下来的葡萄牙式建筑包括水塔和圣母升天教堂，带有晚期哥特式建筑风格。葡萄牙城是葡萄牙探险者通往印度途中在西部非洲建立的早期殖民地之一，这里是欧洲与摩洛哥文化相互影响交流和融会的例证，这一点在建筑、技术和城镇规划方面均得到完美的体现。

遗产保护：

基于保护历史遗迹和遗址名录的法律，特别是关于保护摩洛哥遗产的第 22-80（1981）号法律，当地采取了相应的遗产保护措施。自 2004 年签署以来，陆续又通过了《建筑规范条例》，以加强已经生效的立法。这处遗址有定期的修复工作，相关行动于 2008 年 10 月开始，以展示港口和提高堡垒的能见度，清理东侧的防御工事，并疏通沟渠。摩洛哥卢西塔尼亚遗产研究中心是负责管理该遗产的主要机构，该中心已开始制定管理计划，并与其合作伙伴协调成立管理委员会。

此外，为了维护埃尔贾迪达市区的视觉完整性，以及葡萄牙遗址与周围现代城镇之间的和谐关系，需要持续控制缓冲区内外建筑高度。

第五章

非洲的世界遗产

非洲的全称为阿非利加（Africa），位于东半球，东濒印度洋，西临大西洋，向北与欧洲隔着地中海，苏伊士运河将其与亚洲分开，面积3020万平方千米，人口约12亿，是世界第二大洲。非洲是古人类和古文明的发源地之一，人类的演化进程，可以在非洲找到大多数的证据链。

非洲是一个"高原大陆"，有60%以上的面积为500～1000米的高原，大多数的平原分布在沿海地带，总量不足10%。由于纵跨赤道南北，地形地貌复杂，非洲也拥有非常多样性的自然环境：戈壁、雨林、高山、峡谷，有世界最大的撒哈拉沙漠、最长的尼罗河，也有世界最大的刚果盆地和最长的东非大裂谷，赤道附近的维多利亚湖和乞力马扎罗山，都能给人留下深刻的印象。

从1415年葡萄牙人占领了地中海直布罗陀海峡非洲一侧的休达地区开始，欧洲列强就开始了对非洲长达500多年的殖民统治。到20世纪初，约有95%的非洲领土遭到瓜分。在长期的资源掠夺、奴隶贸易以及文化压制下，非洲成为世界上最贫穷、最落后、最混乱的地区。第二次世界大战后，非洲各国虽然开始走上了民族解放和独立自主的反殖民统治的道路，但直到1990年纳米比亚的独立和1994年南非白人种族主义统治的垮台，才标志着非洲最终摆脱了外来的殖民主义和种族主义的枷锁。

在世界遗产管理体系中，虽拥有悠久的历史和丰富的资源，但非洲入选的文化和自然遗产的比重，包括年申报的数量，却远远低于欧洲和亚洲的水平。此外，非洲的世界遗产在空间与品类方面的不均衡，保护和管理方面的不完善也是值得重视的问题。

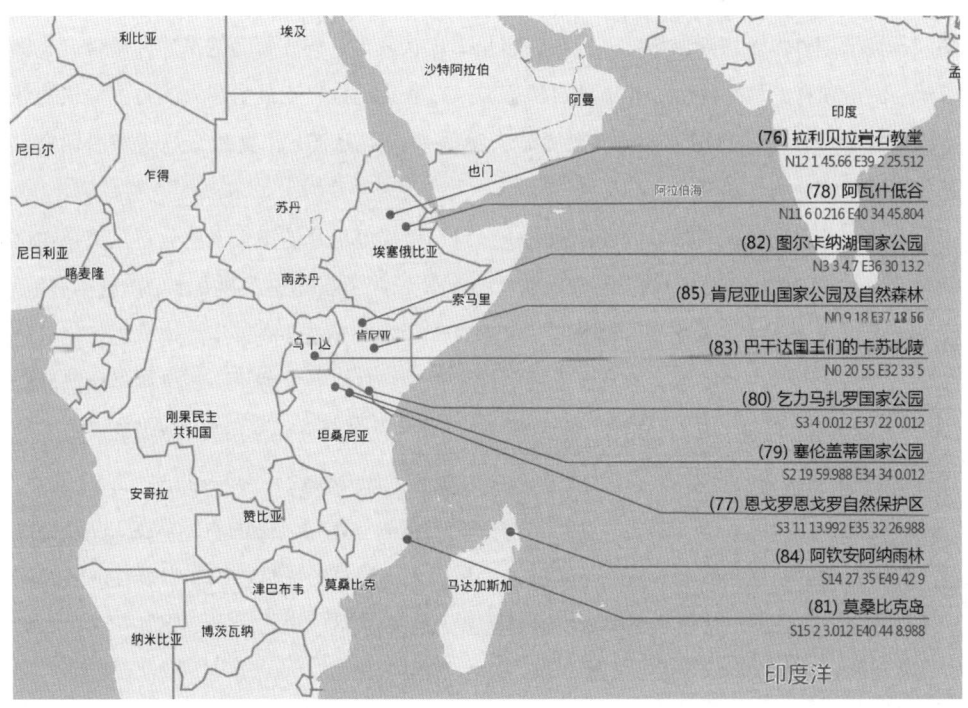

图 5-1 东部非洲的遗产案例分布图

第一节
东部非洲

非洲东部地区，指北起红海、亚丁湾沿岸，南至莫桑比克的印度洋沿岸国家。通常包括埃塞俄比亚、厄立特里亚、吉布提、索马里、肯尼亚、乌干达、卢旺达、布隆迪、坦桑尼亚、赞比亚、津巴布韦、马拉维、莫桑比克、马达加斯加和印度洋西部岛国塞舌尔等（图5-1）。面积370万平方千米，占比不足非洲总面积的十分之一，域内人口却超过非洲总人口的五分之一。在东非的北部，以闪含语系的埃塞俄比亚人、索马里人居多，南部以班图语系的黑种人为主。信仰伊斯兰教、基督教、天主教、原始宗教等。

东非历史悠久，先后形成阿克苏姆（案例76）、僧祇、阿德尔、阿比西尼亚、巴干达（案例83）等古代王国。16世纪初起，欧洲殖民者相继侵入。至19世纪末，大部沦为葡萄牙（案例81），以及英、德、意、法等国的殖民地或保护地。第二次世界大战前，这里只有埃塞俄比亚一个独立国家。直到战后其余的国家才相继独立。

东非的地形以高原为主，大部份海拔1000米以上，是全洲地势最高部分；沿海有狭窄低地。东非大裂谷纵贯南北，谷地深陷，两边陡崖壁立，沿线是乞力马扎罗、肯尼亚等火山和埃塞俄比亚等大小熔岩高原。以热带草原气候为主，也有明显垂直性地带特征；高山地区凉爽湿润；沿海低地南部湿热，北部干热。地处地中海、印度洋、大西洋水系的分水地区，多数河流东流注入印度洋。尼罗河发源于西部山地。这里湖泊众多，除维多利亚湖、基奥加湖外，多属断层湖，并顺裂谷带呈串珠状分布，构成著名的东非大湖带（案例82）。由于独特的地理风貌和丰富的自然资源，东非也是世界上最为迷人的野生动植物保护区，拥有多种多样的国家公园（案例77、案例79、案例85），此外，马达加斯加岛也是非洲最大的岛屿（案例84）。

东非大裂谷还是人类最早的发源地之一，目前世界上最早的类人动物化石，就是在这里被发现的。从20世纪50年代开始，在东非大裂谷东支的西侧、坦桑尼亚北部的奥杜韦谷地，就发现了史前人类的头骨化石，据测定，其生存年代距今足有200万年，这具头骨化石被命名为"东非人"。1972年，在裂谷北段的图尔卡纳湖畔，又发掘出一具生存年代已经有290万年的头骨，与现代人十分近似，被认为是已经完成从猿到人过渡阶段的典型的"能人"。1975年，在坦桑尼亚与肯尼亚交界处的裂谷地带，发现了距今已经有350万年的"能人"遗骨，并在硬化的火山灰烬层中发现了一段延续22米的"能人"足印。这说明，早在350万年以前，大裂谷地区已经出现能够直立行走的人，属于人类最早的成员。东非大裂谷地区的这一系列考古发现证明，这里是人类诞生的摇篮之一（案例78）。

76. 埃塞俄比亚：拉利贝拉岩石教堂（文化遗产）
Ethiopia：Rock-Hewn Churches, Lalibela（Cultural heritage）

入选时间：1978 年
入选标准：(i)(ii)(iii)

遗产概述：

拉利贝拉处于地势比较高的埃塞俄比亚北部的拉斯塔山脉，依傍 4117 米高的阿布那·其斯山主峰，距离首都亚的斯亚贝巴以北 350 千米。这座城原名为洛罕，以后改成现名，以纪念这里神奇的岩石教堂的倡建者——扎格王朝的国王拉利贝拉。这个王朝于 1173—1270 年统治埃塞俄比亚（图 5-2）。

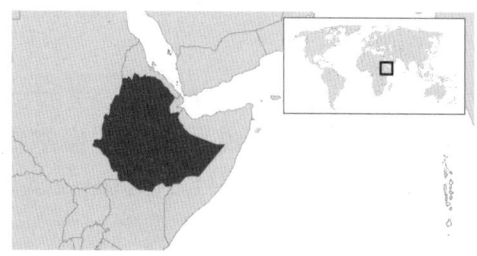

图 5-2 埃塞俄比亚的区位图

传说 12 世纪埃塞俄比亚第七代国王拉利贝拉按照神谕在埃塞俄比亚北部海拔 2600 米的岩石高原上，动用 5000 人工，花了 30 年的时间凿出了 11 座岩石教堂，人们将这里称为拉利贝拉。从此，这里就成为埃塞俄比亚人的圣地。至今，每年 1 月 7 日埃塞俄比亚圣诞节，信徒们都将汇集于此。

图 5-3 拉利贝拉的岩石教堂

精雕细琢的教堂像庞大的雕塑，从坚硬的岩石中开凿而成。它们外观造型惊人，内部装修独特。其中四个教堂是在整块石头上开凿的，其余的则要小些，要么用半块石头凿成，要么开凿在地下。拉利贝拉的 11 座岩石教堂大致分为 3 群，彼此间由地道和回廊连为一个整体。每座教堂占地几十到几百平方米，相当于三四层楼房之高，这些教堂坐落在岩石的巨大深坑中，几乎没有高出地平面，因此，拉利贝拉教堂有"非洲奇迹"之称（图 5-3）。

每当到了基督教洗礼之日的祭典日，拉利贝拉岩石教堂周围的岩壁上，就会挤满成千上万听祭司说教的人群。凡是参加祭典的少年们，都必须盛装打扮。在少女们的低声祈祝中，他们双手捧着神具，跟随着大人进入设在广场上的小木屋里。这种"德姆卡多"祭典一共要连续举行三天，是埃塞俄比亚高原上最大的宗教性活动。

遗产保护：

几个世纪以来，教会和国家一直共同负责保护拉利贝拉圣地。除了一般法律、第 209/2000 号公告外，还设有专门的法律框架和负责文化遗产研究和保护的机构来保护这些教堂。与埃塞俄比亚教会一起，这些机构在拉利贝拉派驻了代表，其主要目的在于需要协调教堂不同团体和组织之间的关系。

遗产附近的酒店由文化和旅游办公室管理。为了防止遗产受到土地开发的影响，已经起草了一份相关的草案。由于遗产边界尚未明确划定，也尚未划定缓冲区，当地政府需要有更强有力的规划控制来保护教堂，以解决住房、土地利用、旅游方面的问题。另外，需要制定一个管理计划，将保护行动计划整合起来，并在当地人和教会的参与下解决该地区的整体可持续发展问题。

77. 坦桑尼亚：恩戈罗恩戈罗自然保护区（自然遗产）
Tanzania: Ngorongoro Conservation Area (Natural heritage)

入选时间：1979 年（2010 年范围拓展）
入选标准：(iv)(vii)(viii)(ix)(x)

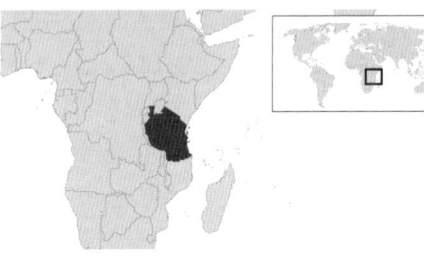

图 5-4 坦桑尼亚的区位图

遗产概述：

恩戈罗恩戈罗自然保护区位于坦桑尼亚共和国北部，是一片辽阔的高原火山区，西接塞伦盖蒂国家公园，东连马尼亚腊湖国家公园，占地 80944 平方千米。该地区于 1957 年在行政上从塞伦盖蒂国家公园的范围内划出，成为独立的自然保护区。区内有闻名遐迩的恩戈罗恩戈罗火山口、奥杜瓦伊峡谷和已成深湖的恩帕卡艾火山口（图 5-4）。

非洲人将其称为恩戈罗恩戈罗，即"大洞"之意。恩戈罗恩戈罗破火山口是世界上最完整的火山口，也是世界上最大的破火山口之一。保护区位于大裂谷东支，大裂谷是地壳上的一个断层，从莫桑比克穿过非洲直至叙利亚。

图 5-5 恩戈罗恩戈罗自然保护区

千百万年前，在地心的巨大压力下，熔岩从断层的薄弱处向地面喷出，形成一连串的火山，即今天东非的"火山口高地"。恩戈罗恩戈罗正是这些火山中的一个，以前是圆锥形，高度为现时的两倍。250 万年前锥体最后一次爆发，把所有熔岩喷出，锥体顶部塌陷成凹穴，只剩下火山口西北边的圆桌山。在地质学上，山火爆发或塌陷而成的火山口，称为破火山口，即火山锥陷入火山井而形成的大凹地，面积达 160 平方千米。沿火山口外缘的环形外，有 6 座海拔 3000 米以上的山峰拔地而起，高耸入云。

在巨大的恩戈罗恩戈罗火山口内是野生动物的聚集地，有大量的大型哺乳动物。在附近的奥杜瓦伊峡谷，曾经出土早期人类的化石，以及人类生活的足迹。坦桑尼亚政府为了保护这里的野生动物投入大量的人力和物力（图 5-5）。

遗产评价：

巨大完整的恩戈罗恩戈罗火山口是野生动物出没的地方，附近是注满了水的恩帕卡艾火山口和盖伦活火山。在距此不远的奥杜瓦伊山谷，发现了人类的远祖之一哈比利斯人的遗址，莱托里遗址也在该区域内，它也是360多万年前原始人类活动的主要区域之一。

遗产保护：

保护该遗产的主要法律是1959年的《恩戈罗恩戈罗保护区条例》，由恩戈罗恩戈罗保护区管理局负责执行。古物司则负责对恩戈罗恩戈罗保护区内的古人类学资源进行管理和保护。通过一份协商谅解备忘录，协调两个实体之间的关系。

当前的管理目标主要是保护遗产地的自然资源，保护马赛牧民的利益以及促进旅游业。需要扩大管理体系和管理计划，以涵盖文化和自然，将生态系统需求与文化目标结合在一起，实现可持续的方法来保护遗产的突出普遍价值。

78. 埃塞俄比亚：阿瓦什低谷（文化遗产）
Ethiopia: Lower Valley of the Awash (Cultural heritage)

入选时间：1980
入选标准：(ii)(iii)(iv)

遗产概述：

阿瓦什低谷位于埃塞俄比亚东北部哈达尔近郊。1974年，在这里发掘出大量有重要价值的化石。这项发现有两个令人惊异地方。一是在被称为"第162地点"处发掘出的化石群，居然可以推算至350万年以前，比以前发现的任何人类祖先化石年代都要早得多。这项发现推翻了1959年在坦桑尼亚发现的最推定为180万年前化石是世界最早猿人化石说，奠定了新的学术基础。这项发现的第二个惊人之处是在复原这些骨化石的过程中，发现多数属于同一具遗骸的不同部位，相当于骨骼全体的40%。骨骼复原工作通常是从一枚牙齿、一块骨残片开始艰难进行的，此次的复原工作进展顺利。作为"A.L.288-1"被整理出的这组骨化石，被推定出是身高约1米、体重约30千克、年龄在25岁左右的女性。A.L.为"A far Location(远方)"的缩写。学者们认为生硬的

图5-6 阿瓦什低谷

学名无法传达出她栩栩如生的样子，于是取名为"露西"（Lucy）。露西是从当时在埃塞俄比亚流行的甲壳虫乐队的歌曲Lucy in the Sky with Diamonds而来。

遗产评价：

阿瓦什河谷包括非洲大陆最重要的古生物遗址群之一（图5-6）。在该遗址发现的远古人类化石至少可以追溯到400万年以前，为人类进化史提供了证据，改变了人们对人类历史的传统认识。最重要的考古发现是在1974年，当

时出土的 52 块人类骨骼化石还原出了著名的人类始祖——露西。

遗产保护：
除了一般性法律第 209/2000 号公告外，当地没有专门的法律框架来保护阿瓦什低谷。该遗产由于是开放性的遗址地，没有当地的管理机构，相关事务主要由 160 千米外阿萨依塔的阿法尔地区办事处监管。在此处建设博物馆是当地政府的长期目标，但如何配备人员的问题还无法解决。

通过《非洲 2009 方案》，国际组织在地区层面上提供了一些培训、维护和管理方面的专门知识。由于牧民们居住在该遗产周围，人们认为如果能够通过让游牧部落首领参与对大片地区的监督，将是改善该遗产状况保护的良好途径。

79. 坦桑尼亚：塞伦盖蒂国家公园（自然遗产）
Tanzania：Serengeti National Park（Natural heritage）

入选时间：1981 年
入选标准：(vii)(x)

遗产概述：
塞伦盖蒂国家公园在坦桑尼亚的西北，位于东非大裂谷以西，阿鲁沙西北偏西 130 千米处，一部分狭长地带向西伸入维多利亚湖达 8 千米，北部延伸到肯尼亚边境。是坦桑尼亚最著名的国家公园，也是一个有着 300 多万只大型哺乳动物的巨大生态系统，植被以开阔草原型植物为主。

图 5-7　塞伦盖蒂国家公园

塞伦盖蒂国家公园是野生动物的天堂，栖息着世界上种类最多、数量最庞大的野生动物群。这里发生的一年一度的动物大迁徙，是这个世界上最伟大的自然景观，动物们靠迁徙的方式找寻水源和牧草。从空中俯瞰，迁徙的场面尤为壮观——每年大约有 150 万只牛羚和斑马会在塞伦盖蒂大范围地巡游一周，它们就像一个巨大的隆隆作响的割草机在草原上一扫而过，还给大地的是平均每天 450 吨的粪便。除了牛羚和斑马是这个舞台的主角以外，走在这条迁徙路上的还有约 30 万只汤姆森瞪羚和 3 万只格兰特瞪羚。不断壮大的迁徙队伍形成了一个浩浩荡荡的兽群，令人触目惊心。

遗产评价：
在塞伦盖蒂国家公园的广阔平原上，包括 150 万公顷的稀树草原，每年迁徙的 200 万只牛羚加上成千上万的瞪羚和斑马，还有掠食性动物在每年的迁徙中寻找着猎物。这里是世界上令人印象最深刻的自然景观（图 5-7）。公园的生物多样性非常高，至少有四种受威胁或濒危的动物物种：黑犀牛、大象、野狗和猎豹。

遗产保护：
自 2009 年以来，政府已逐步划定整个国家公园的边界，它的管理受国际和政府政策以及法律义务的约束。1959年《国家公园条例》第412章规定了坦桑尼亚国家公园的管理权。此外，1974年《坦桑尼亚野生动物保护法》和2009年《野生动物保护法》分别规定了场地内和邻近地区的资源保护。

有关部门还制定了总体管理计划（2006—2016年），以可持续的方式指导场地的日常管理。目前该计划正在实施中，为如何在公园内开展各种活动提供了指导，包括四个方面的主题：生态系统管理、外展服务、旅游管理和公园运营。该计划拥有充裕的人力和财力资源，可以有效地进行管理，但是随着活动的扩展，更多的挑战也随之出现，缺乏足够的资金仍然是未来的潜在限制。主要的管理问题包括偷猎、旅游压力、野火和缺乏足够的资源监控能力。另一个重要的管理挑战是水：尽管在雨季有大量水源，但只有一条常年性河流（马拉）。但目前，这条河也面临多种人类活动的跨境威胁。

80. 坦桑尼亚：乞力马扎罗国家公园（自然遗产）
Tanzania：Kilimanjaro National Park（Natural heritage）

入选时间：1987年
入选标准：(vii)

遗产概述：

乞力马扎罗国家公园位于赤道与南纬3度之间的坦桑尼亚东北部，临近肯尼亚。该公园建于1968年，在海拔1800米到乞力马扎罗峰之间，面积756平方千米。1979年列入世界遗产名录。乞力马扎罗山是非洲第一高峰，海拔5895米，被称作非洲的"珠穆朗玛峰"，也被称作"非洲屋脊"。

乞力马扎罗山国家公园里有世界上最大的独立火山群和非洲最高的山峰——乞力马扎罗山，包括三个主要的火山峰——基博、马文子和希拉。乞力马扎罗山山顶积雪，从最低点到最高点有五个景观带：低山坡、山地森林、荒野和荒原、高山沙漠和山顶。包括山地森林带在内的整个山区物种非常丰富，特别是哺乳动物，其中许多是濒危物种。

乞力马扎罗山是一座至今仍在活动的休眠火

图5-8 乞力马扎罗国家公园

山，基博峰顶有一个直径2400米、深200米的火山口，口内四壁是晶莹无瑕的巨大冰层，底部耸立着巨大的冰柱，冰雪覆盖，宛如巨大的玉盆。巨大的火山傲然耸立，而四周无其他山脉相伴（图5-8）。

遗产评价：

乞力马扎罗山是非洲的制高点，它是一座火山，高5895米，矗立在周围的草原之上，它那终年积雪的山顶在大草原上若隐若现。乞力马扎罗山四周都是山林，那里生活着众多的哺乳动物，其中一些还属于濒于灭绝的种类。

遗产保护：

乞力马扎罗山国家公园受到坦桑尼亚国家立法的保护。在保护体系中，需要一个有效的管理组织，包括足够的装备精良的护林员，以便管理计划的实施和监督。为了保持该遗产的美学质量，其视觉和自然的完整性是保护管理的关键问题。同时，该遗产的主要景点也需要保护，包括阿鲁沙和安博塞利。在日益严峻的气候变暖、沙漠化、土地滥用等问题下，一套严格有效的监测体系也需要建立，以保护遗产的脆弱生态和景观。

81. 莫桑比克：莫桑比克岛（文化遗产）
Mozambique: Island of Mozambique (Cultural heritage)

入选时间：1991 年
入选标准：(iv)(vi)

遗产概述：

莫桑比克岛位于莫桑比克北部，莫桑比克海峡与莫苏里尔湾之间，人口约 14000 人。历史上，岛上的莫桑比克城是葡萄牙人前往印度的重要中转站。莫桑比克岛拥有丰富的自然资源、恰人的气候、丰富的鱼类和海产品以及美丽的海滩（图 5-9）。

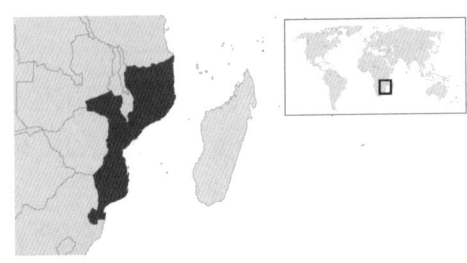

图 5-9 莫桑比克的区位图

莫桑比克岛因其地理和历史环境的结合，产生了自己独特的城市风貌，岛上的人口主要是公元 200 年左右移居此地的班图人的后裔。10 世纪至 16 世纪与阿拉伯国家贸易的过程，对莫桑比克的影响主要体现在当地语言上。葡萄牙殖民（16—17 世纪）之后的两个世纪里，莫桑比克岛成为一处独具特色的文化大熔炉。城区的发展反映了不同时期不同文化的影响，岛上的建筑是各种风格的融合，有自己本土的传统建筑，也有葡萄牙风格的影响，印度和阿拉伯风格也汇入其中（图 5-10）。

图 5-10 莫桑比克岛

莫桑比克岛上有两种不同的居住环境。一种是位于岛屿北部的石头之城，为葡萄牙殖民地政府（1507—1898）所在地，有政府机构、商业贸易、历史遗迹和一部分居民区。另一种为稻草之城，是 20 世纪随着商业活动而自发建立的居住区。稻草之城地势较低，因它建在当初建设石头之城时挖取泥土等建材的那片空地上。稻草之城占了岛屿面积的 30%，紧临圣塞巴斯蒂昂城堡。石头之城曾被占领者使用了很长时间，如今，石头之城正在腐蚀损坏，一些建筑遭到破坏，中世纪的地板和屋顶已塌陷，多数房子已经不能居住。两城风格迥异，这种不同从一开始就存在，并在整个殖民时期延续着，恰如欧洲和非洲文化的结合体。教堂的设计、房屋结构、街道、广场、防御工事等无一不显示了葡萄牙风格。虽然岛上的建筑反映出阿拉伯、印度和葡萄牙等国的影响，但是在视觉上却保有非比寻常的协调感。

岛上其他重要的建筑物包括建于1522年的守护圣母礼拜堂、1635年的仁慈圣母教堂、以及始建于16世纪中期，较晚的以意大利文艺复兴式建筑为特色的圣塞瓦斯蒂安城堡、还有1877年的新古典式医院、1887年的四个对称的城镇市场，令人印象深刻的是19世纪时期的印度教寺庙、19世纪时期的清真寺，还有始建于1674的圣保罗宫（1763-1935年为总督官邸，后来改成博物馆）等。

遗产评价：

坚不可摧的莫桑比克城就建在这个岛上，它是历史上葡萄牙人前往印度途中的一个贸易口岸。自16世纪以来，由于城镇建设自始至终使用相同的建筑技术、采用相同的建筑材料以及遵循相同的装饰原则，使得整个城镇的建筑风格保持着惊人的一致性。

遗产保护：

虽然自1878年以来，地方法规开始限制城市环境的变化，但这些变化仍然在发生。莫桑比克前殖民地遗址和历史遗迹委员会于1943年制定了历史遗迹的分类清单，目前正在根据国家遗产政策的新标准进行调整。《莫桑比克文化遗产保护法》于1988通过，并宣布全岛作为国家文化遗产。文化部被正式认定为国家文化遗产保护局负责保护文化遗产的单位，1996年该单位被取消后，博物馆和古迹管理部门仍继续协调岛上的活动。

82. 肯尼亚：图尔卡纳湖国家公园（自然遗产）
Kenya：Lake Turkana National Parks（Natural heritage）

入选时间：1997年，2001年
入选标准：(viii)(x)

遗产概述：

图尔卡纳湖国家公园由锡比洛伊国家公园、南岛和中央岛国家公园组成，坐落在肯尼亚北部图尔卡纳湖东岸，总面积101485公顷，位于图尔卡纳湖盆地内，总面积700万公顷。湖心岛是东非最大的盐湖，也是世界上最大的沙漠湖泊，周围是一片干旱的、看似外星人的景观，缺乏生命。图尔卡纳湖沿着埃塞俄比亚边界的裂谷延伸，从北向南达到249千米，最宽点44千米，深度30米。它是非洲第四大湖泊，因其特别的颜色而被称为玉海（图5-11）。

图尔卡纳湖的生态系统以其种类繁多的鸟类生

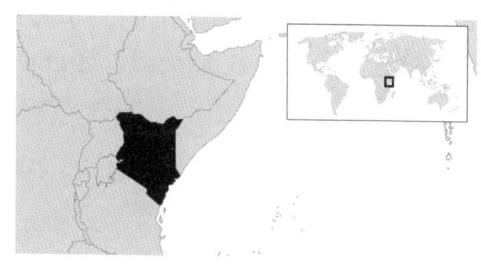

图5-11 肯尼亚的区位图

活和沙漠环境为动植物的研究提供了一个特殊的实验室（图5-12）。它还是尼罗河鳄鱼重要的非洲繁殖地之一。哺乳动物化石的发现促使了图尔卡纳湖盆地第四纪古环境的科学重建。

遗产评价：

图尔卡纳湖是非洲含盐量最高的大湖，它为研究动植物种群提供了良好环境。这里的三个国家公园既是迁徙水鸟的中途停留地,也是尼罗河鳄鱼、河马和各种毒蛇的栖息地。在图尔卡纳湖畔发现的库比·福勒化石遗迹中发掘出了许多哺乳动物、软体动物和其他动物的化石,它对于研究理解古代自然环境所作的贡献是非洲其他任何地方无法比拟的。

图 5-12 图尔卡纳湖国家公园

遗产保护：

根据肯尼亚法律,根据《肯尼亚野生动物法》第 376 章以及《文物和纪念物法》第 215 章(当前为 2006 年《国家博物馆和遗产法》),该遗产享有最高级别的法律保护。锡比洛国家公园于 1973 年被合法指定为国家公园,而南部和中部群岛分别于 1983 年和 1985 年被指定为国家公园,由肯尼亚野生动物服务局和肯尼亚国家博物馆共同管理。

在 2001 年对该遗产进行扩展之后,为 2001 年至 2005 年制定了第一个管理计划。长期计划预示了该地区综合管理计划的制定。通过谅解备忘录,正式建立国家与其他利益相关者之间的现有合作,对于成功实施该计划是必要的。目前,已经明确了一些潜在威胁：包括严重的干旱、牲畜侵占、气候变化、偷猎、淤积、水位下降、人与野生动物冲突以及该地区基础设施差。为了对遗产进行可持续的长期管理并制定综合管理计划,需要采取缓解措施和策略,其中应考虑到重新造林、执法、教育和提高认识、替代生计、资源动员以及适当形式的基础设施发展(道路、电力、电信等)。

---

83. 乌干达：巴干达国王们的卡苏比陵（文化遗产）
Uganda：Tombs of Buganda Kings at Kasubi（Cultural heritage）

入选时间：2001 年
入选标准：(i)(iii)(iv)(vi)

遗产概述：

卡苏比王陵,系非洲巴干达王国时期的王家陵园,位于乌干达首都坎帕拉,这座王陵曾是从前布干达王国穆特萨一世的王宫,穆特萨一世和他的 3 个继位者均埋葬在此,是布干达王国的历史见证,被乌干达人视为神圣的地方(图5-13)。

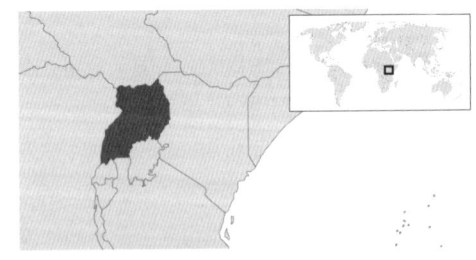

图 5-13 乌干达的区位图

布干达已经是一个统一而强盛的王国了。14 世纪成为巴干达最强盛的时期,它的权势曾扩展到尼罗河、维多利亚湖和坦桑尼亚边境地区。巴干达王国在 18 世纪发展为中央集权的封建国家。

巴干达王国是乌干达历史上最强大的王国。据传说,它兴起在 16 世纪末。公元 1000 年,卡苏比王陵四周环绕着用非洲大象草编织的篱笆，大象草若是全部倒置斜插，表示院内主人已不在人世。陵地内有7座大小不等的圆锥形草房。最大的一座高约10米，底面直径15米，这里埋葬着巴干达王国的最后4个国王，被巴干达人视为圣地。这座草房正中高悬一块特大的褐色树皮布，恰似一道屏幕，将房间一分为二。屏幕前是祭祀或瞻仰者盘坐的地方。屏幕下边有一个隆起的平台，上设4个象征性的国王坟茔，坟前挂着他们生前用过的长矛、大刀和盾牌。屏幕后边是4个国王的墓地（图5-14）。

图 5-14　巴干达国王们的卡苏比陵

料建成。卡苏比陵的主要意义在于其所体现的精神价值、信仰价值和一种归属感。

遗产评价：

巴干达国王们的卡苏比陵，位于坎帕拉的一座面积有30公顷的小山上，山上大部分地区以农业为主，当地人以传统方式耕种这里的土地。山腰的中心地带是过去巴干达王国的王宫，建成于1882年，1884年以后成为皇家墓地。穹隆屋顶的陵墓主建筑内有四位皇室成员的墓，都呈圆形。卡苏比陵是最原始材料建筑的典范，主要由树木、稻草、芦秆、篱笆条等材

遗产保护：

该遗产由巴干达王国管理，根据1972年第163号法定文书和《历史古迹法》（1967年第22号法案）在宪报上刊登了保护区。国家宪法（1995年）进一步加强了这种法律地位。《历史古迹法》保护卡苏比王陵免受不当侵占。根据《土地法》（1998年），对墓葬土地进行命名。土地所有权是卡巴卡（国王）代表王国注册的。

84. 马达加斯加：阿钦安阿纳雨林（自然遗产）
Madagascar：Rainforests of Atsinanana（Natural heritage）

入选时间：2007年
入选标准：(ix)(x)

遗产概述：

马达加斯加岛是世界第四大岛，面积581540平方千米，拥有13000种植物，大部分为稀有物种，格朗迪迪耶猴面包树就是岛上特有的。岛上另有50种狐猴，其中有20多种狐猴濒临灭绝。此外，全球有三分之二的变色龙在这里被发现。岛上373种蛙类有99%为当地特有，因此该雨林对保存和挽救这些稀有或濒危

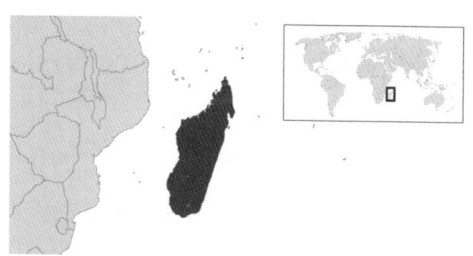

图 5-15　马达加斯加的区位图

物种，尤其是其中的灵长类动物，具有极其重要的意义（图5-16）。

2009 年的一场政变，使得这个物种丰富的国家出现了非法采伐、偷猎珍稀猕猴以及其他破坏环境的恶劣事件，这个雨林也因此被联合国教科文组织列为濒危世界遗产（图 5-16）。

遗产评价：
阿钦安阿纳雨林由分布在该岛东部的六个国家公园组成。这些幸存至今的雨林对于延续生态进程尤为重要，也能够反映出马达加斯加岛地质发展史的生物多样性。6000 万年前，马达加斯加同大陆彻底分离，使得这里的动植物在孤立隔绝的状态下完成了进化过程。

遗产保护：
阿钦安阿纳雨林入选《世界遗产名录》，不仅仅因为它对于生态和生物进程的重要性，更是由于雨林中的生物多样性和濒危物种。雨林中当地特有物种的比例非常之高，占所有种群的 80%～90%。阿钦安阿纳雨林对于动物种群，特别是灵长类动物具有特别重要的意义。这里生活着很多珍稀和濒危物种，马达加斯加全

图 5-16 阿钦安阿纳雨林

部 123 种陆上哺乳动物中有 78 种栖息在这片雨林中，包括被世界保护自然联盟列入《濒危物种红色名录》的 72 个物种，其中有至少 25 种珍稀的狐猴。

目前，该系列遗产的所有组成部分均受到国家公园的正式保护，并制定了管理计划。关键管理问题包括有效控制农业入侵和伐木，狩猎和宝石开采的资源开发。此外，还需要与相邻的保护区和森林走廊协调规划和管理此系列遗产，为此需要额外的财政和人力资源。

85. 肯尼亚：肯尼亚山国家公园及自然森林（自然遗产）
Kenya：Mount Kenya National Park/Natural Forest（Natural heritage）

入选时间：2013 年
入选标准：(vii)(ix)

遗产概述：
肯尼亚山国家公园位于肯尼亚东部，距离首都内罗毕东北 193 千米处，它横跨赤道，距肯尼亚海岸 480 千米。海拔 1600 米到 5199 米，占地面积为 142020 公顷，包括：肯尼亚山国家公园 71500 公顷，肯尼亚山自然森林 70520 公顷。1949 年建立国家公园。1978 年成为联合国教科文组织人与生物圈规划的一个生态保护区，从此得到国际公认。

肯尼亚山从肥沃的肯尼亚高原中部拔地而起。主峰 5199 米，为该国的制高点。火山岩经长期的风雪侵蚀，形成了突兀险峻的冰峰，由于海拔高，冰川从山巅延伸下来，4300 米以上终年不化。在 4300 米以下，冰川融化形成了大小 32 个高山湖泊。这里的景观与阿尔卑斯

山有相似之处，湖周围遍布雪松和冷杉，但两地纬度相差了近 50 度。这些冰川也是肯尼亚第一大河塔纳河及中部最大的巴林戈湖的主要水源。

肯尼亚山国家公园号称野生动物天堂，这里生活着猴子、长颈鹿、水牛、大象、狒狒、大羚羊、小羚羊、野猪、香猫、土狼等动物，珍稀动物有大羚羊、肯尼亚鼹鼠、蜥蜴等。较低的森林和竹林区的哺乳动物有大林猪、岩狸、白尾獴、非洲象、黑犀牛、岛羚、黑胸麂羚以及猎豹。沼泽地的哺乳动物有鼩鼱、岩狸、麂羚，在整个北部斜坡和深达 4000 米的峡谷中生活着特有的瞎鼠，森林鸟类包括绿鹦（肯尼亚山特产）、鹰雕、长耳猫头鹰。当地居民则居住在肯尼亚山的外围地区（图 5-17）。

肯尼亚山也是古库尤族的祖山，是众多部族在举行祭祀活动时朝拜的神山。在古库尤语中，肯尼亚是白色的山脉的意思，并以此作为国名。在肯尼亚国徽图案中也有肯尼亚山，而国花定为肯山兰，可见肯尼亚山在肯尼亚国民心目中的神圣地位。

遗产评价：
肯尼亚山海拔 5199 米，是非洲的第二高峰。它是一座古老的死火山，在活动期间（3.1 亿—260 万年前）据推算曾上升至 6500 米。山上有 12 个残存的冰川，它们都在迅速消退，其中四个 U 形冰川，是东非最令人印象深刻的景观之一。此外，这里高山植物区系的进化也为生态研究提供了良好实例。该地还涵盖了山地生态系统和半干旱稀树草原之间的过渡区。其

图 5-17　肯尼亚山国家公园中栖息的非洲野牛

丰富的山麓丘陵地貌和多样性的生态环境，使其成为非洲大象种群的迁徙之地。

遗产保护：
该遗产的立法框架总体而言是健全的，包括《野生动物法》（1999 年），《环境管理和协调法》（1999 年）、《水法》（2002 年）和《森林法》（2005 年），为该遗产提供了充分的保护，促进了当地大片野生动植物保护区的形成。此外，作为该国生物多样性保护及其管理的一项长期战略，国土部的《国家土地政策》也支持建立生物多样性保护走廊。

该国的野生动物保护协会、社区林业协会，均是肯尼亚山生态系统管理计划的签署者，通过制定总体管理框架，相关机构密切配合保护和管理遗产，包括编制业务性森林管理计划和签署相关协议，支持该国家公园各个部分的可持续发展。

第二节
中部非洲

中部非洲是指从撒哈拉沙漠与大陆西部突起部分合围的广大纵深地区，朝西面向大西洋的几内亚湾。由于地处赤道两侧，东部为热带草原气候，西部为热带雨林气候，全年气温都在20℃以上。这个区域包括乍得、中非共和国、喀麦隆、赤道几内亚、加蓬、刚果（布）、刚果（金）民主共和国、圣多美和普林西比这几个国家（图5-18）。面积536万平方千米，人口1.3亿，多为班图语系及苏丹语系的黑色人种。

在欧洲殖民者入侵之前，这里居民大多从事农耕和游牧。他们有着黑色或者褐色的皮肤，轮廓分明的脸庞、卷曲的黑发、深沉的黑眸、丰厚的嘴唇和宽大的鼻孔。这是热带非洲独特的阳光、湿度等气候环境所致。宽大的鼻孔有利于散热；深色的皮肤可以抵御紫外线的渗透。由于地域、宗教、语言和传统的不同，中部非洲地区形成了数以千计的部族（案例88、案例90）。

该地区的刚果河及其支流水量充沛，流域面积仅次于亚马孙河。北部属撒哈拉沙漠，中部属苏丹草原，南部属刚果盆地，西南部属下几内亚高原。刚果盆地面积约337万平方千米，中心部分最低处海拔仅200米，而四周的高原、山地却高达海拔1000米以上，是世界上最大也是最具特色的盆地（案例89）。

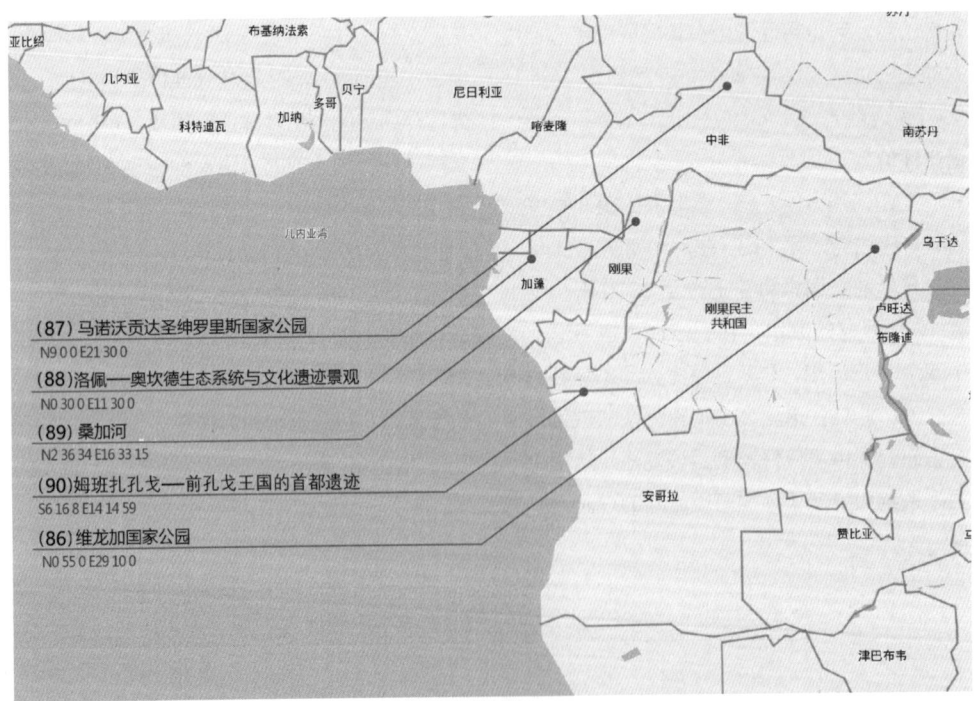

图 5-18 中部非洲的遗产案例分布图

广阔的热带草原为各种动物栖息提供了天然的场所。由于中部非洲地处赤道两侧，两个半球的雨季和旱季变化正好相反。每年5月、6月和10月、11月，在这里可以看到地球上罕见的动物大迁徙。此外，热带雨林区生长着高大的乔木、葱郁的灌丛、密生的杂草和缠绕在树间的藤蔓，组成了一个难以通行的热带植物王国。热带雨林里，动物种类繁多，有各种羽毛华丽的鸟儿、善于攀缘的猩猩、体形魁梧的大象，河湖中还有河马和鳄鱼。

由于中非地区长期的战乱和贫困，这些原先与世隔绝的动植物栖息之地，也越来越多地受到人类的侵蚀和破坏，很多已被列入了濒危的遗产名录（案例86—87）。

86. 刚果（金）：维龙加国家公园（自然遗产）
D.R.Congo：Virunga National Park（Natural heritage）

入选时间：1979
入选标准：(vii)(viii)(x)

遗产概述：

维龙加火山群位于纵贯东非的大断层沉降带，即东非大裂谷的西边。这个大裂谷内散布着不少被火山熔岩围挡而成的湖泊。维龙加火山群周围也有这样的湖泊：北侧有属于尼罗河水系的爱德华湖，南边有基伍湖。基伍湖水流入刚果河，有利于疏通流域内的水域，但时常会通过湖周围龟裂的地表冒出二氧化碳气体。根据地质学的观点，这种现象是这一地区异常活跃的火山活动引起的。居民们已掌握了保护自己的本领，而动物们却无法幸免，有的动物就是因为吸进一氧化碳窒息而死的（图5-19）。

1925年比利时政府在现在的公园南部维龙加火山群周围大猩猩的栖息地，建起一座国家公园。4年后，公园扩大到维龙加火山群大部分地区，命名为艾伯特国家公园。此后这个动物保护区面积不断扩大。但是，20世纪60年代，因3个国家相继独立，公园被一分为三：刚果（金）境内的部分命名为维龙加国家公园，卢旺达境内的被命名为卢旺达国家火山公园，

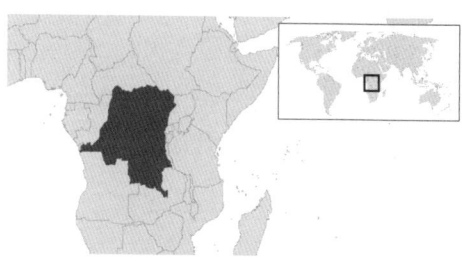

图5-19 刚果（金）的区位图

乌干达境内的被命名为穆加欣加大猩猩国家公园。

遗产评价：

南部是仍然活动频繁的维龙加活火山群，北部链接鲁文佐里山地的狭长山岳地带，这里是非洲第一个国家公园：著名的刚果（金）维龙加国家公园（图5-20）。生息在维龙加国家公园的动植物极为丰富，其他地区几乎看不到如此多的种类。其中尤其值得一提的是动物中的河马和大猩猩，而自西伯利亚迁徙的鸟儿也在这里过冬。

遗产保护：

目前，卢旺达国家火山公园的面积已缩小到120平方千米。原因是正在为拥有非洲人口密

度最高而苦恼的卢旺达，把降低人口密度看得比保护动物更重要。现在，维龙加国家公园的规模为东西约 40 千米、南北约 300 千米。刚果（金）尽管进行了农田开垦，但没有破坏从海拔 800 米的低地伸展到鲁文佐里山地最高峰，即海拔 5109 米的玛格丽塔峰冰川带的国家公园，在这里可以看到各种罕见的风景。

图 5-20 维龙加国家公园

邻国卢旺达因民族对立而爆发内战后，情形急转直下，公园里的河马和大猩猩也不幸蒙受了最大的灾害，成了人们宣泄无名之火的牺牲品。占半数的 10000 多头河马惨遭屠戮，作为研究对象被取名的著名大猩猩露加博也惨遭杀害。这一切都是极尽放纵后丧失自制力的士兵们的野蛮行径。

维龙加国家公园的管理体制虽然严谨，但那里以前也蒙受过小规模偷猎造成的损害。而且，

由于卢旺达内战，1994 年 7 月，大批难民纷纷拥进与卢旺达交界的戈马镇。害怕被强行遣送的难民躲进国家公园深处，寻找饮用水和取暖用的木柴。同时，还出现了清除垃圾这一新问题。如何清除难民营排放出的堆积如山的废弃物，目前还没有人能够找出解决办法。现在，维龙加国家公园已被载入《濒危世界遗产名录》。

87. 中非共和国：马诺沃 - 贡达、圣绅罗里斯国家公园（自然遗产）
Central African Republic：Manovo-Gounda St Floris National Park（Natural heritage）

入选时间：1998 年
入选标准：(ix)(x)

遗产概述：
与中非北部广大的巴明吉班戈兰国家公园一起成为自然保护区的这座国家公园，按不同特色分成 3 类植被带（图 5-21）。第一种是公园北面流过乍得国境奥克河沿岸的广阔草生带。这里干燥地极少，到了雨季，几乎全部浸泡在水中，一年四季青草繁茂。第二种是占据公园中央地带的像波浪一样扩展的热带干草原，还有面积比较狭小的、在公园内河岸森林沼泽地中间形成的小岛。大面积的台地将不断扩展的

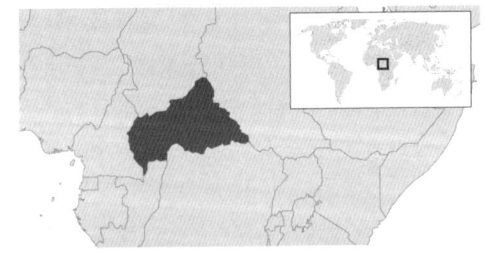

图 5-21 中非共和国的区位图

热带干草原与公园南部隔开。第三种植被带在公园南部，耸立在那里的、主要由岩沙组成的邦戈高原。雨季来临的 6 月到 11 月，这座山是公园内 5 条河流的水源（图 5-22）。

热带干草原有其特殊的植被，这些植被的种类繁多。在这里，由于高度、土壤和极小的气候差异，可以分成 5 种迥然不同的热带干草原。每一种都有自己独特的树木，并形成令人惊异的变化无穷的景致。这 5 种热带干草原，由灌木中的一种使君子科等植物构成主要特色，散布在草原上。有些地方，树木顺着河流向干燥林地推移。非洲中部给各种各样的动物提供了生存场所，在这里生活着 50 种以上的哺乳动物，有非洲象、河马、疣猪等。特别引人注目的还有南非大羚羊、转角牛羚、马羚中的栗毛羚、赤额瞪羚、稀树草原羚羊、侏羚、水羚、薮羚、非洲水牛等多种有角动物。

食肉类野兽还有数量繁多的豹、狮子、猎豹、薮猫、非洲猎狗等。猴类有猎神狒狒、长尾红猴、稀树草原猴（薮猴）、疣猴、德氏长尾猴、大白鼻长尾猴等至少 6 种长尾猴科猴及原猴类的婴猴等。

根据专家们测算，迄今为止，在这一带确定的鸟类约有 320 种。北部的泛滥原地带（由洪水泛滥等原因形成的土地），提供了鸟在河边栖息的条件，是水鸟的绝好休息场所。除了白鹈鹕、粉红背鹈鹕等以外，还有在近处等待抢食的非洲秃鹰、三色海鹰等猛禽类，有 25 种之多。一般在平原地区可见的鸵鸟，到了产卵期亦隐身于森林地带。

遗产评价：
马诺沃 - 贡达、圣绅罗里斯国家公园，是非洲各地动物与植物的"十字路口"，由于地处热带干草原的中央地带，它成为东西南北的重要交叉点。这座自然的乐园，以极其丰富的动植物种类著称。但是这一丰富的自然资源没有得到应有的保护，如今它因遭受战乱破坏而向全世界发出了警报。

图 5-22 马诺沃 - 贡达、圣绅罗里斯国家公园的冈达河

遗产保护：
与种类繁多的令人难以置信的动物相比，这里人口密度却非常低。然而这里还是与非洲大多数国家公园一样，长年遭到大规模偷猎的危害。20 世纪 80 年代初，与中非接壤的邻国苏丹、乍得两国发生战争，很多游击队员侵入了这座国家公园。和森林防护员相比，游击队的人数要多很多，他们使用自动枪械进行野蛮的、大规模的偷猎活动。其结果是从 1981 年到 1984 年，最大的陆上动物非洲象在偷猎者的虐杀下，由原来的 8 万多头，减少到不足 3000 头。由于犀牛角可用于中药材，犀牛也在被偷猎之列，几年之间，数量急剧减少至不到 10 头。长颈鹿也受到同样的威胁。

虽然 1960 年，中非摆脱了法国的殖民统治，宣布独立，可至今仕经济上仍依赖着法国的无偿援助。为了增加本国的外汇储备，中非在狩猎和远途旅行等方面寄予了主要希望。政府将公园的经营管理权交给了私营企业，并同时实行了防止偷猎和禁止在公园内放牧的措施。1988 年以来，欧洲联盟通过欧洲开发基金，为救助这座国家公园作出了切实的贡献：第一次确定了公园的界限，专家们编制了说明手册，可以得知动物的分布情况。

88. 加蓬：洛佩 - 奥坎德生态系统与文化遗迹景观（自然遗产 / 文化景观）
Gabon：Ecosystem and Relict Cultural landscape of Lopé-Okanda（Natural heritage/Cultural landscape）

入选时间：2007 年
入选标准：(iii)(iv)(ix)(x)

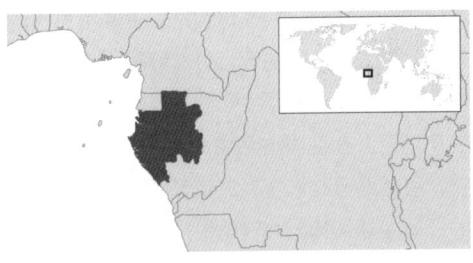

图 5-23　加蓬的区位图

遗产概述：

洛佩 - 奥坎德生态系统与文化遗迹景观位于加蓬中部，园内大部分地区为热带雨林，北部则是于 15000 多年前冰河时代后期形成的热带草原。公园内两种景观完美融合。1946 年，当地被列为洛佩 - 奥坎德野生动物保护区，成为加蓬的首个保护区。2002 年成为加蓬的国家公园（图 5-23）。

洛佩 - 奥坎德生态系统与文化遗迹景观国家公园显示了绵延 40 万年，从旧石器时代、新石器时代、铁器时代，直至当代的班图和俾格米人的生活记录。在一些普通的定居点遗址，可以发现各类岩刻艺术。洛佩－奥坎德生态系统与文化遗迹景观还提供了中部非洲文化向大西洋延伸的最早记录，它显示了人们早期驯化植物和动物，以及利用森林资源的证据（图5-24）。

图 5-24　洛佩 - 奥坎德生态系统与文化遗迹景观

遗产评价：

洛佩 - 奥坎德生态系统与文化遗迹景观较好地展示了热带雨林与热带草原环境之间的奇妙接合。这里的物种资源丰富，展现了生物及其栖息地适应冰川后期气候变化的生态和生物进化进程。此外，这里还有不同民族相继生活在此的证据，他们在山岭、岩洞和河流周围留下了大量保存比较完好的居住遗迹，同时还有炼铁的遗迹和大约 800 幅杰出的岩石雕刻画。该遗产跨越新石器时代和铁器时代，共同反映了班图人和西非其他民族沿奥果韦河谷向茂密的常绿刚果森林北部，再到中东部和南部非洲的主要迁徙路线，这一移徙记录展现了撒哈拉以南非洲的发展历程。

遗产保护：

目前，该遗产的法律保护政策已被制定，正是有了奥古埃河谷的主要考古遗址的重大考古发现，当地文化遗产的细节才被认真记录下来。但是，当地政府还没有对这些考古遗址采取更加积极的保护措施，虽然遗址的很多偏僻区域远离现代人类定居处，在一定程度上有助于遗产自身保护，但随着时间的推移会加大保护补救的难度。

89. 喀麦隆、中非共和国、刚果（布）：桑加河三国联合遗产（自然遗产）
Cameroon，Central African Republic，Congo：Sangha Trinational（Natural heritage）

入选时间：2012 年
入选标准：(ix)(x)

遗产概述：

桑加河是非洲中部刚果河右岸的重要支流，发源自中非共和国的西南部，长 680 千米，流域面积 13.5 万平方千米。桑加河流经 225 千米至刚果（布）的韦索后成为喀麦隆（图 5-25）与中非共和国、刚果(布)的接壤边境(图5-26)，接着向西南方流经 362 千米后注入刚果河。

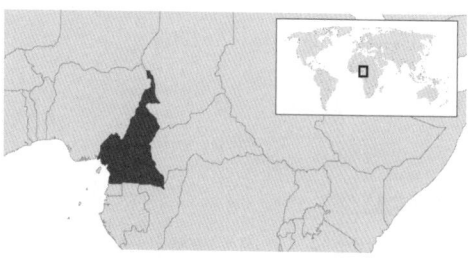

图 5-25　喀麦隆的区位图

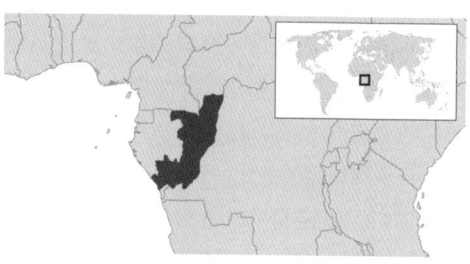

图 5-26　刚果（布）的区位图

桑加河自然保护区，几乎全部被刚果盆地热带雨林所覆盖，至今仍然是人迹罕至的状态。从 1950 年至今，大自然似乎拒绝人类进入这片被保护的密林，甚至学术考察也几乎没有进行过。这里幽邃的热带原始林深处巨树高耸入云，黑压压地遮住天空，有的甚至高达 60 米。桑加河从自然保护区北侧平缓的丘陵向西，再向南侧蜿蜒流过，翻卷的水流形成一些溪谷，给这些大面积单调热带雨林增添了一些景致。水流有时经过断崖或受阻变窄，或形成急流及瀑布，到了南部流域，河床更加狭窄，形成难以突破的天然屏障。

图 5-27　桑加河自然保护区里的赞加大象空地

遗产评价：

该地区位于刚果盆地西北部，喀麦隆，中非共和国和刚果交汇处，包括三个相连的国家公园，总面积约 750000 公顷。该地区的大部分地区未受人类活动的影响，具有多种潮湿的热带森林生态系统，这些生态系统具有丰富的动植物群，其中包括尼罗鳄和大型食肉动物巨人虎鱼，并栖息着大量的森林象（图 5-27），以及极度濒危的西部低地大猩猩和濒临灭绝的黑猩猩。该地点的环境保持了大规模的生态和进化过程的延续，并保护了包括许多濒危动物在内的丰富生物多样性。

遗产保护：

虽然桑加河自然保护区几乎未被开发，但连通中非首都班吉和大西洋岸边的公路即将实施，使我们不能不为这里的原始森林的命运担忧。此外，还存在着另外的问题：在自然保护区东南部进行的矿物资源开发以及附近进行水泥生产的计划。这些项目虽然是在保护区之外，但如果真的实施，肯定会使自然保护区受到影响。

90. 安哥拉：姆班扎·孔戈——前孔戈王国的首都遗迹（文化遗产）
Angola：Mbanza Kongo, Vestiges of the Capital of the former Kingdom of Kongo（Cultural heritage）

入选时间：2017 年

入选标准：(iii)(iv)

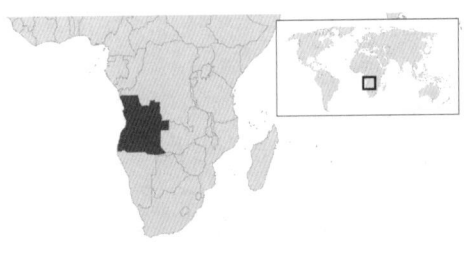

图 5-28 安哥拉的区位图

遗产概述：

从 14—19 世纪，孔巴扎镇是孔戈王国的政治和精神中心，是中部非洲最大的州之一。葡萄牙人于 15 世纪到达时，这里很繁荣。此后，以当地材料建造了许多现存的城市群，新增的建筑是葡萄牙人按照欧洲的建筑方法建造，包括这些几个教堂。虽然该镇经历了基督教扩张与当地精英的西化，但没有放弃其文化。从它的建筑结构和考古遗迹中可以看出，该镇保留了它的习俗、殖民和宗教过去的痕迹，这是一个值得纪念的地方。孔戈王国是奴隶贸易最重要的中转站，许多人被驱逐到美洲和加勒比海，但到目前为止，还没有发现证明奴隶贸易的遗迹（图 5-28）。

图 5-29 远眺前孔戈王国的首都遗迹

遗产评价：

姆班扎·孔戈位于海拔 570 米的高原上，是 14 世纪到 19 世纪中部非洲最大的孔戈王国的政治和精神首都。历史区域包括皇家住所、法庭和圣树，以及皇家仪馆。葡萄牙人于 15 世纪到达时，将欧洲石制建筑添加到以当地材料建造的城市住宅中。姆班扎·孔戈在撒哈拉以南非洲的任何地方都说明了基督教的传入和葡萄牙人进入中部非洲所引起的深刻变化。

遗产保护：

自 2010 年制定安哥拉宪法以来，姆班扎·孔戈的遗产一直被一套法律文本所保护，这些文本划定了财产及其缓冲区的边界，并列出了受保护的地方（图 5-29）。

根据总统令，2015 年 9 月成立了一个联合管理委员会，负责协调管理该遗址（文化部、扎伊尔省、市政当局、海关当局）的行动。两项城市基础设施发展计划（水、能源等）计划于 2017 年结束。通过制定《2016—2020 年管理计划》，以确保遗产的安全并改善其外观。并计划在未来五年内采取保护和修复措施，特别是对前大教堂的保护和修复措施。

国家文化遗产研究所为这些遗址，在技术协调和资金提供了参考框架。此外，必须制定旅游管理策略，加强民防服务以确保对遗产的监视。2013 年 8 月的省法令规定，在遗产边界内和缓冲区内的任何干预均必须事先获得建筑许可。

第三节
西部非洲

东至乍得湖，西濒大西洋，南邻几内亚湾，北连撒哈拉沙漠，西部非洲指大陆的南北分界线和向西凸出于大西洋的大片地区（图5-30）。这里大部分为热带地区和热带雨林，也是地理、人种和文化过渡地带，保持了一些当地独特的产业和文化景观（案例96—98）。西部非洲包括西撒哈拉、毛里塔尼亚、塞内加尔、冈比亚、马里、布基纳法索、几内亚、几内亚比绍、佛得角、塞拉利昂、利比里亚、科特迪瓦、加纳、多哥、贝宁、尼日尔、尼日利亚等16个国家和1个地区。

沿着南大西洋，这一地区的海岸线呈东西走向，大航海时代开启以后，这里曾以象牙海岸、黄金海岸贸易而闻名（案例92），随后，长达几个世纪的殖民时代，这里又成为奴隶贸易的中心，现在绝大多数非洲裔美国人，就是当时从"西非"贩运到美国的奴隶的后代（案例91、案例95）。

西非的面积638万平方千米，占非洲五分之一。人口2.225亿，约占全非总人口三分之一，多为苏丹语系黑人，其次为阿拉伯人。自北向南有撒哈拉沙漠、苏丹草原、上几内亚高原。全境地势低平，一般海拔200～500米；南部为富塔贾隆和包奇高原，东北为贾多和阿伊尔高原；沿海有平原。由于战争、采矿和盗猎，目前西非的世界自然遗产中，有很多已处于濒危状态，这里也是当地稀有的动植物唯一赖以生息的保护区（案例93-94）。

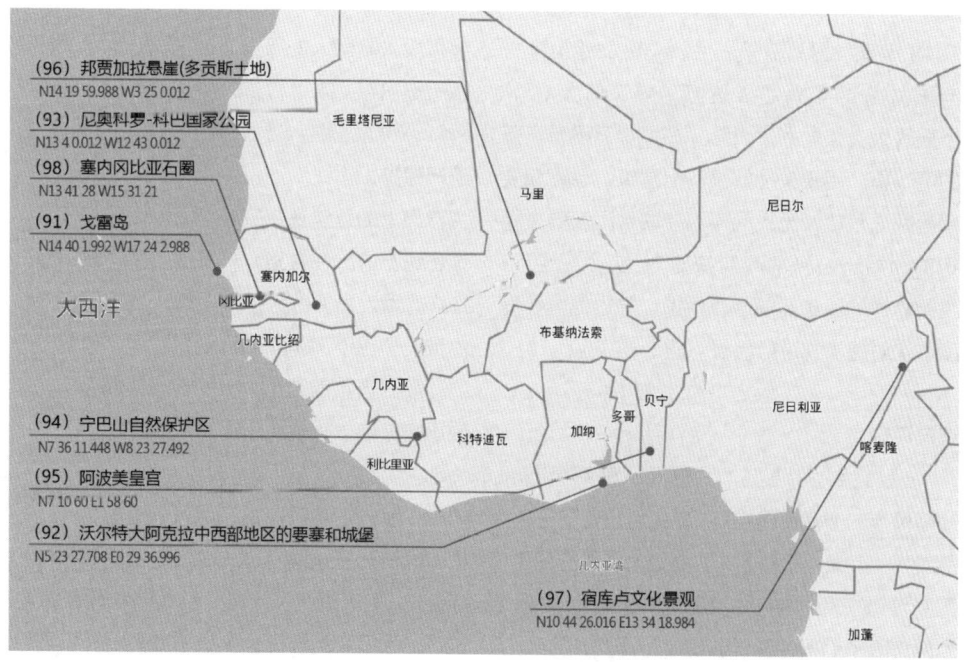

图5-30 西部非洲的遗产案例分布图

91. 塞内加尔：戈雷岛（文化遗产）
Senegal：Island of Gorée（Cultural heritage）

入选时间：1978 年
入选标准：（vi）

遗产概述：

戈雷岛位于塞内加尔海岸不远处，与达喀尔隔海相望（图 5-31）。其历史始于 1444 年，葡萄牙人在此设立商业基地，使其成为奴隶、蜂蜡和阿拉伯树胶的集散地。17 世纪，荷兰人将这个南北长 900 米、东西宽 300 米，浮在大西洋中的小岛命名为戈雷德，意为"良好的锚地"。此后在包括戈雷岛在内的塞内加尔沿岸地区，英、法、荷、葡各国展开了激烈的商业权之争。1664 年戈雷岛成为英国领地，但很快被荷兰占领，继而为法国所有，后又归英国所有。这个具有重要战略地位的小岛，直到 1783 年，英国以交换冈比亚为条件，承认了法国对戈雷岛的所有权。

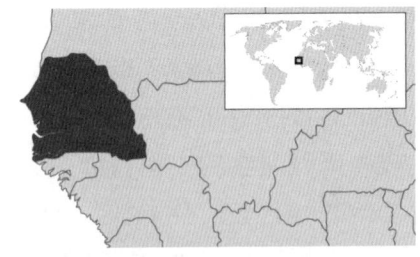

图 5-31 塞内加尔的区位图

图 5-32 戈雷岛上保留的殖民建筑

1815 年奴隶贸易被禁止后，戈雷岛逐渐失去光彩。1857 年兴建了达喀尔城，岛上 5000 多居民大多移居到了大陆。在戈雷岛不断衰落的情况下，用于关押奴隶的旧建筑、仓库和要塞等都已荒废，无人问津。在联合国教科文组织的倡导下，当地政府决定对 17 世纪至 19 世纪修建的历史建筑予以保护，并根据重要程度依次对建筑物进行修复（图 5-32）。

遗产评价：

从 15 世纪到 19 世纪，戈雷岛一直都是非洲海岸最大的奴隶贸易中心，曾先后被葡萄牙人、荷兰人、英国人和法国人占领过。在戈雷岛上，既能看到奴隶们曾经住过的简陋屋子，也能找到奴隶贩子们居住的优雅庭院，两类建筑物形成鲜明对比。今天的戈雷岛，依然能使人们记起那段人剥削人的历史，这里同时也是人们消除历史积怨、求得和解的神圣殿堂。

遗产保护：

戈雷岛上的建筑遗迹究竟什么时候能够修复，谁也说不清。在这里，一栋房子里通常居住着几户人家，所有权大多不明确，维修费用应该由谁负担也不清楚。这种现状阻碍了修复工作的开展。当年的公馆，有的被改建成饭店，有的已被来自达喀尔或法国的买主修复。

如今，塞内加尔政府为了促进岛上的文化、社会、经济，正试图将过去的一个公馆改建成国际会馆，用来进行民族和解和人权方面的对话。这样，因奴隶贸易而成为历史残酷暴行的舞台的戈雷岛，也许能够有一个光明的未来。

92. 加纳：沃尔特大阿克拉中西部地区的要塞和城堡（文化遗产）
Ghana: Forts and Castles, Volta, Greater Accra, Central and Western Regions (Cultural heritage)

入选时间： 1979 年
入选标准： (vi)

遗产概述：

这些坚固的堡垒是葡萄牙人建立的远洋贸易路线中的连接点，建筑布局基本为大正方形或矩形，拐角处由四个堡垒塔组成，内部由两层或三层带有或不带有塔的建筑物组成，此外还包括围墙和庭院。在欧洲人使用它们的过程中，许多堡垒已被改变，目前有的仅作为废墟而存在着（图 5-33）。

总的来说，这些城堡和堡垒是由葡萄牙、西班牙、丹麦、瑞典、荷兰、德国和英国的商人在不同时间占领和建造的。他们为欧洲特许公司的黄金交易服务，并在奴隶贸易中起到了重要作用，因此对美洲历史也有较大意义。它们可以被视为一种独特的"集体历史纪念碑"（图 5-34）。

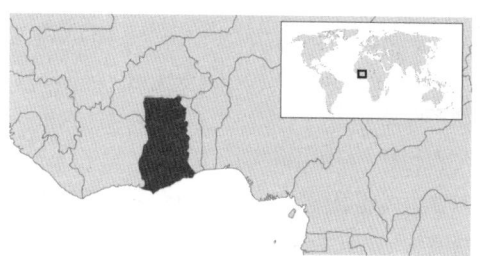

图 5-33 加纳的区位图

图 5-34 沃尔特大阿克拉中西部地区的要塞和城堡

遗产评价：

这些位于加纳海岸的贸易要塞建于 1482 年至 1786 年间，其遗迹至今仍清晰可见。葡萄牙人于大航海探险时期在世界许多地方建立了贸易路线，这些要塞正是这些贸易路线的连接点。在西非约 500 千米的贝宁湾沿岸，欧洲航海家和商人自 15 世纪末就建立了庞大的贸易网。在主要贸易据点，白人用自己的商品换取非洲的黄金、象牙、香料。殖民地时代以前白人和黑人在此地和平、平等地生活了 300 年。然而，保留至今的几个要塞也让人们在静寂之中想起殖民地时代和在此地开始的奴隶贸易。

遗产保护：

根据加纳 1909 年《全国解放委员会法令》387 和 1973 年《行政文书》29，这些城堡和堡垒已分别作为国家重要纪念性建筑被保护起来。加纳博物馆和遗产委员会的古迹部为城堡及其建筑提供技术咨询和管理，定期进行保护情况检查。现有的立法框架有待进一步完善，政府应当出台新的法律法规来提升遗产知名度，并将社会经济的发展和当地居民生活质量的提升相结合起来。

如今，欧洲人遗留给这个地区的建筑物及相关古迹，大多数已成为历史博物馆、政府部门所在地、监狱、学校，有的仍被作为灯塔使用。

93. 塞内加尔：尼奥科罗 - 科巴国家公园（自然遗产）
Senegal: Niokolo-Koba National Park (Natural heritage)

入选时间：1981 年
入选标准：(x)

遗产概述：
尼奥科罗 - 科巴国家公园位于苏达诺 - 几内亚地区，公园面积超过 913000 公顷，其特点是拥有该地区典型的生态系统群。

尼奥科罗 - 科巴国家公园里曾是很多牧羊人和农民的家园。20 世纪 70 年代起，由于禁止在园内狩猎和从事农业，人们搬出了公园。但已为时过晚，哺乳类动物已大量减少。现在，这里偷猎活动仍很猖獗，当地管理机构急需采取长期有效的保护措施。即便如此，这里的动植物种类仍然是西非之最，可看到 330 种鸟类、80 种哺乳类和 1500 种植物。

除最高处达 200 米的一片山丘横跨公园外，公园几乎是一片平地，地面布满须芒草类植物。到了雨季，浸水的土地上主要生长有雀稗属和稗属的稻科杂草。

公园内河面较宽处，岸边分布着据水林，其中长着 50 多米高的树木。这些树上缠着密密麻麻的悬垂植物。以前河水泛滥时形成的湿地和沙地上，可见到小规模的干性林。在这个国家公园里，性质完全不同的生活空间交织在一起，所以才能有 1500 种植物在此地生长（图 5-35）。

遗产评价：
尼奥科罗 - 科巴国家公园位于赞比亚河沿岸一个多水地区。这里的大片森林和稀树大草原里

图 5-35　尼奥科罗 - 科巴国家公园

生活着种类繁多的野生动物，其中有世界上最大的羚羊——德比大羚羊，还有黑猩猩、狮子、豹以及不计其数的大象；另外还有大量的鸟类、爬行动物和两栖动物在这里繁衍生息。

遗产保护：
该遗产由环境和自然保护部与国家公园管理局合作进行管理。2002 年，管理机构制定了发展和管理计划，以加强对遗产的保护，并提供足够的资金和人员以确保计划能够得到有效实施。

早在被列入《世界濒危遗产名录》前几年，尼奥科罗 - 科巴国家公园就开始受到偷猎、丛林大火、池塘过早干燥以及植物入侵等威胁。除此之外，面临着人口增长和周围贫瘠的土壤所带来的潜在破坏。因此，目前保护和管理遗产的当务之急是禁止偷猎并改善公园的生态监测系统，制定濒危物种的保护计划，解决池塘过早干燥和被植物入侵的问题，或寻找替代解决方案，并最大程度地减少牲畜进入保护区内。

94. 科特迪瓦、几内亚：宁巴山自然保护区（自然遗产）
Côte d'Ivoire，Guinea：Mount Nimba Strict Nature Reserve（Natural heritage）

入选时间：1981 年（1982 年扩展范围）
入选标准：(ix)(x)

遗产概述：

宁巴山海拔 1752 米，是西非一座名副其实的"水塔"，在科特迪瓦（图 5-36）和几内亚（图 5-37）之间有大约 50 处泉水。这些山坡下部覆盖着茂密的森林和草原牧场，蕴含着特别丰富的动植物资源。该遗产的总面积为 17540 公顷，其中几内亚为 12540 公顷，科特迪瓦为 5000 公顷，已被纳入两国的公共管理体系。

宁巴山自然保护区生长着 2000 种以上的植物，丰富的植物种类，在世界上屈指可数，其中 16 种是宁巴山独有的。不同海拔高度的垂直分布培育了丰富的植物类型，并形成与之相应的植物群落。富于变化的植物生态与周围隔绝的环境，也孕育了宁巴山系独特的动物种群，现在已发现了 500 多种动物，其中 200 种只适宜在宁巴山生存（图 5-38）。

遗产评价：

宁巴山地绵亘于几内亚、科特迪瓦、利比里亚交界处。这个与世隔绝的美丽环境孕育了丰富的动植物，产生了此地特有的种属。然而，曾覆盖广大地域的原生林，现在仅剩下了一部分。地跨科特迪瓦西部和几内亚东南部的宁巴山自然保护区，作为栖息着极为稀有的生物之地，受到研究人员的高度评价。但由于铁矿石采掘和伴随农业开发的森林采伐，保护区正面临着危机。

遗产保护：

在丰富的热带森林中，随陡坡、峭壁、花岗岩地带等不同地形，植物类型的丰富程度也呈阶梯性

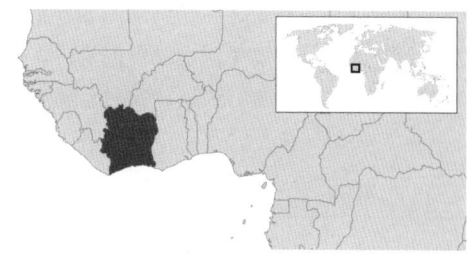

图 5-36 科特迪瓦的区位图

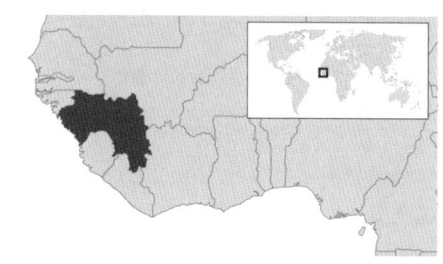

图 5-37 几内亚的区位图

图 5-38 宁巴山自然保护区

变化。而宁巴山地北部，位于几内亚境内的自然保护区降雨量极少，仅存一些干枯的森林。最近几十年，为了开垦耕地，森林不断被砍伐，大片的森林已消失。现在勉强留下的只有位于与科特迪瓦交界地带的生物圈保护区。

当地人称为"赤铁矿山"的宁巴山，也是贮藏着丰富天然资源的山地。这个自然保护区当初

预定列入《世界遗产名录》时，也包括利比里亚一侧的地区，但由于铁矿石采掘和偷猎，当地自然环境显著恶化，利比里亚一侧现在未被划入该遗产范围。最近，利比里亚一侧的资源已掘尽，开发之手正向几内亚伸来。几内亚政府正计划着手对埋藏量据说达 3 亿吨的"赤铁矿山"进行开发，有关当局预计年产量可达 1200 万吨。由于矿山开发必然伴随着森林砍伐，河川也受到了矿石中所含重金属的污染，再加上从 1989 年起就陷入内战状态的利比里亚逃来的多数难民进入自然保护区内，所以 1992 年联合国教科文组织将这个堪称美丽罕见的自然博物馆列入了《濒危世界遗产名录》。

95. 贝宁：阿波美皇宫（文化遗产）
Benin：Royal Palaces of Abomey（Cultural heritage）

入选时间： 1985 年（2007 年边界调整）
入选标准： (iii)(iv)

遗产概述：

奴隶贸易使达荷美成为西非海岸比较富裕的王国之一，阿波美皇宫正是"奴隶海岸"的主要物质见证。17 世纪初，几内亚湾沿岸的丰族人建立了阿波美王国，从 1625 年到 1911 年，相继继位的皇帝们，在 6 米高的黏土墙壁里，建立 12 座奢华的邸宅，近 40 万平方米的王室居住地（图 5-39）。

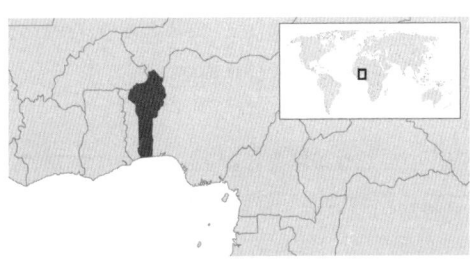

图 5-39 贝宁的区位图

如今，格祖国王及其儿子格莱莱国王的两座壮观的王宫保留着完整的威严容貌，外观结构大致相同。来访者在参观举行宗教仪式和阅兵式的外院后，可进入与国王的私室和邸宅相连的中庭。门扉装饰着木雕的住宅，使用了黏土和柚木等建材，工匠们用竹子制作屋顶，然后再在上面苫上稻草。王宫的外壁上是一组歌颂国王们伟大功绩的彩色浮雕。浮雕中还有作为君主们象征的动物图案（图 5-40）。

图 5-40 阿波美皇宫

遗产评价：

自 17 世纪初起，阿波美的国王们统治达荷美王国即现今的贝宁达三个世纪之久。保留至今的刻有彩色浮雕的格祖国王及其儿子的两座王宫，是向后人展示历史的博物馆，丰族人接受委托负责保护这些珍贵文物。在展出的文物中，丰族的传统一脉相承。虽然阿波美王朝早已退出了历史舞台，但是阿波美皇宫一直在向世人展示着帝国当年的辉煌。

遗产保护：

20世纪70年代到80年代，经过几次龙卷风的袭击，王宫朽烂的白铁皮屋顶已剥落。迄今为止，美国盖蒂基金会资助的文物保护者们一直在王宫内进行修复工作。现在，整个王宫已列入《濒危世界遗产名录》。

阿波美皇家宫殿始终带有神圣的意味，虽然对多数人来说，如今国王没有任何政治权力，但他却仍是崇敬的对象。由外墙围住的王宫已经成为历史博物馆，里面展示着神像、御座、装饰华盖和王室用的衣物等。

96. 马里：邦贾加拉悬崖（多贡斯土地）（文化遗产）
Mali：Cliff of Bandiagara (Land of the Dogons) (Cultural heritage)

入选时间： 1989年
入选标准： (v)(vii)

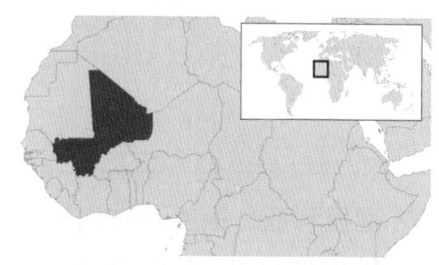

图5-41 马里的区位图

遗产概述：

位于马里共和国中部的邦贾加拉山地多为起伏的花岗岩丛山，面朝尼日尔河流域的一侧因断层的活动，形成了陡峭的悬崖（图5-41）。在海拔500米的悬崖上和崖下的平原上，散布着多贡族的村落。其中，最为独特的景观是依悬崖而建的民宅和谷仓。这个地区分为明显的旱季和雨季，6月至10月的雨季里，除稗子、玉米、稻子等谷物外，还可栽培一些主要的经济作物。收获后的这些作物都放入有着稻草帽子一样的房顶的仓库保存（图5-42）。

大约在1300年前后进驻这个地区的多贡族，发展了以创凹神话为主的宏大的宇宙观和宗教世界观。现在约25万多贡族人尽管面对着劝其改信伊斯兰教和基督教的影响，但至今仍恪守传统的生活方式，并传承丰富的神话故事。

遗产评价：

邦贾加拉最突出的地貌是悬崖和沙土高原，而悬崖上建有大型建筑如房屋、粮仓、圣坛、神殿和集会厅。这里现在仍然保留着许多悠久的

图5-42 邦贾加拉悬崖（多贡斯土地）

传统如面纱、集会活动、祭祀仪式。正是这些建筑学、考古学和人类学的价值以及优美的自然风景，使邦贾加拉高地成为最具西非地质特征的地方之一。

从马里中部俯瞰尼日尔河流域低地的邦贾加拉山，险峻的山谷中和悬崖上居住着多贡族，他们拥有宏大的宇宙观和丰富的神话宝库。形形色色的面具和美丽的木雕像构成传统礼仪的支柱，参加者在礼仪中净化了内心，恢复了宇宙的秩序。然而，将一切破坏殆尽的撒哈拉地域的干燥空气和最近兴起的观光热潮，给没有文字的多贡族的独特文化带来了危机。

遗产保护：

旅游业在当地经济上尚无重要地位。但本应是多贡族的神秘宗教礼仪的假面舞蹈，现已带有为游客进行表演的成分，木雕像和面具也成了向游客出售的纪念品，多贡族的传统文化正在逐渐改变面貌。

根据1989年12月28日第89-428号法令，该遗产被列为自然遗产和文化保护区。马里文化部是保护该遗产的主管机构，它已将管理权下放给了班迪亚加拉文化组织。班迪亚加拉文化组织已为该遗址制定了管理和保护计划（2006—2010年）。该计划要求执行与综合保护计划有关的活动，着重强调了社区生活条件的改善以及遗产价值在开发中的体现。

97. 尼日利亚：宿库卢文化景观（文化遗产）
Nigeria：Sukur Cultural landscape（Cultural heritage）

入选时间：1999年
入选标准：(iii)(v)(vi)

遗产概述：

该地区位于尼日利亚东北部的一座高原上，人类在此已经居住了几个世纪（图5-43）。宿库卢是一个可以追溯到16世纪的古老地区，拥有悠久的炼铁技术历史，繁荣的贸易和强大的政治制度。这里有大量的祭坛和圣坛，尤其是隐居宫殿里面及其周围。复杂的社会关系也可从位于周边山里公墓的布局看得出来，而许多废弃的铁熔炉则体现了一个具有错综复杂的生产和分配方式的经济模式。

宿库卢最具特色的高原景观是它的广阔梯田。虽然这些梯田最初是用来为农业生产提供平坦地域的，但随着历史的发展它们也被赋予了宗教意义，体现在其中的圣树、入口和仪式遗址上（图5-44）。

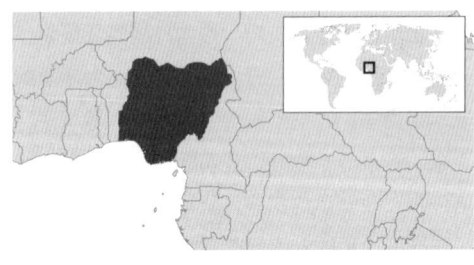

图5-43 尼日利亚的区位图

遗产评价：

宿库卢文化景观包括建在小山上俯瞰下方村庄的酋长宫殿、平坦的场地和神圣的图腾，以及曾经繁荣的铁器活动遗迹。这一景观完整地体现了社会原貌，反映了它的精神文明和物质文明。

遗产保护：

宿库卢文化景观是尼日利亚重要的文化遗产，受到多条法律法规的保护。1998年，马达加

利地方政府、宿库卢发展协会、艺术文化国务院和阿达马瓦州政府同意与国家博物馆和古迹委员会合作，致力于共同制定并实施一个针对宿库卢文化景观保护和文化教育的长期计划。自 1999 年被列为世界遗产以来，国家博物馆和遗产保护委员会与宿库卢当地人民合作妥善保存了所有文物，并采用传统建筑材料和手法对建筑物开展年度修复工作。

图 5-44 宿库卢文化景观

98. 冈比亚：塞内冈比亚石圈（文化遗产）
Gambia：Stone Circles of Senegambia（Cultural heritage）

入选时间：2006 年
入选标准：(i)(iii)

遗产概述：

巨石圈遗址位于西非最西部，位于冈比亚河和塞内加尔河之间（图 5-45）。这些遗址已经揭示的考古材料和人类墓葬，从陶器到铁器和装饰品，可以追溯到公元前 3 世纪。这四个巨石遗址是该地区最密集的聚集体，具有突出的普遍价值，代表了一个传统的巨石建筑分布地区。

组成圆圈的石头是用铁制工具从附近的红土采石场中切割出来的，并巧妙地塑造成几乎相同的杜了。每个石阵由 8～14 块直径为 4～6 米的立石组成，或圆柱形或多边形，平均约 2 米高，重达 7 吨。这四座巨石遗址见证了一个繁荣和高度组织化的社会，这里的墓葬习俗与圈形巨石阵有关。

遗产评价：

在沿冈比亚河 350 千米长、100 千米宽的地带集中了 1000 多座纪念性石圈，分为四个巨型石圈组。这四个石圈组涵盖了无数的古坟和墓

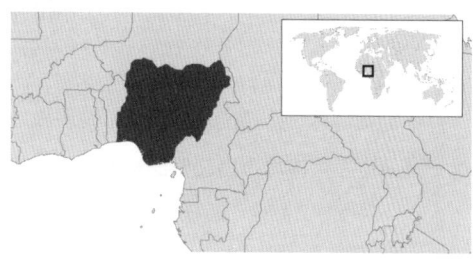

图 5-45 冈比亚的区位图

冢，其中一些已经被考古人员挖掘，出土实物证明它们可追溯到前 3 世纪至 16 世纪。红土立柱构成的石圈与周围的墓冢展现了千年前盛大而神圣的景象，反映了一个繁荣、组织完备、持久稳定的社会。这个遗址代表了该地区更大范围的巨石带，不论是规模、一致性还是复杂度在全世界都无与伦比。雕琢细致的独立石柱体现了巧妙的雕刻技术，增强了整个石圈群的宏伟气势（图 5-46）。

遗产保护：

在冈比亚，根据国民议会颁布的法律（1989 年的《国家艺术和文化中心法》，2003 年修订），巨石阵的管理由国家艺术和文化中心负责。该遗产的日常管理由国家文化遗产管理局负责，

常年聘用看守人员和维修人员在遗产地轮守。遗产保护和开发的资金主要来源于政府财政和旅游收入。

在邻国塞内加尔，这个遗址同样也有法律保护：1971年1月25日第71-12号法律（该法律规定了历史遗址和古迹的维护和开发制度）以及1973年8月8日颁布的法令（73-766）。文化遗产管理局负责遗产地的管理工作。该遗产地的资金来源有：国家预算、当地社区和社会捐赠。该遗产地目前已经配备了良好的基础设施，方便服务世界各地来的游客。

图 5-46 塞内冈比亚石圈

2004年，两国各方制定了一个相关遗产的保护计划，它的长期目标是使该遗产地可见、可访问，并确保当地社区的经济利益。

第四节
南部非洲

非洲南部地区，指非洲大陆南部地区及周围岛屿（图5-47），包括安哥拉、赞比亚、马拉维、莫桑比克、津巴布韦、博茨瓦纳、纳米比亚、南非、斯威士兰、莱索托、马达加斯加、毛里求斯、科摩罗13国，以及留尼汪（法）、圣赫勒拿岛（英）等。

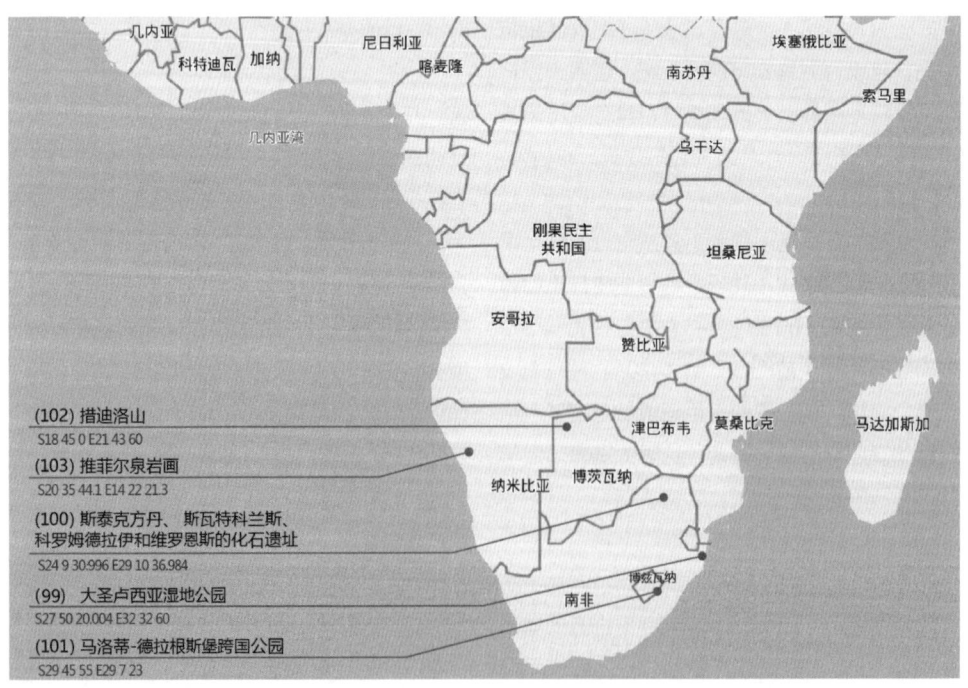

图 5-47 南部非洲的遗产案例分布图

这里的地形主体为南非高原，大部海拔 1000～1800 米，外侧有北宽南窄的沿海低地，东南部有德拉肯斯山脉，南端是开普山脉。高原中都是卡拉哈里盆地，往四周地势逐渐升高；高原边缘以险峻的陡崖直落沿海低地，呈现出弧形的绵延数千千米的大断崖，形成了许多当地独特的自然保护地（案例99、案例101）。

数百万年以来，南部非洲就有人类活动的痕迹（案例100、案例102-103），直到西欧殖民者入侵前，南部非洲曾先后出现莫诺莫塔帕、伊麦利那、隆达等古国。从15世纪开始，葡、荷、英、法、德等殖民者相继入侵。至19世纪末，这一地区全部遭到瓜分，沦为殖民地或保护地。第二次世界大战后，上述国家才逐步取得独立。

99. 南非：大圣卢西亚湿地公园（自然遗产）
South Africa：iSimangaliso Wetland Park（Natural heritage）

入选时间：1999 年
入选标准：(vii)(ix)(x)

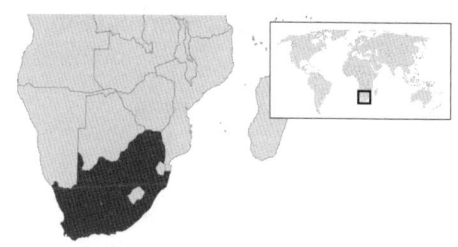

图 5-48　南非的区位图

遗产概述：

大圣卢西亚湿地公园的植物种类繁多，总计有 152 个科，734 个属。南非 31% 的植物生长在这里，其中有一些是该公园所特有的植物，如以公园的名字命名的卢西亚高凉菜。该地区最新发现了一种似芦荟的植物，但仍有待科学家们做进一步研究。根据圣卢西亚湿地公园地形、湿度和土壤条件的不同，各种不同的植被群落类型——森林、灌木丛、林地、草地和湿地——交错分布，向人们展示着大自然的"镶嵌艺术"（图 5-48）。

圣卢西亚湿地公园现有 50 种两栖动物，108 种爬行动物（包括 12 种海龟、53 种蛇、42 种蜥蜴和 1 种鳄鱼），其中有 5 种两栖动物属该地特产，6 种爬行动物属世界濒危物种。这里更是一处五彩缤纷的鸟类乐园，有 521 种鸟在这里栖息，其中单火烈鸟的数量就达到了 50000 只。公园里的陆地和水生哺乳动物总计有 129 种。

遗产评价：

河流、海洋和风的侵蚀作用使得该地呈现多样地貌，包括珊瑚礁、长长的沙滩、海岸沙丘、湖泊、沼泽、大片的芦苇丛和纸草沼泽。公园内环境的异质性、洪水和海洋风暴以及热带和亚热带的非洲地理状况的相互作用，使这里拥有异常多的物种，同时有新的物种在不断形成。该公园为海洋、沼泽地到大草原的各类物种提供了栖息地（图 5-49）。

遗产保护：

目前该遗产的主要威胁来自湿地系统被破坏，包括农业改造导致的水源破坏、严重的干旱增加了盐分，海岸线上的植被遭到破坏造成了侵蚀和淤积。乌姆弗洛兹河也有可能倒灌入湖中，这再次增加了沙洲决口后泥沙和海水沉积和入侵的可能性。此外，邮轮搁浅等人为灾难性事件和过度开采资源等人为产业活动也威胁着该地区。

外来物种入侵是该遗产所面临的另一个问题。最严重的入侵物种是臭萝莲、番石榴和苦楝。植物保护研究所目前已采取措施进行生物防范，特别是清除重要集水区的植物入侵。此外，湖岸周边的种植园也已被移除，以改善水的流失问题。

图 5-49 大圣卢西亚湿地公园

100. 南非：斯泰克方丹、斯瓦特科兰斯、科罗姆德拉伊和维罗恩斯的化石遗址（文化遗产）
South Africa：Fossil Hominid Sites of South Africa（Cultural heritage）

入选时间：1999 年（2005 年扩展范围）
入选标准：(iii)(vi)

遗产概述：

南非原始人类化石遗址包括斯特克方丹、斯瓦特克朗斯、克伦德拉伊和周围地区的古人类化石遗址，以及马卡帕山谷和汤恩头骨化石遗址。其所在的起伏地貌由云石质石灰岩山脊构成，山脊上有岩石和山谷草地、河道和天然泉水，树木繁茂。大多数遗址位于洞穴中，都与岩石或水源有关。其中，著名的汤恩头骨在达特品第塔里的一个石灰岩采石场被发现，在斯特克方丹河谷西南地区的众多考古和古生物遗址中，它是南方古猿非洲种的一个标本。这些遗址提供了过去 330 万年中有关现代人类进化的大量信息。它们构成了一个巨大的科学素材储备，具有巨大的研究潜力。

这些遗址在它们的沉积物中包含了古生物学关系中所有相互关联和相互依赖的关键元素。在人类占领此地之前，这里还有一系列的哺乳动

图 5-50 南非的原始人化石遗址

物化石、小型哺乳动物和无脊椎动物，它们为研究"上新世"以来的动物群进化、古生物学和古生态学提供了一个窗口。这些记录对我们进一步理解人类进化和现代人类行为的出现起到了至关重要的作用。这些遗址中的化石证据确凿地证明，非洲大陆是人类无可争议的摇篮（图 5-50）。

遗产评价：

1924 年在这里发现了非洲南方古猿的一种——举世闻名的汤恩人猿的头骨。麦卡潘山

谷也是遗迹的一部分，山谷中有许多考古洞穴，人类在此居住和进化的历史可以追溯到330万年前。这里有能够确定人类起源和进化的重要线索。在此发现的化石为早期原始人类的活动提供了一些证据——尤其是距今450万至250万年前的南方古猿的标本以及180万至100万年前人类使用火的证据。

遗产保护：
根据1999年《国家遗产资源法》（第25号法案），斯泰克方丹、斯瓦特科兰斯、科罗姆德拉伊、维罗恩斯及周边地区的古人类化石遗址，以及马卡帕山谷和汤恩头骨化石遗址被列为国家遗产。根据该法案规定，任何人未获得负责保护该等遗址的遗产资源管理局发出的许可证，均不可损毁、挖掘、更改、移出原址内任何物品。

该遗产的管理以《自然规划法》（1967年第88号）、《国家环境管理法》（1998年第107号）、《世界遗产公约法》（1999年第49号）、《国家环境保护法》（2003年第57号）和《国家环境管理生物多样性法》（2004年第10号）为指导。根据这些立法，在该世界遗产地点完全禁止采矿或勘探，所有人类活动都要接受环境影响评价。

该遗产的五个组成部分位于南非的不同省份，每个省都有不同的管理结构组合，导致管理问题存在显著差异。通过设立一个世界遗产遗产管理联合委员会，将精简遗产点间的管理，讨论共同的管理问题，并举办各遗址的交流论坛。如何公平分享旅游业带来的收益、赞助和分享科学研究成果也都是委员会需要考虑的问题。

101. 南非：马洛蒂-德拉根斯堡跨国公园（自然遗产）
South Africa：Maloti-Drakensberg Park（Natural heritage）

入选时间：2000年（2003年拓展范围）
入选标准：(i)(iii)(vii)(x)

遗产概述：
马洛蒂-德拉根斯堡跨国公园是跨越莱索托王国和南非共和国边界的跨国遗产。该遗产占地面积249313公顷，包括保护区内复杂的沿南部大悬崖。

由于其原始的陡峭河谷和岩石峡谷，该遗产有许多洞穴和岩石掩埋物，其中的岩画数量可能超过35000幅。这些图像描绘了动物和人类的活动，代表了一个非常连贯的传统，体现了几千年来土著人的信仰和宇宙学。连同当地19世纪和20世纪的绘画作品，都是由说班图语的人完成的。

在夸祖鲁纳塔尔西南部与莱索托交界处的大部分地区，该遗产为超过250种特有植物及其相关的动物群提供了重要的栖息地。该公园已被认定为重要的鸟类区，是莱索托高原特有鸟类区的重要组成部分。

遗产评价：
马洛蒂-德拉肯斯堡公园是一个由南非乌克兰哈姆巴拉德肯斯堡国家公园和莱索托塞赫拉巴泰贝国家公园组成的跨境遗产。该地不仅具有独特的自然风光，还有丰富的动植物资源。公园内生活着大量的濒危物种，如角𩿇鹫和胡须秃鹫。莱索托的塞赫拉巴泰贝国家公园还拥有一些濒临灭绝的鱼类，如马洛蒂米诺。这里壮观的自然遗产还包含许多洞穴和岩石庇护所，其中最大和最集中的绘画群在非洲南部的萨阿拉。这些绘画代表了在这个地区生活了 4000 年土著人的精神生活（图 5-51）。

图 5-51 马洛蒂 - 德拉根斯堡公园

遗产保护：

入侵物种和火灾是该遗产面临的最大挑战。在登记成为世界遗产时，跨国公园 1% 的面积被外来物种植被所覆盖，这对公园的生态系统构成较大威胁。目前，管理部门正在积极解决外来物种的清除问题。此外，管理机构还应仔细考虑入侵物种管理与火灾管理之间的相互作用，同时考虑到火灾对火灾敏感的动物（如当地青蛙）的影响。莱索托和夸祖鲁 - 纳塔尔需要在理想的跨界保护区合作框架内共同解决上述问题。

当地政府应当引入更多具有专业知识的人员到遗产保护中去，并向文化遗产主管部门提供充足的预算用于划定，保护和监测工作，来确保自然与文化的管理之间保持平衡。在保护当地文化遗产的过程中，应确保所有修复都尊重画作原意，为岩画遗址提供良好的保护环境，并由具有资质的保管人定期对岩画图像进行监控。

此外，所有世界遗产都被认为是保护区，这意味着政府已完全禁止在该遗产或被划定的缓冲区内进行采矿或勘探工作。负责执行《世界遗产公约》的南非水和环境事务部长和莱索托环境与文化部长发表共同声明，不允许存在对遗产产生任何潜在影响的不良发展。

---

102. 博兹瓦纳：措迪洛山（文化遗产）
Bozwana：Tsodilo （Cultural heritage）

入选时间： 2001 年
入选标准： (i)(iii)(vi)

遗产概述：

博兹瓦纳大部分岩画都选择画在高高的、难以达到的峭壁上，俯视着这个地区（图 5-52）。在远古，人们认为它是一种权力的象征，能控制天空和世界，能保护地球上的生命。几乎所有的岩画都是有意而为，有其寓意在其中。大多数岩画是用石器雕刻在山壁或石头上的，其

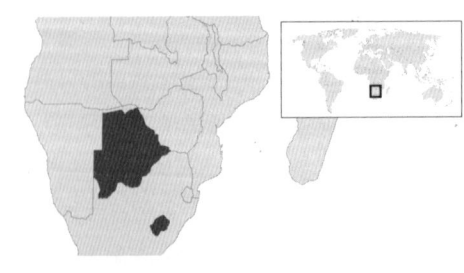

图 5-52 博兹瓦纳的区位图

颜料是以石灰岩土混合兽血、动物油脂、骨髓、牛奶和蛋白研磨而成。

虽经过千万年的自然风化，但其天然的颜色仍保持古朴的风貌。岩画的内容主要是这里常见的牛、羊、长颈鹿、大象、猴子等动物，惟妙惟肖的图案历经千年风雨洗礼，今人仍然清晰可见。人们从中可探寻到布须曼人（南部非洲和东非最古老的土著居民）在远古年代的狩猎生活和宗教仪式，这不由得让人感到敬佩与神秘。岩画同样也记录了生活在此的人们，自出生到死亡，所经历的各种仪式和庆典，包括出生、成年、求爱、结婚、加冕、四季的祭祀、驱邪到丧葬。最古老的岩画有二万八千年的历史。这些岩画的保存也为非洲人古老文化和生活留下珍贵的记录。

遗产评价：

被誉为"沙漠卢浮宫"的措迪洛山是世界上岩石艺术最集中的地区之一。在卡拉哈里沙漠仅10平方千米的地方就保存了 4500 多幅绘画作品。这个地区的考古发现按年代顺序记载了至少 10 万年间的人类活动和环境变化。恶劣环境中生存的当地居民十分敬畏措迪洛山，将其作为对祖先神灵的膜拜之地（图 5-53）。

图 5-53 措迪洛山文化遗址

遗产保护：

该遗产地目前受到《2001 年古迹与遗迹法》《1967 年人类学研究法》《1967 年国家公园法》和《1968 年部落法》的保护。

国家博物馆和文化遗产部与措迪洛管理当局合作，负责管理措迪洛山。措迪洛管理当局是一个独立的咨询小组，由措迪洛社区信托基金、社区组织、非政府组织和一些关键的政府部门组成。

为确保所有土地属性得以保存，政府在 1997 年制订了一份经修订的综合管理计划并获批准。其中，一项详细阐述措施的综合管理计划已于 2007 年制定，目前已经在缓冲区实施。在非洲世界遗产基金的协助下，该遗址于 2009 年制定了核心区域管理计划。

103. 纳米比亚：推菲尔泉岩画（文化遗产）
Namibia: Twyfelfontein or /Ui-//aes（Cultural heritage）

入选时间：2007 年
入选标准：(iii)(v)

遗产概述：

推菲尔泉是纳米比亚西北部的一处岩画景观。这个名称是南非当地语，意为多变的泉水，官方名称为（达马拉兰语，意为跳跃的水潭），

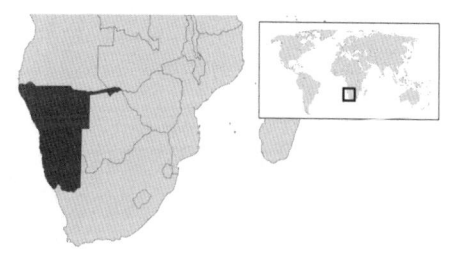

图 5-54 纳米比亚的区位图

又译作特威菲尔泉。当地降雨量少且昼夜温差大，使得砂岩质平顶山山谷两侧的坡面凝结露水，汇聚形成了泉水（图 5-54）。

在欧洲殖民者到来之前，这个峡谷长期生活着两个族群。发掘的遗物表明，狩猎者和采摘者是第一批居住者；他们的手工制品是 6000 至 2000 年前石器时代后期的典型代表。石器时代的狩猎者和采摘者制作了大部分石刻和或许全部的绘画，包括偶像肖像、动物和人类的描绘。之后，约在 2500 年至 2000 年前，放牧羊群和制作陶罐的科伊科伊人，是第二批居住者来到这个峡谷的居住者。科伊科伊人制作的岩石艺术完全不同于狩猎者和采摘者；它们看来完全是几何形状，包括推菲尔泉边雕琢的一行行的圆点（图 5-55）。

遗产评价：

推菲尔泉是世界最大的非洲岩刻画集中地，迄今为止，有记录的已有 2000 多幅。大多数保存完好的岩刻画是犀牛、大象、驼鸟和长颈鹿，以及人和动物的脚印画。该遗产还包括六个绘有图画的岩石洞穴，在红赭石上刻有以人为主题的图画。这些岩刻是从两处遗产地中挖掘出来的，包括来自石器时代晚期的石材工艺品、驼鸟蛋壳珠和片岩吊坠。据认为雕刻这些图形是在描述人变成动物的礼仪。最有名的例子是"狮人"，一个狮子每个脚爪上像人一样拥有了五个脚趾头。该遗址连贯而广泛地记录了至

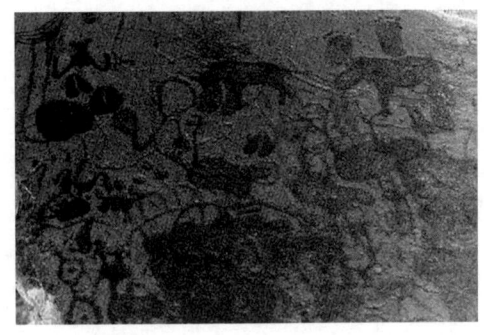

图 5-55 推菲尔泉岩画

少 2000 多年间这块土地上狩猎采集者们相关的礼仪习俗。

遗产保护：

推菲尔泉核心地区的所有岩石雕刻和岩石绘画无疑是在达马牧人和欧洲殖民者涌入之前狩猎采集者的真实作品。该遗产的岩石艺术也具有良好的完整性和真实性，除了 20 世纪早期被移到纳米比亚的温得和克国家博物馆的一块小雕刻板，其他的岩画都没有被移动或调整。但是自然风化过程正在慢慢摧毁南部非洲的文化遗产，旅游业又使之雪上加霜。

该遗产的核心区在 1948 年被指定为国家保护区，政府已经建立和宣布了缓冲区，现在受到《2004 年国家遗产法》的保护。在过去的几年里，这里的整体保护状况有所改善，尤其是游客的管理方式。

第六章

欧洲与北美的世界遗产

如今，我们经常将"欧美"当作一个统称的词来使用，主要是因为大航海时代以后，欧洲与美洲北部在人种与文化上形成了较为紧密的联系，因此，联合国教科文组织在确定世界遗产的分布时，将欧美作为一个整体来考虑。

第一节
西方文明概述

相比于东方文明有着较为明确的地域特征与发展脉络，西方文明并不是一个完整的时空概念，而更像是后世在文化上的一个建构结果，如广为流传的三段式——古希腊与罗马文明、中世纪基督教文明，以及文艺复兴后启蒙运动所开启的近现代西方文明。这种线性演进概念，虽然难以解释一个文明谱系所须具备的稳定版图、交往方式以及发展脉络，以及在此基础上延伸而成的生活形态、法律体系、文化归属等，但这却并不妨碍我们以此作为一个分析与论述的参考系，来描述西方在不同阶段和社会条件下所创造、迭代并保留下来的文明遗迹。

一、古希腊时期

古希腊不是一个国家的概念，而是指在公元前800年到前146年之间，环绕爱琴海的一些分散的城邦集合，范围包括希腊半岛、爱琴海诸岛、爱奥尼亚群岛和小亚细亚半岛的西海岸，其中著名的有雅典、斯巴达、米利都等。由于缺乏大河流域自给自足的农耕条件，这些城邦往往以航海为基础进行贸易往来，彼此之间也存在着权力和利益争夺甚至战争。

前5世纪，在联合抗击波斯帝国的入侵并取得以少胜多的战绩后，古希腊文明也进入了全盛时期。在古埃及的宗教、波斯的哲学、腓尼基的文字、巴比伦的天文知识与建造技术的影响下，古希腊人创造并遗留下来了哲学、诗歌、戏剧、神话、建筑等诸多遗产（案例114）。环爱琴海地区也因此成为整个西方文明的溯源之地，直到前146年，古希腊被并入古罗马。

二、古罗马时期

根据传说，古罗马从前753年始建罗马城，到历史记载的330年迁都君士坦丁堡，以及395年帝国分裂为东西两部分。在此前后两千多年的时间里，以地中海中部亚平宁半岛为中心，古罗马逐步拓展成一个庞大而复杂的国家体系，经历罗马王政时代（前753～前

509年)、罗马共和国（前509～前27年）、罗马帝国（前27～476年至1453年）三个阶段。公元476年，在北方蛮族不断入侵下，西罗马帝国灭亡，东罗马帝国则一直延续到1453年被奥斯曼帝国所灭，君士坦丁堡此后改名为伊斯坦布尔。

古罗马在继承、吸收古希腊等地文化的基础上，在哲学、文学、建筑、历史、法律等方面形成自身的特色，而遗留至今的文化遗产遍布地中海周边地区，甚至包括大不列颠岛、北非和中欧等地（案例122）。其中，最为显赫的是始建于前753年的罗马城（案例106）。

三、基督教文明

基督教是崇拜一元神上帝，并将耶稣基督视为救世主的信仰体系，以此为基础构成了独特的神学理论、思辨方法、语言体系和艺术风格，包括天主教、新教、东正教三大教派，形成了对西方影响深远的文明脉络。

基督教源自受两河流域和尼罗河文化影响的犹太教，通过耶稣基督及其门徒的改造与传播，使其从单一的犹太民族宗教，发展成为跨民族、跨地域的独立宗教。基督教信仰的表述以不同时期、不同版本的《圣经》为核心蓝本，随着西方殖民扩张，这种印欧语体系也传遍了全世界。

392年，经历了长期打压和抗争后，基督教被罗马帝国定为国教，并伴随着东西罗马的分裂，在中世纪逐步形成了以罗马为中心的天主教（案例110）和以君士坦丁堡为中心的东正教（案例51）。14—15世纪的欧洲文艺复兴运动后，16世纪在天主教内部爆发了宗教改革，进而形成了基督新教。17世纪后，在英国清教徒革命的影响下，北美殖民地以及后来独立建国的美国和加拿大，成为新教传播的主要地区。

如今，世界各地的基督教虽然受到政教分离、社会世俗化和现代科学的影响与冲击，但仍在200多个国家和地区持续传播与发展，信徒人数达24.6亿之多，约占世界总人口的33%（2016年世界基督教教会联合会统计），是世界第一大宗教。

四、文艺复兴

文艺复兴是指14—16世纪从意大利各城邦开始兴起，后来逐渐扩展到欧洲其他地区的以人文主义为核心的思想文化运动，在经济、社会、宗教等层面也都有所体现，尤其是在绘画、雕塑、音乐、文学、建筑等艺术领域产生了较为深远的影响。

11世纪以后，伴随着经济与贸易的兴盛，城市化及其生活方式开始受到新兴资产阶层的欢迎，他们追求世俗化的乐趣，反对中世纪宗教的神权压制和禁欲束缚。在这样的时代背景下，出现了一大批的文学与艺术创作者，如但丁、达·芬奇、莎士比亚等，通过借助复兴古希腊、古罗马的文化传统，来提倡以人为中心的艺术表现，同时彰显资本主义反封建的新文化诉求（案例105）。在建筑和城市方面，也一改宗教色彩浓厚的哥特式风格和较为保守封闭的格局，出现了以佛罗伦萨、威尼斯为代表的文艺复兴建筑和城市（案例107和案例112）。

五、大航海与全球殖民

为了避开阻断东西方陆路交通的奥斯曼帝国，沿大西洋的欧洲国家一直试图从海上开辟一条通往富裕东方的新线路，从1487年迪亚士第一次发现非洲的好望角、1492年哥伦布第一次发现美洲大陆、1498年达伽马第一次远航印度、1522年麦哲伦及其船员完成第一次环球航行，由此开启了一个改变世界发展进程的"大航海与全球殖民时代"。

15世纪、16世纪，葡萄牙、西班牙最先开始在非洲、美洲和亚洲建立自己的殖民地。到17世纪，拥有更好的航海技术和行业组织的荷兰，也加强了远东贸易，成为新的海上强国。从1558年英国伊丽莎白一世继位开始，直到1756—1763年"七年战争"结束，后来居上的英国，先后打败了西班牙、荷兰和法国，成为大航海时代的"日不落帝国"，并逐步拥有遍布全球相当于本土面积111倍的殖民地。这也使得原先分布在全球的动植物标本以及建筑样式得以汇聚伦敦，进而推动了现代自然与人文学科的形成与发展（案例129）。

六、美国的独立

美国的独立战争也是西方文明发展的一个里程碑。在17—18世纪欧洲启蒙运动的影响下，这场起初反抗宗主国经济政策，后因法国的支持而导致美国独立的战争，最终为西方欧美世界开启了一个影响深远的全新时代。

1776年7月4日，北美英属十二个殖民地的代表，在宾夕法尼亚的费城召开了第二届大陆会议审议并通过了由托马斯·杰斐逊执笔起草的《独立宣言》，由此宣告了美国的诞生。本次会议是在一幢乔治风格的红砖二层建筑里召开的，这里也是后来1787年《美利坚合众国宪法》的诞生地，因此这幢建筑也被称为独立大厅，是美国独立的象征（案例155）。

第二节
南部欧洲

南部欧洲位于地中海以北、阿尔卑斯山以南，范围涵盖伊比利亚半岛、亚平宁半岛及巴尔干半岛南部，包括西班牙、葡萄牙、意大利、希腊、罗马尼亚、塞尔维亚、马其顿等17个国家。因地理位置优越，自古以来这里就是联系西亚、北非与欧洲腹地的重要地带，孕育了古希腊和古罗马文明，也奠定了基督教兴起的基础。由这里发端的文艺复兴运动和开启的大航海时代，更为西方文明的发展翻开了新的篇章（图6-1）。

南欧属地中海气候，冬季温和多雨，夏季炎热干燥，面积约166万平方千米，现有人口超1.8亿，是一个多民族、多文化交融的人文荟萃之地，这里也是世界文化遗产分布最为集中（案例105-107、案例110-114）和复杂（案例108-109、案例117）的地区。

此外，南欧面朝地中海，背靠阿尔卑斯山，东接黑海，也同时拥有不少人文与自然交相辉映的世界遗产（案例104、案例115-116）。

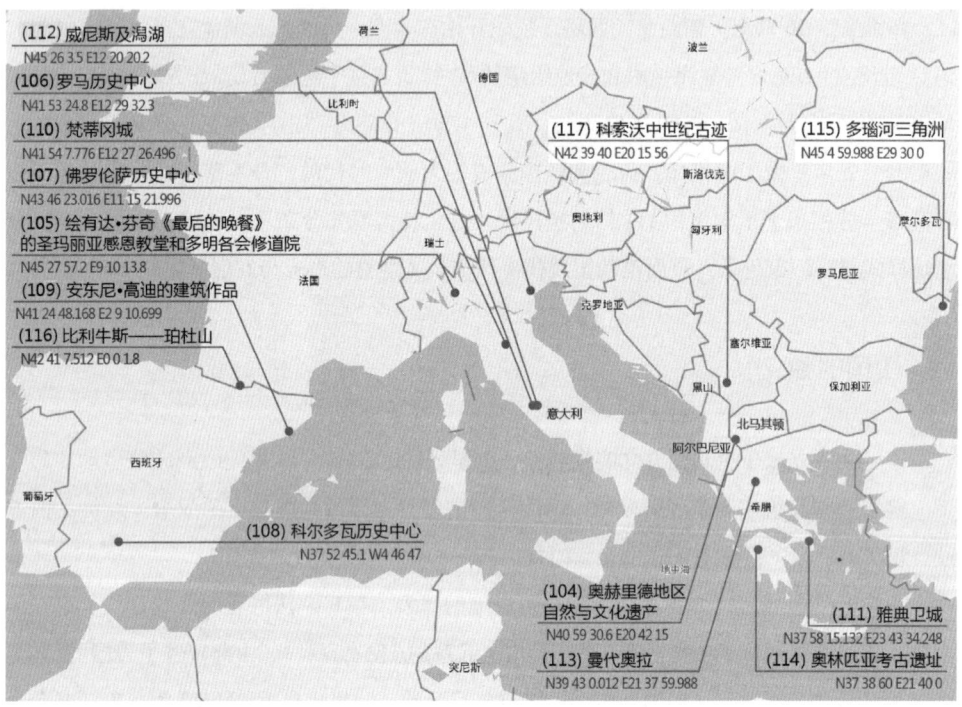

图6-1 南部欧洲的遗产案例分布图

104. 北马其顿：奥赫里德地区的自然与文化遗产（双重遗产）
North Macedonia：Natural and Cultural heritage of the Ohrid region（Mixed heritage）

入选时间：1979 年,1980 年,2019 年

入选标准：(i)(iii)(iv)(vii)

遗产概述：

奥赫里德自然与文化遗产位于马其顿西南角奥赫里德湖畔紧靠阿尔巴尼亚的边境地带，1980年由原先的自然遗产拓展为文化与自然双重遗产。奥赫里德城是欧洲最古老的人类定居地之一，保留至今的大多数建筑物建于 7 世纪至 19 世纪，是欧洲这一地区保存最为完好的建筑群。这里不仅有最古老的古斯拉夫修道院，还有巴尔干半岛的第一座斯拉夫语学校——奥赫里德文法学校。斯拉夫文化由此向欧洲其他地区传播和扩散。除此之外，奥赫里德镇还被誉为仅次于莫斯科托里托拉可夫画廊之后世界上最重要的收藏地，因为这里保存有 800 多幅 11 世纪至 14 世纪末的拜占庭风格的画像和超过 2500 平方米的拜占庭风格壁画。

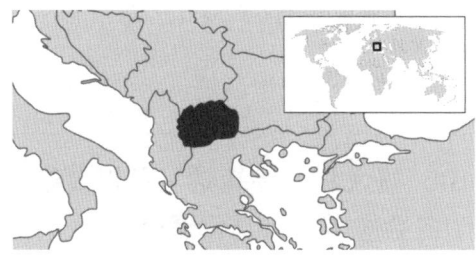

图 6-2 北马其顿的区位图

图 6-3 北马其顿奥赫里德地区的自然与文化遗产

遗产还包含有奥赫里德湖在内的自然景观，总面积达 83350 公顷。奥赫里德湖不仅景色优美，而且为众多当地特有的动植物提供了栖息地，这些历史久远的物种甚至可以追溯到距今 6500 万年至 260 万年的第三纪。奥赫里德湖持续存在了 200 万到 300 万年，湖水滋养保存 200 种此地特有的动植物，如藻类植物、涡虫类扁形虫、蜗牛、甲壳类动物以及包括两种鲑鱼在内的 17 种地方性鱼类。除此之外，还有众多鸟类也栖息于此。

遗产评价：

北马其顿奥赫里德湖区及其腹地（包括奥赫里德市）于 1979 年被列入《世界遗产名录》。拓界后的遗址将覆盖位于阿尔巴尼亚境内的奥赫里德湖区、位于该湖西北部的半岛以及连接该半岛与马其顿边界的沿岸地带。该半岛上存有 6 世纪中期建成的基督教教堂的遗迹；在靠近湖畔的浅水区有 3 处史前湖岸木桩建筑遗迹。奥赫里德湖不仅有着独特的自然景观，这里还生活着众多可追溯至第三纪的淡水动植物（图 6-3）。

遗产保护：

1912 年，刚从土耳其统治下获得解放的马其顿立刻着手修复境内被毁坏的基督教堂，并对壁画进行了尝试性整修。1951 年，在联合国教科文组织的援助下，壁画的全面修复工作逐

步展开。被复原的壁画成为整个巴尔干半岛上留下来的拜占庭艺术品中的珍品之一。

除了这座教堂以外,被定为联合国教科文组织文化遗产的还有奥赫里德湖南岸的德圣瑙姆教堂。这座教堂 17 世纪时曾遭土耳其人破坏,现已修复,其内部描述斯拉夫诸圣人的壁画也被修复。

另外由于这个地区至今几乎没有受到近代工业开发所带来的环境污染影响,所以这里还是众多珍贵水栖动物的栖息地。

105. 意大利:绘有达·芬奇《最后的晚餐》的圣玛丽亚感恩教堂和多明各会修道院(文化遗产)

Italy:Church and Dominican Convent of Santa Maria delle Grazie with "The Last Supper" by Leonardo da Vinci(Cultural heritage)

入选时间:1980 年
入选标准:(i)(ii)

遗产概述:

这座建筑群包括教堂和修道院,从 1463 年开始由吉尼福特·索拉里建造,之后在 15 世纪末由文艺复兴时期的大师之一的布拉曼特进行了大量的修改。布拉曼特在结构上扩大了教堂,并增加了大型的半圆形后堂、由圆柱环绕的美妙的鼓形穹顶、壮观的回廊和食堂。建筑本身就是一个著名的古迹,而列奥纳多·达·芬奇在修道院墙壁上创作的旷世巨作《最后的晚餐》使这里更加引人注目(图 6-5)。

图 6-4 意大利区位图

图 6-5 达·芬奇绘制的《最后的晚餐》

1495 年达·芬奇接受修道院的委任,开始在餐厅的北面墙壁上作画,1497 年完成。在《约翰福音》13 章 21 节中,耶稣说:"你们中的一个会背叛我。"这幅画作描绘的正是耶稣说完这句话之后的瞬间。在构图上,达芬奇采用的透视法和构图手法都突破了传统,在艺术史上具有划时代的意义。这幅画从技术角度看并不是用壁画法完成的,达·芬奇先把干石膏糊在墙上,然后用蛋彩画法涂抹在石膏上,所以画作没过几年就开始腐蚀剥落,必须一直进行保养。

古老的建筑与画作《最后的晚餐》一起成为人类重要的文化遗产,令世界瞩目。

遗产评价:

米兰的圣玛丽亚多明各会修道院的食堂是这座建筑群的一个重要组成部分,它始建于 1463

年，15 世纪末由布拉曼特重新修建。北墙上是《最后的晚餐》，这是列奥纳多·达·芬奇在 1495 年至 1497 年间创作的无与伦比的杰作，他的作品预示着艺术史上的一个新纪元。

遗产保护：
该建筑群及其周围地区目前受到意大利文化遗产法的保护（第 42/2004 号立法法令）。为了该遗产的保护，特成立了遗产指导委员会，管理涉及遗产的所有方面，尤其是对《最后的晚餐》的保护，如确定与保护体系相适应的指导方针、程序、规划等，并对遗产进行定期监测。因为壁画保护最重要和最困难的地方在于大量的游客的参观会造成污染，通过持续监测，可以确保餐厅内的最佳空气环境，从而避免空气污染和游客人数增加带来的危险。

106. 意大利：罗马历史中心（文化遗产）
Italy：Historic Centre of Rome（Cultural heritage）

入选时间：1980 年
入选标准：(i)(ii)(iii)(iv)(vi)

遗产概述：
意大利首都罗马是欧洲最古老的城市之一，位于亚平宁半岛中部，台伯河下游的平原上。约在前 510 年成为罗马共和国首都。前 1 世纪废除共和之后仍为罗马帝国的首都。这一时期城市文化和建筑大为发展，兴建了许多神庙、教堂、廊柱、凯旋门、纪功柱和竞技场。5 世纪东西罗马分裂后，它仍然是西罗马帝国的都城。756 — 1870 年是教皇国首都。14 — 15 世纪是欧洲文艺复兴的中心，艺术、建筑、文化和经济再次得到发展。1870 年，意大利王国统一后成为王国首都（图 6-6）。

图 6-6 罗马历史中心

该历史中心占罗马市的 40%，是该市 12 个行政区之一。从高空俯瞰，罗马古城犹如一个巨型的露天历史博物馆，7 座山丘上，珍贵的古迹和古建筑比比皆是。在奥勒利安城墙内还有一道塞尔维乌斯·图利乌斯城墙，保存着 17 座雄伟的城门。帕拉蒂尼和卡皮托利尼山之间曾是古罗马宗教、政治和商业活动中心，卡皮托利尼山上还有米开朗琪罗设计的市政厅广场，在埃斯奎利尼山坡上则有著名的罗马斗兽场，这些都是古罗马建筑最杰出的成就。

遗产评价：
从传说的前 753 年建城之日起，罗马就同人类的历史紧密相连。它曾是统治地中海长达五个世纪之久的帝国首都，后来又成为基督教世界的中心，今天仍然履行着这些重要的宗教和政治功能。

遗产保护：
这项世界遗产的保护较为复杂，这不仅是由于其规模较大，还因为其许多功能（它也是意大利首都的中心）、机构以及它作为涉及意大利和梵蒂冈的跨国遗产的地位。跨国遗产受罗马教廷和意大利共和国的立法保护。

在罗马教廷方面，第 355 号保护文化遗产法（2001 年 7 月 25 日）保护了该遗址。根据意大利法律，包括在国家一级的第 42 号立法令（2004 年 1 月 22 日），以及在地区一级的第 24 号法律（1998 年 7 月 6 日），该遗址处于不同的保护管理要求之下，此外，其有关建设行为还受到景观遗产保护策略的约束。

107. 意大利：佛罗伦萨历史中心（文化遗产）
Italy：Historic Centre of Florence（Cultural heritage）

入选时间： 1982 年
入选标准： (i)(ii)(iii)(iv)(vi)

遗产概述：

佛罗伦萨是文艺复兴的标志与摇篮。早在前 59 年，佛罗伦萨便作为罗马的殖民地，被称为佛罗伦蒂亚。在托斯卡纳区，佛罗伦萨作为自由市镇一跃超过其他城市。到了 15 世纪，佛罗伦萨以强大的商业与经济实力，达到发展的鼎盛时期。15 世纪和 16 世纪，佛罗伦萨处于强大的梅迪奇家族的统治下，对意大利乃至整个欧洲的建筑业和建筑艺术的发展产生了深远的影响（图 6-7）。

图 6-7　佛罗伦萨历史中心

佛罗伦萨的精神中心是圣母百花大教堂。与之毗邻的是乔托钟塔，前面是圣乔万尼洗礼教堂和洛伦佐吉贝尔提设计的通往天堂之门。坐落在大教堂广场北面的是米开罗佐的梅迪奇里卡尔第宫和布鲁内勒斯基设计的圣洛伦佐教堂，其圣器收藏室均有多纳泰罗和米开朗琪罗设计。再往北是圣马可博物馆及弗拉·安杰利科的名作，学院美术馆和米开朗琪罗的"大卫像"（1501—1504），以及阿努兹亚塔广场和布鲁内勒斯基的圣婴堂。广场南面是佛罗伦萨的政治与文化中心，毗邻韦奇奥宫和乌菲兹画廊。巴杰罗博物馆、圣十字教堂也在其周围。

穿过阿尔诺河上的维奇奥桥就到了奥尔特拉诺区。皮蒂宫和波波利庭院均位于此区。菲利普·布鲁涅内斯基的圣灵大教堂、圣婴大教堂也在此区。其壁画都是由马索里诺、马萨其奥、菲利皮诺里皮创作的。教堂西面有雄伟壮观的斯特洛奇宫，以及由利昂贝提西塔阿尔贝蒂设计的新圣母大殿。

遗产评价：

佛罗伦萨建在伊特鲁里亚人聚居地和后来的古罗马殖民地佛罗伦蒂亚（建于前 59 年）。在梅迪奇（Medici）时代，这座城市的经济和文化发展达到了极高水平。600 年间非凡的艺术创造可以看作是建筑及人工制品中的财富，尤其是圣母百花大教堂、圣克罗齐教堂、乌菲齐画廊和皮蒂宫等建筑。在乔托、布鲁内莱斯基、波提切利和米开朗基罗等大师的艺术作品中，这座城市的历史和人文气息显得更加厚重。

遗产保护：

意大利实行由中央政府统一协调和各地区分管各自区域文化遗产的管理模式，并设立了"文化遗产和文化活动部"。从 1994 年起，意大利政府开始将一些博物馆、古迹、遗址等逐步交由私人资本管理，但仍由国家掌握所有权、开发权和监督保护权。此外，意大利还有一些专门保护文化遗产的民间组织，如"意大利历史建筑协会""意大利基金会"等，它们在推动立法、健全制度、保护遗产、社会宣传等方面发挥着巨大的作用。

同时，意大利非常重视立法在文物保护中的地位和作用。意大利宪法第九条规定："意大利共和国负责对国家的艺术、文化遗产和自然遗产的保护。"意大利的《文化和自然遗产法》也规定："未经有关部门的批准，禁止对在考古、历史和人类研究等领域有价值的文物，进行任何形式的拆除、改造或修复。"

意大利还将文物保护分为四个等级：第一级是具有重大历史价值的建筑艺术精品，称之为"重要文化价值建筑"，保护方法是一切按原样保存，保护原物不得改变；第二级指具有特色的建筑，室内外的可见部分不可改动，但结构可以更新；第三级是地方价值建筑，仅保存外观，室内可以改动，增加现代化的设施，以便更好地加以使用；第四级指上述文物建筑周围环境中的一般建筑，只保存其外形，只要原样不改可以重建。

佛罗伦萨的遗产保护适用以上所述的管理模式和保护制度，自 2006 年以来，佛罗伦萨历史中心还制定了一项管理计划，以更好地对遗产进行管理和保护。

108. 西班牙：科尔多瓦历史中心（文化遗产）
Spain：Historic Centre of Cordoba（Cultural heritage）

入选时间： 1984 年
入选标准： (i)(ii)(iii)(iv)

遗产概述：

科尔多瓦于前 2 世纪由罗马人在巴蒂西亚首都塔尔特西科杜巴附近建立，在奥古斯都时期变得非常重要，8 世纪时成为依附大马士革的酋长国的首都。929 年，阿卜杜拉曼三世建立了独立哈里发的总部。科尔多瓦最辉煌的时期始于 8 世纪摩尔人征服之后，当时修建了大约 300 座清真寺、无数宫殿和公共建筑，可与君士坦丁堡、大马士革和巴格达的辉煌相媲美。13 世纪，在费迪南三世的统治下，科尔多瓦的大清真寺变成了一座大教堂，并修建了新的防御建筑。

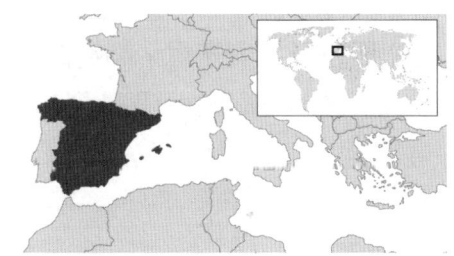

图 6-8 西班牙的区位图

科尔多瓦历史中心现在包括大清真寺周围的街道和通往大清真寺的所有地块，以及清真寺大教堂周围的所有房屋。罗马、西哥特、伊斯兰教、犹太教和基督教等不同文化群体数千年的占领，都在这里留下了印记。其中，科尔多瓦大清真寺代表了独特的艺术成就，它是继麦加的圣洁清真寺［以前只有蓝色清真寺（伊斯坦布尔，1588年）］之后，面积第二大的清真寺，是伊斯兰宗教建筑在欧洲最具象征意义的纪念碑，不论从建筑还是艺术的角度看，都具有极高的价值。尤其是856根大理石柱子所组成的柱林及其红白相间的双层马蹄券拱门所构成的巨大的祈祷大厅，十分宏大而壮观，可以同时容纳上千人举行宗教仪式。

图6-9 西班牙的科尔多瓦历史中心

遗产评价：

8世纪，摩尔人占领了西班牙，科尔多瓦由此进入了它的鼎盛时期（图6-8）。在这段全盛时期中，城中建起了约300座清真寺、数不清的宫殿和公共建筑，可与君士坦丁堡、大马士革和巴格达的辉煌繁荣相媲美。13世纪，西班牙国王费尔南德三世时期，科尔多瓦大清真寺被改建成大教堂，一些新的防御性建筑也修建起来，特别著名的有基督教国王城堡和卡拉奥拉高塔要塞（图6-9）。

遗产保护：

从法律法规上看，西班牙历史遗产第16/1985号国家法和安达卢西亚历史遗产第14/2007号法律为该遗产的保护提供了一个框架。此外，《历史建筑群专项规划》确立了维护城市结构、类型和传统形象的保护条件，包括了登记在册的各类古迹119处、建筑物513处，另有1163个地块被列为"编目地块"。从管理机构上看，安达卢西亚地区政府主要负责保护遗产，镇议会作为最近的权力机构，负责制定城市规划政策和战略；此外还有一个市历史中心办公室，配备专门的技术人员和行政人员，负责管理监护工作，以促进科尔多瓦历史中心的建设。

109. 西班牙：安东尼·高迪的建筑作品（文化遗产）
Spain：Works of Antoni Gaudí（Cultural heritage）

入选时间：1984年，2005年
入选标准：(i)(ii)(iv)

遗产概述：

安东尼高迪的作品是19世纪几个艺术流派，如工艺美术运动、象征主义、表现主义和理性主义的杰出创造性综合，并与加泰罗尼亚的文化顶峰直接相关。高迪也预示和影响了20世纪现代主义的许多形式和技巧。他的作品植根于这一时期的特殊性，一方面借鉴了加泰罗尼亚传统的爱国

图6-10 西班牙安东尼·高迪的建筑作品

主义渊源，另一方面也借鉴了现代工业的技术和科学进步。实际上，他的作品与现代主义有着密切的联系，从这个意义上说，高迪堪称现代主义建筑师中最具代表性和最杰出的一位。

遗产评价：

在巴塞罗那市区或近郊的7处安东尼·高迪的建筑作品，见证了他对19世纪末和20世纪初建筑技术的杰出创意与贡献。奎埃尔公园、奎埃尔宫殿、米拉公寓（图6-10）、圣家族大教堂、巴特里奥之家和克洛尼亚古埃尔宫，这些折衷主义风格的建筑物，对之后的花园、雕塑以及所有装饰艺术和建筑的设计都产生了极大影响。

遗产保护：

对该遗产的保护立法包括关于西班牙历史遗产的第16/1985号法律、关于加泰罗尼亚文化遗产的第9/1993号法律和关于文化遗产管理委员会的第276/2005号法令等；市一级的立法包括大都会总体规划、保护巴塞罗那市建筑遗产特别计划和保护哥尼亚古尔居住区建筑遗产特别计划等。较完整的法律法规为遗产保护提供了保障。

在管理方面，国家、自治区和直辖市各级都有许多参与决策的部门，巴塞罗那文化遗产属地委员会和巴塞罗那市属地委员会根据立法和管理框架，最终负责管理这些遗产。此外，根据遗产的不同，还有特定的保护、维护和总体规划，以解决特殊情况。为应对日益增加的访客压力，建筑结构和装饰构件的保护和修复工作也得到了极大的重视。

110. 梵蒂冈：梵蒂冈城（文化遗产）
Vation City State：Vatican City（Cultural heritage）

入选时间： 1984年
入选标准： (i)(ii)(iv)(vi)

遗产概述：

1929年，罗马教廷与意大利签署《拉特兰条约》，宣布梵蒂冈正式独立，领土主权覆盖罗马市中心44公顷的区域（图6-11）。这个袖珍小国有着与其领土面积不相称的巨大影响力。自4世纪的君士坦丁时代开始，这里便是基督教的中心、教皇的居住地。梵蒂冈还是一个有重要考古意义的罗马帝国遗址，这座极为重要的圣城不但对基督教的研究有着重要意义，同时对非基督教的其他考古研究也有着相当重要的参考价值。

梵蒂冈辉煌而特殊的历史使得这里的建筑和艺

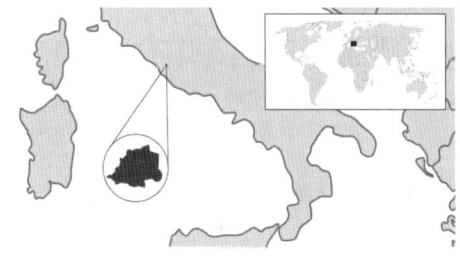

图6-11 梵蒂冈的区位图

术品都具有非凡的价值。16世纪，教皇朱利奥二世对圣彼得大教堂进行了翻修，由文艺复兴时期最杰出的建筑师设计重建，一定程度上保留了君士坦丁时代的特征。1世纪时的基督徒墓地也被重新修缮，墓碑被整齐地排列开来，并增添了许多艺术装饰。与此同时，教皇还对梵蒂冈宫（教皇居住地）和西斯廷大教堂进行了重建，并建造了他们自己的墓地。这些建筑汇集了艺术家布拉曼、拉斐尔、米开朗琪罗、贝尼尼、玛丹娜的智慧结晶。

梵蒂冈的宫室同时也包括博物馆、图书馆和西斯廷大教堂。1475年，西克斯图斯四世建立了梵蒂冈图书馆，这是欧洲第一个对公众开放的图书馆。几个世纪以来，图书馆中的手稿和书籍、印刷品、绘画、钱币和装饰艺术的收藏不断增加，使其成为人类文化的无价之宝。从18世纪中叶开始，教皇还致力于使文艺复兴时期私人收藏的古物，转变可供学者和鉴赏家参观的对象，这标志着梵蒂冈公共博物馆的起源。

图 6-12　梵蒂冈城

梵蒂冈还是文艺复兴时代艺术和巴洛克艺术的典型代表，对自16世纪以来的艺术发展有着深远的影响（图6-12）。

遗产评价：
梵蒂冈城是基督教世界最神圣的地方之一，它有着悠久的历史和巨大的精神影响力。在这个小的国度内，汇聚着许多杰出的建筑和艺术珍品。梵蒂冈和基督教有着不解的渊源，城中心坐落着圣彼得基督教堂，教堂正面是两条柱廊和圆形广场，有宫殿和花园环绕。除此之外，

遗产保护：
该遗产受到《文化遗产保护法》（第355号，2001年7月25日）和罗马教廷各遗产管理机构颁布的若干议事规则的保护。例如，成立于1506年的负责圣彼得大教堂保护和维护的机构至今仍在运作。同时，法律保护机制和传统的管理制度也保证了遗产的保护有效性。

111. 希腊：雅典卫城（文化遗产）
Greece：Acropolis, Athens（Cultural heritage）

入选时间：1987年
入选标准：(i)(ii)(iii)(iv)(vi)

遗产概述：
前5世纪，雅典战胜了波斯人并建立了民主城邦后，确立了其在地中海各个城邦的领导地位。哲学和艺术在这里蓬勃发展。政治家伯里克利受到了一批艺术家的影响，并在雕刻家菲迪亚斯的启迪下，决定将卫城的石山建成一座思想与艺术融合的丰碑（图6-13）。

前447—前406年，用于祭奠雅典娜的帕提农

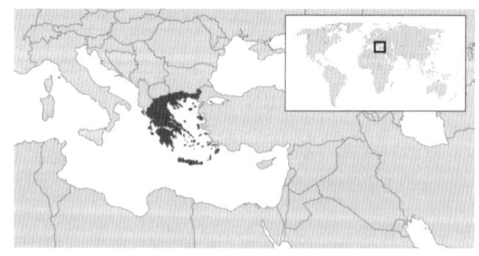

图 6-13　希腊的区位图

神庙完工，是一座壮观的矩形建筑物，矗立在卫城的最高点。历经两千多年的沧桑之变，如今庙顶已坍塌，雕像荡然无存，浮雕剥蚀严重，但从46根高达10米的大理石多立克柱廊，

还可以看出神庙当年庄严的丰姿。

雅典卫城的山门正面高 18 米，侧面高 13 米。山门左侧的画廊内收藏着许多精美的绘画。雅典卫城迄今保存下来的大量的珍贵遗迹，集中展示了古希腊的文明。这些古建筑无可非议地堪称人类遗产和建筑精品，在西方建筑学史上具有重要地位（图 6-14）。

图 6-14 雅典卫城

遗产评价：

雅典卫城包括希腊古典艺术最伟大的四大杰作——帕提农神庙、通廊、伊瑞克先神庙和雅典娜胜利神庙，诠释了持续一千多年希腊繁荣、兴盛的文明、神话和宗教，并可被视为世界遗产理念的象征。

雅典卫城是人类建筑与周边环境完美融合的杰出代表，它是在地中海的人口稠密地区保存下来的独一无二的古建筑群。雅典卫城的古建筑是人类共同的思想和文明的标志，是古希腊文明最伟大的建筑与艺术品。雅典卫城在世界上有着极为深远的影响，这不单表现在古希腊或古罗马的时代，即使是现在，它仍然散发着耀眼的光芒。

遗产保护：

雅典卫城由文化、教育和宗教事务部管理，负责该文化遗产的保护和修复，同时建立高效的访客系统和完善的接待设施。此外，文化、教育和宗教事务部颁布了保护该遗产及其外围区域的法令，确保了遗产的视觉完整性。雅典卫城古迹修复和保护委员会成立于 1975 年，负责计划、指导和监督干预一切针对卫城的活动。希腊国家预算和欧盟基金为雅典卫城的修复和开发工作提供资金支持。

2009 年启用的新雅典卫城博物馆中保存着大多数古迹上的原始雕塑和建筑部件，完善的基础设施可以让参观者更好地欣赏古代艺术品。

112. 意大利：威尼斯及潟湖（文化遗产）
Italy：Venice and its Lagoon（Cultural heritage）

入选时间：1987 年
入选标准：(i)(ii)(iii)(iv)(v)(vi)

遗产概述：

威尼斯是一个美丽而独特的城市：它建在 118 座小岛上，四面环水，整个城市犹如漂浮在潟湖之上。威尼斯有众多各个时期留下来的建筑，它们见证了这个城市在每个历史时期的辉煌（图 6-15）。

图 6-15 威尼斯及潟湖

公元 5 世纪，威尼斯的居民为逃避当时残忍的侵略者开始避难于此，把临时的避难所建设成世界最重要的水上城市之一。12—15 世纪，威尼斯蓬勃发展，因其在亚得里亚海的重要地理位置，成为独立的四大海上王国之一，统治着东地中海到爱奥尼亚海的领域，控制着欧洲和拜占庭帝国、近东国家及十字军国家之间的贸易往来。但随着拜占庭帝国的衰落和奥斯曼帝国的壮大，以及大西洋贸易的兴起，威尼斯繁荣的基础逐渐动摇而走向衰落。1797 年，威尼斯落入拿破仑之手，此后，许多华美的宫殿和建筑逐渐失去了光华。

威尼斯对实践建筑和艺术发展的贡献是无可估量的。恢宏华美的古建筑展现了其作为贸易中心积累的巨大财富。这座城市也成了无数艺术家的灵感来源，例如卡纳莱托、乔尔乔内、提香、丁托列托、贝里尼等。

遗产评价：

威尼斯始建于 5 世纪，由 118 个小岛构成，10 世纪时成为当时最主要的海上强国。整个威尼斯城就是一幅非凡的建筑杰作，即便是城中最不起眼的建筑也可能是出自诸如乔尔乔内、提香、丁托列托、韦罗内塞等世界级大师之手。

遗产保护：

1973 年颁布执行的《威尼斯特别法》是保护威尼斯主要的依据之一，该法旨在通过确保威尼斯及其潟湖的社会经济生活，来保障威尼斯及其潟湖的景观、历史、考古和艺术遗产的保护。威尼斯针对旅游发展、文物修复、环境保护、海平面上升等问题，也出台了很多计划和措施，世界许多知名的专家学者都加入了威尼斯的保护行动之中。但是，由于旅游压力过大等因素，威尼斯正在考虑退出世界遗产，以此来留住其"灵魂"。

113. 希腊：曼代奥拉（文化遗产）
Greece：Meteora（Cultural heritage）

入选时间： 1988 年
入选标准： (i)(ii)(iv)(v)(vii)

遗产概述：

曼代奥拉在希腊语中是"悬在空中的意思"，位于希腊中北部的色萨利区，核心保护面积 3.75 平方千米，是一个几乎无路可通的偏僻的砂岩峰林地区（图 6-16）。

图 6-16　希腊的曼代奥拉修道院

几百万年前，这里是一片汪洋，后来地壳运动和海水的冲击使之变成一片石林，曼代奥拉的修道院就坐落在这些高耸的岩石山顶上面。大约 1000 年前，这里就出现了隐遁的修士，他们靠木梯和绳索攀上了高耸入云的峰顶，居住在天然岩洞内，祈祷、赞颂和忏悔。11 世纪中叶，来曼代奥拉隐遁的修士人数逐渐增加，它的第一座教堂——科里亚教堂被修建。14 世纪中期，著名的阿塔那西奥修士来到这里，在一座高高的岩顶上兴建了新的修道院，并将其命名为曼代奥拉。曼代奥拉修道院高 24 米，宽 42 米，为十二边拱顶，围墙是用岩石与砖块相间砌成，所有窗户都是单扇玻璃；其十字架形状的建筑基础无比独特，这种分布形成了三个后殿，除了传统教堂的后殿外，在南北两端都增建了一座供赞美诗歌唱者使用的殿堂。此外，教堂内部除了 15 世纪的珍贵壁画外，还拥有各种雕嵌精美的用具，最具有代表性的便是那张用珍珠镶嵌、装饰豪华精致的修道院院长宝座。

遗产评价：
从 11 世纪起，一些修道士就在这个几乎不可抵达的砂岩峰地区定居了下来，住在"天空之柱"上。15 世纪，隐士思想大复兴，这些修道士克服了超乎想象的困难，在这里修建了 24 座修道院。这里的 16 世纪壁画代表了后拜占庭绘画艺术发展的一个重要阶段。

遗产保护：
历经数个世纪流传和保存下来的建筑和美术作品，是人类极为珍贵的文化遗产，大多数都保存良好。今天，虔诚的修士们在曼代奥拉找到的这块清净世界正在被日益增多的游客搅得不得安宁。每天都有挤满了游客的公共汽车和小轿车，像车水马龙般地驶来。为了躲避喧嚣，已有许多修士离开此地，前往疏远俗人的阿索斯。这在一定程度上破坏了修道院的文化内涵和原真性。

114. 希腊：奥林匹亚考古遗址（文化遗产）
Greece：Archaeological Site of Olympia（Cultural heritage）

入选时间： 1989 年
入选标准： (i)(ii)(iii)(iv)(vi)

遗产概述：
奥林匹亚遗址位于伯罗奔尼撒西北部，在阿尔菲奥斯河和克拉迪斯河汇合处形成的一个美丽而宁静的山谷中。该地是泛希腊历史上最重要的宗教、政治和体育中心，其历史可以追溯到新石器时代末期（前 4000 年）。这个圣地是十二位奥林匹亚诸神的父亲——宙斯的崇拜中心，也有着很多伟大的艺术家，用他们的灵感和创造力为世界创造了丰富而杰出的艺术作品——它们构成了艺术史上一个重要的一个里程碑。同时，奥林匹亚的"身心和谐""崇高竞争""公平公正""神圣休战"等价值观也诞生于此地，使奥林匹亚成为一个象征和平、竞争与美德的地方（图6-17）。

图 6-17　古希腊遗留下来的奥林匹亚考古遗址

前时代以来就有人居住。前 10 世纪，奥林匹亚成了人们敬拜宙斯的一个中心。众神之圣地——阿尔提斯，是古希腊建筑杰作最集中的地方。除了庙宇之外，这里还保留着专供奥运会使用的各种体育设施。早在前 776 年，人们就每四年在奥林匹亚举行一次奥运会。

遗产评价：
奥林匹亚遗址位于伯罗奔尼撒半岛的山谷，自史

遗产保护：
奥林匹亚保护区及其周围的景观被指定为考古遗

址（1992 年政府公报 128/b 和 216/b），受《一般文物和文化遗产保护》第 3028/2002 号法律的保护。由文化、教育和宗教事务部通过其主管的地区服务机构埃利亚文物局管辖，当局还通过与消防部门合作，每年都对遗产进行一次有效性检查和维护。为了保护考古遗址免受河水泛滥的影响，当局还在保护区南部的阿尔菲奥斯河岸修建了堤坝。

115. 罗马尼亚：多瑙河三角洲（自然遗产）
Romania：Danube Delta（Natural heritage）

入选时间：1991 年
入选标准：(vii)(x)

遗产概述：

多瑙河三角洲水网密布，河滩占总面积的 25%，其余是水草地、沼泽和湖泊等，是欧洲最大的湿地（图 6-18）。优良的水域环境使三角洲成为动植物的天堂。据调查，三角洲有植物 1150 种；现有记载的鸟类已达 300 多种，其中有 4 种是世界上仅存的鸟；现已发现鲟鱼、鲈鱼等 60 多种鱼，其中 45 种是在多瑙河及其支流中土生土长的鱼。三角洲还有著名的"浮岛"奇景，"浮岛"上面长着茂盛的植物，与陆地无异，但下面却是一片湖泊，湖面碧波荡漾，湖水清澈无比。浮岛占地 10 万公顷左右，厚约 1 米，像一个水上公园一样，在湖中飘游，不停地改变着三角洲的自然面貌。春天，当多瑙河泛滥时，浮岛就成了各类飞禽走兽的避难所。这些都是三角洲地区珍贵的财富。

三角洲还有一些人类活动的遗址。500 年前在多瑙河入黑海河口建立的吉利亚堡的废墟，现在已经远离海岸线了。在巴巴格湖和赖查姆湖之间的丘陵地带，有数千年前腓尼基人建造的赫拉克勒斯古城堡遗址。古老的塔尔斯城是三角洲的起点，城内建有三角洲自然博物馆，游人从此城出发，沿苏里那河航行，可抵达苏里那城。

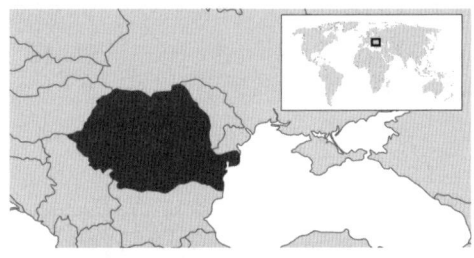

图 6-18 罗马尼亚的区位图

图 6-19 多瑙河三角洲

多瑙河三角洲因其风光绚丽，动植物资源丰富，被誉为"欧洲最大的地质，生物实验室"。

遗产评价：

多瑙河奔流直下，汇入黑海，形成了欧洲面积最大、保存最完好的三角洲。多瑙河三角洲不计其数的湖泊和沼泽哺育着 300 多种鸟类和 45 种多瑙河及其支流中特有的鱼类（图6-19）。

遗产保护：

多瑙河三角洲地区正面临着严峻的生态环境危

机。尽管罗马尼亚于 1993 年就通过了旨在加强三角洲保护的法律，但近年来，三角洲的情况仍不容乐观：芦苇等水生植物受环境污染的威胁，捕鱼量下跌，鸟类数量和种类不断减少。造成困厄局面的既有自然原因也有人为因素，三角洲脆弱的生态亟待保护与拯救。

116. 西班牙、法国：比利牛斯 - 珀杜山（双重遗产）
Spain、France：Pyrénées - Mont Perdu（Mixed heritage）

入选时间：1997 年，1999 年
入选标准：(iii)(iv)(v)(vii)(viii)

遗产概述：
比利牛斯 - 珀杜山位于法国和西班牙边界上，石灰质山体由经典地质地貌组成，包括西班牙南部一侧的深切峡谷和法国境内北部斜坡上壮观的圆环墙。北坡为湿润的海洋性气候，南坡为较干燥的地中海气候，有着草地、湖泊、洞穴和森林等丰富而独特的自然景观。

图 6-20　比利牛斯——珀杜山

同时这一地区也是重要的考古遗址，从当地的洞穴等遗迹看，人类居住的历史可以追溯到旧石器时代晚期（前 40000—前 10000 年）。该地也是重要的高海拔农牧中心，因地制宜，绵羊、牛和马在夏季向更高的牧场迁移，有效地利用了高山地理的特点。珀杜山山谷及其山口是两个国家之间的纽带，在高山居住的两国居民之间的共同点比平原上各自的社区更多。该区域还有着长期独立于中央政府的特有的法律和政治制度，如根据祖先的协议，西班牙农民也在法国的一边放牧。这种做法加强了世界遗产的跨界性质。

遗产评价：
这处雄伟壮观的高山景观，横跨法国与西班牙当前的国界，以海拔 3352 米的石灰质山——珀杜山顶峰为中心，方圆 30639 公顷。在西班牙境内的是欧洲两个最大最深的峡谷，而在法国境内更加陡峭的北坡上则是三个大片环形屏障，充分展现了这里的地质地貌。除了雄伟的山脉，这个地区还有着恬静的田园风光，反映了曾在欧洲高地非常普遍的农业生活方式，这种生活方式而今却仅存于比利牛斯地区。在这里，可以通过村庄、农场、原野、高地牧场和崎岖的山路这些独特的景观，去回顾久远的欧洲社会（图 6-20）。

遗产保护：
西班牙制定了《国家公园总计划》对该遗产实施保护指导和保障，"保障"也根据实际情况不断更新着。在法国方面，该遗产也是管辖相关领土的各种法规的重点保护对象（在法国被称为 1930 年 5 月 2 日列出站点上的法律，如今已在《环境法》中进行了编纂）。两国在加强合作的同时，也通过财政支持、民间组织介入等方式，对该遗产地的自然环境、生物多样性、历史遗迹等多方面进行了保护。

117. 塞尔维亚：科索沃中世纪古迹（文化遗产）
Serbia：Medieval Monuments in Kosovo（Cultural heritage）

入选时间：2004 年，2006 年
入选标准：(ii)(iii)(iv)

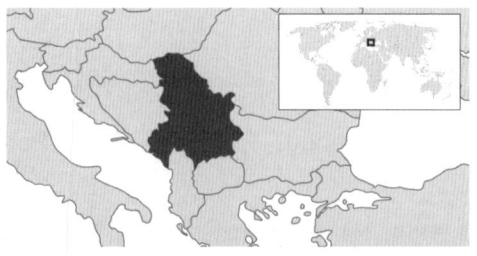

图 6-21 塞尔维亚的区位图

遗产概述：

佩奇修道院主教管辖区位于佩奇市郊，它包括由四座带圆屋顶的、墙上都绘有壁画的教堂所组成的一组建筑群。圣·阿波特勒教堂 13 世纪的壁画反映出，无与伦比的名胜古迹壁画风格已经达到成熟阶段。而圣母教堂 14 世纪初期的壁画则标志着一种新风格的出现，即帕莱奥洛格·德比藏斯文艺复兴时期的风格，它将东方正统观念与西方罗马画法融为一体。这种壁画风格在巴尔干半岛艺术发展史上曾经发挥了决定性的作用（图 6-21）。

图 6-22 科索沃中世纪的古迹

遗产评价：

科索沃中世纪建筑遗址的四个组成部分，体现了拜占廷和罗马教会文化鼎盛时期的情景，这种文化是 13 世纪和 17 世纪期间在巴尔干半岛发展起来的，其壁画具有独特的风格。

修道院中的教堂外部乃由黄玛瑙和紫砾岩混合建成，糅合了哥特、拜占庭和罗马式的建筑风格，典雅非凡，极富奢华。同样令人驻足的是教堂面对的宽敞庭院，即是以前塞尔维亚圣徒在战争期间为阿尔巴尼亚难民提供容身之所的地方，使他们免受无情战火摧残，气氛一片祥和，甚具意义。教堂内部充满神圣的信仰，步入教堂，你即会明白为何塞尔维亚人对自己民族的信念如此忠贞，他们笃信科索沃是远古时代的故乡中心，是他们整个民族文明的发源地（图 6-22）。

遗产保护：

科索沃战争后，2004 年世界遗产委员会将"科索沃中世纪古迹"列入《濒危世界遗产名录》，委员会决定，通过增加佩奇修道院主教管辖区、格拉查尼察修道院和列韦撒圣母教堂这三个宗教建筑群，来扩大代查尼修道院的遗址范围。

该遗址称为科索沃中世纪古迹。它的主体建于 13 世纪和 14 世纪。由于该地区政治局势不稳定，给该遗址的管理和保护造成不少困难，它已列入《濒危世界遗产名录》。委员会要求缔约国（塞尔维亚）与教科文组织有关计划（部门）、联合国驻科索沃临时管理委员会，以及科索沃自治当局各个临时机构协力合作，切实保护好该遗址。

第三节
西部欧洲

西欧的概念有广义和狭义之分，广义的西欧包括苏联解体之前整个欧洲西部的资本主义国家，狭义的西欧是指地理上靠近大西洋沿海地区的欧洲国家，包括英国、爱尔兰、荷兰、比利时、卢森堡、法国和摩纳哥，这个地区是西方资本主义最先萌发之地，之后的经济发展水平也都很高，有繁忙的海运通道英吉利海峡以及莱茵河、塞纳河、泰晤士河等内河航道（图6-23）。

由于濒临大西洋，受西风带和大洋暖流的影响，西欧的气候类型为温带海洋性气候，终年温和湿润，面积约93万平方千米，人口数超1.52亿，是欧洲人口密度最大的地方。

西欧的文化遗产独具特色，不仅时间和空间的跨度大：从古代祭祀遗址到现代建筑代表（案例121和130），从城市河畔的文化地标到运河两岸的田园风景（案例123、案例124和案例126），而且类型多、功能全：不仅有万众敬仰的圣地和兵家必争的古堡（案例119和案例125），也有不停敲响的钟声和不断运转的风车（案例128和案例127），不一而足。这些遗产也都具有非常典型的地域和时代特征。

此外，在西欧的一些自然遗产，也是使人"涨知识"的对象（案例120）。

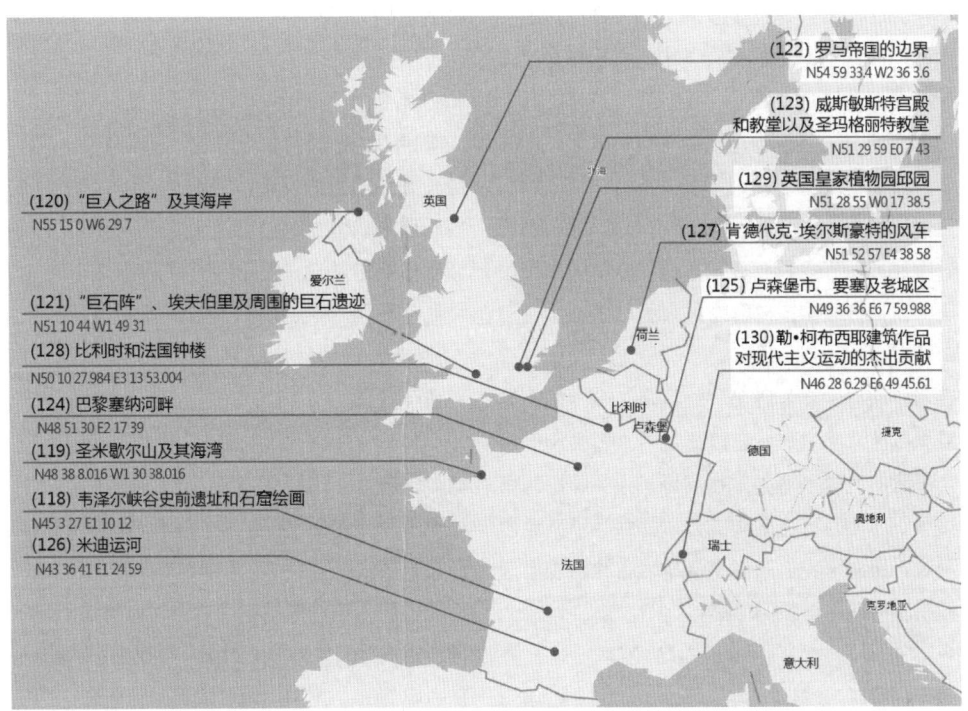

图6-23 西部欧洲的遗产案例分布图

118. 法国：韦泽尔峡谷史前遗址和石窟绘画（文化遗产）
France：Prehistoric Sites and Decorated Caves of the Vézère Valley (Cultural heritage)

入选时间：1979 年

入选标准：(i)(iii)

遗产概述：

韦泽尔峡谷位于法国多尔多涅省的阿基坦大区，当初是一个已出现阶级分化的史前地区，其中包含多个旧石器时代的沉积物和经过人工装饰的洞穴。这些洞穴壁画中的狩猎场面，被认为可以帮助猎人们确保狩猎成功，画有许多披毛犀牛，身体为赭石色，能分出明暗，背部和腹部有十几条倾斜的弧形线条，不仅显示出身上的长毛，也显示出宽大的体躯。所画的其他动物也用了透视法，形象生动，充满生活气息（图 6-24）。

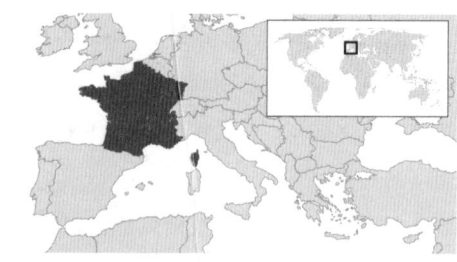

图 6-24　法国的区位图

图 6-25　韦泽尔峡谷洞窟里的壁画

不仅如此，它还建立了欧洲"第四纪"史前文明的时间线主干。根据岩洞中的有机物测定，这些遗迹的时代在距今 2.5 万到 1 万年之间，是旧石器时代最晚的马格德林文化时期，地质年代是晚更新世之末。那时的欧洲仍处于冰期，气候比较寒冷，野生动物较多，有成群的驯鹿、野牛和野马等多种兽类，居住在这里的尚塞拉德人就以猎取这些兽群为生（图 6-25）。

韦泽尔峡谷的岩洞雕刻和绘画是迄今所知人类最早的艺术品之一，它既显示了 1 万多年前人类高超的艺术创造力，也展现了人类原初的审美意识。因为远古人类的艺术品保存下来极为困难，极为罕见，所以韦泽尔河谷的岩洞雕刻和绘画特别值得我们珍惜。

遗产评价：

韦泽尔峡谷包括 147 个旧石器时代的史前遗址和 25 个有壁画的洞穴。这里无论是从民族学、人类学，还是美学角度来看，都非常令人感兴趣，因为这里的壁画，特别是 1940 年发现的拉斯科洞的壁画，对研究人类史前艺术史有着非常重要的意义。壁画中的打猎场面有约 100 种动物形象，描绘细致，色彩丰富，栩栩如生。1979 年，该遗址被联合国教科文组织列入世界遗产名录。

遗产保护：

尽管韦泽尔峡谷有 20 多个绘有岩画的洞穴，但拉斯科洞窟里的作品无疑是最具有表现力的，它的发现也极具偶然性。当时，一群孩子在一棵连根拔起的大树下的洞里，寻找他们的狗时，在手电筒的光亮中，偶然发现了这些在艺术史上引起轰动的史前遗产。第二次世界大战以后，这里曾对公众自由开放，但从 1963 年起，为了不使壁画被涌动的人群以及随之而来的污染与外来生物所损坏，主管部门关闭了这个著名的史前艺术的胜地，不再对外开放。取而代之的，是在距原址 200 米处的蒙蒂尼亚克修建了一个复制品，包括公牛大厅和描绘廊等。

119. 法国：圣米歇尔山及其海湾（文化遗产）
France：Mont-Saint-Michel and its Bay（Cultural heritage）

入选时间：1979 年，2007 年，2018 年
入选标准：(i)(iii)(vi)

遗产概述：
圣米歇尔山被人誉为"西方的奇迹"，是大自然的鬼斧神工和人类创造的完美结合。在诺曼底和布列塔尼交界的海边，从圣米歇尔湾的排天海浪里涌出一大片细软的流沙。正是在这危险的流沙中，竟突兀起一座由整块花岗岩构成的圣米歇尔山。山体高出海平面 78 米，底边周长 900 米。在清晨和黄昏，远远望去，其情景恍若宇宙混沌初开。

古时这里是凯尔特人祭神的地方。8 世纪岛上最高处修建了一座小教堂，奉献给天使长米歇尔，成为朝圣中心。969 年在岛顶上建造了本笃会隐修院。1211—1228 年间在岛北部又修建了一个以梅韦勒修道院为中心的 6 座建筑物，具有中古加洛林王朝古堡和古罗马式教堂的风格。岛上现还存有 11 世纪罗马式中殿和 15 世纪哥特式唱诗班席，13—15 世纪的部分城墙和哥特式修道院围墙等。

圣米歇尔山也是宗教和建筑史上的奇迹，它是中世纪基督教文明的最重要的中心之一，虔诚的基督徒从四面八方跋山涉水赶往这里朝圣。千百年来，朝圣者把对大天使圣米歇尔的崇拜推向了巅峰，圣米歇尔山也由此披上了神奇的面纱，在诺曼底无数教徒的眼中无异于东方的

图 6-26　圣米歇尔山及其海湾

耶路撒冷。由于圣米歇尔山的无限感召力，在相当长的时期内，它一直是这一广大地区行政管理与精神统治的支柱。至今，每年仍有 200 多万的参观者，追寻着修道院那神秘的"光环"，长途跋涉，不辞辛劳，以求得心灵的"净化"。

遗产评价：
诺曼底与布列塔尼之间有一片广袤的沙滩，沙滩中央有个岩石小岛上，涨潮时常受潮水冲击，岛上矗立着被誉为"西方奇迹"的一座哥特式本笃会修道院，专为纪念天使长圣米歇尔而建，修道院周围则是一个村落。这座修道院建于 11 至 16 世纪之间，是非凡的技术和艺术杰作，和周围独特的自然环境完美地融合（图6-26）。

遗产保护：
这座修道院及其城墙和附属建筑属于国家所有，是建筑和自然遗产的组合，受益于国家一级的遗产法和环境法保护。但令人难以置信的是，在法国大革命后的几十年里，这座"虔诚的小岛"，竟被当作囚禁犯人的国家监狱，旨

在仰仗神圣的教堂来感化罪人。直到著名作家维克多·雨果指出,在圣米歇尔山上设置监狱,无异于"在保藏圣人遗骨的匣子里装上蟾蜍"。1862年其被列为历史遗迹后,监狱才被关闭。

自1994年以来,该遗产一直受到《拉姆萨尔公约》的保护。国家委托文化部下属的国家古迹中心对遗产地进行系统全面的保护,并定期组织专业机构对修道院进行维护和修缮。

120. 英国:"巨人之路"及其海岸(自然遗产)
United Kingdom of Great Britain and Northern Ireland: Giant's Causeway and Causeway Coast(Natural heritage)

入选时间:1986年
入选标准:(vii)(viii)

图6-27 英国的区位图

遗产概述:

"巨人之路"位于北爱尔兰贝尔法斯特西北约80千米处的大西洋海岸,由数万根大小不均匀的玄武岩石柱聚集成一条绵延数千米的堤道,被视为世界自然奇迹(图6-27)。"巨人之路"也叫"巨人堤"或"巨人岬",传说远古时代爱尔兰巨人要与苏格兰巨人决斗,于是开凿石柱,填平海底,铺成通向苏格兰的堤道,后堤道被毁,只剩下现在的一段残留。地质学家研究其中构造,发现这道天然阶梯是由活火山不断喷发后,火山熔岩多次溢出结晶而成。经过海浪冲蚀,石柱群在不同高度被截断,便呈现出高低参差的石柱林地貌。在"巨人之路"海岸,4万多根这种玄武石柱不规则地排列起来,绵延几千米,气势磅礴,蔚为壮观,使其成为研究玄武岩火山作用的"经典地点",极具科学意义。

图6-28 "巨人之路"及其海岸

第三纪(大约6000万—5000万年前)时由活火山不断喷发而成的。这个状观景点同时大大推动了地球科学的发展(图6-28)。

遗产评价:

"巨人之路"位于北爱尔兰安特令平原边沿,沿着海岸坐落在玄武岩悬崖的山脚下,由大约40000个黑色玄武岩巨型石柱组成,这些石柱一直延伸到大海。这个令人称奇的景观使人们联想出巨人跨过海峡到达苏格兰的传说。300年来,地质学家们研究其构造,了解到它是在

遗产保护:

英国政府通过一系列区域和地方政策和计划保护该遗产及其周边环境。根据《生境指令》,该遗址几乎所有的陆地区域(主要是植被覆盖的海崖)都被指定为北安特里姆海岸特别保护区。堤道海岸风景名胜区占地约29千米,是一个壮观的海岸风景区,该区的命名对景观质

量给予了正式的法定认可。北爱尔兰规划政策声明规定了土地使用和其他规划事项的政策，指出：除非有特殊情况，否则将不允许对这些遗址或其环境完整性产生不利影响的开发。

近年来，自然侵蚀、海平面的变化和风暴事件频率对该遗产造成了较大威胁。根据 2008 年 1 月英国皇后学院的一份报告，由于全球变暖导致海平面上升，以及随之而来的海浪和风暴将更加猛烈地袭击巨人之路。在 21 世纪中期，巨人石道上的石块将变得更加陡峭，到 22 世纪初，人们或许将难以见到部分巨人石道上的独特景观。

121. 英国："巨石阵"、埃夫伯里及周围的遗迹（文化遗产）
United Kingdom of Great Britain and Northern Ireland：Stonehenge, Avebury and Associated Sites（Cultural heritage）

入选时间：1986 年
入选标准：(i)(ii)(iii)

遗产概述：
英格兰巨石阵又称索尔兹伯里石环、环状列石、太阳神庙、史前石桌、斯通亨治石栏等，是欧洲著名的史前时代文化神庙遗址，位于英格兰威尔特郡索尔兹伯里平原，约建于前 4000—前 2000 年，属新石器时代末期至青铜时代。

图 6-29 埃夫伯里"巨石阵"

英格兰巨石阵这个巨大的石建筑群位于一个空旷的原野上，占地大约 11 公顷，主要是由许多整块的蓝砂岩组成，每块约重 50 吨。巨石阵不仅在建筑学史上具有的重要地位，在天文学上也同样有着重大的意义：它的主轴线、通往石柱的古道和夏至日早晨初升的太阳，在同一条线上；另外，其中还有两块石头的连线指向冬至日落的方向。因此，人们猜测，这很可能是远古人类为观测天象而建造的，可以算是天文台最早的雏形了。

遗产评价：
位于威尔特郡的"巨石阵"是世界上最负盛名的巨石林，它们由巨石围成圆圈，其排列方式对天文学的重要意义仍在探索之中。这个圣地和周围的埃夫伯里新石器时代遗址为研究史前时代提供了至关重要的证据（图 6-29）。

遗产保护：
英国的遗产保护主要有两大方式：第一，根据 1990 年《规划（已列出的建筑物和保护区）和保护法》和 1979 年《古代遗迹和考古区法》指定了单个建筑物、纪念碑和景观。其次，通过英国空间规划体系下的城乡规划法的规定，由政府指定的独立建筑物、纪念碑、花园和景观，以此来保护各个遗产点。本项遗产均适用。

122. 英国，德国：罗马帝国的疆界（文化遗产）
United Kingdom of Great Britain and Northern Ireland, Germany：Frontiers of the Roman Empire （Cultural heritage）

入选时间：1987 年，2005 年，2008 年
入选标准：(ii)(iii)(iv)

遗产概述：

罗马帝国的疆界是先后由英国和德国提出申请的联合遗产，包括英国的哈德良长城、安东尼长城和德国的北日耳曼 - 蕾蒂恩界墙，该遗产代表了 2 世纪时罗马帝国的扩张。该遗址从不列颠北部的大西洋海岸，经过欧洲到黑海，再到红海，穿过北非到大西洋海岸，延伸长达 5000 多千米，包括已建成的城墙、沟渠、堡垒、望塔和平民定居点等遗迹。线路的某些部分已得到了发掘，一些已重建，还有一部分遭到了毁坏。位于不列颠省最北端的哈德良城墙是古罗马防御技术和地缘政治的重要证明。城墙长达 118 千米，是公元 122 年在哈德皇帝的命令下修建的。另一个防御工事是位于苏格兰的长达 60 千米的安东尼边墙，是公元 142 年皇帝安东尼·皮乌斯为抵御北方野蛮人而修建的（图 6-30）。

图 6-30 英国与德国的联合遗产：罗马帝国的边墙

遗产评价：

罗马帝国的疆界是古罗马战事规划和地缘政策策略的突出范例。边境城墙、城堡、瞭望塔和其所在附近的地区反映了古罗马复杂但统一的文化特点。

遗产保护：

为保护该遗产，在国际一级，缔约国建立了一个由三个密切合作和相互作用的机构组成的综合管理系统：政府间委员会负责监督和协调国际一级的全面管理；管理小组将直接负责遗产的实地管理的人员集合在一起，并提供保护方案和主要机制；并由罗马帝国边界的缔约国专家成员组成国际咨询机构——布拉迪斯拉发小组落实。

在国家一级，各缔约国通过适当的国家立法和条例保护其所属的遗产部分。在英国，哈德良城墙受到 1979 年《古代遗迹和考古区域法》、1990 年《城镇和乡村规划法》以及 1990 年《规划（已列出的建筑物和保护区）和保护法》的保护。《2012 年国家规划政策框架》和《2013 年国家规划实践指南》中给出的指导也涵盖了哈德良长城。安东尼长城则受到 1979 年《古代遗迹和考古区域法》、1997 年《城镇和乡村规划（苏格兰）法》、2006 年《规划等（苏格兰）法》和 1997 年《规划（列出的建筑和保护区）（苏格兰）法》等法律保护。

在德国的联邦法律体系中，文化遗产受到州（联邦州）不同古迹保护法的保护。这些措施确保了世界遗产的保存、推广、保护和发展。

123. 英国：威斯敏斯特宫殿和教堂以及圣玛格丽特教堂（文化遗产）
United Kingdom of Great Britain and Northern Ireland：Palace of Westminster and Westminster Abbey including Saint Margaret's Church（Cultural heritage）

入选时间：1987 年
入选标准：(i)(ii)(iv)

图 6-31　伦敦泰晤士河边的威斯敏斯特宫

遗产概述：

威斯敏斯特宫殿是英国的议会大厦且是新哥特式建筑的完整代表，建筑区包括中世纪建筑圣玛格丽特教堂和威斯敏斯特教堂。自 11 世纪起，英格兰的每位君主都在威斯敏斯特教堂中登基加冕，这也使此世界遗产具有极为重要的历史象征意义。

因原本的威斯敏斯特宫殿毁于火灾之中，新威斯敏斯特宫殿由著名建筑师巴里与普京于 1835 年设计并建造。议会大厦包括中心塔北侧的上议院塔与南侧的下议院塔，两座建筑遥相呼应，象征着伟大的君主立宪制度，并向世人展示两院制的政治体系（6-31）。

威斯敏斯特教堂是英国哥特式建筑的典型代表。直角哥特式风格的圣玛格丽特教堂是小型的中世纪教堂，从 15 世纪起就一直被翻修与重建，圣玛格丽特教堂是下议院的英国国教教堂。

遗产评价：

在重要的中世纪遗迹原址上于 1840 年重建的威斯敏斯特宫殿是新哥特式建筑的典型。这里还包括圣玛格丽特教堂，这是一座小型的直角哥特式风格的中世纪教堂。

遗产保护：

威斯敏斯特大教堂和威斯敏斯特宫都制定了保护计划，在定期检查计划的基础上建立了全面的保护维护制度。遗产指导小组于 2007 年发布了《威斯敏斯特世界遗产管理计划》，主要由关键利益相关者——威斯敏斯特宫、威斯敏斯特大教堂和威斯敏斯特市议会——在指导小组框架内开展遗产保护工作。

124. 法国：巴黎塞纳河畔（文化遗产）
France：Paris, Banks of the Seine（Cultural heritage）

入选时间：1991 年
入选标准：(i)(ii)(iv)

遗产概述：

塞纳河是法国河流中流程很短但极负盛名的一条河。这条流经法国北部的河流，全程仅 776 千米，在市区内的流程约达 13 千米，穿过巴黎盆地，经鲁昂，最后在勒阿弗尔港附近注入英吉利海峡。塞纳河沿岸景色秀美、优雅别致，孕育了不可胜数的名胜古迹。

著名的国际性都市巴黎在两千年前只是塞纳河上的渔村，后来逐渐扩大，到3世纪开始出现巴黎这个名字，得名于2000多年前曾居于此地的高卢族的巴黎部落。

巴黎的建筑艺术、名胜古迹和优美市容举世闻名，市中心塞纳河两岸的老市区是其精华所在。从12世纪起，巴黎的城市规划和建设就十分重视和珍惜传统文化，同时也积极适应经济和社会生活发展的需要，力求保持城市面貌的统一与和谐，最早建成并保存到现在的是斯德岛上的巴黎圣母院。17—18世纪的波旁王朝时期，城市建设有较大发展，修建了塞纳河右岸著名的香榭丽舍大街和其他几条干线大街，建造了几座纪念性建筑物，如卢浮宫东院和卢森堡宫。另外还建造了4个封闭式广场。到了19世纪，拿破仑一世建成了凯旋门和星形广场，也就是现在的戴高乐广场。

在拿破仑三世时期，巴黎的城市建设有了更大的发展，建成了以香榭丽舍大街为东西向干线、以塞瓦斯托波尔大街为南北向干线、以卢浮宫为中心的大十字街道，还修建了两圈环路。此外又新建了一批广场和各种建筑物，把卢浮宫继续向西延伸，扩展到现在的规模。拿破仑三世还把卢浮宫和凯旋门之间的道路、广场、绿地、水面、林荫带和大型纪念建筑物，改建成完整的统一体。19世纪末至20世纪初，在巴黎举行的几次世界博览会又为塞纳河畔增添不少新建筑，有埃菲尔铁塔（建于1889年）、大王宫和小王宫（建于1900年），以及夏佑宫。此外，在苏利桥和第纳桥之间，共有23座不同年代、风格各异的桥梁横跨塞纳河，把两岸具有悠久历史的城区紧密地连接在一起。

巴黎塞纳河畔汇聚了法国乃至人类杰出的

图6-32 巴黎塞纳河中的西岱岛

建筑及其他艺术品，也是全球城市规划的典范，保护好这一遗产，就是保护人类共有的文明。

遗产评价：

从卢浮宫到埃菲尔铁塔，从协和广场到大小王宫，巴黎的历史变迁从塞纳河可见一斑。巴黎圣母院和圣礼拜堂堪称建筑杰作，而行政长官乔治·欧仁·豪斯曼改造的宽阔的广场和林荫道则影响着19世纪末和20世纪全世界的城市规划（图6-32）。

遗产保护：

20世纪60年代起，巴黎再次大规模建造城市建筑，但是并没有在市中心拆除旧建筑，而是沿着香榭丽舍大街向西北方向延伸和扩展，新建了完全现代化的德方斯新市区。

目前，该遗产整体享有最高级别的法律保护（《遗产法》《城市规划法》《环境法》）。国家直接或通过其公共场所拥有并管理塞纳河码头（河流公共领地）、大部分古迹及其相关空间。巴黎市则管理公共区域、市政厅、教区教堂以及众多其他土地和建筑物。虽然没有专门用于该世界遗产的管理计划或管理机构。但是，由于法律和法规的保护，遗产所有者和租户都受到国家科学和技术部门的管理。1999 年制定的《巴黎塞纳河沿岸城市和景观要求》和 2015 年批准的"季节性安装规范"旨在控制巴黎塞纳河下层码头通道的临时使用和占用，对相关建设者均提出了要求。自 2014 年和 2016 年分别关闭了左岸和右岸较低的码头，有助于维护遗产的真实性和可靠性、完整性。

2019 年，巴黎圣母院因维修工程失火，烧掉了整个木质的屋顶和尖塔，震惊全球。目前，法国政府已开始组织力量进行修复。

125. 卢森堡：卢森堡市、要塞及老城区（文化遗产）
Luxembourg：City of Luxembourg: its Old Quarters and Fortifications（Cultural heritage）

入选时间：1994 年
入选标准：(iv)

遗产概述：
卢森堡老城区位于阿尔泽特河和佩特鲁斯河的交汇处，由于其优越的战略地位，卢森堡自古便是兵家必争之地，先后被多个大国征占，也使得这座城市的重要性不断得到加强（图 6-33）。

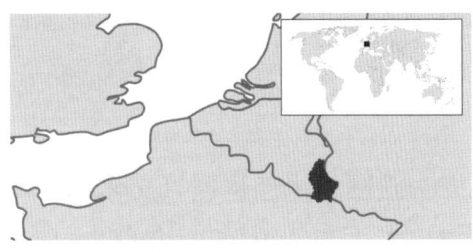

图 6-33　卢森堡的区位图

最初，卢森堡市仅包含一个小型堡垒（城堡），该城堡建于 10 世纪中叶，几乎是在一块人迹罕至的岩石上建造的。在 12 世纪，城堡附近的居民区受到石制防御墙的保护，该防御工事墙在 14 世纪和 15 世纪得到了扩展。1443 年，勃艮第的军队占领了这座城市。通过继承，它传到了哈布斯堡王朝，直到 1684 年被西班牙人占领。在此期间，该遗址成为名副其实的堡垒。仕法国国王路易十四时期，杰出的军事建筑师沃邦元帅扩大并加强了其防御工事。在 18 世纪，奥地利人继续他的工作，并创建了"北方直布罗陀"。维也纳会议之后，普鲁士人建立了新的军事机构，直到 1867 年决定撤军。1867 年《伦敦条约》签订后，大部分防御工事被拆除，但许多代表所有这些时代的遗迹仍然存在，包括许多城门、要塞和堡垒。

目前，该市还保留了街道和许多公共建筑的布局，这是自 10 世纪以来其起源和发展的重要证明。在城墙内和城墙脚下，人们居住和从事贸易或手工艺品的地方也得以保留，例如现在已是名副其实的神圣艺术博物馆的圣米歇尔教堂。在城墙的阴影下，贵族家庭和主要的宗教团体在靠近政府部门和官方机构的地方建造了被称为"庇护所"的豪宅。旧城区仍然保留着以前居民活动的烙印（图 6-34）。

尽管要塞、防御工事和旧城区都已拆除，但今天的这座城市仍具有历史的重要性。它是一座坚固的欧洲城市的杰出典范，拥有的各种军事遗迹足以证明其悠久的历史。

遗产评价：

由于特殊的地理战略位置，卢森堡一直是兵家必争之地。从 16 世纪到 19 世纪的 1867 年成为中立国前，一直都是欧洲最重要的要塞之一，曾辗转落入欧洲各列强（神圣罗马帝国、勃艮第公爵、哈布斯堡家族、法国和西班牙国王，最后是普鲁士人）的手中。其气势雄伟的城防工事是跨越了几个世纪的欧洲军事建筑的缩影，后被拆除，只剩少部分残余。

遗产保护：

卢森堡古代防御工事的遗迹是重要的国家遗产，主要通过 1983 年颁发的关于保护国家遗址和纪念碑的法律进行管理和保护。这项法律对受保护的场地和建筑物的所有者和使用者做

图 6-34　卢森堡市、要塞及老城区

出了一些限制，由文化部、国家遗址和古迹司负责执行。卢森堡市还将旧区视为保护区，许多建筑物被列为国家古迹或列入历史古迹补充名录。国家古迹和遗址部（文化部）和城市都密切监测所有活动，以评估对建筑环境的实际影响，并保持城市景观的视觉连贯性。

126. 法国：米迪运河（文化遗产）
France：Canal du Midi（Cultural heritage）

入选时间： 1996 年
入选标准： (i)(ii)(iv)(vi)

遗产概述：

米迪运河，又被称为"中央运河"，途径 328 座建筑物（水闸、高架渠、桥梁、隧道等），既是链接地中海和大西洋的通航水道，也是现代市政工程最非凡的壮举之一。它建于 1667—1694 年，为工业革命铺平了道路。这项宏大的工程，受到国王路易十四和托罗塞主教的赏识与支持，由皮埃尔·保尔·里凯设计。里凯意识到了自己不仅仅在创造一条实用的交通水道，而且在创造一个象征 17 世纪法国力量的符号。因此，他确保了运河上建筑物的质量能担任这一角色，桥梁、水闸和相关建筑结构的设计非常庄严简洁，并努力确保它与沿途景观的和谐。运河上的圣费雷奥尔大坝是整条

图 6-35　俯瞰米迪运河

运河上最大的工程，也是当时市政工程的伟大作品之一（图6-35）。

遗产评价：

米迪运河蜿蜒流淌360千米，各类船只通过运河在地中海和大西洋间穿梭往来，整个航运水系涵盖了船闸、沟渠、桥梁、隧道等328个大小不等的人工建筑，创造了世界现代史上辉煌的土木工程奇迹。运河是在1667—1694年间挖掘出来的，它为工业革命开辟了一条航线。运河设计师皮埃尔·保罗·德里凯创造性的构思，使运河与周边环境巧妙地融为一体，从而产生一种和谐美的效果，堪称建筑技术史上的佳作。

遗产保护：

在政策法规方面，米迪运河适用《公共水域及运河条例》，该条例管辖法国境内所有水道。条例中设有专门章节（第236-245）规定米迪运河的管理，米迪运河也是《条例》中唯一享有专门章节规定的法国境内水道。其中第245条规定了运河管理部门和沿线乡镇对运河的保护和维护职责。米迪运河上的若干设施在1913年的法令中被列为历史纪念物，还有相关的遗址和景观也在1930年的法令中列为受保护的对象。

在管理体制方面，米迪运河的永久财产权曾在1666年授予设计师里盖先生及其继承人，1897年国家将其回购。目前米迪运河的管理分国家级和地方级。国家级涉及的行政管理部门有土地、装备与交通部、环境部和文化部，具体管理机构为法国航道管理局，这是1991年成立的国家公共事业单位。在地方，涉及的行政管理机构有图鲁兹大区航管局。国家建筑与城市管理局负责保护和管理遗址和景观，具体由大区环境管理局进行落实；文化部下属的大区文化管理局专门管理列入名录的历史纪念物。

---

127. 荷兰：肯德代克 - 埃尔斯豪特的风车体系（文化遗产）
Netherlands: Mill Network at Kinderdijk Elshout (Cultural heritage)

入选时间： 1997年
入选标准： (i)(ii)(iv)

遗产概述：

肯德代克 - 埃尔斯豪特的风车体系：位于荷兰西部的南荷兰省的新莱克兰（图6-36）。风车群原本是在中世纪时，为了农业及聚落发展，借用风力来排除土壤上多余灌溉的水利工程，主要是将风力转化为桨轮的转动，从物理上讲，就是将风能转化为动能，从而将低处的水提上来。之后经过不断改进，形成了今日所见的排水系统。

在荷兰，一直流传着这样一句话："上帝创造

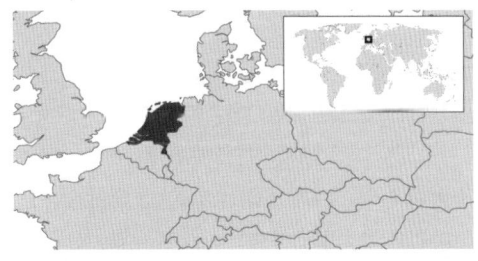

图6-36 荷兰的区位图

了人，荷兰风车创造了陆地。"由于这里地处海平面以下，经常遭受潮汐的袭击，几百年来，荷兰人民就与潮水进行着不屈不挠的斗争。至少在1740年左右，这19个坚固的风车就建设在肯德代克村镇那儿了，一直完好无缺地保

存到今天。肯德代克-埃尔斯豪特随处可见诸如此类用途的技术产物，如沟渠、贮水池、泵房、行政管理大楼，以及一系列保存完善的美丽风车。

遗产评价：

肯德代克-埃尔斯豪特的风车网络系统是人工制作的突出景观，它展示了人类的独创性和坚韧性。当地人民依靠发展和应用水利技术，用近千年时间，建设了这个排水系统，并且成功地保护了这片土地（图6-37）。

遗产保护：

根据1988年《纪念碑和历史建筑法案》，19个风车及相关建筑物被列为国家文化遗产。1993年，根据1988年《纪念碑和历史建筑法》第35条，该地区被指定为保护区，

图6-37 肯德代克-埃尔斯豪特的风车体系

同时这里还是《自然保护法》保护的自然保护区，受到关于野生动植物保护的第79/409/EEC号指令的保护。当地政府的《空间规划法令》规定了遗产的保护规则，在遗址建筑半径400米以内的任何建筑物、树木或其他植物的高度都受到限制，以确保遗产的生态环境的完好。

128. 比利时、法国：比利时和法国钟楼（文化遗产）
Belgium，France：Belfries of Belgium and France（Cultural heritage）

入选时间： 1999年，2005年
入选标准： (ii)(iv)

遗产概述：

列入《世界遗产名录》的地点包括位于比利时（图6-38）的33个钟楼（在法兰德斯26个，在瓦隆大区7个）和在法国北部的23个钟楼。这些钟楼建筑类型的多样、外观变化丰富，具有多重实用功能。有的钟楼里装有公共大钟，还有的保存了宪章和珍宝，甚至作过望塔和监狱，市议会会议也曾在这里举行，在过去的几个世纪中,钟楼已成为公共权力和繁荣的象征。同时，这些钟楼凝聚了社区历史、建造时期、所使用的材料以及主要建造者的详细等信息，呈现出从罗马艺术到装饰艺术的多样风格（图6-39）。

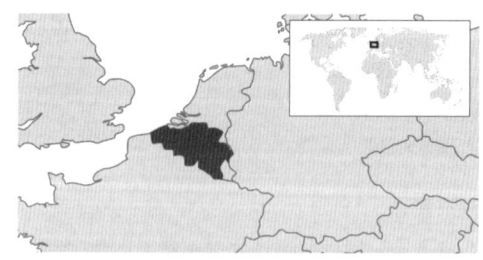

图6-38 比利时的区位图

遗产评价：

钟楼在建立之初是公共社区通过宪章获得独立的标志、象征着自由，后逐渐成为城镇影响力和财富的象征。这些钟楼遗产建于11—17世纪，其中23座位于法国北部，33座位于比利时，它们共同展现了罗马、哥特式、文艺复兴和巴洛克式的建筑风格。同时，作为城市景观

中的第三种塔,也可与要塞(封建领主,即封建地主的标志)和钟塔(教堂的标志)相媲美,象征着贵族的权力。

此外,钟楼还具有丰富的象征意义。建在市区中心的钟楼通常是广场的核心,也是其所属城镇的基本元素和重要代表。在古代荷兰和法国北部象征着中世纪市政权的诞生。教堂的钟塔见证了社区内部公民与宗教权力之间的关系,经历了从"皇室遗迹"到"公共遗迹"的演变,也值得铭记。

图 6-39 比利时和法国钟楼

遗产保护:

在法国方面,遗产涉及的所有钟楼受《遗产法》的保护,有着完整的管理体系,管理者根据其行政权限或特定法规(主要是市政当局和国家服务部门)进行工作。建筑物的用户也起着重要的保护和协调作用。

在瓦隆方面,被列为古迹的七个钟楼记录在瓦隆的非凡遗产清单中(瓦隆政府制定的清单,记录了瓦隆最杰出的遗产)。瓦隆政府于2011年8月25日决定为列入《世界遗产名录》的瓦隆遗址提供管理计划后,并成立了指导委员会、科学委员会和管理委员会。

129. 英国:英国皇家植物园邱园(文化遗产)
United Kingdom of Great Britain and Northern Ireland: Royal Botanic Gardens, Kew (Cultural heritage)

入选时间:2003 年
入选标准:(ii)(iii)(iv)

遗产概述:

这座历史悠久的景观花园坐落在泰晤士河西南沿岸的一系列公园和庄园中,其中包括国际知名景观设计师布里奇曼、肯特、钱伯斯、布朗和纳斯菲尔德的作品,展示了从18世纪到20世纪80年代花园设计的重要时期。花园里有大量的植物收藏品(植物标本,有生命的植物和文献),这些植物在过去的几个世纪中不断丰富。自1759年创建以来,花园为植物多样性、植物系统学和经济植物学的研究做出了不间断的重大贡献。

图 6-40 英国皇家植物园

植物园采用建筑物和植物集合相结合的景观设计,形成了后来在世界范围内传播的园林艺术和植物科学发展的独特见证。欧洲采用了18世纪的英国景观花园概念,从约瑟夫·班克斯于1770年担任董事以来，在园艺、植物分类和经济植物学方面的影响力已在国际范围内传播。作为植物研究活动的焦点关注重点，覆盖早期皇家园林的19世纪中叶花园以两个大型铁框架温室为中心——棕榈屋和温带屋，成为全世界温室的典范。

18和19世纪的元素，包括橘园、夏洛特女王的小屋、愚蠢的庙宇、通往威廉·钱伯斯宝塔和西恩公园大厦的花园景观、铁框玻璃温室、观赏湖泊和池塘、植物标本馆和植物馆藏在其成为20世纪现代保护生态机构之前，传达了花园从皇家静修园和游乐花园到国家植物园和园艺园的发展历史（图6-40）。

遗产评价：

英国皇家植物园是18世纪到20世纪园林艺术发展最辉煌阶段的完美体现。现在植物园所拥有的极其丰富的有关植物学的收藏（标本、活的植物和文献），是经过了几个世纪积累的结果。自从1759年建立起，英国皇家植物园就不断为植物多样性和经济植物学研究做出杰出贡献。

遗产保护：

该遗产是伊丽莎白二世女王的世袭财产，由英国皇家植物园和历史皇家宫殿组织进行管理和保护。根据1990年《建筑和保护区法案》，位于该遗址的44座建筑和结构被列为具有特殊建筑和历史意义的建筑。遗产和缓冲区的保护是由泰晤士河畔里士满和豪士罗的伦敦自治区的规划体系和伦敦计划（区域空间战略）以及指定的发展计划提供的。

国际一级的保护工作继续进行，特别是在物种分类、支持世界各地的保护项目、执行《濒危物种国际贸易公约》（CITES，1975年）和《生物多样性公约》（1992年）。同时，该遗产有受世界遗产管理计划、遗产保护计划和总体规划的保护，管理计划的实施由英国皇家植物园协调。

---

130. 法国：勒·柯布西埃的建筑作品，对现代主义运动的杰出贡献（文化遗产）

France：The Architectural Work of Le Corbusier, an Outstanding Contribution to the Modern Movement（Cultural heritage）

入选时间：2016年

入选标准：(i)(ii)(vi)

遗产概述：

勒·柯布西耶（Le Corbusier，1887—1965）出生于瑞士西北边陲拉绍德封，年少时在故乡的艺术学校求学，第一次世界大战期间曾任教母校。柯布西耶是公认的现代建筑风格的开创者之一，也是卓越的建筑理论家、画家，在建筑和城市规划领域，他设计的建筑很少令人无

图6-41 现代建筑大师勒·柯布西耶的作品：弗吕热斯城

动于衷。他对理想城市的诠释、对自然环境的领悟乃至对传统文化的强烈信仰和崇敬都别具一格，留下了一系列为今日设计师所膜拜的经典作品。1923 年，柯布西耶在故乡为父母设计建造的居所，其母亲在此居住了整整 31 年直到 101 岁高龄去世，故也常被称为"母亲之家"。

勒·柯布西耶的建筑被列为人类遗产是一项历时十余年的集体工作成果。由法国申报的这项遗产的独特性在于它涵盖七个国家（德国、阿根廷、比利时、法国、印度、日本、瑞士）的国际范围，包括：

1. 拉罗什公馆和让讷雷公馆，巴黎，法兰西岛大区 (1923)，法国
2. 弗吕热斯城，佩萨克，阿基坦大区 (1924)，法国（图 6-41）
3. 萨伏伊别墅和园丁小屋，普瓦西，法兰西岛大区 (1928)，法国
4. 位于莫利托尔门的公寓楼，布洛涅 - 比扬古，法兰西岛大区 (1931)，法国
5. "光明城"居住单元，马赛，普罗旺斯 - 阿尔卑斯 - 蔚蓝海岸大区 (1945)，法国
6. 位于圣迪耶 - 德孚日的工厂，洛林大区 (1946)，法国
7. 高处圣母小教堂，龙尚，弗朗什孔泰大区 (1950)，法国
8. 勒柯布西耶海滨木屋，罗克布吕讷 - 马丁角，普罗旺斯 - 阿尔卑斯 - 蔚蓝海岸大区 (1951)，法国
9. 圣玛丽德拉图莱特修道院，埃维厄，罗讷 - 阿尔卑斯大区 (1953) 法国
10. 菲尔米尼的文化中心，罗讷 - 阿尔卑斯大区 (1953)，法国
11. 莱芒湖畔的小别墅，科尔索），沃州，瑞士 (1923)
12. 吉耶特公馆，安特卫普，弗兰德地区，比利时 (1926)
13. 维森霍夫城住宅楼，斯图加特，巴登 - 符腾堡州，德国 (1927)
14. 明亮大厦，日内瓦，瑞士 (1930)
15. 克鲁谢特医生公馆，拉普拉塔，布宜诺斯艾利斯省，阿根廷 (1949)
16. 市政府建筑群，昌迪加尔，旁遮普邦，印度 (1952)
17. 国立西洋美术馆，台东区，东京，日本 (1953)

遗产评价：

该遗产是勒·柯布西耶的代表作品，证明了一种打破传统的新建筑语言的发明。作品分布在七个国家共 17 个经典，它们是在勒·柯布西耶所说的"不断求索"过程中建造的，历时半个世纪。昌迪加尔（印度）的国会大厦（印度）、东京（日本）的国立西洋美术馆、拉普拉塔（阿根廷）的库拉切特博士故居和马赛（法国）的住所反映了现代主义的解决方案，试图采用 20 世纪发明新的建筑技术以响应社会需求和挑战。

遗产保护：

为协调整个遗产各个组成部分的管理，法国特成立了勒·柯布西耶遗址协会，以召集在其领土上被提名的所有地方当局，通过协调来提高公众意识、分享保护经验，对该系列遗产进行全面保护。同时，勒·柯布西耶基金会的专业知识对于整个遗产的管理和保存、保护起到了重要作用，尤其是在财产由基金会而不是私人持有的情况下。在法国、瑞士和阿根廷已成立了协调委员会，以促进这些遗产的管理。

第四节
中部欧洲

中欧是欧洲南来北往、东西交通的枢纽地带。包括德国、波兰、捷克、斯洛伐克、匈牙利、奥地利、列支敦士登和瑞士 8 国。这里位于欧洲地理的中央，南侧是阿尔卑斯山，北临波罗的海的是波德平原，东侧是多瑙河流经的匈牙利平原（图 6-42）。

中欧处在温带气候带，西部部分地区为温带海洋性气候，东部为温带大陆性湿润气候，总面积约 101 万平方千米，人口数超过 1.6 亿。中欧的地理位置，不仅决定了其自然条件的诸多过渡性和多样性，在政治、经济和文化方面也是如此，不仅有古老的教堂（案例 131）和精美的宫廷花园（案例 136），也有山地上中世纪的钟表之城和音乐之都（案例 134 和案例 140），以及平原上多瑙河畔的浪漫之地和文艺之都（案例 135 和案例 138）。此外，这里还有人类现代战争留下的惨烈记忆（案例 132），以及世界现代主义运动萌发后的百年回顾（案例 139）。

除了文化遗产，依托阿尔卑斯山多样的地形地貌，中欧还拥有很多世界级的溶洞奇观和冰川胜景（案例 137 和案例 141），处处都让人叹为观止。

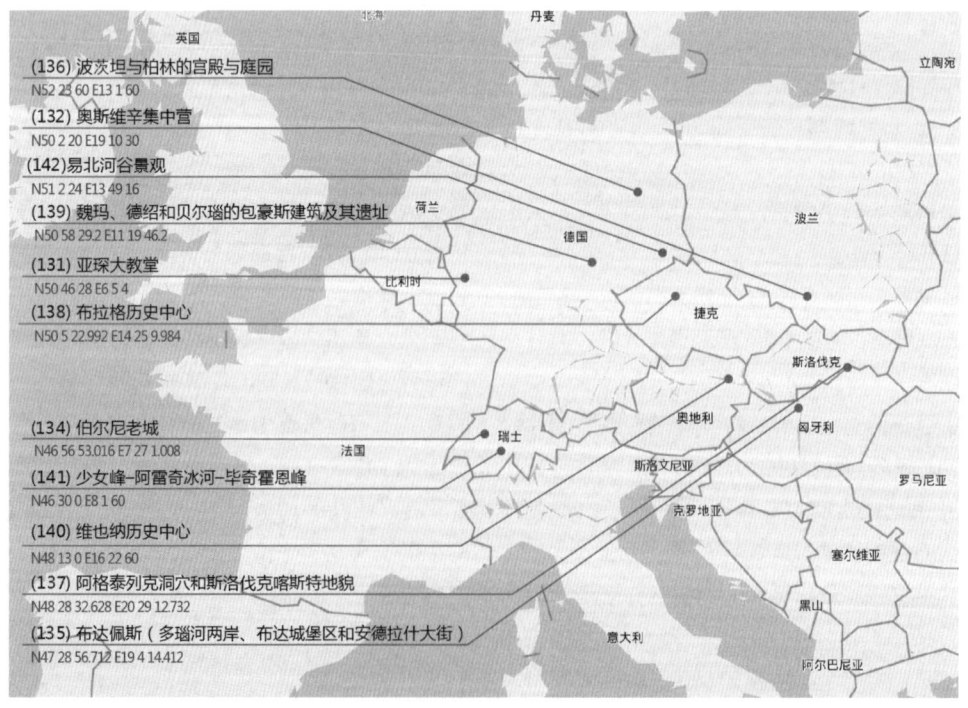

图 6-42 中部欧洲的遗产案例分布图

131. 德国：亚琛大教堂（文化遗产）
Germany：Aachen Cathedral（Cultural heritage）

入选时间：1978，2013
入选标准：(i)(ii)(iv)(vi)

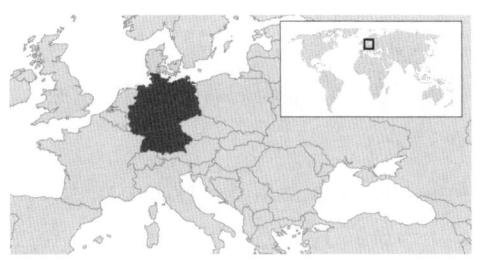

图 6-43 德国的区位图

遗产概述：

亚琛大教堂位于历史古城亚琛。796 年查理曼大帝与教皇结盟，征服萨克森人，灭伦巴第王国，吞并巴伐利亚，远征比利牛斯山以南的阿拉伯人，并设立潘诺尼亚边区和西班牙边区，由罗马教皇加冕称帝，号为"罗马人的皇帝"；版图几乎与昔日西罗马帝国等同，势力逐渐强盛，并命令著名建筑师奥多建造宫廷教堂，建成后成为王宫建筑群的中心。查理曼大帝希望恢复古罗马的伟业，可是查理大帝死后，三个孙子立即各据一方，形成了后来的法、德、意三国主要的疆域。文化史上把 8—10 世纪的查理曼大帝（或称查理帝国）这段时期称为"加洛林王朝"时期。15 世纪又增建了哥特式祭坛。近 150 年来又多次进行大规模修复，但教堂外表的砖石在长期的大气污染下受到损害，教堂中世纪的基础结构也出现了某些风化现象。奥多建造这座教堂时，把欧洲晚期古典主义建筑艺术和拜占庭建筑艺术揉合在一起，使教堂成为一座风格独特的伟大建筑（图 6-43）。

亚琛大教堂建成后，就被人们视为奇迹而加以膜拜，同时也表达了西方皇帝试图与东方罗马帝国的皇帝平起平坐、分庭抗礼的愿望。大教堂是一件艺术杰作，对古典主义之后形成并繁荣起来的新文化发展，起了决定性的作用。自到中世纪晚期，许多皇家建筑都采用了它的模式，在宫廷内建造教堂，成为宗教与政治合一的权力象征。

遗产评价：

亚琛大教堂又名巴拉丁礼拜堂，是德国著名的

6-44 亚琛大教堂

教堂、现存加洛林王朝建筑艺术最重要的范例。这座宫殿式教堂整体结构呈长方形，屋顶为拱形，修建于约 790—800 年查理曼大帝执政时期，灵感源于东罗马帝国的教堂，在中世纪又对其进行了扩建。它成功融合了古典建筑艺术、拜占庭式建筑及哥特式建筑的艺术风格，被德国世界遗产组织描述为"德国建筑和艺术历史的第一象征"（图 6-44）。

遗产保护：

二战期间，亚琛大教堂曾遭受破坏，直到 1966 年进行了全面的修缮。此后，1980 年的《北莱茵-威斯特伐利亚州古迹保护和保护法》和当地建筑规划对遗产亚琛大教堂内外的保护和建筑活动作出了规定。同时，根据《古迹保护和养护法》第 5 款，缓冲区作为古迹保护区

也进行保护。该遗产由大教堂建筑管理局管理，由大教堂分会负责。他们与区域和地方历史古迹保护当局协调一致，通过财产指导委员会，在有关各方的项目控制和协调方面行使权力。管理系统有一套维护和养护措施，指导委员会也要求每年对这些措施进行审查和更新。

132. 波兰：前纳粹德国奥斯维辛 - 比克瑙集中营（1940—1945年）（文化遗产）

Poland：Auschwitz Birkenau German Nazi Concentration and Extermination Camp (1940-1945)（Cultural heritage）

入选时间：1979年

入选标准：(vi)

遗产概述：

奥斯威辛 - 比克瑙集中营是纳粹德国为执行其"最终解决"政策而建立的六个集中营和灭绝营中最主要和最臭名昭著的一个，其目标是在欧洲大规模屠杀犹太人。它建于纳粹德国占领下的波兰，最初是波兰人的集中营，后来是苏联战俘的集中营，很快成为其他一些民族的监狱。除男女和儿童以及数万波兰受害者之外，还充当了对数千名罗姆人和辛提人以及几个欧洲国家的囚犯进行种族谋杀的营地（图6-45）。

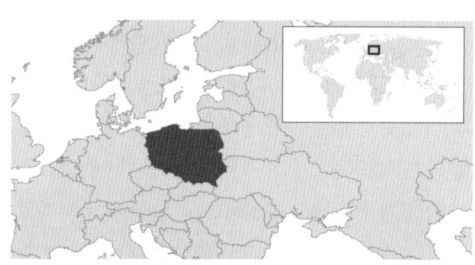

图 6-45 波兰的区位图

纳粹对犹太人的屠杀和灭绝政策根植于第三帝国传播的种族主义和反犹主义意识形态。奥斯维辛集中营的城墙、铁丝网、铁路侧线、站台、兵营、绞架、毒气室和火葬场清楚地显示了大屠杀以及纳粹德国的大屠杀和强迫劳动政策是如何发生的，集中营的藏品保存了那些被蓄意杀害的人的证据，同时也展示了这项工作的系统机制。

在人类剥削和苦难的展示中心，奥斯威辛一号和奥斯威辛二号两个集中营的遗址被列入《世界遗产名录》，因为原始证据经过精心保存，没有任何不必要的修复，具有很高的真实性和

图 6-46 奥斯维辛 - 比克瑙集中营

完整性，是人类首次工业推动的这种不人道、残忍和有条不紊的种族灭绝暴行的证据。

遗产评价：

奥斯维辛是20世纪人类对其同类进行残酷虐杀的见证。集中营壁垒森严，四周电网密布，设有哨所看台、绞形架、毒气杀人室和焚尸炉，展现了纳粹德国在原奥斯维辛 - 比克瑙集中营即第三帝国最大的灭绝营中执行种族灭绝政策

的状况。历史调查显示，有 150 万人（其中绝大部分是犹太人）在此被饿死、惨遭严刑拷打和杀戮（图 6-46）。

遗产保护：
该遗产受到波兰法律的保护，相关法律法规有《遗产保护法》《空间规划法》等。奥斯维辛集中营是一个国家文化机构，由文化部和国家遗产部直接监督，确保其运作和完成使命所需的资金。遗产地经常开展教育活动，以让更多人了解大屠杀的悲剧，并对这一全人类的悲剧进行反思。博物馆根据其全球保护计划实施了一项长期的保护措施方案，资金主要来自奥斯维辛集中营-比克瑙基金会。该基金会得到世界各国以及企业和个人的支持，还获得了一项国家补贴，以补充永久基金（2011 年 8 月 18 日关于奥斯维辛 Bikunu 基金会补助金的法案，旨在补充永久基金）。

133. 波兰：华沙历史城区（文化遗产）
Poland：Historic Centre of Warsaw（Cultural heritage）

入选时间：1980 年
入选标准：(ii)(vi)

遗产概述：
第二次世界大战期间，波兰首都华沙的历史中心遭到了侵略者摧毁，二战后，华沙人民对这座古城进行了彻底重建，为城市保护相关理论作出了重大贡献。

图 6-47 重建后的华沙历史中心

重建工作包括城市规划的整体重建，包括旧城集市、市政厅、城墙环线、皇家城堡和重要的宗教建筑。重建工作从 1945 年开始，一直持续到 20 世纪 60 年代中期。项目遵循两个指导原则：第一，尽可能使用可靠的档案文件；第二，重现这座历史悠久的城市 18 世纪末的面貌。后者是由该时期提供的详细的影像学和纪录片历史记录所决定的。此外，项目使用了 1939 年之前和 1944 年之后编制的保护目录，集合了大量艺术史学家、建筑师和保护人员的科学知识和专业知识。

重建后的华沙古城虽然只有数十年的历史，但不论是从城市景观还是城市精神上看，都凝聚了华沙建城以来积淀的历史和文化。华沙所特有的文化性和科学性，使其成为欧洲著名的历史文化中心，也成了当代建筑保护的重要典范（图 6-47）。

遗产评价：
1944 年 8 月华沙解放以前，华沙历史中心 85% 以上的建筑，已遭到德国纳粹部队摧毁。二战之后，华沙人民用长达 5 年的时间重建古城，修建了教堂、宫殿和贸易场所。华沙的重生是 13 世纪至 20 世纪建筑史上不可磨灭的一笔。

遗产保护：

华沙历史中心主要的管理方法是基于地方空间发展计划的管理计划和综合空间规划系统。在城市空间规划文件的基础上，勾勒出一个具有重要价值的历史遗迹缓冲区，以控制周围环境对这一世界遗产的影响。通过问题识别和定期监测系统，评估保护状态以及关注城市、环境、功能和社会变化，保护该地区免受潜在威胁。

此外，教育和提高人们对华沙重建在波兰和欧洲战后历史上重要性的认识，对于该遗产真实性的保护具有重要意义。

134. 瑞士：伯尔尼古城（文化遗产）
Switzerland：Old City of Berne（Cultural heritage）

入选时间：1983 年
入选标准：(iii)

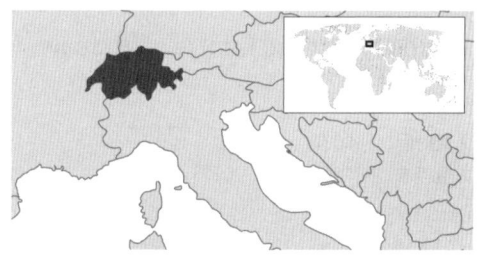

图 6-48 瑞士的区位图

遗产概述：

旧城伯尔尼位于瑞士高原的朱拉和阿尔卑斯山之间（图 6-48）。伯尔尼建于 12 世纪，坐落在一座小山上。自成立以来，它经历了几个阶段的扩张，扩张过程在其城市结构中仍然可见，主要是中世纪建筑的支流和一些明显的要素：宽阔的街道、规划良好的建筑、先进的水上交通基础设施等。令人印象深刻的建筑大部分是 18 世纪之后的，主要由沙质石灰岩建造，拱廊系统和拱形房屋支撑的外墙。19 世纪建造的大型公共纪念碑一般遵循世俗和宗教公共建筑建于外围的原则。

伯尔尼是按照极其连贯的规划原则发展起来的。中世纪的伯尔尼建筑，反映了从 12—14 世纪的城市扩张对遗址的缓慢征服，这使伯尔尼成为了中世纪城市高耸的典范，即欧洲最重要的城市规划创作。伯尔尼的一些特色改造也反映了现代的变化：在 16 世纪，风景如画的喷泉被引入城市，在塔楼和墙壁上进行了修复工作，教堂也竣工了；在 17 世纪，许多贵族房屋是由砂质石灰岩建造的，到 18 世纪末，大部分建造的区域都经历了改造。然而，这种持续的

图 6-49 伯尔尼古城

现代化，一直到今天，都是为了保护城市的中世纪城市结构而进行的。旧城伯尔尼是展示不断更新的建筑材料、同时尊重原有的城市规划理念的一个独特的例子。

遗产评价：

伯尔尼古城于 12 世纪建在阿勒河环绕的山丘上，古城几百年来不断发展进步，但城市的规

划理念却始终如一。伯尔尼古城保留有 15 世纪典雅的拱形长廊和 16 世纪的喷泉等建筑，历史可追溯到各个不同的历史时期。这座中世纪城镇的主体建筑在 18 世纪重新修建，并保留了原来的历史风貌（图 6-49）。

遗产保护：

自 1908 年以来，该遗产受益于特别的遗产保护立法，明确了城市景观保护要求，严格管制任何可能的破坏行为。对于整个首都的古城保护，该遗产的管理由各级政府行政系统负责，其中，根据不同的法律权限，历史古迹的专业部门负责保护已建成的遗产，而其他城市和州政府的服务部门则负责更广泛的城市管理，如规划和土地使用，公共和私人交通法规，以及安全、风险管理的安排，尤其是自然和环境灾难等方面。作为一个日常运行中的古城，虽然该遗产所涉及的场所具有一定的游客接待能力，但相关的居住、工作和商业活动，仍对古城的遗产保护构成了挑战。

135. 匈牙利：布达佩斯（多瑙河两岸、布达城堡区和安德拉什大街）（文化遗产）

Hungary：Budapest, including the Banks of the Danube, the Buda Castle Quarter and Andrassy Avenue（Cultural heritage）

入选时间：1987 年，2002 年
入选标准：(ii)(iv)

遗产概述：

布达佩斯是欧洲著名古城，位于匈牙利的中北部，坐落在多瑙河中游两岸，早先是遥遥相对的两座城市，后经几个世纪的扩建，在 1873 年由位于多瑙河左岸的城市布达和古布达以及右岸城市佩斯合并而成。1987 年，布达佩斯，包括多瑙河岸、布达城堡地区列入世界文化遗产，2002 年，多瑙河右岸的安德拉希大街和地铁增补列入上述同一个遗产项目（图 6-50）。

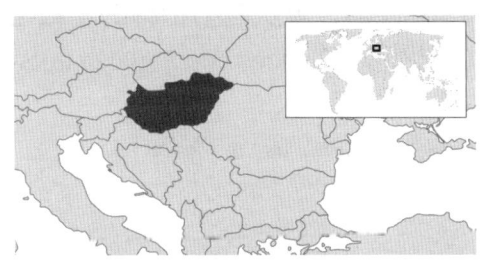

图 6-50 匈牙利的区位图

布达佩斯有"东欧巴黎"和"多瑙河明珠"的美誉，其最主要的历史遗迹都集中于多瑙河岸那座海拔 167 米的布达城堡山上，有罗马式的城市遗址和哥特式的建筑。布达依山而建，地处河岸台地和山坡之上，地形奇特，风光别致，长约 1500 米，宽约 500 米，只有 3 个城门可以通行，易守难攻。全城共有 4 条平行的主要街道，大大小小的广场是城内最独特的景观，这是当年居民们自由交易的场所。纵横的街道和频繁出现的小广场反映了欧洲中世纪城市的特点，城堡区的中心是圣三神广场，广场上原有一座哥特式教堂，土耳其人占领期间被毁，19 世纪末得以重修。此外，圣埃蒂安国王的雕像和巴洛克式的圣三神圆柱也是广场上亮丽的焦点。坐落于西城门附近的是当年的市政大厅，即布达城更高行政长宫的府邸，整个建筑分为 5 层，基座为石制，高耸的尖顶尤其引人注目。（图 6-51）。

遗产评价：

该地区保留有诸如阿昆库姆罗马城和哥特式布达城堡等遗迹，这些遗迹受到好几个时期建筑风格的影响，是世界上城市景观中的杰出典范之一，显示了匈牙利都城在历史上各伟大时期的风貌。

遗产保护：

自 1965 年以来，该遗产及其缓冲区一直作为历史古迹受到法律保护；根据 2002 年的《文化遗产保护法》，在 2005 年扩大了该保护区的范围，许多历史建筑以及桥梁和堤防也得到了单独保护。世界遗产委员会的决定推动了对遗产边界的调整和对遗产及其周围环境价值的新认识。根据 2011 年《国家世界遗产法》，

图 6-51 布达佩斯老城

将定期监控遗产的保护状况、威胁以及保护措施，并报告给国民议会，同时至少每七年审查一次管理计划。一旦定稿并获得批准，该计划及相应的管理机构将提供具有明确职责的管控安排。

136. 德国：波茨坦与柏林的宫殿与庭园（文化遗产）
Germany：Palaces and Parks of Potsdam and Berlin（Cultural heritage）

入选时间：1990 年，1992 年，1999 年
入选标准：(i)(ii)(iv)

遗产概述：

波茨坦位于德国北部的侵蚀山脉和冰川区内，距离柏林 10 千米。柏林纳森林和哈维尔河形成的一系列湖泊和池塘，为波茨坦的宫殿和庭园提供了优越的自然资源。这里在历史上曾经是政治和文化生活中心，现在是柏林地区的主要城市。

10 世纪，斯拉夫部落占据了波茨坦地区；12 世纪，阿斯卡尼亚王朝在这里设城建立了统治。在中世纪时期，霍亨佐伦人迁徙到勃兰登堡平原，这是波茨坦在历史上的转折点。1617 年，他们在波茨坦建造城堡，作为他们的居住地。30 年战争（1618—1648 年）以后，统治者弗里德里希·威廉（1620—1688 年）在这里建造宫殿，重建了城市。

1685 年，波茨坦敕令颁布以后，胡格诺派教徒和荷兰人源源不断地涌入城市，他们也与波茨坦的繁荣有很大的关系。在弗里德里希·威廉一世（1713—1740 年）统治时期，城市的主要功能加强了，建立了法国教堂和荷兰居民区。在弗里德里希二世（1740—1786 年）时期，波茨坦进入其兴盛期，它成为普鲁士事实上的首都。普鲁士国王弗里德里希二世热衷于艺术与文学，他促成了无忧宫庭园和宫殿的发展。7 年战争（1756—1763 年）之后，他建造了包括新宫殿在内的许多建筑。19 世纪，弗里德里

希·威廉四世（1840-1861年）在无忧宫庭园内增建了7座建筑和庭园。其他的庭园和公园因此也整体增加了空间。

波茨坦是城市设计中的杰作，它根据自然背景，从有利的视觉角度来组织城市中园林和宫殿建筑，在设计中运用了对称和自然的原则，后者借鉴了英式花园的风格。尽管建筑样式丰富和风格多样，整座城市仍然保持着和谐。除了巴洛克和古典风格，这里还有洛可可风格，无忧宫庭园正是这种混合风格的卓越典范。克诺贝尔斯多夫、辛克尔和莱内，这些著名的艺术家使19世纪盛行的复古主义在早期的无忧宫庭园建筑中留下了印迹。波茨坦是18世纪欧洲城市和庭园艺术的结合，大大地影响了奥德河东部的建筑艺术的发展和空间的拓展，同时也是欧洲内部的君权观念的体现。

遗产评价：

波茨坦拥有500公顷的公园和建于1730年至1916年间的150座建筑，宫殿和公园构成了

图6-52 波茨坦与柏林的宫殿与庭园

一个艺术整体，其折衷主义的本质加强了其独特性。它延伸到柏林泽伦多夫区，哈维尔河和格里尼克湖沿岸有宫殿和公园。伏尔泰曾住在建于1745年至1747年间腓特烈二世统治下的圣索奇宫（图6-52）。

遗产保护：

遗产受2004年颁布的《勃兰登堡州古迹保护法》、1996年10月30日联合国教科文组织《世界遗产名录》《波茨坦纪念区管理区条例》以及《柏林波茨坦文化景观纪念区保护条例》的保护。

---

137. 匈牙利、斯洛文尼亚：阿格泰列克洞穴和斯洛伐克喀斯特地貌（自然遗产）
Hungary, Slovakia: Caves of Aggtelek Karst and Slovak Karst
（Natural heritage）

入选时间：1995年，2005年，2008年
入选标准：(viii)

遗产概述：

阿格泰列克洞穴和斯洛伐克喀斯特位于斯洛伐克南部和匈牙利北部交界处，横跨喀尔巴阡山脉南部的丘陵地带（图6-53）。

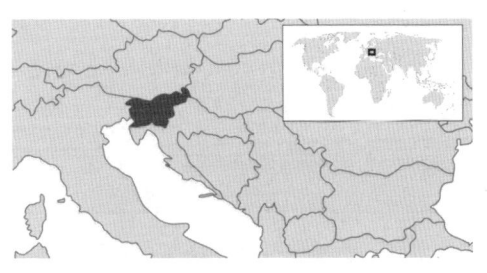

图6-53 斯诺文尼亚的区位图

阿格泰列克国家公园占地面积为 19708 公顷，斯洛伐克喀斯特风景保护区占地面积为 36165 公顷，但被列入"世界自然遗产"的部分仅为洞穴本身。阿格泰列克洞穴和斯洛伐克喀斯特是欧洲喀斯特地形研究的最大地区，迄今为止已确定有 712 处洞穴。许多形成于高地边缘的较为年轻的洞穴中都有石钟乳作为天然装饰，而其中引人注目的是世界上最高的石笋（32.7米）和布满冰雪的深渊。

阿格泰列克洞穴和斯洛伐克喀斯特以独特的喀斯特地形和自然的、生物的形成物而闻名于世，无论是从科学研究还是艺术欣赏的角度，其价值都是难以估量的。

遗产评价：
变化多端的岩层结构以及顺序排列在有限空间内的 712 个洞穴，为我们描绘出一幅温带喀斯特的神奇景观（图 6-54）。作为热带与冰河气候共同作用下的一种奇特的组合，使人们研究几千万年以来该地貌的历史成为可能。

遗产保护：
所有的洞穴都是国有的，它们的保护受到相关法令的保障，1996 关于匈牙利的自然保护和《斯洛伐克宪法》第 90/2001 条，以及斯洛伐克自然保护和景观 543/2002 号。然而，在这两个国家，大部分的地表遗产都有国家公园的名称。阿格泰列克喀斯特由阿格泰列克国家公园管理局管理，斯洛伐克喀斯特由斯洛伐克喀斯特国

图 6-54 阿格泰列克洞穴

家公园管理局(地表)和斯洛伐克洞穴管理局(洞穴)管理。这些行政机构开展包括研究、保护和监测在内的联合项目。

主要的保护和管理要求是确保对地表活动的严格控制，以避免农业污染、森林砍伐和土壤侵蚀，这可能影响渗透喀斯特的水质和水量。对遗产进行监测可以确保洞穴的集水区水质的质量，防止大规模的土壤侵蚀和腐殖质和冲积土渗入洞穴。

138. 捷克：布拉格历史中心（文化遗产）
Czech Republic：Historic Centre of Prague（Cultural heritage）

入选时间： 1992 年，2012 年
入选标准： (ii)(iv)(vi)

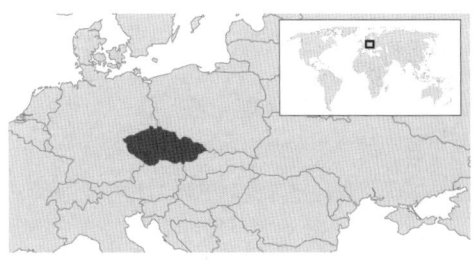

图 6-55 捷克的区位图

遗产概述：

布拉格历史中心是捷克共和国的首都和最大的城市，位于该国的中波希米亚州、伏尔塔瓦河流域。该市地处欧洲大陆的中心，在交通上一向具有重要地位，与周边国家的联系也相当密切（特别是在地理上恰好介于柏林与维也纳这2个德语国家的首都中间）（图 6-55）。

布拉格历史中心是一座欧洲历史名城。城堡始建于 9 世纪。1345—1378 年，在查理四世统治时期，布拉格成为神圣罗马帝国兼波希米亚王国的都城，而达到鼎盛时期，并兴建了中欧、北欧和东欧第一所大学——查理大学。15 世纪和 17 世纪，在布拉格先后由于宗教原因发生2 次将人扔出窗外的事件，分别引发了胡斯战争和影响深远的欧洲三十年战争（1618—1648 年）。工业革命以后到第二次世界大战以前，布拉格曾属于欧洲工业较发达的城市之一，在奥匈帝国拥有举足轻重的地位。当时布拉格也曾是一个多民族混居的城市，多元文化是其显著特色，不过经过两次世界大战之后，布拉格已经基本上成为单一捷克民族的城市。

布拉格是一座著名的旅游城市，市内拥有为数众多的各个历史时期、各种风格的建筑，从罗马式、哥特式建筑、文艺复兴、巴洛克、洛可可、新古典主义、新艺术运动风格到立体派和超现代主义，其中特别以巴洛克风格和哥特式建筑更为突出。布拉格建筑给人整体上的观感是建筑顶部变化特别丰富，并且色彩极为绚丽夺目（红瓦黄墙），因而拥有"千塔之城""金色

图 6-56 布拉格历史中心

城市"等美称，号称欧洲最美丽的城市之一（图6-56）。

布拉格历史中心也是欧洲的文化重镇之一，历史上曾有音乐、文学等诸多领域众多杰出人物，如作曲家沃尔夫冈·莫扎特、贝多伊奇·斯美塔那、安东尼·德沃夏克，作家弗兰兹·卡夫卡、瓦茨拉夫·哈维尔、米兰·昆德拉等人在该城进行创作活动，今天该市仍保持了浓郁的文化气氛，拥有众多的歌剧院、音乐厅、博物馆、美术馆、图书馆、电影院等文化机构，以及层出不穷的年度文化活动。

遗产评价：

布拉格历史中心建于 11—18 世纪之间，老城、外城和新城自中世纪起就以其建筑和文化上的巨

大影响而著称于世。中心拥有诸如荷拉德卡尼城堡、圣比图斯大教堂、查理桥以及数不胜数的教堂和宫殿等绚丽壮观的遗迹，其中大多数建于14世纪神圣罗马皇帝查理四世治时期。

遗产保护：

该遗产受修订后的《国家遗产保护法》保护。历史悠久的市中心本身包含许多被指定为文化遗产或国家文化遗产的建筑物，并根据国家法律作为城市遗产保留地受到保护。任何可能影响它的行为都必须由相应的州或地方当局授权。除布拉格城堡外，布拉格市历史中心全境的文物保护由布拉格市政府提供。布拉格城堡由共和国总统办公室专门设立的在遗产保护方面具有很高的专业能力的部门进行组织管理。布拉格历史中心的缓冲区与现行法规下的城市遗产保护区相同，新建筑物的高度和体积由主管当局进行审查。

139. 德国：魏玛、德绍和贝尔瑙的包豪斯建筑及其遗址（文化遗产）
Germany：Bauhaus and its Sites in Weimar, Dessau and Bernau（Cultural heritage）

入选时间：1996 年，2017 年
入选标准：(ii)(iv)(vi)

遗产概述：

在 1919 年至 1933 年之间，首先在魏玛，然后在德绍成立的国立包豪斯学校，彻底改变了建筑和美学概念与实践。该学院的教授（亨利·范·德·韦尔德、沃尔特·格罗皮乌斯，汉尼斯·迈耶、拉斯洛·莫霍利·纳吉和瓦西里·康定斯基）通过创建和减化装饰的建筑物发起了现代运动，该运动塑造了 20 世纪及以后的大部分建筑。该遗产的组成部分包括魏玛的前艺术学校、应用艺术学校和霍恩角展示馆，包豪斯建筑，德绍的七个大师之家和外廊式阳台的房屋，以及位于贝尔瑙的德国贸易联盟联合学校。包豪斯建筑事务所希望用当时的新材料（钢筋混凝土、玻璃、钢）和建筑方法（骨架结构、玻璃幕墙）来发展现代建筑。基于功能原理，建筑物的形式拒绝了传统的历史象征符号。在严格的抽象过程中，建筑形式（包括细分的建筑结构和单个结构元素）都被还原为主要的基本要素。

图 6-57 魏玛的包豪斯建筑及其遗址

他们用具有导向性的相互连接的通透立方体空间组成，表达了现代主义建筑的特色。

包豪斯是一个新思想的中心，吸引了大批进步的建筑师和艺术家。包豪斯学派在世界各地已成为现代建筑的象征，并与沃尔特·格罗皮乌斯的名字密不可分。他的继任包豪斯董事的汉尼斯·迈耶在包豪斯建筑部门的培训框架内实现了对建筑项目进行集体工作的想法。这些建筑物有着科学的设计方法，具有特定的社会目标功能。包豪斯建筑本身和包豪斯建筑大师设计的其他建筑是早期现代主义的代表。

这些遗产不仅是艺术和文化的重要纪念碑，而且还是 20 世纪历史思想的重要纪念碑。尽管包豪斯的社会改革哲学只不过是一厢情愿，但其乌托邦理想却通过其建筑形式变为现实。它的直接可达性仍然具有令人着迷的力量，并作为文化遗产而属于全人类。

尽管包豪斯学院在希特勒统治时期改作他用，二战末期又遭受到破坏，其代表人物也被迫流亡国外，但包豪斯的思想至今没有消亡。正应验了一句众所周知的话："思想的生命力是长久的。"1986 年，德绍包豪斯学院作为艺术创作中心重新开业（图 6-57）。

遗产评价：
在 1919 年至 1933 年之间，包豪斯运动在 20 世纪掀起了建筑和美学思想与实践的革命。魏玛、德绍和贝尔瑙的包豪斯建筑是经典现代主义的奠基性代表，旨在对建筑和设计进行彻底的更新。该遗产于 1996 年被列入《世界遗产名录》，最初由位于魏玛（前美术学院、应用艺术学校和霍恩展示馆）和德绍（包豪斯建筑，以及七位大师的住宅）的建筑物组成。2017 年的扩展包括德绍的带阳台的房屋和贝尔瑙的德国贸易联盟联合学校，它们也对包豪斯的朴素设计、功能主义和社会改革理念作出了重要贡献。

遗产保护：
应用艺术学校和魏玛州的霍恩角学校都受到《图林根历史遗迹保护法》第 7 条的保护，被列为图林根自由州的历史遗迹。1992 年 1 月，包豪斯建筑、大师之家和带有阳台的房屋被列入萨克森－安哈尔特州的注册项目（1991 年 10 月 21 日《历史遗迹保护法》）。德国贸易联盟联合学校已在勃兰登堡联邦州的古迹名录中注册，因此受到其 1991 年保护和保存历史古迹的法律的保护。包豪斯大楼和大师们的住宅被公共基金会包豪斯 - 德绍基金会使用。在魏玛、德绍和贝尔瑙，注册历史古迹在任何区域发展计划中都会考虑到相应的保护要求。

魏玛古迹保护的总体责任是由图林根自由州的州议会、德绍州的萨克森 - 安哈特文化部和贝尔瑙的勃兰登堡州的科学、研究和文化部负责。在任何情况下，都通过各自的卅办事处来保存历史遗迹。直接管理权分配给相应的州和市当局，根据其各自的保护条例运作。在德绍，包豪斯的遗址由包豪斯德绍基金会管理。

140. 奥地利：维也纳历史中心（文化遗产）
Austria：Historic Centre of Vienna（Cultural heritage）

入选时间： 2001 年
入选标准： (ii)(iv)(vi)

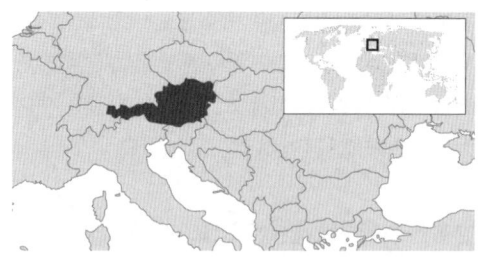

图 6-58 奥地利的区位图

遗产概述：

维也纳位于奥地利东北部阿尔卑斯山北麓多瑙河畔，是世界名城、奥地利首都（图 6-58），以"音乐之都"闻名遐迩，多瑙河贯穿全城，内城的古街道，纵横交错，少有高层房屋，多为巴洛克式、哥特式和罗马式建筑。

圣斯特凡大教堂是维也纳市中心的哥特式教堂，也是欧洲最高的几座哥特式古建筑之一，带有东欧教堂的浓厚地方色彩。在教堂顶盖外面，绘有大面积的色彩缤纷的图案纹，有"维也纳的精魂"之称。1304 年始建，2 个世纪后竣工，被认为是集几百年建筑艺术大成之杰作。第二次世界大战中被毁，战后历时 10 年重建，于 1958 年基本恢复旧观。大教堂由 1 座主体楼和 3 座塔楼组成，以南塔最为壮观，高 138 米，成锥体形直插云天。

图 6-59 维也纳历史中心

霍夫堡宫是奥地利哈布斯堡王朝的宫苑，坐落在首都维也纳的市中心，1696 年动工，1713 年落成，历时 10 余年。它是奥卡尔六世皇帝为欧根亲王建造的。欧根亲王原是法国贵族，后来成了率领奥地利军队击退土耳其入侵的民族英雄。在皇宫前的英雄广场上竖有他的跃马英雄铜像。他是深懂建筑艺术的武将，建筑师按照他的设想建造了一座仿法国凡尔赛宫的、富丽堂皇巴洛克式的宫殿，是欧洲最为壮观的宫殿之一（图 6-59）。

遗产评价：

维也纳是从早期哥特人和罗马人聚落发展起来的，后来成了一个中世纪巴洛克风格的城市——奥匈帝国首都。从伟大的维也纳古典乐派时代开始一直到 20 世纪初，维也纳一直作为欧洲音乐中心发挥着重要的作用。维也纳历史中心汇集了大量建筑艺术，包括巴洛克风格的城堡和花园，还有建于 19 世纪晚期的环城大道、两旁宏伟的楼群，也有古迹和公园。

遗产保护：

遗产大约 75% 为私人所有，18% 为公共所有，7% 由罗马天主教堂拥有。联邦和市/省级的各种法律文书都保护着维也纳历史中心及其缓冲区，包括《联邦纪念碑保护法》（第 533/1923 号联邦法律公报，最新修正案于 2000 年 1 月 1 日生效），以及《城市建筑规范》及其旧城保护修正案（第 16 号《维也纳法律公报》）/ 1972）。维也纳的部分地区受《维也纳自然保护法》（从 1998 年开始）的管制。其他法律文书，例如《车库法》和《树木保护法》，也都适用。

除了这些规定，维也纳省还通过了《土地使用计划》和《城市发展计划》作为规划工具。比例为 1：2000 的土地使用计划是城市发展计划的更精确版本，将都市圈划分为绿色区域、开发区域和基础设施区域。《城市发展计划》规定了《维也纳旧城区保护法》所定义的保护区的空间尺寸。2002 年制定的《管理计划》提到了维也纳的两个世界遗产（维也纳历史中心和美泉宫和花园）。该计划的目标与正式确定文化财产的法律保护程序，确定文化遗产的城市管理体系以及保护文化遗产的必要措施。

141. 瑞士：少女峰 – 阿雷奇冰河 – 毕奇霍恩峰（自然遗产）
Switzerland：Swiss Alps Jungfrau-Aletsch（Natural heritage）

入选时间：2001 年，2007 年
入选标准：(vii)(viii)(ix)

遗产概述：

少女峰 – 阿雷奇冰河 – 毕奇霍恩峰是阿尔卑斯山冰蚀现象最显著的地区，有一系列典型的冰川特征，如 U 形山谷、冰斗、角峰和冰碛等，记录了促成阿尔卑斯山形成的明显的地壳上升和挤压运动。该地区良好的高山和亚高山环境哺育了丰富的动植物物种，冰川退缩形成的植物移植提供了植物演替的突出范例。

图 6-60　少女峰 – 阿雷奇冰河 – 毕奇霍恩峰

阿莱奇峰地区拥有欧洲最长的冰川，长达 23 千米，是连接少女峰地区和阿莱奇地区的阿尔卑斯最大冰川。这个巨大的冰川由积雪、冰块和岩石组成，总重量将近 300 亿吨。阿莱奇冰川物种丰富，不仅有昆虫等各种动物，还有不畏严寒竞相开放的野花。

少女峰海拔 4158 米，是欧洲的最高峰，这里终年积雪，是伯尔尼高地最迷人的地方。少女峰铁路本身就是 20 世纪初的工程奇迹。修筑这条铁路用了 16 年时间，而为了避免滑坡和风雪，路线有相当长的部分是在艾格峰腹地内的隧道中盘旋而上的。

遗产评价：

该遗产为阿尔卑斯高山——包括山脉受冰河作用最严重的部分和欧亚大陆山脉最大的冰川——的形成提供了一个杰出的实例。它以生态系统多样性为特点，包括特别受气候变化冰川融化而形成的演替阶段。该遗产因景色秀美、而且包含山脉和冰川形成以及正在发生的气候变化方面的丰富知识而具有突出的全球价值。在它尤其通过植物演替所阐释的生态和生物过程方面，该遗址的价值无法衡量。其令人难忘的景观在欧洲艺术、文化、登山和阿尔卑斯山旅游中起着重要作用（图 6-60）。

遗产保护：

该遗产制定了完善的管理战略和计划，几乎所有遗产都受到对应的法律保护。关键的管理问题包括气候变化、旅游业管理的潜在影响，以及确保联邦、州和社区各级政府之间有效协调管理责任的需求。

---

142. 德国：易北河谷景观（2009年除名的文化景观）
Germany：Dresden Elbe Valley（Delisted 2009）（Cultural heritage）

入选时间：2004年（2009年被除名）
入选标准：(ii)(iii)(iv)(v)

遗产概述：

德累斯顿易北河流域是一个优秀的文化景观，是一个集著名的巴洛克背景和郊区花园城市于一体的艺术河谷。它是欧洲文化、科学和技术的汇聚地，其艺术收藏、建筑、园林和景观特色一直是18世纪和19世纪中欧发展的重要参考，有着宫廷建筑和庆典的非凡见证，以及欧洲城市发展进入现代工业时代的中产阶级建筑和工业遗产的著名实例。同时，该河谷也是土地利用的一个典范，代表着中欧一个主要城市的特殊发展历程，这一文化景观的价值早已得到承认。但遗憾的是，2009年6月25日，该遗产因新建工程破坏景观而被除名。

图 6-61　累斯顿易北河谷

遗产评价：

18世纪和19世纪的德累斯顿的埃尔伯峡谷景观起始于西北部的于毕高宫和奥斯特拉葛黑葛平原，东南一直延伸到皮尔尼茨宫和易北岛，沿着河谷纵深有18千米长。这里主要有低洼草地，顶部的皮尔尼茨宫，德累斯顿遗迹中心，还有16—20世纪的无数古迹和公园，同时还拥有19世纪和20世纪的郊区别墅、花园以及极具价值的自然风光。

今天，一些沿河梯田仍然种植着葡萄，一些古老的村庄仍然保留着工业革命时期的历史建筑和设施，特别是长147米的钢桥（1891年至1893年）、单轨吊索铁路（1898年至1901年）和索道（1894年至1895年）。古老的汽船（源于1879年）和成立于1900年的造船厂至今也仍在使用（图6-61）。

遗产保护：

2009年6月25日，由于在文化景观中心建造了一座四车道桥梁，世界遗产委员会决定将德国德累斯顿易北河谷从联合国教科文组织世界遗产名录中删除，这意味着该遗产未能保持其"突出的普遍价值"。这也是世界遗产登录工作四十多年来，继阿曼阿拉伯羚羊保护区之后，第二个被除名的项目。

第五节
东部欧洲

东欧现指从波罗的海东岸至黑海东岸一线向东直抵乌拉尔山脉的广大地区（图6-62）。包括爱沙尼亚、拉脱维亚、立陶宛、俄罗斯、白俄罗斯、乌克兰、摩尔多瓦7个国家。这里的地形较为单一，主要是以东欧平原为主，气候也是也温带大陆性气候为主，冬季严寒，夏季温暖，春秋季较短，年温差大。

东欧的主要民族是斯拉夫人，大多数信奉东正教。自从18世纪俄罗斯沙皇彼得大帝励志图强、对外扩张以来，俄罗斯和一战后的苏维埃政权，一直是东欧的政治、经济和文化的核心，也新建了大量举世瞩目的新都城和新宫殿，展现了斯拉夫民族独具特色的帝国形象（案例143和案例144）。

此外，由于东欧地域辽阔，民族和国家众多，与中欧、北欧也联系紧密，因此在世界遗产的名录上，也出现了多国联合申报的文化和自然遗产（案例146和案例147）。因为俄罗斯幅员辽阔，除了东欧范围内的国土，还包括乌拉尔山脉以东广阔的北亚地区（案例145），所以这个区域的总面积达到1780万平方千米，人口超过2亿，但主要分布在欧洲。

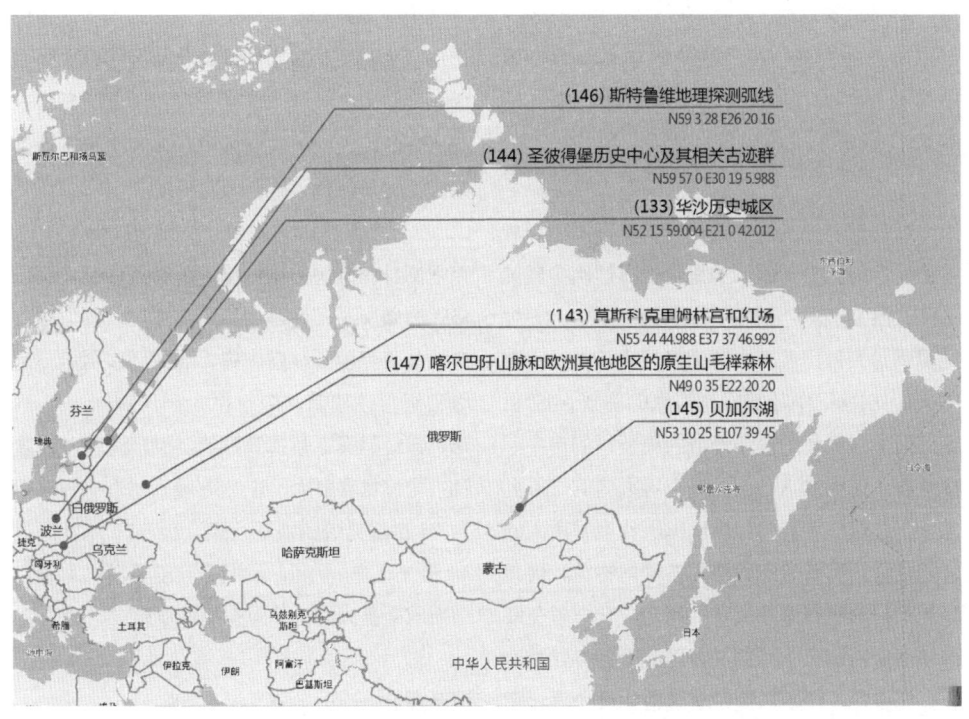

图6-62 东部欧洲的遗产案例分布图

143. 俄罗斯：莫斯科克里姆林宫和红场（文化遗产）
Russian Federation：Kremlin and Red Square, Moscow（Cultural heritage）

入选时间：1990 年
入选标准：(i)(ii)(iv)(vi)

遗产概述：

红场总面积 9.035 万平方米，长 695 米，宽 130 米，是莫斯科最古老的广场，也是莫斯科的中心。西南与克里姆林宫相连，红场正中是克里姆林宫东墙，宫墙左右两边对称耸立着斯巴斯基塔楼和尼古拉塔楼，双塔凌空，异常壮观。步入红场等于步入了俄罗斯精神家园的大门，红场的一切同样代表了俄罗斯民族悠久的历史（图 6-63）。

红场与克里姆林宫并非同时建造，15 世纪 90 年代的一场大火使这里变成了"火烧场"，空旷寂寥。直到 17 世纪中叶这个地方才有了"红场"之说，意即"美丽的广场"（图 6-64）。虽历经修建改建，但红场仍然保持原样，路面还是过去的石块，已被鞋底磨得光滑而凹凸不平。

克里姆林宫为红场最主要建筑，是俄罗斯民族最负盛名的历史丰碑，也是全世界建筑中最美丽的作品之一。它初建于 12 世纪中期，15 世纪莫斯科大公伊凡三世时初具规模，以后逐渐扩大。16 世纪中叶起成为沙皇的宫堡，17 世纪逐渐失去城堡的性质而成为莫斯科的市中心建筑群。宫殿的核心部分是宫墙之内的一系列宫殿，建筑气宇轩昂，体现出历代俄罗斯人的聪明才智。另有政府大厦和各种博物馆。最具特色的是一组有洋葱头顶的高塔，它们是在红砖墙面用白色石头装饰，再配上各种颜色外表，如金色、绿色以及杂有黄色和红色等。它由俄著名建筑师巴尔马和波斯尼设计，不同于

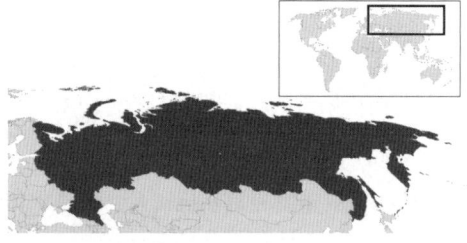

图 6-63 俄罗斯的区位图

图 6-64 克里姆林宫和红场

欧洲古代的哥特式与罗马式，而与东方清真寺风格颇为相似。克里姆林宫也吸收了西方建筑的精粹，它的几幢主要建筑都是由意大利设计师设计的，所以，克里姆林宫建筑艺术上博采众长又独具特色，获得普遍赞誉。

克里姆林宫既是最富丽堂皇的帝王住所，又是坚固的堡垒，还珍藏大量的文物。索皮尔娜雅广场位于克里姆林宫中央，周围环以历史、艺术和纪念性建筑，中心是大伊凡钟楼，高 81 米，曾经是莫斯科最高建筑。钟楼旁有一沙皇钟，号称世界最大，重 200 吨。附近一件被称为 16 世纪奇迹的沙皇大炮，长 5.35 米，口径 40 厘米，重 40 吨，本用于守卫莫斯科河渡口与斯巴斯基大门的，但一直没发射过。

遗产评价：

由俄罗斯和外国建筑家于 14 世纪至 17 世纪

共同修建的克里姆林宫,作为沙皇的住宅和宗教中心,与13世纪以来俄罗斯所有最重要的历史事件和政治事件密不可分。在红场上防御城墙的脚下坐落的圣瓦西里教堂是俄罗斯传统艺术最漂亮的代表作之一。

遗产保护:

克里姆林宫和红场是俄罗斯重要的文化遗产,俄罗斯联邦和莫斯科市为管理和保护这一遗产建立了有效的法律体系。根据1991年12月18日RSFSR总统令(第294号),莫斯科克里姆林宫被列为俄罗斯受特别保护的文化遗产——俄罗斯立法中文化和历史古迹的最高保护地位。2002年6月25日第73-FZ号联邦法律"对俄罗斯联邦国家的文化遗产(历史文化遗迹)进行保护",规定了对联邦遗址的保护和管理。负责保护文化遗产的联邦行政机构是俄罗斯联邦文化部文化遗产领域的控制、监督和许可司,负责遗产及其相连领土的恢复、使用和修复。

144. 俄罗斯:圣彼得堡历史中心及其相关古迹群(文化遗产)
Russian Federation:Historic Centre of Saint Petersburg and Related Groups of Monuments(Cultural heritage)

入选时间:1990年,2013年
入选标准:(i)(ii)(iv)(vi)

遗产概述:

这座拥有众多河道和400多座桥梁的"北方的威尼斯"1703年由彼得大帝开始建造,300多年前,彼得大帝为了取得一处出海口,实现他将俄国建成海上强国的梦想,御驾亲征,从瑞典人手里夺得涅瓦河三角洲地带。然后下令在此建一座以他的名字命名的城市,并发誓要把它建成世界上最美的城市。1712年,他将首都由莫斯科迁往圣彼得堡。此后的200多年间,几代沙皇在城内和城郊建起一座座闻名于世的皇宫和行宫。

图6-65 圣彼得堡历史中心

圣彼得堡历史中心的建筑和雕塑融合了巴洛克和新古典主义风格,重要的建筑有冬宫、彼得宫、大宫等。冬宫是18世纪中叶俄国巴洛克式建筑的杰出典范,1922年起成为艾尔米塔什博物馆的主体,平面呈封闭式长方形,长约280米,宽约140米,高22米,建筑总面积4.6万平方米,占地9万平方米。它一面朝向涅瓦河,另一面朝向海军大厦和宫殿广场。外墙四周分布着上下两排倚柱和三层拱顶窗,立面顶端有200多座雕像和花瓶等多种装饰图案。宫殿内部以金、铜、水晶、大理石、孔雀石和各种艺术珍品装饰,色彩缤纷,豪华而又典雅。宫内大厅各具特色,其中乔治大厅、亚历山大厅、孔雀石大厅、小餐厅尤为著名。在乔治大厅的墙上有一幅罕见的俄国地图,上面镶有45000颗各色宝石。冬宫与许多历史事件有关,曾是1917年2月革命后的临时政府所在地。

十月革命攻占冬宫，在小餐厅逮捕了临时政府各部部长。

彼得宫是俄国历史上最伟大的皇帝彼得一世的意志体现，是圣彼得堡最豪华的行宫。彼得大帝领导了宫殿园林的规划设计，有的甚至亲绘草图，极力在各个方面仿效欧洲，包括欧洲宫廷最流行的时尚，意图建造豪华程度不逊于凡尔赛宫的行宫。在大帝去世后，工程一度停止。后来的2个世纪曾反复扩建改建（图6-65）。

大宫是彼得宫的结构中心，东西长300米，以南高北低的地势将园区分为上园和下园。上园占地15万平方米。园内景致分割为若干几何形景区，疏朗而不空旷，以修建整齐的树木草坪和藤蔓围成的花墙与甬道，以及池塘内外的雕像和喷泉为主景，构成18世纪上半叶欧洲宫廷花园的典型特征。上园最醒目的装饰要算居于园中央的海神涅普顿青铜群雕喷泉，雕像由纽伦堡的艺术家创作于17世纪中叶。

皇村在沙皇离宫中主要反映了叶卡捷琳娜二世的理想和品位，全面展示了各种园林艺术风格，巴洛克式的华美、古典主义的自然、浪漫主义的伤感以及中国风格的异国情调，共同编织成一个结构完整、丰富多彩的园林建筑综合体，成为世界园林艺术中一颗璀璨的明珠。皇村与普希金的名字紧紧地联系在一起。作为其文学生涯的摇篮，这片充满灵性的土地沐浴着诗人，赋予他源源不断的灵感，1937年诗人逝世100周年之际，皇村改称"普希金城"。

遗产评价：

被称为"向欧洲开放的门户"的圣彼得堡，是18世纪初根据俄国沙皇彼得大帝的命令，以创记录的速度兴建起来的。它坐落在俄罗斯北部荒凉地带，虽历史不长，但大量融合了巴洛克风格和古典主义风格的建筑，使这座城市成为俄罗斯最美丽的城市之一。在十月革命爆发的第二年（1918年）以前的200多年里，圣彼得堡一直是沙皇俄国的首都，它不仅是政治经济的中心，还是诞生过陀思妥耶夫斯基和柴可夫斯基的伟大作品的艺术之都。1924年列宁逝世后，该城改名为列宁格勒。1991年苏联解体后，恢复原名。

遗产保护：

遗址受到1976年《关于保存和使用历史文化古迹》的保护。为了确保历史城市景观的遗产构成及其综合价值得到适当保护，俄罗斯正在不断改善法律保护状况、保护区制度和土地使用制度。近年来，在文化遗产保护和城市发展的范围内，立法不断扩大，在2002—2014年间通过和修改了下列法律："关于俄罗斯联邦的文化遗产（历史和文化）"（2002，2014），《俄罗斯联邦城镇规划守则》（2004，2014），"关于圣彼得堡的总体规划"（2005，2013），圣彼得堡市通过的《关于圣彼得堡领土上文化遗产保护区的边界》和该区边界内的土地使用模式以及对法律的修正，以及《圣彼得堡》《圣彼得堡总计划》和《圣彼得堡境内文化遗产保护区界线》（2008，2014），《圣彼得堡土地利用与发展规则》（2009，2010）等，所有这些文件都规定了世界遗产关于遗产范围内的城市发展和土地使用，为遗产保护提供了健全的法律法规制度。

145. 俄罗斯：贝加尔湖（自然遗产）
Russian Federation：Lake Baikal（Natural heritage）

入选时间：1996 年
入选标准：(vii)(viii)(ix)(x)

遗产概述：

贝加尔湖，是布里亚特语，意为"富饶的湖泊"，因湖中盛产多种鱼类而得名。位于俄罗斯东西伯利亚南部，在布里亚特共和国和伊尔库茨克州境内，湖总容积 23.6 万亿立方米（2015 年），最深处达 1637 米（2015 年），是世界第一深湖、欧亚大陆最大的淡水湖。湖长 636 千米，平均宽 48 千米，面积为 3.15 万平方千米，由地层断裂陷落而成，湖面海拔 455 米，平均水深 730 米。

贝加尔湖形成于约 2500 万年前印度板块和欧亚板块相互碰撞后的强烈地震，湖盆形成于 2500 万年前。湖中有 27 个小岛，因未受第四纪冰川覆盖，湖中仍保留着第三纪的淡水动物，著名的有贝加尔海豹、凹目白鲑、奥木尔鱼、鲨鱼等。同时还包含近 20% 的世界未冻结淡水储备、拥有多种特有的动植物，周围还有很多具有高风景和其他自然价值的保护区系统，对进化科学具有非凡的价值（图 6-66）。

贝加尔湖还有"西伯利亚明珠"之称。中国古称之为北海，曾为中国北方部族主要活动地区，清朝曾短期控制该地，《尼布楚条约》后，将这块地区割让给沙皇俄国。贝加尔湖地区是伊尔库次克少数民族聚居地，其中以蒙古族的支系布力亚特人口居多，有较丰富的民族文化资源。

图 6-66　贝加尔湖

遗产评价：

坐落在俄罗斯联邦境内西伯利亚东南部的贝加尔湖，占地 315 万公顷，是世界历史最悠久（2500 万年）且最深的（1700 米）湖泊。它拥有地表不冻淡水资源的 20%。以"俄国的加拉帕戈斯"而闻名于世，它是拥有世界上种类最多和最稀有的淡水动物群的地区之一，而这一动物群对于进化科学的研究具有不可估量的价值。

遗产保护：

因过度开发，贝加尔湖面临着水土流失、物种减少、环境污染等困境。亟需完善的法律法规和管理措施进行全面系统的保护。

146. 白俄罗斯、爱沙尼亚、芬兰、拉脱维亚、立陶宛、摩尔多瓦、瑞典、乌克兰、俄罗斯、挪威：斯特鲁维地理探测弧线（文化遗产）
Belarus, Estonia, Finland, Latvia, Lithuania, Moldova, Sweden, Ukraine, Russia, Norway: Struve Geodetic Arc（Cultural heritage）

入选时间：2005 年

入选标准：(ii)(iv)(vi)

遗产概述：

斯特鲁维地理探测弧线是从挪威到黑海的一组三角测量点，穿过 10 个国家，总距离为 2820 千米。目的是为了确立地球的参考椭球体。测量点的建立也标志着国家的君主之间在科学上的合作。2005 年斯特鲁维地理探测弧线作为文化遗产列入《世界遗产名录》。斯特鲁维地理探测弧线是横跨最多国家的世界遗产，由芬兰、白俄罗斯（图 6-67）、爱沙尼亚、拉脱维亚、立陶宛、挪威、摩尔瓦、俄罗斯、瑞典、乌克兰 10 国拥有。斯特鲁维地理探测弧线最北的一个测量点位于挪威（图 6-68）。

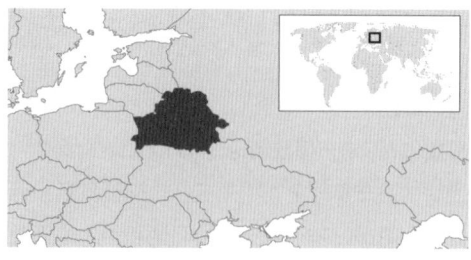

图 6-67 白俄罗斯的区位图

斯特鲁维地理探测弧线以 19 世纪俄国天文学家斯特鲁维命名。人们在很久之前就知道地球是个球体，但对于这个球体的准确形状和大小很难把握，并进行了各种测量的实践。在 18 世纪，科学家用三角测量法测出了地球的真实形状，地球大小的问题仍然没有解决，变得更加复杂，因为这是众所周知的，它不是一个完美的球体。法国、秘鲁、拉普兰、意大利、南非和奥地利有不同的早期弧线，没有一个准确的解决这个问题。拿破仑战败，随后由维也纳会议决定于 1815 年商定欧洲的国际边界，需要准确的测量。俄罗斯强烈地感受到这些需求，在沙皇的支持下，天文学家弗里德理西·格奥尔格·威廉·斯特鲁维从 1816 年至 1855 年主持了一次重要的地球子午线测量活动，涉及国家众多，被科学史认为是第一次对子午线的长距离的精确测量。

图 6-68 斯特鲁维地理探测弧线的纪念地标

斯特鲁维地理探测弧线作为世界遗产的突出价值在于：首先，它属于"现代遗产"。现代遗产在世界遗产中被定义为 19 世纪以后产生的人类的杰出创造，是符合世界遗产标准的文化遗产。其次，它是见证人类文明发展过程的一项"科技遗产"。以往的科技遗产以"点"为主，如瓦特蒸汽机、广播电台；以"线"为特点的也仅限于一国之内，如铁路。此次"点""线"结合，弧度跨越了近 3000 千米的地域，可谓极大的突破。

遗产评价：

斯特鲁维地理探测弧线是一个三角测量链，北起挪威哈默菲斯特（Hammerfest），南至黑海，弧线穿越十个国家，长 2820 千米。弧线是天文学家弗里德理西·格奥尔格·威廉·斯特鲁维于 1816 年至 1855 年期间进行测量的测量点的连线，代表着人类首次对子午线长短的精确测量。这一测量帮助人类掌握了地球的确切大小和形状，是地球科学和地形绘图学发展中的重要一步。这个弧线不仅是多国科学家通力合作的一个特例，也是多国君主为科学事业联袂协作的一个特例。原始弧线包含 258 个主要三角形和 265 个测量站点。列入《世界遗产名录》的地理探测弧，有 34 个原始测量站点，带有各种不同标记，如岩石钻孔、铁十字、堆石标或方尖石碑。

遗产保护：

为了标注大地测量弧，涉及的十个国家通过使用大地观测数据，借助最新的测量方法以及卫星大地测量学来协作定位和调查历史测量地点。在确定组成部分后，每个缔约国都根据其国家法律框架提供了保护，实际上这意味着保护大地测量点的法律以及保护文化遗产的法律都涵盖了这些地点。

在国家一级，每个国家机关在地方行政机关的参与下负责保护和管理斯特鲁维地理探测弧线。在国际一级，协调委员会负责管理，该委员会每两年举行一次会议，并根据十个国家商定的管理机制运作。根据协调委员会的决议，国家代表组织通过不同的任务，例如生产邮票和信封（白俄罗斯、爱沙尼亚、芬兰、拉脱维亚、立陶宛、摩尔多瓦、瑞典、乌克兰），积极促进"大地测量弧"，制作宣传电影和教育传单、书籍和文章、准备展览、翻译文件、恢复大地测量仪器和其他材料，甚至为大地测量弧（白俄罗斯、摩尔多瓦）铸造纪念币。

---

147. 阿尔巴尼亚、奥地利、比利时、波斯尼亚和黑塞哥维那、保加利亚、克罗地亚、捷克、法国、德国、意大利、北马其顿、波兰、罗马尼亚、斯洛伐克、斯洛文尼亚、西班牙、瑞士、乌克兰：喀尔巴阡山脉及欧洲其它地区的原始山毛榉林（自然遗产）

Albania, Austria, Belgium, Bosnia and Herzegovina, Bulgaria, Croatia, Czechia, France, Germany, Italy, North Macedonia, Poland, Romania, Slovakia, Slovenia, Spain, Switzerland, Ukraine: Ancient and Primeval Beech Forests of the Carpathians and Other Regions of Europe（Natural heritage）

入选时间：2007 年，2011 年，2017 年，2021 年
入选标准：(ix)

遗产概述：

该遗产由阿尔巴尼亚、奥地利、比利时、保加利亚、克罗地亚、德国、意大利、罗马尼亚、斯洛伐克、斯洛文尼亚、西班牙、乌克兰 12 国联合申请，2011 年、2017 年、2021 年，

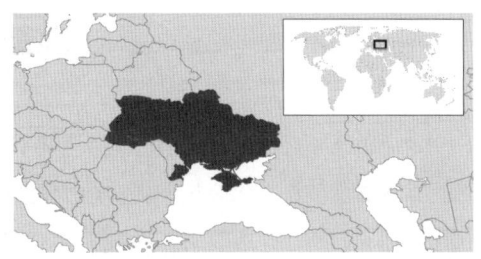

图 6-69　乌克兰的区位图

继续扩展到 18 个国家。沿 185 千米的轴线，从乌克兰拉希夫山脉和喀尔巴阡山脉西沿铁门峡谷，一直到斯洛伐克的多瑙河山脉（图 6-69）。

喀尔巴阡山脉是欧洲中部山脉。在多瑙河中游以北，全长 1450 千米。人们习惯上将呈弧状分布的山脉分为西、南、东三部分。多数山峰在海拔 2000 米以下，最高点是西喀尔巴阡的格尔拉赫峰，海拔 2655 米，冰川地貌仅限于少数高耸山峰。

欧洲山毛榉，属壳斗科，是一个大型树种，高度可达 49 米，树干直径可达 3 米。其高度通常为 25-35 米，直径为 1.5 米以上。10 年的树苗可长到 4 米高，寿命通常为 150-200 年，甚至达 300 年。产地不同，外观也有区别：在森林里，树干很长，为浅灰色，树冠较窄，树枝较直（图 6-70）；在良好光照条件下独立生长的树则树干较短，树冠较大，覆盖范围较宽，树枝非常长。

自上次冰河时代结束以来，欧洲山毛榉在短短的几千年内从阿尔卑斯山、喀尔巴阡山脉、迪纳里德群岛、地中海和比利牛斯山脉的几个避难所地区蔓延，这一过程仍在进行中。该树在整个大陆上的成功扩张与该树对不同气候、地理和物理条件的适应性和耐受性有关。

图 6-70 喀尔巴阡及欧洲其他地区的原始山毛榉森林

遗产评价：

这个跨界遗产遍布 18 个国家，是原始的、多元的温带森林的突出例子，展示了最完整、最广泛的生态模式和纯粹的欧洲山毛榉群丛在各种环境条件下的生长过程。它们包含着宝贵的山毛榉基因库和与这些森林栖息地相关并依赖其生存的许多生物。它们还是上一个冰河时代后陆地生态系统和群落再移植和发展的典型例子。

遗产保护：

在过去几个世纪，随着土地开垦和森林改造，越来越多的毛榉树森林消失了——这是一个损失，因为它们中蕴藏着非常巨大的物种多样性。当人们认识到它们的价值时，几乎已经太晚了。2007 年，联合国教科文组织宣布欧洲现存的原始山毛榉森林为世界遗产。一片片壮丽的山毛榉林在喀尔巴阡山脉——在斯洛伐克和乌克兰境内——的山坡上存活下来，如今受到严格保护。

第六节
北部欧洲

北欧位于斯堪的纳维亚半岛与芬兰低平原，也包括相近的群岛，西临大西洋，北抵北冰洋，东邻俄罗斯，南面与中欧隔着波罗的海，包括挪威、瑞典、芬兰、丹麦和冰岛 5 个国家（图 6-71）。这些国家自然资源丰富，经济发达，社会福利高，由于位置偏北，气候较为寒冷，总面积 130 万平方千米，人口数 2400 万。

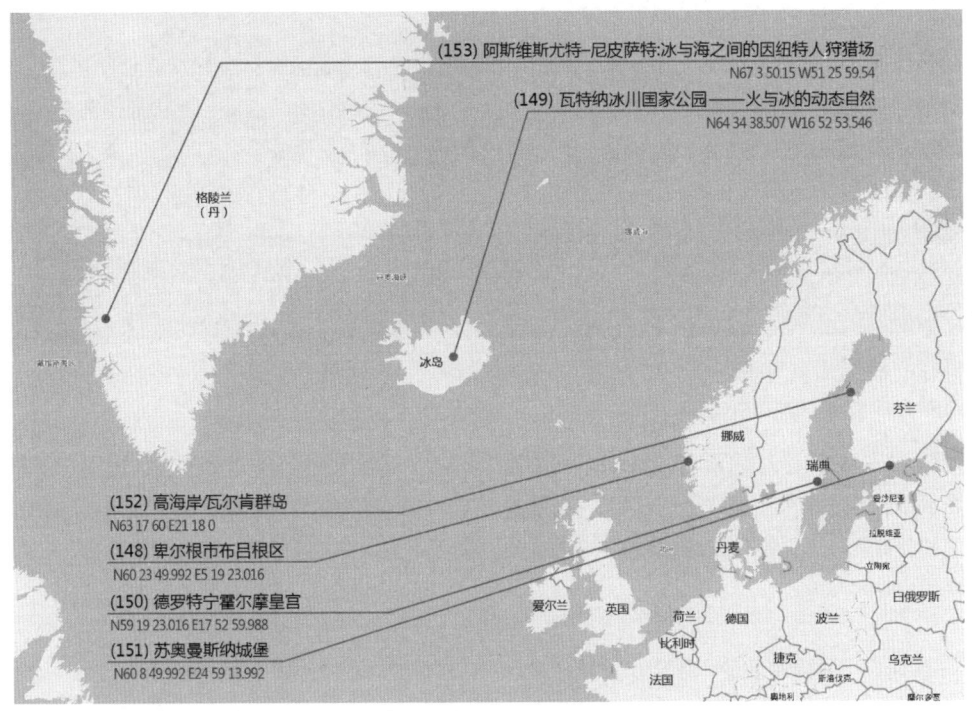

图 6-71 北部欧洲的遗产案例分布图

在北欧历史上，最先在这块高寒之地生存并延续至今的是因纽特人（案例 153），此后又经历了漫长的发展，步入了新的历史时期，并通过跨海贸易，开始了从王国到帝国，一直到共和国的社会发展与融合过程（案例 148、案例 150、案例 151）。北欧曾是欧洲第四纪冰川的主要活动区域，大陆冰川覆盖了整个地区，到处可见冰川侵蚀与堆积地貌。湖泊众多，河流短小，也分布着许多不同类型的火山，自然遗产独特（案例 149 和案例 152）。

148. 挪威：卑尔根市布吕根区（文化遗产）
Norway：Bryggen（Cultural heritage）

入选时间：1979 年
入选标准：(iii)

遗产概述：

布吕根是北欧著名古建筑集中地，位于挪威港口城市卑尔根市中以西 3 千米的海边（图 6-72）。布吕根即英语的 Quay，也就是河岸

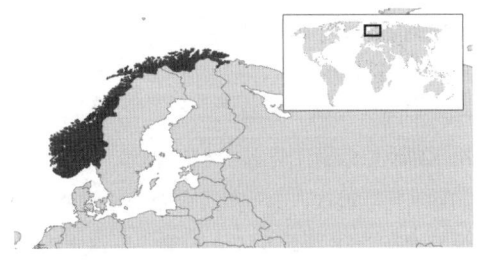

图 6-72 挪威的区位图

图 6-73　卑尔根市的布吕根区

岸壁之意。过去称为德国岸壁，战后便改称为布吕根。这座木头小镇建于 11 世纪，在建设之初就有着极其重要的作用和地位，成为许多商人抢夺的宝地。

1300 年前，小镇主要属于挪威旧时经营贸易的贵族，后来在汉萨同盟（14—15 世纪北欧商业都市的政治与商业同盟）时期，来自德国北部的行会商人开始在布吕根定居，将这里变成了他们最大的海外贸易中心。在商业行会时代，这个充满生机的港口城市是挪威的首都和最大的城市。北方来的渔船把干鱼运到卑尔根，从这里装船由居住在这里的荷兰、英格兰、苏格兰和德国商人运到海外。同时，将海外运来的粮食运到北部地区。这种贸易使得北部挪威地区——沿着气候恶劣的北部沿海的那些只有短暂暖季，难以生产足够食物的地区——的生活变为可能，甚至兴盛起来。德国商人们先是租用这些码头，后来干脆买下来，最后，这座"德国码头"成了商人们的私有财产，并且不受挪威政府法律管辖。汉萨同盟解体之后，贝尔根的"日耳曼商行"还存在了一段时间，直到 1754—1898 年间才被挪威商行取代。

布吕根港口保留了原本古老的风貌，木制结构的建筑此起彼伏，由于布吕根遭受过几次较严重的火灾，18 世纪初，人们集资将这里的房子修缮如初，一代又一代地保留下了这些陡峭的人字形屋顶的木屋，木条拼成的山墙。后来人们又在原有的修复基础上加了保护板，将绘有巴洛克风格的装饰图案遮挡起来，给人一种朴实无华的基调，安静祥和的氛围让人觉得小镇上人的都过着井井有条的生活。

布吕根保存下来的商业行会建筑几乎清一色的顶着一个三角形的"小甜饼"式屋顶，并且都被细心地涂上了红色、蓝色、黄色和绿色。这些遗迹本身则成为了精品店、餐厅和博物馆。1955 年考古学者曾在此进行发掘，发现当今街区的全貌、院落的布局乃至建筑技术，自汉萨同盟时代以来就基本上没有什么变化，可以说是保留了原有风格。布吕根不仅是汉萨同盟海外商埠的唯一例证，也是城市发展初期阶段和北欧木建筑的典型代表。

遗产评价：

布吕根地区是卑尔根的一个旧码头，该遗迹告诉人们这是 14 世纪到 16 世纪中叶汉萨同盟贸易帝国的一个重镇。多起火灾（最后一起是在 1955 年）烧毁了布吕根地区部分木头房子，但是其主要建筑仍然保存下来。如今残存的 58 幢建筑大部分被用作艺术家的工作室（图 6-73）。

遗产保护：

挪威政府已经制定了相关的法律进行保护，此外还建立了一个地方基金会，进一步推动和促进对这一遗产的保护工作。

布吕根及其其文化遗产受《挪威文化遗产法》和《挪威规划和建筑法》的保护。布吕根是私人所有，大部分建筑物由成立于 1962 年的布吕根基金会所有，旨在保护布吕根。其余所有者已经建立了一个独立的协会来确保其利益。布吕根的利益相关者在业主和当局的不同角色中进行协作。

"布吕根项目"于 2000 年正式成立。这是一个广泛的长期项目，旨在监测、维护和修复布吕根，包括考古遗址和建筑物，布吕根根据定期修订的管理计划进行管理。已经安装了具有检测和预警功能的消防系统，并且该系统正在不断改进。布吕根附近的城市发展面临持续的压力，任何可能对世界遗产产生视觉影响的开发活动都将由文化遗产主管部门密切监控。

149. 冰岛：瓦特纳冰川国家公园——火与冰的动态自然（自然遗产）
Iceland：Vatnajökull National Park - Dynamic Nature of Fire and Ice（Natural heritage）

入选时间：1979 年
入选标准：(vi)

遗产概述：

该遗产总面积超过 140 万公顷，包括整个瓦特纳库尔国家公园以及两个毗连的保护区。冰岛东南部的瓦特纳库尔冰盖面积约 78 万公顷，位丁冰盖的中心（图 6-74）。

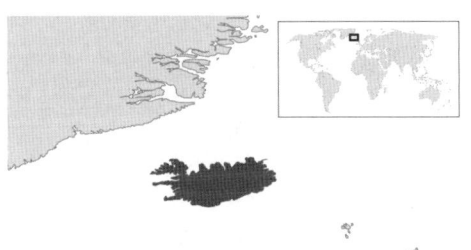

图 6-74 冰岛的区位图

冰岛是唯一活跃在大西洋洋面的大西洋脊，其两侧的构造板块每年移动约 19 毫米。这一运动被容纳在裂谷带，其中两个，东部和北部火山带，它们的交汇处是一个地幔柱，提供了丰富的岩浆来源。该地区有十座中央火山，八座是冰下火山。其中两个是冰岛最活跃的四个火山之一。该遗产的大部分基岩都是玄武岩，最古老的一次是在大约 1000 万年前喷发，最近一次则是在 2015 年（图 6-75）。

图 6-75 瓦特纳冰川国家公园

该遗产包括整个系统，其中岩浆和岩石圈不断地与冰冻圈、水圈和大气相互作用，以创造极其动态和多样的地质过程和地貌，目前在《世界遗产名录》中尚未有相同的项目。"火与冰"就是在这里创造出来的。

瓦特纳库尔冰盖在 18 世纪末达到最大程度，此后平均一直在退缩。最近，随着全球变暖的加剧，它的退却速度加快，使得该地区成为气候变化对冰川和退避后留下的地貌影响的主要场所。该地火山带保存着在冰河时代幸存下来的特有地下水动物群，单细胞生物在冰河下湖泊的恶劣环境中繁衍生息，这些环境可能复制了早期地球和木星、土星冰冷卫星的条件。

遗产评价：

该遗产地是典型的火山地区，占地面积逾140万公顷，接近冰岛领土面积的14%。瓦特纳冰川国家公园内有10座中心式火山，其中8座为冰川火山。这些火山中有2座位居冰岛最活跃的火山之列。火山与瓦特纳冰盖裂缝之间的相互作用形成了各种自然景观，其中最引人注目的是火山爆发期间冰川边缘突然崩裂引发的大洪水。这一现象的反复出现催生了世界上独一无二的沙原、河网和变化迅速的峡谷。当地火山地区还生活着冰川时期遗存的、生活在地下水中的典型动物。

遗产保护：

遗产的绝大部分受到第60/2007号《瓦特纳库尔国家公园法》和第608/2008号条例（及其后的修正案）的保护，而阿尔林迪尔和洛恩斯库尔菲自然保护区则受到第47/1991号《自然保护法》的保护。与该遗产相邻的大部分土地都受公共土地法的约束，在公共土地上，任何侵入性使用都需要得到总理办公室的批准。政府机构库尔国家公园是主要负责执行公园立法的州机构。这是一个有效的组织，得到冰岛政府、地方政府和企业各级支持，有成熟的治理和经验丰富的管理人员长期负责，也包括强有力的永久和临时工作人员的补充。

同时，一个全面的管理战略和行动计划也取得了高水平的本地投入决策，并定期审查和更新。自2013年以来，国家公园增加的地区逐步整合到管理安排中。一个有效的长期监测系统正在完善，使用空间和地面观测，以改善地震构造运动和火山灾害的评估，以及冰川流动和关键性的生物群。

该遗产有足够的和安全的预算来覆盖必要的工作人员和业务，主要来自中央政府的财政支持和占比高达30%的收入。其他重要的支持也来自于政府控制的旅游地保护基金和非盈利组织。目前，仍需要维持和进一步增加资源，以确保遗产的管理需要得到充分满足。

---

150. 瑞典：德罗特宁霍尔摩皇宫（文化遗产）
Sweden：Royal Domain of Drottningholm（Cultural heritage）

入选时间：1991年，2019年
入选标准：(iv)

遗产概述：

德罗特宁霍尔摩皇宫是瑞典王室的私人宫殿，位于斯德哥尔摩西面梅拉伦湖德罗特宁霍尔摩（皇后岛），有宫殿教堂、德罗特宁霍尔摩宫剧院、中国宫、城堡花园等主要建筑 (图6-76)。

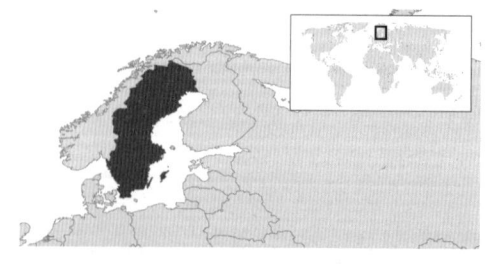

图6-76 瑞典的区位图

德罗特宁霍尔摩的第一座城堡建于 16 世纪晚期，是由国王约翰三世及其王后下令建造的。这座城堡坐落于一个小岛上，德罗特宁霍尔摩的名字也正是由此而得来的："德罗特宁"的意思是"女王"，"霍尔摩"的意思是"小岛"。

19 世纪，城堡没有以前那么受人关注，开始朽坏。1907 年，奥斯卡一世在位期间，城堡进行了一次大修。1981 年，时任瑞典国王卡尔十六世古斯塔夫为了让孩子们有较宽敞的庭院，从斯德哥尔摩老城王宫搬到德罗特宁霍尔摩宫南翼居住。但宫中一些厅室，如富丽堂皇的接见厅和礼仪厅，仍对外开放参观。400 年来，宫殿几经重修，最大的一次修缮从 1907 年开始到 1913 年结束，供电、取暖、供水、排水系统都进行了更新，城堡的屋顶也重修了。1977 年开始，宫殿内的几个大厅重新设计，图书馆和大厅做了防火的保护。1997 年，外墙清洗并重新建造，该工程直到 2002 年底才结束（图 6-77）。

图 6-77 德罗特宁霍尔摩皇宫

遗产评价：
德罗特宁霍尔摩皇宫位于斯德哥尔摩地区默拉尔湖的女王岛上，拥有城堡、保存完好的剧场（建于 1766 年）、中国式的庭院楼阁，它还受到凡尔赛宫的影响，成为北欧 18 世纪皇宫的最佳典范。

遗产保护：
瑞典保护这一世界遗产的建筑物和花园最重要的立法是《国有遗产建筑物条例》。瑞典国家遗产委员会，斯德哥尔摩县行政委员会和埃克洛市政府是国家、地区和地方当局，负责为世界遗产财产的变更授予许可证并管理不同的保护区。当该遗产被列入《世界遗产名录》时，区域的边界与 1935 年被授予国有列名建筑的区域相对应。2014 年，国有列名建筑的区域得到扩展，遗产面积达到 162.429 公顷。

该遗产中有三个主要利益相关者：国家财产委员会，德罗特宁霍尔摩皇宫政府和德罗特宁霍尔摩皇宫剧院。他们长期合作不断，于 2007 年通过了世界遗产的管理计划，提出了一个缓冲区，其边界与 2015 年底建立的洛芬自然保护区重合。自然保护区的面积将加强对该地区的保护水平。

大斯德哥尔摩基础设施的当前发展将在未来影响德罗特宁霍尔摩地区。261 号公路早在德罗特宁霍尔摩提名之前就通过了世界遗产，但交通情况发生了很大变化。初步评估表明，在斯德哥尔摩旁路扩建工程施工期间将产生一些视觉和噪声干扰的不良影响，预计将在不同程度上影响该遗产的属性，并造成永久的视觉变化。根据这些结论，所有相关方将致力于限制负面影响，并与正在进行的斯德哥尔摩绕道和埃克罗公路扩展项目相关的发展，共同努力寻找新的可能性和解决方案，以改善该地区的交通状况。双方还将考虑与基础设施项目相关的遗产影响评估。评估的建议和结果将有助于确定可能采取的行动方案，以保持遗产的属性、真实性和完整性。

151. 芬兰：苏奥曼林纳城堡（文化遗产）
Finland：Fortress of Suomenlinna（Cultural heritage）

入选时间：1991 年

入选标准：(iv)

遗产概述：

芬兰堡是一座海上堡垒，占地 210 公顷，由 200 座建筑物和 6 千米长的防御墙组成，横跨六个独立的岛屿（图 6-78）。从 1748 年开始逐步建在属于赫尔辛基地区的一组岛屿上，最初是为了保护瑞典王国免受俄罗斯帝国的侵害，并成为一个设有干坞的坚固的军事基地。这项工作由瑞典海军上将奥古斯丁·埃伦斯瓦尔德（1710—1772）监督，因地制宜地利用了沃邦理论，使用当地的岩石建造的，并在不同的地形上设有堡垒系统。19 世纪的俄国时期，增加了沙丘、营房和其他各种建筑物，防御系统经过调整以适应现代堡垒的要求，并使用了现代防御设备。

芬兰于 1917 年获得独立后，该堡垒更名为芬兰堡（或芬兰要塞），并用作驻军和海港（图 6-79）。第二次世界大战后，该堡垒的军事作用下降，1973 年该地区改建为民用建筑，对建筑物进行了翻新，既可以用作公寓，也可以用作工作区，以容纳私人和公共服务以及用于文化目的。

堡垒的景观和建筑受到几次历史事件的影响，多年来，它一直在捍卫瑞典王国、俄罗斯帝国和芬兰共和国三个不同的主权国家。

遗产评价：

该城堡建于 18 世纪下半叶，是瑞典人在赫尔辛基港入口处的岛屿上建造的。城堡很好地体

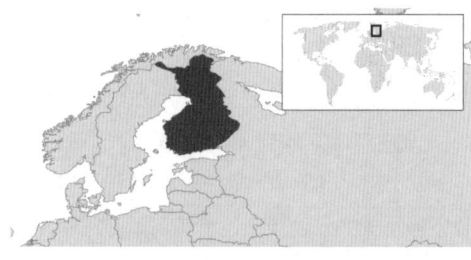

图 6-78 芬兰的区位图

图 6-79 苏奥曼林纳城堡

现了当时欧洲军事建筑的特点。

遗产保护：

芬兰堡受国家法律保护。设防工程受 1963 年《古代法案》保护，教堂受 1994 年《教堂法》的保护。芬兰堡的教育机构是教育和文化部下属的政府机构，拥有芬兰堡的大部分历史建筑物，以《1974 年管理计划》为指导，负责堡垒的恢复和维护。管理机构拥有大约 90 名员工，由芬兰堡理事会与国家古迹委员会、芬兰堡监狱和赫尔辛基市密切合作，当地人民的代表也在其中占有一席之地，多方协力共同保护这一珍贵遗产。

152. 瑞典、芬兰：高海岸／瓦尔肯群岛（自然遗产）
Sweden，Finland：High Coast / Kvarken Archipelago（Natural heritage）

入选时间：2000 年，2006 年
入选标准：(viii)

遗产概述：

高海岸位于伯德尼亚湾西海滨，是波罗的海向北延伸的一部分。这片海岸面积为 142500 公顷，其中 80000 公顷为海洋部分，有大量的近海群岛（图 6-80）。由于冰河作用、冰川消融及海面新陆地抬升的共同作用，形成了该地区一系列的湖泊、海湾和高达 350 米的低丘等不规则地形。自 9600 年前冰川从高海岸最后消融以来，陆地抬升最高达 285 米，这就是著名的"反弹"地质现象。高海岸遗址为我们认识地球表面冰冻和陆地抬升区域形成的重要过程提供了极好的机会。

"瓦尔肯群岛"（2006 年加入世界遗产的高海岸项目中）有 5600 个群岛和小岛，总面积 194400 公顷（15% 为陆地，85% 为海洋）。地面主要为 24000—10000 年前大陆冰层融化形成的不规则脊状延伸的洗衣板冰碛。在冰川快速均衡抬升过程中，小岛不断地从海面升起，原来被冰川压迫而下沉的大陆，逐渐以世界最快的速度抬升。海岸线不断推进，岛屿慢慢形成并连结在一起，半岛也在扩张，湖泊由海湾演变而来，继而成为块状沼泽与湿地。瓦尔肯是研究地壳均衡现象的"典型区域"；人们正是从此地开始认识并研究这种现象的。

遗产评价：

瑞典的"高海岸"和芬兰的"瓦尔肯群岛"分别位于波罗的海伯德尼亚海湾的东西两侧，这一地区为人们探索冰川演变和陆地抬升现象提供了重大帮助。

图 6-80 瑞典和芬兰的高海岸与瓦尔肯群岛

遗产保护：

在瑞典和芬兰，世界遗产管理问题都是在区域一级由建立的机构与主管部门、市政当局和地方利益相关者的代表一起处理的。瑞典和芬兰的有关地区当局和市政当局已经建立了一个跨国咨询机构，以确保对整个遗产进行共同管理的策略。

虽然没有直接保护高海岸和瓦尔肯群岛的特定法律，但是一般的国家环境法律为整个遗产提供了较好的间接保护。大约 37% 的遗产是自然保护区或国家公园，同时还属于"自然 2000"欧洲保护区网络。所有这些不同类型的保护区都有限制土地使用的法规，为地质构造以及动植物群提供了良好的保护。其余部分约占遗产的 63%，虽然没有相同的保护水平，但是国家立法为维护遗产的完整性提供了可能性。

此外，高海岸是重要的景点，它为遗产的娱乐和自然保护价值提供了额外的法律保护，并为社会发展提供了指导。在瓦尔肯群岛，一项区域土地使用计划可以保护其杰出的普遍价值，并承认芬兰一侧两个核心区域之间区域的地质价值。

153. 丹麦：冰与海之间的因纽特人狩猎场阿斯维斯尤特 – 尼皮萨特（文化遗产）
Denmark：Aasivissuit – Nipisat. Inuit Hunting Ground between Ice and Sea (Cultural heritage)

入选时间： 2018 年
入选标准： (v)

遗产概述：

丹麦管辖的格陵兰沿着广阔的东西向横断面从海洋和峡湾到冰盖，有 4200 年人类历史的证据（图 6-81）。基于狩猎陆地和海洋动物，渔猎采集文化创造了一个有机的进化和持续的文化景观，有着季节性迁徙和定居模式，以及丰富和保存良好的材料和非物质文化遗产。大型的公共冬季房屋和通过兽皮和驱动系统对驯鹿进行公共狩猎的证据是独特的特征，同时还有来自萨卡克（前 2500—700 年）、多塞特（前 800—1 年）、图勒因纽特（13 世纪）和殖民时期（自 18 世纪）的考古遗址。遗产包括建筑物、结构、考古遗址和与人类占领景观有关的文物；冰帽、峡湾、湖泊的地貌和生态系统；自然资源，如驯鹿和其他植物和动物物种，支持狩猎和捕鱼的文化习俗；以及因纽特人非物质文化遗产和传统知识的环境、天气、导航、避难所、食品和药品（图 6-82）。

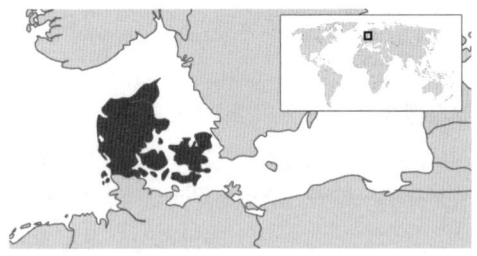

图 6-81　丹麦的区位图

图 6-82　冰与海之间的因纽特人狩猎场

遗产评价：

此处遗产地位于西格陵兰中部的北极圈内，这里有着 4200 年的人类历史遗迹，反映了该地区人类文化的复原力及季节性迁移的传统。该文化景观见证其创造者对陆地和海洋动物的捕猎、季节性的迁徙，以及保存完好的气候、航海和医学方面丰富的物质和非物质文化遗产。该遗产地的特征包括大型冬季营房、驯鹿狩猎遗迹，以及古代因纽特人和因纽特文化的考古遗址。其文化景观包括 7 个主要地点，包括从西部的尼皮萨特到东部冰盖附近的阿斯维伊特，不同时期和类型的遗址。

遗产保护：

格陵兰岛政府负责土地和海洋使用的决定，文化景观的保护应受格陵兰政府的行政命令，该法令于 2018 年 2 月 1 日生效。这为遗产的法律保护提供了基础，包括边界的正式建立，以及准入、保护、管理、监督和使用的规定。《行政命令法》和《矿产资源法》禁止采矿探矿许可证的颁发。格陵兰的《遗产保护法》、《博物馆法》和《规划法》提供了对文化景观的进一步法律保护。格陵兰国家博物馆和档案馆负责《遗产保护法》中的决定。该市的市政计划涵盖了有关遗产的规划条例，如当地旅游业、基础设施、荒野分区、避暑别墅、娱乐和狩猎纪念品以及关于在该地定居的事项。

由于该遗产没有缓冲区，因此需要继续加强对来自场外活动进行评估和遗产保护的机制，包括未来采矿建议、运输基础设施和风力涡轮机安装的潜在水文和地质影响。需要加强对该地区未来旅游管理的关注和详细规划，包括监测旅游业的社会和物理影响。管理计划（2017年1月）为10个成员国世界遗产指导委员会的运作提供了一个良好的决策框架。管理计划概述了丹麦文化和王宫管理局、格陵兰政府和地方市政府的职责，并制定旅游活动。文化习俗和非物质文化遗产的持续记录，并进行定期和周期性的监测和维护。

第七节
北美洲的美加地区

  北美洲东临大西洋，西依太平洋，北濒北冰洋，南面以巴拿马运河为界与南美洲相分，西侧隔着白令海峡与欧亚大陆相望，地理位置优越（图6-83）。由于世界遗产委员会将墨西哥、古巴等其他国家划为拉丁美洲与加勒比地区，所以本书所指的北美地区只包括美国和加拿大，面积1935.6万平方千米，人口超3.56亿。除了少数的印第安和爱斯基摩原住民，这里绝大多数人都是其他大洲，尤其是欧洲移民的后裔，主要的信仰是新教和天主教。

  作为世界上的超级大国，美国在全球政治、经济和文化上具有举足轻重的地位，而加拿大幅员辽阔，各类资源十分丰富。因此，在世界遗产的分布和类型上，北美地区具有特别的优势，尤其是保护与管理世界遗产的动议与主要制度就来自二战后的美国，使得相关案例更具有显著的代表性。

  这里不仅有代表美国独立和建国的纪念地，也有象征自由、挣脱暴政的新女神像（案例158），还有世界上第一所现代意义的公立大学（案例160），也有代表印第安原住民的生活场景以及早期殖民者的开拓之地（案例157和案例159）。另外，这里也有世界上少见的自然景观，足以吸引世人的目光（案例161和案例162）。

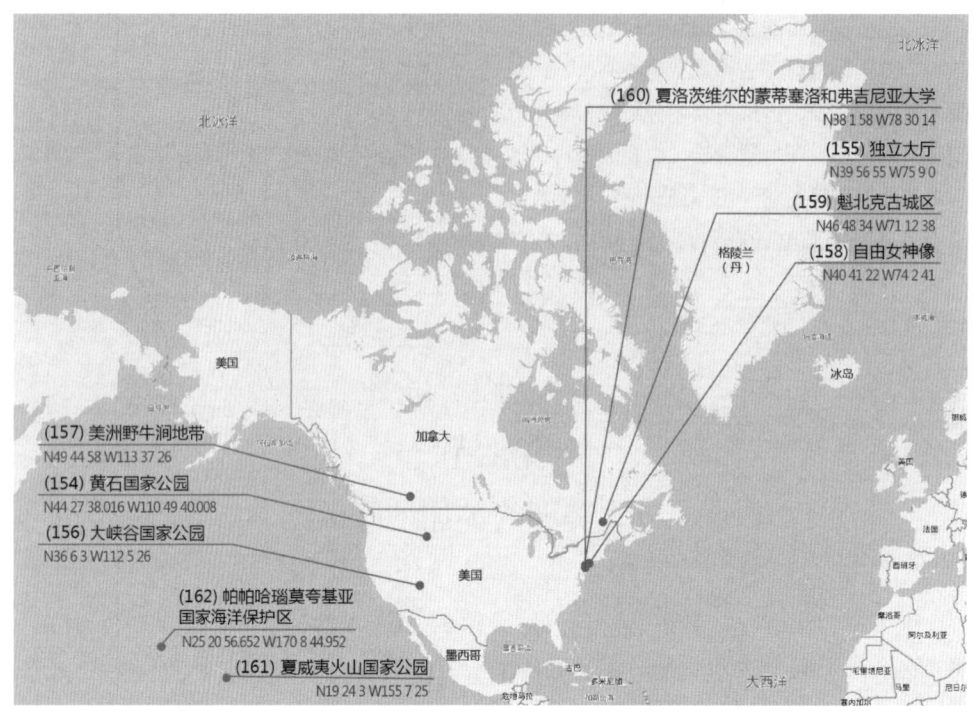

图 6-83 北美洲（除墨西哥以外）的遗产案例分布图

154. 美国：黄石国家公园（自然遗产）
United States of America：Yellowstone National Park（Natural heritage）

入选时间： 1978 年
入选标准： (vii)(viii)(ix)(x)

遗产概述：

1872 年 3 月 1 日，黄石公园被正式命名为保护野生动物和自然资源的国家公园，是世界上第一个国家公园（图 6-84）。占地面积约为 898317 公顷，分为五个片区：①西北的猛犸象温泉区，以石灰石台阶为主，故也称热台阶区；②东北为罗斯福区，仍保留着老西部景观；③中间为峡谷区，可观赏黄石大峡谷和瀑布；④东南为黄石湖区，主要是湖光山色；⑤西及西南为间歇喷泉区，遍布间歇泉、温泉、蒸汽池、热水潭、泥地和喷气孔（图 6-85）。园

图 6-84 美国的区位图

内设有历史古迹博物馆。

该公园是世界上最大的火山口之一，园内的森林占总面积的 90% 左右，水面占 10% 左右。有超过 10000 眼温泉和 300 多个间歇泉。拥有 290 多个瀑布。园内有黄石湖、黄石河、峡谷、瀑布及温泉等景观，是一个负有盛名的游览胜

地。园内有很多种野生动物，包括 7 种有蹄类动物、2 种熊和 67 种其他哺乳动物、322 种鸟类、18 种鱼类和跨境的灰狼。有超过 1100 种原生植物、200 余种外来植物和超过 400 种喜温微生物。

黄石国家公园被美国人自豪地称为"地球上最独一无二的神奇乐园"。园内地貌丰富，景点有气势宏伟的老忠实间歇泉，五彩斑斓的大棱镜彩泉，宁静的黄石湖，奔流直下的黄石瀑布，壮丽的黄石大峡谷，美丽的猛犸象温泉。园内交通方便，环山公路长达 500 多千米，将各景区的主要景点联在一起，徒步路径达 1500 多千米。

黄石国家公园不仅是一个保护区，展示着重要的地质现象和过程，它也是地热力量、自然美景和野生生态系统的独特体现，稀有和濒临灭绝的物种在这里繁衍生息。作为地球北部温带地区仅存的少数几个完整的大型生态系统之一，黄石公园的生态群落为大规模的荒地生态系统过程的保护、研究和享受提供了无与伦比的机会。

遗产评价：

黄石国家公园中广袤的自然森林占地面积约 9000 平方千米，其中 96% 位于怀俄明州，3% 位于蒙大拿州，还有 1% 位于爱达荷州。黄石

图 6-85　黄石国家公园的地热泉

国家公园拥有已知地球地热资源种类的一半，共有 1 万多处。这里还是世界上间歇泉最集中的地方，共有 300 多处，约占地球总数的三分之二。黄石国家公园建于 1872 年，因为其生物多样性而闻名于世，其中包括灰熊、狼、野牛和麋鹿等。1978 年，该公园被联合国教科文组织列入世界遗产名录。

遗产保护：

黄石公园于 1872 年被美国国会指定为国家公园，这也是世界上第一个法定的国家公园，之后由 1916 年 8 月 25 日成立的美国国家公园管理局负责管理。此外，公园有明确的授权立法权，国会就其保护与使用的主要目的提供广泛指导。

国家公园通过大黄石协调委员会与黄石国家公园的其他土地管理机构密切合作。该公园在 1976 年也被命名为生物圈保护区。

155. 美国：独立大厅（文化遗产）

United States of America：Independence Hall（Cultural heritage）

入选时间：1979 年
入选标准：(vi)

遗产概述：

美国独立纪念馆位于费城，可谓是美利坚合众国的诞生地：1776 年，《独立宣言》于此签订；1781 年，将 13 个殖民地团结在一起的《美利坚联邦条例》于此得以正式批准；1787 年，乔治·华盛顿所主持的辩论从当年 5 月持续到

9月，最终制定美国的基本法律法规的《宪法》于此通过。这些文件所制定的自由和民主的普遍原则对于美国历史显得尤为重要，对全世界的立法者也产生了深远的影响。独立纪念馆几经修缮，其中较为引人注目的修缮包括：1830年希腊复古式建筑家约翰·哈维兰所进行的修缮，以及1950年美国国家公园管理处所进行的修缮，后者恢复了纪念馆1776年的原貌（图6-86）。

图6-86 美国费城的独立大厅

遗产评价：

1776年《独立宣言》和1787年《美利坚合众国宪法》都在费城这座独立大厅里签署。这两份以自由和民主为原则的文件不仅在美国历史上发挥重要作用，同时也对世界各国法律的制定产生了深远影响。

遗产保护：

独立厅由费城市拥有，根据与市政府的正式协议，由国家公园管理局管理，作为独立国家历史公园的一部分。1948年创建国家公园的法律明确表示了对历史建筑的保护。由联邦政府维护的国家公园系统中包括独立厅，可为其提供最高程度的保护。此外，作为该国最重要的历史遗迹，对其保存永远是最重要的，并且将进行定期工作以进一步保护它。

该遗产由国家公园管理局在国家一级管理。《国家历史公园综合管理计划》（1998年）将大厅的世界遗产地位作为重要方面，并解决了解释以及承载力等问题。在20世纪90年代，增加了新的火灾探测和扑灭以及安全系统。2002年实施了访客筛选和其他增强的安全措施，2013年完成了尖顶的大型修复项目。

随着时间的流逝，要维持其卓越的普遍价值，就需要管理大量的游客、建筑物因环境污染而退化以及附近的城市发展压力。

---

156. 美国：大峡谷国家公园（自然遗产）
United States of America：Grand Canyon National Park（Natural heritage）

入选时间：1979年
入选标准：(vii)(viii)(ix)(x)

遗产概述：

科罗拉多大峡谷位于美国亚利桑那州北部的凯巴布高原，形成于600万年前的地质运动，是被科罗拉多河冲刷侵蚀而成的独特地貌，深约1.5千米，宽500米至30千米，蜿蜒起伏445千米。从峡谷边缘俯瞰山脉，能看到山头、尖顶、台地等多种地貌。峡谷中出露的地层可追溯至20多亿年前，跨越了地球从前寒武纪到新生代的四个演化期。许多洞穴中还藏有化石和动物遗骸，这些化石和动物遗骸将古生物记录延伸到了更新世。1911年建立了科罗拉多国家保护区。1919年美国国会通过法案，将大峡谷最深最壮观长约 170 千米的一段划为大峡谷国家公园。

大峡谷以其独特的自然美而闻名，其落差的深度、广阔的山丘、多彩的色调、迷宫般的地形，构成了世界上最具视觉冲击力的景观之一。公园内包含了高原、平原、沙漠、森林、火山灰锥、熔岩流、溪流、瀑布等多种风景奇观。大峡谷还是不同海拔高度生物环境的一个特殊例子，动植物种在许多区域重叠，生态系统也同样多样，还有相对未受干扰的、不断衰退的生态系统，如北部森林和沙漠河岸群落，以及特有的、珍稀的或濒危的动植物物种。

此外，令所有来过这里的人最流连忘返的，是大峡谷的色彩变幻。由于峡谷两壁的岩石性质、所含矿物质的不同，在阳光的照耀下，会呈现出不同的色彩，并随着阳光的强弱、天气的阴晴变化而变化。尤其是旭日初升，或夕阳斜照，大峡谷被染成红色或橘色，非常壮观。

遗产评价：

著名的科罗拉多大峡谷深约 1500 米，由科罗拉多河长年侵蚀而成，是世界上最为壮观的峡谷之一。大峡谷位于亚利桑那州境内，横亘了整个大峡谷国家公园，其水平层次结构展示了 20 亿年来地球的地质学变迁，同时它也保留了大量人类适应当时恶劣环境的遗迹。

图 6-87　大峡谷国家公园

遗产保护：

1893 年，大峡谷地区首次成为森林保护区，当时还允许采矿、伐木和打猎。而后此地在 1906 年成为禁猎区来保护野生动物，其后于 1908 年成为国家历史保护区。1919 年，威尔逊总统将大峡谷地区辟为"大峡谷国家公园"（图 6-87）。

美国对国家公园有一套较为成熟的管理办法。1965 年美国国会通过的《特许经营法》，规定国家公园管理机构不得从事商业性经营活动，公园内商业经营项目通过特许经营的办法委托给企业经营，管理机构从特许经营项目收入中提取一定比例的费用用于改善公园管理。国家公园管理机构是属于联邦政府的非营利机构，专注于自然文化遗产的保护与管理，日常开支由联邦政府拨款解决。特许经营制度的实施，实现了管理者和经营者角色的分离，避免重视经济效益、忽略资源保护的问题。

157. 加拿大：美洲野牛涧地带（文化遗产）
Canada：Head-Smashed-In Buffalo Jump（Cultural heritage）

入选时间：1981 年
入选标准：(vi)

遗产概述：

美洲野牛涧地带位于加拿大阿尔博达省东南部，面积为 66.12 万平方千米，占全国面积的 6.8%。

这里曾是史前时期最大的围猎场之一，分屠宰区、加工处理场和圈牛区，属于低草区，天然植被以格兰马草、野牛草为主。

对于北美大平原的土著居民而言，"死亡之涧"或许是捕猎美洲野牛最为行之有效的方法。狩猎开始前，经过训练的年轻人会学牛的动作，牛群靠近了追逐巷道的入口处，"赶牛人"就会将牛引诱至"死亡之涧"，他们身披牛皮，模仿与母牛失散的小牛的声音，而在牛群的后方，其他的赶牛人穿着狼或土狼的毛皮，用他们的叫喊声进一步驱赶牛群。接近悬崖时，牛群被驱赶进人由石堆围成的"漏斗"中，而其他人则大声叫喊，挥动长巾，恐吓牛群。牛群跑至悬崖前往往收不住脚，随着惯性跌入崖底。

图 6-88 美洲野牛涧地带

这一景观是生存狩猎的一个突出例子，直到 19 世纪末仍然是平原国家"传统知识库"的一部分，同时，它为世界其他地方传统狩猎文化的生活方式和实践提供了宝贵的启示。

遗产评价：

在艾伯塔省的西南部，发现了标有记号的数条小道、土著人营房和坟地遗址，里面存有大量的野牛（美洲野牛）骨骼，向人们生动地展示了近六千年前的北美平原上土著人的生活习俗。他们利用对地形的熟悉和对野牛习性的了解，将牛群追赶到悬崖边，迫使其跳崖摔死，然后在下面的营房里分割尸体（图 6-88）。这是人类初期生存环境的伟大见证，展示了北美草原上的土著民众曾几乎不加改造地利用地势和自然环境，在集体劳动的基础上建立起一个复杂而精细的食品生产体系。

遗产保护：

遗址受到联邦、省和地方政府若干级别的保护，是加拿大政府纪念的国家历史遗址（1968）。阿尔伯塔省还指定其为省级历史资源（1979），通过《阿尔伯塔历史资源法》对其进行保护，任何对遗产有关的资源具有不利的物理或视觉效果的行为都将进行严厉处罚。阿尔伯塔市政府法通过建立直接控制分区，为全省的土地利用规划中的遗产保护提供了额外的保护。

158. 美国：自由女神像（文化遗产）
United States of America：Statue of Liberty（Cultural heritage）

入选时间：1984
入选标准：(i)(vi)

遗产概述：

自由女神像位于美国纽约州纽约市哈德逊河口附近，又称为"自由照耀世界"，是法国在 1876 年赠送给美国的独立 100 周年礼物。

美国的自由女神像以法国巴黎卢森堡公园的自由女神像作蓝本，法国著名雕塑家奥古斯特·巴托尔迪历时 10 年完成了雕像的雕塑工作。据说，女神的外貌设计源于雕塑家的母亲，而女神高举火炬的右手则是以雕塑家妻子的手臂为蓝本。自由女神穿着古希腊风格的服装，所戴头冠有象征世界七大洲及四大洋的七道尖芒（图6-89）。

自由女神像于1884年5月完成，1885年6月装箱运至纽约组装，1886年10月由当时的美国总统克利夫兰在纽约主持揭幕仪式。雕像锻铁的内部结构是由后来建造了巴黎埃菲尔铁塔的居斯塔夫·埃菲尔设计的。自由女神像高46米，加基座为93米，重225吨，是金属铸造，置于一座混凝土制的台基上。自由女神的底座是著名的约瑟夫·普利策筹集10万美元建成的，底座是一个美国移民史博物馆。

自由女神像称不上历史古迹，仅是一件人工塑造的艺术品。19世纪末，洲际旅行尚无空中航线，越过大洋的运输工具只有轮船，而纽约港是美国沿海最大的港口。作为进出美国的大多数旅客要经过的一个港口，人们在距曼哈顿岛西南角仅3千米的小岛上矗立起了这座自由女神像。由于自由女神像恰在航线的附近，进出港口的旅客都可以望见。当海轮驶入上纽约湾内时，由干海面的曲度，此时船上旅客尚不能望见纽约市内高楼，而首先映入眼帘就是这座巨大的雕像。自由女神像已成为船舶进出纽约港的一大景观。

女神右手高举象征自由的火炬，左手捧着刻有1776年7月4日的《独立宣言》，脚下是打碎的手铐、脚镣和锁链。她象征着自由、挣脱暴政的约束。合作设计和制作也体现了国际友谊、和平与进步，特别是法国和美国之间的历史联盟。如今，自由女神已然成为美国的重要地标之一。

遗产评价：
自由女神像由法国雕塑家巴托迪和古斯塔

图6-89 纽约哈德逊河口的自由女神像

夫·埃菲尔（他负责雕像的钢架）共同完成，这个象征着自由的雕塑是法国于1886年赠送给美国的，以祝贺美国独立100周年。从那时至今，这个矗立在纽约港口的自由女神已经迎来数以百万计的到美国来的移民。

遗产保护：
自由女神像为美利坚合众国政府所有的，在1924被指定为国家纪念碑[国家纪念碑还包括自由岛（1937年）和埃利斯岛（1965年）]，并由国家公园管理局管理。这些措施给予它尽可能高的保护。近年来，通过对生命安全和应急管理（2009年）的全面研究，补充并实施了有关物理保存和解释的现有总体管理计划（1982年）。该雕像配有大量的专业人员和设施，其中包括游客信息中心、雕像历史上的展览以及附近的埃利斯岛移民博物馆，每年还接待大量游客。随着时间的推移，保护遗产的杰出的普遍价值将需要继续监测和管理已知的和潜在的威胁，包括污染、恶劣天气和大量游客等。

159. 加拿大：魁北克古城区（文化遗产）
Canada：Historic District of Old Québec（Cultural heritage）

入选时间：1985 年
入选标准：(iv)(vi)

遗产概述：

魁北克市是一座典型的殖民城市，目前它是北美唯一还保留着防御城墙的城市。城墙、不计其数的保垒、城门和各种防御工事一起簇拥着这个悠久的城市。

魁北克是美洲人口和经济增长的主要贡献者之一。1608 年，塞缪尔·德·尚普兰建造新法兰西的首都时，他选择了自然地势陡峭险要的魁北克，这里可以俯瞰圣劳伦斯河。中心城区建在峭壁的隆起处——凯普奥克斯蒂阿曼峭壁，圣路易斯要塞保卫着它。

魁北克很早就有城区组织系统和分区制度，这源于魁北克市的复杂功能，它既是中心城镇，又是要塞城市，还是与北边及欧洲贸易的重要港口。峭壁将魁北克市分成了两个区：下城区为商业和海军中心，上城区为行政和宗教中心。1819—1831 年，建筑师伊莱亚斯将城堡建在凯普奥克斯蒂阿曼峭壁的东南角，并将防御系统扩建到可以覆盖整个城市，意在与原有宽敞的空间构造和魁北克险要的地势保持一致。最古老的住宅区位于皇家居所附近的下城区。和圣母玛利亚宫一样，古老的住宅区内整齐地排列着 17—18 世纪的老式房子。在上城区，17 世纪的女修道院和神学院依然保留着原汁原味的建筑风格。在保留的 700 座民用和宗教建筑物里，有 2% 的建筑物建于 17 世纪，9% 建于 18 世纪，43% 建于 19 世纪上半叶。魁北克市的这种特征完全是受拜拉戈斯王朝（该王朝有许多才华横溢的建筑师）的影响，拜拉

图 6-90　魁北克古城区

戈斯王朝的建筑师数代以来一直推崇新古典的设计风格。

遗产评价：

魁北克城是由法国探险家查普伦在 17 世纪早期修建的，是北美唯一保存有城墙以及大量的堡垒、城门、防御工事的城市，这些工程至今仍环绕着魁北克古城。上城区建立在悬崖上，至今仍然是宗教和行政中心。城区内有教堂、女修道院和一些建筑物，如王妃城堡、要塞和弗隆特纳克堡。上城区、下城区和老城区一起构成了城市的整体，这是具有最完备防御系统的殖民城市之一（图 6-90）。

遗产保护：

魁北克是较早开始保留古代遗迹的城市，19 世纪 70 年代总督达弗林强烈反对拆迁那些遗留下来的防御工事，尽管从战略角度考虑，这些防御工事已毫无价值，总督只是简单地重建了一个城门。从 20 世纪初期起，魁北克的防御城墙就在加拿大政府的资金支持下得以保存，这比 1957 年它被列为历史遗产要早得多。

魁北克旧城区历史区得到了强有力的法律保护，

并得到了有关各级政府的支持。建立了一个政府间委员会——魁北克爱国者协奏曲,以协调各级政府的活动。

老魁北克历史区由省当局指定为魁北克遗产(老魁北克遗产),受到 1963 年通过的《魁北克省文化财产法》的法律保护,省法令于 1964 年实施。自 1985 年列入魁北克《世界遗产名录》以来,魁北克省的许多建筑物已被列入《文化财产法》的保护清单,其中包括历史遗迹和考古学,塞缪尔·德尚普兰遗址,魁北克省 Ursuline 修道院和皇家广场的考古参考收藏。

魁北克市在其管辖范围内承担与土地使用和城市规划(分区章程)有关的所有管理责任。此外,2007 年通过的《政治协商会条例》(公共咨询政策附例)规定,在进行任何修改之前,必须先咨询魁北克 - 布兰克 - 科林 - 帕拉蒂涅尔议会区议会(区议会)。遵守城市规划和交通法规。此外,魁北克老城的任何建筑翻新、修复和标志干预措施都必须事先得到魁北克市城市保护委员会的授权。

魁北克政府和魁北克市通常签订文化发展协议,从而有可能提供赠款计划和大量财政捐助,以支持魁北克旧城区的文物建筑的恢复。从长远来看,将特别注意监视提议的遗产变更和增加,例如,可能会影响其外观的完整性,并将继续采取适当措施以确保遗产的完整性和真实性。

160. 美国:夏洛茨维尔的蒙蒂塞洛和弗吉尼亚大学(文化遗产)
United States of America:Monticello and the University of Virginia in Charlottesville (Cultural heritage)

入选时间:1987 年,2015 年
入选标准:(i)(iv)(vi)

遗产概述:

夏洛茨维尔的蒙蒂塞洛和弗吉尼亚大学,位于美国前总统托马斯·杰斐逊的出生地——美国南部弗吉尼亚州夏洛茨维尔市。托马斯·杰斐逊是美国《独立宣言》的起草委员、美国第三任总统,不仅在政治上很有作为,而且关心农业,并对教育改革和科学发明也非常热心,极富创新精神,他还设计建筑物,反映了他对新古典建筑风格的兴趣。

弗吉尼亚大学校园内的杰斐逊风格的建筑群占地面积大约为 11 万平方米,建筑群位于一块微微向南倾斜的小高地上,中间的道路是东、西两边与大学内的其他建筑相隔离的分界线,

图 6-91 杰斐逊风格的弗吉尼亚大学建筑

南面则由一条宽阔的人行道分隔。最初设计方案由一个 U 形外观的建筑和一个圆顶建筑组成,5 排内设宿舍和公寓的大帐篷式的建筑沿着中央草坪的东西两侧延伸到圆顶建筑前。平行于两个内侧区域的两个外侧区域是宿舍和食堂,内侧区域和外侧区域之间的地面被用来做花园,花园用蜿蜒曲折的围墙所包围。圆顶建

筑 23 米宽，在几何学上，它的尺寸恰好是古罗马万神殿的一半。圆形建筑四周墙壁与地下室的地板面相切，这是用来在高度上与古罗马万神殿相区别。表面由红砖和整洁的白色木头组成，圆屋顶由瓦片盖在铁架上组成。圆形建筑共分三层，一层和二层由椭圆形的房间组成，三层是只有一个房间的圆顶屋。

在圆顶建筑前面有一个巨大的草坪。草坪长 225 米，宽 58 米，四周种植着成排的树木。草坪从北到南呈阶梯状展布，周围的树木在最初的设计中并没有，是在建设过程中追加进去的，用来加强原来的设计思想。在草坪的尽头一个由 6 根科林斯式柱子支撑三角墙的门廊高高耸立，门廊和圆顶建筑之间由四排科林斯式柱子连接着。在草坪的两侧有 10 个大帐篷式的建筑，编号依次为 I 到 X，编号为奇数的在西侧，编号为偶数的在东侧。它们代表着最初的 10 个单独的学院。每一个建筑内都有教室、教授的住所和一层宿舍。10 个建筑之间有走廊连接，这些走廊一方面是用来遮阳，另一方面是用来把宿舍排除在过路人的视线以外。每个建筑都各具特色，不同于传统的建筑理念，为后人留下了与众不同的题材。

托马斯·杰斐逊堪称创作天才，在他的著作和建筑里洋溢着自由的理念以及自我决定、自我实现的价值观念，杰斐逊风格建筑群可以视为其建筑理念的杰作（图 6-91）。

遗产评价：

托马斯·杰斐逊（1743—1826 年）是美国《独立宣言》的起草者，也是美国第三任总统，同时，他还是天才的新古典主义建筑设计师。1769—1809 年，他设计建造了自己的庄园——蒙蒂塞洛，在 1817—1826 年又设计建造了他的理想"学术村"，那里至今仍然是弗吉尼亚大学的中心。杰斐逊的设计在古典建筑基础上添加了许多新元素，这也代表了当时美国想要作为欧洲传统继承者的同时成为一个能够对文化进行再创新的成熟国家的渴望。

遗产保护：

蒙蒂塞洛由托马斯·杰斐逊基金会所有和管理，该基金会是一家私营非盈利组织。杰斐逊的学术村辖区隶属于弗吉尼亚大学，归弗吉尼亚联邦所有。蒙蒂塞洛和弗吉尼亚大学历史区（包括学术村和大学的圆形大厅）由内政部长指定为国家历史地标。圆形大厅也是 1965 年单独指定的。

托马斯杰斐逊基金会的目的是保存和维护蒙蒂塞洛作为国家纪念馆，它由专业的工作人员来支持这项工作。一个详细的战略计划（2012 年），包括一个旅游计划，由一个历史结构报告（1991 年）和一个恢复总体计划（1996 年）来支撑。基金会还与地方理事机构有着密切的工作关系。游客中心提供服务和口译以及票务和游客设施。弗吉尼亚大学采用一个多学科的保护专业人员和商业团队计划，管理和保护建筑物和景观。历史保护咨询委员会包括保护专业人员和弗吉尼亚大学教员，并就拟议项目向该大学的建筑师提供建议。2011 年，大学通过了"学术村规划框架和设计指南"。《弗吉尼亚大学历史保护框架计划》（2007 年）也为维护杰斐逊风格的建筑提供了指导。蒙蒂塞洛和弗吉尼亚大学之间仍然有着密切的合作与协作关系，随着时间的推移，需要一个综合的规划方法保持遗产的杰出的普遍价值，将确保遗产的真实性和完整性。

161. 美国：夏威夷火山国家公园（自然遗产）
United States of America：Hawaii Volcanoes National Park（Natural heritage）

入选时间：1987 年
入选标准：(viii)

遗产概述：
夏威夷群岛位于北太平洋的中央，由东南至西北的 130 多个岛屿组成，它是一个绵延伸展 2400 千米的群岛整体。夏威夷火山国家公园位于美国夏威夷州的夏威夷岛上，面积 929 平方千米，主要包括冒纳罗亚和基拉韦厄两座现代活火山。这片遥远的太平洋中的群岛由 124 座岛屿、小岛和环状珊瑚礁组成，其中有八座主要岛屿。群岛早在 7000 万年前就从海中生成，但在 1600 年前一直无人居住，第一批居民是来自马克萨斯群岛的波利尼西亚人。岛上有一些随风、鸟类和海水而来的植物和昆虫，但是没有食肉的陆地哺乳动物。因为地处一隅、与世隔绝，因而岛上盛产大批特有的植物，在记录在案的约 1000 种植物中，95% 是其他地方没有的。

遗产评价：
世界上最活跃的两个活火山——冒纳罗亚山（海拔 4170 米）和基拉韦厄火山（海拔 1250 米），就像两个巨塔俯瞰着太平洋。火山猛烈的喷发不断地改变周围的景观，熔岩流揭示了奇妙的地质构造过程（图 6-92）。人类在这里发现了许多稀有鸟类、当地特有物种和大量的巨型蕨类植物。

遗产保护：
夏威夷火山于 1916 年由美国国会指定为国家公园，受同年建立的美国国家公园管理局管辖，并根据授权立法，接受广泛的国会指导。此外，其他许多联邦法律也为公园及其资源带来了更

图 6-92 夏威夷火山国家公园

多保护。该公园于 1980 年被指定为生物圈保护区，日常管理由公园总监负责。

该遗产的公园管理计划确定了许多资源保护措施，例如环境评估、分区管理、生态完整性和游客监控以及教育计划，以应对各类问题引起的压力。新的《总体管理计划》于 2016 年完成，为公园管理提供了 15～20 年的更新愿景，并建议在卡胡库地区，将近 49000 公顷的土地划为荒野进行保护。

公园修建了通往火火山和熔岩的通道，因此，游客安全是另一个重要的问题。其营地的定位和措施旨在保护游客和员工免受活动火山的威胁，包括熔岩、烟雾、地震或海啸。此外，国家公园管理局也制定了管理政策，为包括夏威夷火山在内的所有国家公园服务部门提供更广泛的指导。

国家公园与夏威夷岛上的其他土地和水资源管理机构紧密合作，以保护更大范围的景观，包括三山联盟的成员，该联盟也是该州最大的合作伙伴，集合了联邦，州和私人土地所有者，

为夏威夷岛上超过 45 万公顷的土地，制定大地景观保护策略。

同时，公园也注重对夏威夷原住民的保护，包括他们的历史和考古遗迹资源，并保留其文化和价值观。夏威夷原住民认为公园土地是神祇居住的土地，冒纳罗阿火山和基拉韦厄因此成为神圣的文化景观。公园管理方支持夏威夷原住民的习俗，并与夏威夷原住民社区进行磋商，以确保夏威夷文化得以持续。

162. 美国：帕帕哈瑙莫夸基亚国家海洋保护区（融合式遗产）
United States of America：Papahānaumokuākea（Mixed heritage）

入选时间：2010 年
入选标准：(iii)(vi)(viii)(ix)(x)

遗产概述：

帕帕哈瑙莫夸基亚海洋保护区位于西北夏威夷群岛，总面积为 363000 平方千米，西北方向约 250 千米处，跨度超过 1931 千米，包括 10 个岛礁及其周围的水下珊瑚礁、浅滩和深海，是全球最大的海洋保护区之一，也是欧洲殖民前的人类定居点及其功用的考古遗址所在地。

该保护区隶属于美国内务部渔业和野生动植物保护局、美国国家海洋和大气管理局。在 2010 年被列入《世界遗产名录》，是美国的首个自然与文化双重遗产。

帕帕哈瑙莫夸基亚（Papaha naumokua kea），源自夏威夷群岛的创造女神。papa 意为"大地之母"，ha nau 意为"给予生命"，moku 意为"小岛或大陆地"，a kea 意为"广阔、浩瀚"。而且 Papaha naumokua kea 中的 uakea 与创造女神的丈夫 Wakea 名字相同，Wakea 意为"天空"。如果将名称连缀起来，其含义大致是"大自然给予人类的广阔的、由女神创造的地方"。在夏威夷人的传说中，大地之母（Papa）和天空之父（Wa kea）不仅

图 6-93 帕帕哈瑙莫夸基亚国家海洋保护区

创造了夏威夷群岛，也是夏威夷人的祖先。在他们心目中，这片土地是他们的圣地。他们相信：他们的生命起源于这里，死后灵魂也要回到这里。

在这个被夏威夷人称之为"富饶之地"的保护区中，原始、清新的珊瑚礁、小岛和水域生活着诸多濒危物种，是夏威夷僧海豹和绿海龟等许多稀有物种的栖息之所，也是众多珊瑚种类的庇护所。该区域还是世界上最大的热带海鸟群居地，有 1400 万只海鸟在这里筑巢、觅食。该区域还有许多特有的植物，主要包括太平洋棕榈树、科阿金合欢、银剑菊等。

遗产评价：

帕帕哈瑙莫夸基亚由一群线性排列的低海拔小

岛和环礁及其附近海域组成，位于夏威夷主群岛以西约 250 千米处，跨度超过 1931 千米。对现存的夏威夷原住民文化来说，该遗址作为祖先生存的环境，深含宇宙生成与传统文化意义，体现了夏威夷人理念中人类与自然世界的亲缘关系。这里是生命的摇篮，也是死后魂灵回归之所。在遗址中的尼豪岛与马库马纳马纳岛上，人们还发现了欧洲殖民前的人类定居点及其功用的考古遗迹。此外，帕帕哈瑙莫夸基亚主要由远洋和深海生物的栖息地所组成，其中包括海底山脉和海底沙滩、广阔的珊瑚礁和大面积的潟湖等，是世界上最大的海洋保护区之一（图 6-93）。

遗产保护：
20 世纪初，美国就开始了对这块神奇土地的保护。1909 年 2 月 3 日，当时的美国总统西奥多·罗斯福把它升级为夏威夷国家野生生物保护区，1993 年又成立了库雷岛州立野生生物保护区。美国前总统克林顿对这块土地情有独钟，称它为"海中的黄石公园"。2000 年 12 月 4 日，颁布了第 13178 行政命令，成立了西北夏威夷群岛珊瑚礁生态保护区，并提议将西北夏威夷群岛周围的水域划定为国家海洋保护区。2002 年，美国政府向民众公开征求意见，并得到了民众的一致赞同。2005 年，夏威夷总督琳达·林格尔宣布：其周边水域成为海洋保护区。2006 年，乔治·布什颁布了 8031 号公告，宣布将西北夏威夷群岛周围的水域划定为国家海洋保护区，成立西北夏威夷群岛国家海洋保护区，并将该地纳入《古迹保护法》的保护范畴，致力于保护欧洲定居者到来之前当地土著民留下的数以千计的史前遗迹。

第七章

拉丁美洲与加勒比地区的世界遗产

拉丁美洲与加勒比地区泛指美国以南的美洲地区。2011年12月3日，为了深化地区政治、经济、社会和文化一体化建设，在加强团结和兼顾多样性的基础上，拉美和加勒比的33个国家正式成立了共同体，简称"拉共体"，成为西半球最大的区域性国家联盟。

拉丁美洲东临大西洋，西靠太平洋，南北全长11000多千米。东西最宽处5100多千米，最窄处巴拿马地峡仅宽48千米。北部靠大西洋一侧是墨西哥湾和加勒比海。面积2070万平方千米，人口约6.51亿人，主要是印欧混血种人和黑白混血种人，其次为黑人、印第安人和白种人。除巴西为葡萄牙语，海地为法语外，其他的拉丁美洲国家都以西班牙语为主，这些语种都源自拉丁语族，因此这个地区也被统称为拉丁美洲。

拉丁美洲地形复杂，墨西哥基本上是个高海拔的草原，称墨西哥高原。加勒比地区的中美洲和西印度群岛大都以山地为主。南美洲西部的太平洋沿岸，耸立着世界上最长的安第斯山脉。东北部濒临大西洋的则是世界上最大的亚马孙平原和雨林，此外，还有面积世界第一的巴西高原，以及南部冰川绵延的巴塔哥尼亚高原等。

第一节
古代美洲与墨西哥

一、古代美洲的文明

1492年，西班牙、葡萄牙的冒险家踏上拉丁美洲之前，这一地区与北美一样，广泛地分布着以印第安人为主体的早期文明（图7-1）。包括从前1500年到16世纪，在如今墨西哥东南部，以城邦为主体的玛雅文明（案例164）；15世纪在墨西哥中部地区建立帝国的阿兹特克文明（案例166）；以及10世纪到15世纪，版图涵盖整个南美洲西部的印加帝国文明（案例173）。

玛雅文明的历史分成前古典期、古典期及后古典期三个不同阶段。前1500年－公元300年是形成期，出现了原始的历法和古文字，以及早期的祭祀建筑；约4－9世纪的古典期是其全盛期，文字的广泛使用、恢弘的纪念建筑及古朴的玛雅艺术此时达到鼎盛；9－16世纪，随着北部的奇琴伊察、乌斯马尔等城邦兴起，后古典期的玛雅文化也逐渐衰落。

阿兹特克文明也是世界历史上独树一帜的古文明，于15世纪在墨西哥中部建立了帝国。拥有较精确的历法系统；农业方面，灌溉技术发达；经济方面，已经出现了原始阶段的"货币"；宗教神话具有鲜明的特色，且对后世也影响深远；阿兹特克人的建筑技术也非常精湛，能够建造出十分雄伟的建筑，特诺奇提特兰古城便是最好的证明；此外，阿兹特克社会阶级划分森严，并拥有完备的法律系统。

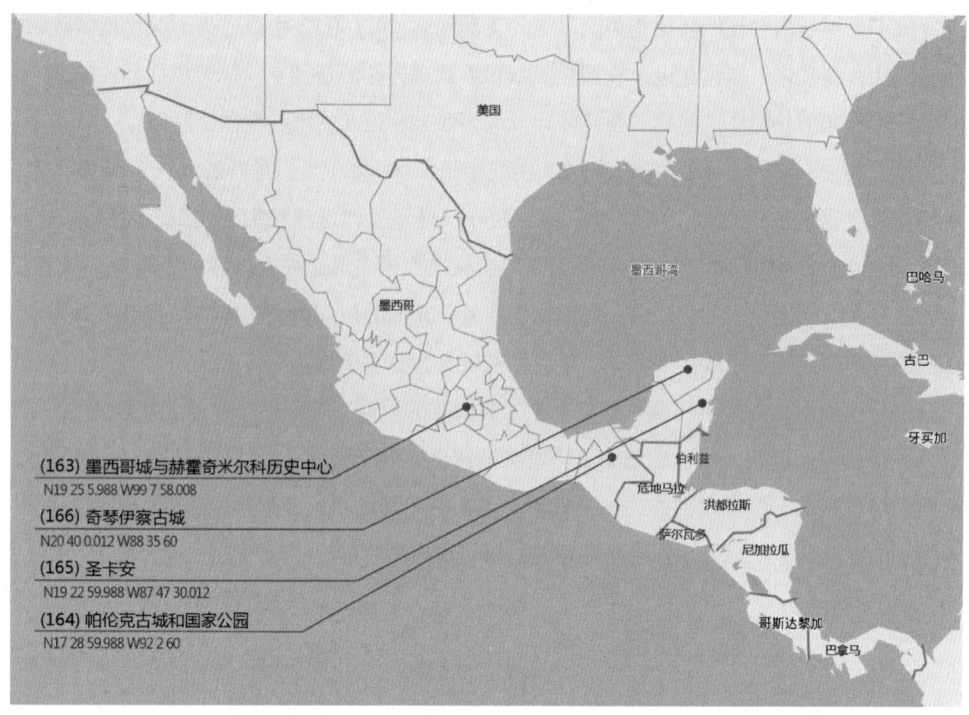

图7-1 古代美洲与墨西哥的遗产案例分布图

印加本来只是一个位于库斯科的小国,主要的领土扩张到15世纪才开始,图帕克·印卡·尤潘基将印加帝国的版图扩大到哥伦比亚的帕斯托,以及阿根廷的图库曼和智利的毛雷河边。如今,印加人大部分已被殖民者所同化,主要生活在秘鲁和厄瓜多尔,也有一部分在智利、玻利维亚和阿根廷。

二、墨西哥

墨西哥联邦共和国的北部与美国接壤,西南侧是浩瀚的太平洋,东南方向是加勒比海与墨西哥湾。这里曾经是美洲大陆印第安人古文化的中心之一,包括前述的玛雅文明和阿兹特克文明都分布于此,直到1521年西班牙人入侵后,逐渐沦为欧洲的殖民地。

早在9000年前,墨西哥的古印第安人就培育出了如今遍布全球的玉米,故墨西哥有"玉米之乡"的称谓。此后的农业革命推动形成了许多早期的文明,包括前1200—前400年的奥尔梅克文明和公元前200年出现的提奥提华坎文明等。16世纪,西班牙人开始统治这一地区之后,也将欧洲的各种瘟疫和传染病带到美洲,天花、流感、鼠疫、麻疹,使得数以百万计的缺乏免疫力的当地人受到感染。这也直接导致本土文明在此后的200多年间逐渐被外来文化所同化,如今的墨西哥城正是这一过程的特殊见证(案例163)。

为了摆脱西班牙的殖民统治，1810年墨西哥人民发动起义，并于十年后取得独立。此后又经历了1846—1848年的美墨战争，最终，墨西哥失去了德克萨斯、加尼福尼亚等如今属于美国的大片领土。

163. 墨西哥：墨西哥城与赫霍奇米尔科历史中心（文化遗产）
Mexico：Historic Centre of Mexico City and Xochimilco（Cultural heritage）

入选时间：1987年
入选标准：(ii)(iii)(iv)(v)

遗产概述：

墨西哥城最早是土著的阿兹特克人的首都特诺奇特兰，16世纪西班牙人在此遗迹上建立了墨西哥城（图7-2）。现存古旧建筑有5座阿兹特克寺庙、1座天主教堂和19—20世纪的一些主要建筑。城内建筑可分为3个时期。

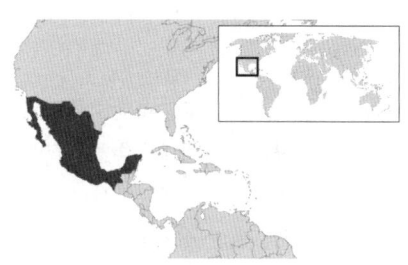

图7-2 墨西哥的区位图

第一期为特诺奇特兰墨西哥城（1325—1521年）。墨西哥城所处地区最早为印第安人阿兹特克部族聚居地，名字的意思是"特诺奇祭司所在地"。1325年，特诺恰人和阿兹特克人按照传说中"神鸟"的启示，在特斯科科湖中心小岛上建城，即特诺奇特兰，随后该城成为疆土辽阔的阿兹特克帝国的首都和经济、军事和宗教中心，在西班牙人入侵以前，是西半球最大的城市。这一时期的建筑物目前仅存一些遗址。墨西哥城中心的阿兹特克人的大神庙发现于1978年，神庙的主殿坐东朝西，建在一个巨大的平台上，基座由四部分组成，其中包括分别通往两个殿堂的两道阶梯。南边殿堂供奉战争保护神维茨洛波奇特利，北边的殿堂则供奉雨、水和丰产之神特拉洛克。围湖造田是这一时期对农业生产的重大贡献。

第二期为新西班牙墨西哥城（1521—1810年）。墨西哥城被科尔斯特为首的西班牙人占领，城市遭到严重破坏。其后，科尔斯克在阿兹特克人中心祭坛的废墟上建立起教堂和广场（现在是东城区的宪法广场），1535年被定为新西班牙总督辖区的首府。由于湖面逐渐缩小和防洪水利工程的建造，昔日的水乡泽国景象消退，城市面积扩大，墨西哥城成为包括圣多明各、危地马拉、瓜达拉哈拉和菲律宾群岛的马尼拉在内的西班牙辽阔殖民地域的中心。许多寺庙、教堂、修道院、学校、医院平地而起，较著名的建筑如圣弗朗西斯科、圣奥古斯汀、圣弗利普修道院、圣地亚哥加利马亚宫（现为城市博物馆）和圣伊德丰索学院等都体现了西班牙建筑风格。

第三期为独立后的墨西哥城（1810年起）。1821年，墨西哥城正式成为国都。依照改革法令，教会土地和财产收归国有，取缔修道院。环绕殖民时期的城市建造了大量的公共和私人住房。1910年民主革命后，许多重要建筑物如民族宫、美术馆、公共教育部大楼和其他一些大型建筑都装饰上出自名家巨匠之手的大幅壁画。进入 20 世纪 60 年代以来，城市规模急剧膨胀，大量的现代建筑和新修的公路将古城中心和市郊连成一片，仅赫霍奇米尔科少数地区还保留着过去的自然风貌和历史文化传统。

赫霍奇米尔科位于赫霍奇米尔科湖畔，包括一片与外界隔绝的土地和湖田，在湖田里发现有殖民时期之前的重要文物。建筑布局为西班牙风格，有一个中心广场和 17 个区，每个区内都有本区教堂和寺院。

图 7-3 墨西哥城的精品艺术馆

城内名胜古迹众多，阿兹特克文化遗址有太阳金字塔，特诺奇蒂特兰城孪生古城特拉特洛尔科等，此外还有宪法广场、三代文化广场、查普特佩克公园、索切米尔科水上花园、国家宫、艺术宫、国家人类学和考古学博物馆、瓜达卢佩贞女教堂等历代和现代建筑，主要街口均有街心花园和壮美的纪念碑。建筑物多壁画，有"壁画之都"之誉。拉美塔高 44 层，为全城最高建筑物。

墨西哥城曾在历史上具有重大影响，是独特的印第安文化和西班牙殖民地文化的特殊证明，既是历史时期的典范，也是急于保存的特殊例证。

遗产评价：
墨西哥城建于公元 16 世纪，当时西班牙人在特诺奇蒂特兰古阿兹特克首都的废墟上建造了新殖民地的中心。墨西哥城今天仍然是世界上最大、人口最稠密的城市之一。除了 5 座阿兹特克庙宇之外，这里还有拉丁美洲最大的教堂，以及 19 世纪和 20 世纪建造的许多公共建筑，精美艺术品宫殿（图 7-3）就是其中的代表。赫霍奇米尔科城位于墨西哥城南 28 千米处，那里密集的运河和人造岛屿展示了一幅阿兹特克人通过不懈努力在艰苦环境中建立居所的画面。当地建于公元 16 世纪和殖民时期的典型城市和乡村建筑都被完好地保留了下来。

遗产保护：
墨西哥城在历史上屡遭洪水和地震的破坏，现存古迹多为殖民地时期的建筑。进入本世纪以来，城市化进程突飞猛进，城市人口急剧增加，污染日益严重，古迹保护面临巨大困难。为解决古迹保护与城市化的矛盾，市政当局 1931 年颁布了有关法令，划定了古迹保护区、但收效甚微。1980 年，有关部门以 1931 年保护区为基础再度确定古迹保护范围和等级。古迹保护分为 A、B 两级，A 级包括殖民西班牙前后的遗址；B 级包括自国家独立到 19 世纪末的建筑。保护区面积 9 平方千米，含 668 片建筑群，其中包括 67 座宗教建筑、按照 1971 年联邦法令确定的 671 座古建筑、731 处重点建筑、111 处民居、17 处名人故居、78 处广场和花园、13 座博物馆和画廊、12 座装饰有巨幅壁画的建筑和 6 座新修的寺庙。

164. 墨西哥：帕伦克古城和国家公园（文化遗产）
Mexico：Pre-Hispanic City and National Park of Palenque（Cultural heritage）

入选时间：1987 年
入选标准：(i)(ii)(iii)(iv)

遗产概述：

帕伦克城在古代对整个乌苏马辛塔河盆地都有着重大的影响力。在已清理出来的古迹区域中，最主要的就是帕拉西奥。这些建筑分不同时期建造于一座宽阔的人造山丘上，这座山丘的形状就像是一个被削了顶的金字塔。建筑中包括了一座 4 层的瞭望塔，也有人叫它天文台，极具玛雅建筑特色。更大的是一座碑铭神庙，位于帕拉西奥下方，建在一座有台阶的塔基上。到公元 10 世纪的末期，来自墨西哥湾地区的外族人入侵帕伦克城，使它逐渐衰落，最终被人们所遗忘。直到 1830 年一群西班牙殖民者才发现了这一埋没了数百年的遗址。如今，帕伦克古城遗址上那华丽的宫殿、高雅的庙堂、精巧的石碑、神秘的铭文、壮观的金字塔以及大量的象形文字、绘画、雕塑等，为人们研究玛雅文化提供了宝贵的资料。

遗产评价：

帕伦克城是古代玛雅人的圣地，其鼎盛时期大约在公元 500—700 年之间，对整个乌苏马辛塔河盆地都具有广泛影响力。该遗址中典雅精致的建筑和体现玛雅人神话主题的浮雕都证明了他们是创造文明的天才（图 7-4）。

图 7-4 帕伦克古城遗址

遗产保护：

负责保护考古遗址的主要机构是国家人类学和历史学会（INAH）和国家自然保护区委员会（CONANP）。后者负责保护 1981 年以来一直受保护的国家公园区域内的自然资源。1987 年，联合国教科文组织将考古遗址确认为世界遗产。1993 年，该遗址被墨西哥联邦政府宣布为考古纪念地，受到《考古，艺术和历史古迹及遗址联邦法律》的保护。然而，要长期有效地确保对世界遗产的保护，还有许多工作要做。目前，在遗产遗址管理规划项目中考虑了有关保护遗产的措施，该项目寻求遗产保护、研究和促进的所有人的参与，以更好地研究、保护该遗址。

165. 墨西哥：圣卡安（自然遗产）
Mexico：Sian Ka'an（Natural heritage）

入选时间：1987 年
入选标准：(vii)(x)

遗产概述：
圣卡安位于金塔纳罗奥洲尤卡坦半岛的东部，几千年前，原始的玛雅居民把这条海岸线的独特自然美景，命名为圣卡安（Sian Ka'an），意为"天空的起源"。

圣卡安位于部分浮现出海面的石灰岩平原上，该平原是美洲中部东海岸的狭长堡礁带的一部分。该区水文比较复杂，地下水位常年接近地表，且因水极容易从黑色石灰石和粒状土层中渗透下去，因此保护区内很少有地表水。据估计，保护区内大约有 1200 种植物，在该区的中纬度半落叶森林中，生长着大量的棕榈树。海岸边上的沙丘可延伸达 64 千米。保护区内生活着 103 种哺乳动物，例如美洲虎、美洲狮、虎猫、美洲山猫、中美洲貘、短脚鹿、吼猴、蜜熊、食蚁动物、海牛等。除此之外，保护区中还有 339 种鸟类、42 种两栖动物和爬行动物及超过 52 种的鱼类，总之，这里的动植物种类相当丰富。

遗产评价：
古代玛雅人曾在这个地区居住过，在他们的语言里，圣卡安是"天之源"的意思。这一生物保护区位于尤卡坦半岛东岸，内有热带森林、红树林和沼泽地，还有被礁石分割开的海产区。

图 7-5　圣卡安自然保护区

这个自然保护区为大量的动物和植物提供了生活场所，其中包括 300 多种鸟类，以及大量当地特有的陆地脊椎动物，这些动物在这个多样性的环境里共同生活，形成了一个复杂的水文学系统（图 7-5）。

遗产保护：
圣卡安于 1982 年建立了自然保护区，在 1986 年被总统令归为国家生物圈保护区，并得到了国际承认。最近，根据《拉姆萨尔公约》，西圣卡安还被认为是国际重要湿地的一部分。该遗产大部分属于联邦所有，只有占北海岸总面积的 1% 的一小部分属于私人土地。今天，环境部（SEMARNAT）下的墨西哥国家保护区局（CONANP）负责管理工作，并与各级政府的合作伙伴进行了合作。一个管理程序将指导所有活动和分区。通过咨询委员会促进地方社区、政府代表、学术界和非政府组织参与管理。

166. 墨西哥：奇琴伊察古城（文化遗产）
Mexico：Pre-Hispanic City of Chichen-Itza（Cultural heritage）

入选时间： 1988 年
入选标准： (i)(ii)(iii)

遗产概述：

奇琴伊察是古玛雅城市遗址，位于墨西哥尤卡坦州中东部。南北长 3 千米，东西宽 2 千米，有建筑物数百座，是古玛雅文化和托尔特克文化的象征。"奇琴"意为"井口"，天然井成为建城的重要基础。现有的公路把它分为两半。南侧老奇琴伊察建于 7—10 世纪，极具玛雅文化特色，有金字塔神庙、柱厅殿堂、球场、市场和天文观象台，以石雕刻装饰为主；北侧新奇琴伊察为灰色建筑物，具有托尔特克文化特色，有库库尔坎金字塔、勇士庙等，以朴素的线条装饰和羽蛇神灰泥雕刻为主。完美的比例、精巧的构造和辉煌的雕刻装饰，使这里的建筑物无可争议地成为中美洲建筑中的杰作。在 10—15 世纪，这些建筑物对整个尤卡坦地区文化产生了深远的影响。

该城建于 5 世纪早期的玛雅古典时期，在 10 世纪托尔特克人从墨西哥高原向南迁移到此，用暴力征服尤卡坦之后，一个糅合了玛雅和托尔特克传统的文化逐渐发展起来，奇琴伊察城由此成为其典型代表。在城市中央矗立着宏大的库库尔坎的金字塔，西班牙人称之为"城堡"。它建造于 13 世纪，占地面积大约为 55 平方米，高达 24 米。根据玛雅的惯例，库库尔坎建立在一个更古老并稍小的金字塔之上（图 7-6）。

直到 13 世纪，奇琴伊察都是一个繁荣的城市。此后，玛雅爆发了叛乱和内战，导致了这座城市的迅速没落，并再也没有恢复。到西班牙人在 16 世纪占据尤卡坦半岛的时候，该城市中心已经在很大程度上被遗弃而成为废墟。

图 7-6 奇琴伊察古玛雅金字塔

遗产评价：

奇琴伊察古城遗址是尤卡坦半岛最重要的玛雅文明中心之一。在近 1000 年的历史中，许多民族都在此生活过，并留下了他们的印记，从当地的石制遗迹和艺术作品中，我们可以看出玛雅人、托尔特克人和阿兹特克人的世界观和宇宙观。玛雅人的建筑技巧和来自墨西哥中部地区的新元素融合在一起，使得奇琴伊察古城成为展示尤卡坦半岛玛雅——托尔特克文明最主要的地方之一。该遗址中有几个建筑被保留下来，其中包括勇士庙、城堡和被称为"蜗牛"的圆形天文台。

遗产保护：

奇琴伊察古城受到 1972 年颁布的联邦法律所保护，并于 1986 年被总统宣布为考古遗迹。该遗产地全年向公众开放，每天至少接待 2500 名游客，在旺季每天可达 8000 名，这意味着此地经常需要修缮保护，以避免建筑结构遭到破坏。

由墨西哥国家人类学和历史学会、尤卡坦州的文化和旅游服务部门所组成的委员会成立于 1987 年，其主要职责包括调研、保护、文化解读和遗产点运营。但由于缺少足够的人员，该遗产地没有应急计划，也没有针对保护情况的长期观测，这使它面临着自然和人为所导致的破坏风险。

第二节
中美洲

中美洲是指墨西哥以南、哥伦比亚以北的美洲大陆中部地区，东临加勒比海，西濒太平洋，也是连接南美洲和北美洲的狭长的陆地，包括危地马拉、伯利兹、萨尔瓦多、洪都拉斯、尼加拉瓜、哥斯达黎加和巴拿马7个国家（图7-7）。

中美洲在古代也深受玛雅文明的影响，至今也遗留下来不少遗迹（案例169）。因这里气候湿热，火山灰堆积，土壤肥沃，欧洲人入侵后，这里成为16—19世纪大西洋贸易主要的农产品原产地，有香蕉、咖啡、甘蔗与玉米等。为此，西班牙殖民者还修建了坚固的防御体系，用以保护其在美洲的利益（案例167）。此外，在中美洲地区，很多国家还共同拥有一些独具特色的本地物种及其保护区（案例168）。

19世纪后期，西班牙在美洲的殖民统治逐渐衰落，1903年美国在击败英、法的竞争后，策动巴拿马从哥伦比亚独立，并取得修建和经营连通太平洋和大西洋的巴拿马运河的权力，直到1999年，巴拿马经过不懈努力，才完全收回了运河的主权。

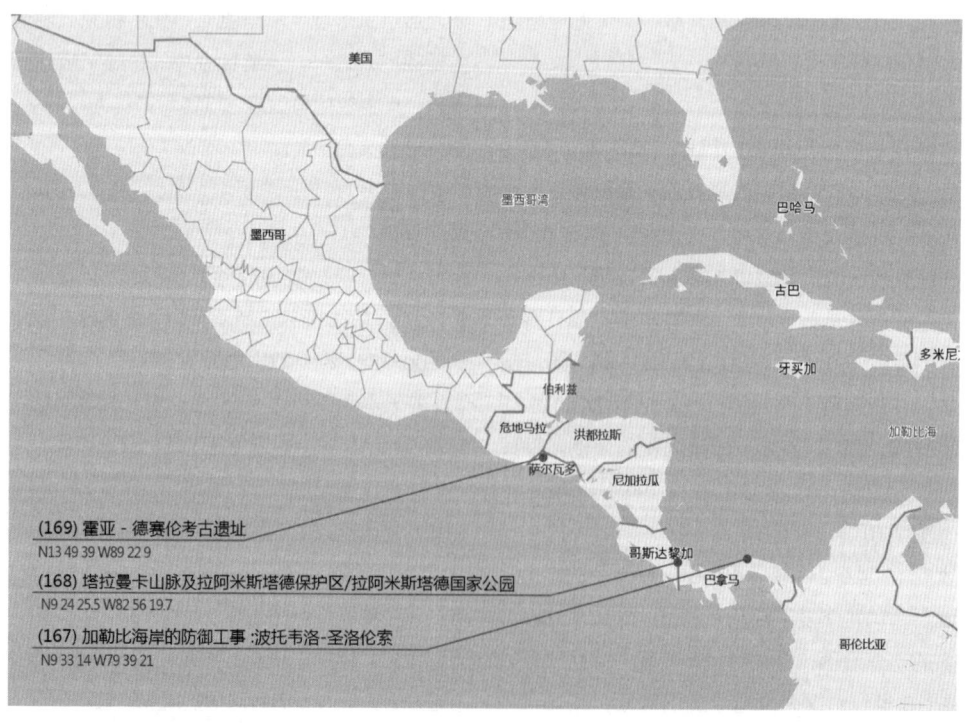

图7-7 中美洲的遗产案例分布图

167. 巴拿马：加勒比海岸的防御工事：波托韦洛 - 圣洛伦索（文化遗产）
Panama：Fortifications on the Caribbean Side of Panama: Portobelo-San Lorenzo（Cultural heritage）

入选时间：1980 年
入选标准：(i)(iv)

遗产概述：

波托韦洛—圣洛伦索防御工事位于巴拿马北部的科隆省，建于 17-18 世纪，得天独厚的地理位置使得波托韦洛成为西班牙殖民地与本土之间几大贸易中心之一。这里的防御工事是典型的西班牙殖民军事建筑，工事周围是美丽的自然风光（图 7-9）。

图 7-8 巴拿马的区位图

波托韦洛—圣洛伦索要塞是西班牙国王防御系统的一部分，波托韦洛城于 1597 年兴建而成，守护着巴拿马地峡的入口，这里是当时欧洲与其殖民地进行贸易往来的重地。波托韦洛—圣洛伦索防御工事包括环海湾而建的一系列堡垒、要塞和城墙，有圣菲利普·德斯托马约尔城堡、圣地亚哥要塞、圣赫罗米诺要塞、圣·费尔南多要塞、圣地亚司·德拉格格利娅城堡、法尔内西奥堡垒等。这些堡垒和要塞分布在港口、山丘和城市的角角落落。这些城堡经常遭受攻击，因而重建了 3 次：第一次是 1668 年被亨利·摩根的武装民船攻破之后；后两次是 1739 年及 1761 年两度被英国海军将领弗农占领之后。但是，随着贸易路线的变化，城堡没有再遭新的攻击。

图 7-9 加勒比海岸防御工事

遗产评价：

作为 17 世纪和 18 世纪军事建筑的优美典范，这些加勒比海岸的巴拿马城堡成为西班牙王室保护跨大西洋贸易的防御体系的一个部分。

遗产保护：

巴拿马加勒比海地区的防御工事受巴拿马一般性遗产法律（第 14/1982 号法律，由第 58/2003 号法律更新）和每个地点的特定法律文件的保护。水下历史遗迹在全国范围内受到 32/2003 号法律的保护。现有法律强调了对波托韦洛的保护（第 91/1976 号法律和第 43/1999 号行政法令）。第 32/2005 号市政条例解决了波托韦洛历史悠久的核心地区和周围国家公园的长期土地所有权问题。

同时，这些军事基地属于更大的防御体系，包括韦拉克鲁斯（墨西哥）、卡塔赫纳（哥伦比亚）和哈瓦那（古巴），以保护美洲和西班牙之间的商业贸易路线。该遗址是了解欧洲建筑模式的改变及其影响新世界转型的关键要素。

2011年12月27日,国家文物保护局针对厄尔尼诺国家的古迹和历史遗迹建立了新的建筑项目指南,该准则也适用于巴拿马加勒比海地区的防御工事(第172-11/DNPH号决议)。就圣洛伦索而言,第61/1908号法律,第68/1941号法律和上述一般遗产立法均授予保护。第21/1997号法律批准的《大洋地区保护和发展计划》还包括圣洛伦佐的保护准则。2005年4月,国家环境局(ANAM)发布了国家公园管理计划,其中包括圣洛伦索的保护措施。

168. 巴拿马、哥斯达黎加:塔拉曼卡山脉及拉阿米斯塔德保护区/拉阿米斯塔德国家公园(自然遗产)
Panama,Costa Rica:Talamanca Range-La Amistad Reserves / La Amistad National Park(Natural heritage)

入选时间:1983年,1990年
入选标准:(vii)(viii)(ix)(x)

遗产概述:

从25000年前的冰河时期起,塔拉曼卡-拉阿米斯塔德地区就被热带雨林所覆盖。如今,这个保护区包括低地热带雨林和云雾森林,另外还有独有的四大林区:高山草甸、纯橡木高地、冰川湖和高地沼泽。保护区中的物种十分丰富,是其他同等面积的地方所无法媲美的。记录在案大约10000种开花植物。许多大型哺乳动物在该地区存有重要的种群,总共记录了215种哺乳动物。此外,还有大约600种鸟类,大约250种爬行动物、两栖动物,以及115种淡水鱼。大多数物种表现出独一无二的特性。比如,貘是一种在哥斯达黎加特有的动物,也常出没于塔拉曼卡-拉阿米斯塔德保护区靠近巴拿马边界的地区。此外,美洲中部所有的野生猫科动物也都能在这个保护区内找到,例如美洲狮、虎猫、美洲山猫和美洲虎等;中美洲的松猴也生活在这里,还包括一种罕见的绿黑相间的高山毒蛇。扩展大范围,展开跨境管理和保护行动,为哥斯达黎加和巴拿马共同拥有的这一特殊的山区生态系统带来了可持续发展的机遇。

图7-10 塔拉曼卡山脉-拉阿米斯塔德保护区

遗产评价:

塔拉曼卡山脉是美洲中部最高最原始的非火山山脉,这里大部分地区被热带雨林覆盖,有南北美杂植的动植物,还有第四纪冰川的痕迹。四种不同的印第安部落生活在保护区中,他们的生存得益于哥斯达黎加和巴拿马之间的密切合作与来往(图7-10)。

遗产保护:

在两国总统于1979年联合发表声明之后,哥斯达黎加提名了多个连片的保护区,并于1983年被列入《世界遗产名录》。1990年,巴拿马毗邻的拉阿米斯塔德国家公园也被列入《世界遗产名录》,成为哥斯达黎加相关遗产的延伸，从而形成了中美洲为数不多的跨界遗产。这是一种良好的协调、管理和保护遗产的政府间合作框架。

两国跨界保护区技术委员会负责监督协议，并指导活跃在塔拉曼卡的许多私人和公共团体与机构之间的合作。两国都有强有力的法律和体制框架来保护和管理这些分属于不同类别的保护区。同时，在许多保护团体的支持下，地方一级政府采取了许多举措，包括在筹资方面。该遗产的特殊性和实际价值之一，是跨越国界的庞大规模的许多毗连地区，确保了景观和生态的连续性，对遗产管理而言，这些重大潜力也意味着持续的挑战。过去资金不足导致人员、设备和基础设施方面的欠缺，在现有国界两侧的开发态势下，将会导致遗产特殊保护价值的恶化或丧失。

目前，不断发展的"农业疆界"正在蚕食种植园和放牧牲畜的生存空间，尤其是在太平洋斜坡和公路上。过去的野蛮侵占为定居、伐木、森林火灾、放牧、捕鱼和偷猎，非法获取动植物种群提供了便利，所有这些行为共同破坏了森林并使自然资源恶化。此外，还必须在土著居民传统和生产系统的资源利用之间寻求并保持平衡，包括自由放牧、狩猎、捕鱼和药用植物的收集。其他有据可查的挑战包括对考古遗址的破坏和不受管制的旅游和开发项目，如该遗产及周边地区的主要项目包括石油勘探、铜矿开采、水力发电、输电线路和道路建设，所有这些都需要充分考虑社会和生态影响。巴拿马政府和哥斯达黎加政府之间现有的保护联盟需要合并和提升，并在更大范围的景观层级采用统一的管理框架。

169. 萨尔瓦多：霍亚-德赛伦考古遗址（文化遗产）
El Salvador：Joya de Cerén Archaeological Site（Cultural heritage）

入选时间：1993 年
入选标准：(iii)(iv)

遗产概述：

萨尔瓦多的霍亚-德赛伦考古遗址位于蒙多玛雅东南。大约在公元 600 年，洛马卡尔德拉火山突然喷发，致使位于火山附近的霍亚-德赛伦这个方圆大约仅仅 5 平方千米的小小农业区顿时被火山灰侵吞。一场预先发生的地震显然给了居民逃跑的时间，但接下来的火山爆发如此突然，以至于日常的人工制品都原封不动地在建筑物附近被考古人员发现。由于该遗址不同寻常的保存状态，它为我们提供了理解中美洲农民当时日常生活的途径。挖掘出来 12

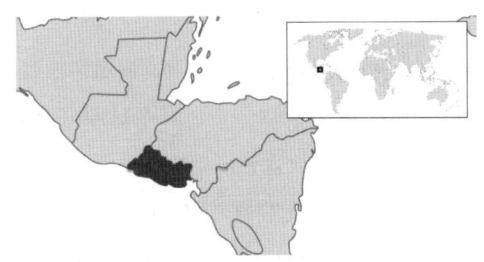

图7-11 萨尔瓦多的区位图

个建筑物，包括居住区、仓库、工场、厨房和一个公共浴室。尽管没有发现人类的遗骸，但通过对德赛伦遗址的分析，专家认为这里是约 200 人的家园。围合的建筑物包括卧室、仓储、烹调和手工艺品加工的院落。另外一些建筑物包括一个发酵间、一个大的公共建筑和两个可能被诸如教士或医生等专家所使用的房屋（图7-11）。

遗产评价：

霍亚－德赛伦考古遗址是古拉丁美洲的一个农庄，像意大利的庞培和赫库兰尼姆一样，于公元600年左右遭遇突然的火山喷发而被掩埋。正是由于这种特殊的保存方式，使得人们现在可以从此了解当时在这块土地上耕作的中美洲人的日常生活（图7-12）。

图7-12 萨尔瓦多的霍亚－德赛伦考古遗址

遗产保护：

霍亚－德赛伦考古遗址受到萨尔瓦多共和国法律和国际条约的保护，其政府拥有"萨尔瓦多文化遗产保护特别法"规定的管辖权。该遗产自1989年以来一直为国家所有，目前在总统府文化秘书处的监督下进行管理，并致力于公园的长期保护。由于场地的性质，特别是土制建筑和有机材料，考古部门的专家需要进行持续的监控，并进行记录。保护部门还通过一项持续计划来促进现场科学研究，为此，管理计划将需要持续的实施和资源保障。

长期保护场地区需要评估防护棚和其他功能，以保护遗址并保持其物理完整性。此外，在遗址核心与遗址南部的现代乔亚－德赛伦住区之间建立必要的保护缓冲区。

第三节
西印度群岛

西印度群岛位于大西洋及其属海墨西哥湾、加勒比海之间，北望美国的弗洛里达半岛，南接委内瑞拉的北岸，自西向东呈现出绵延4700多千米的1200个岛屿组成的岛链，包括海地、多米尼加、古巴、巴哈马等13个加勒比海岛屿国家（图7-13）。

1492年，意大利航海家哥伦布奉命携带西班牙国王致"中国大汗"的国书，首次横渡大西洋，并于10月12日登上巴哈马群岛东侧的圣萨尔瓦多岛。当时，哥伦布误以为他到达了印度附近的岛屿，并将这里的居民称为印第安人，这些位于西半球的群岛，也因此被称为西印度群岛，沿用至今。

此后，在加勒比海的这些岛国，留有不同的殖民与独立运动遗址，见证了人类文明一个特殊的融合时刻的开启（案例170和案例171）。此外，因为这里得天独厚的海洋资源，也留下了独一无二的自然遗产（案例172）。

图 7-13 西印度群岛（加勒比海）的遗产案例分布图

170. 古巴：哈瓦那旧城及其工事体系（文化遗产）
Cuba：Old Havana and its Fortification System（Cultural heritage）

入选时间：1982 年
入选标准：(iv)(v)

遗产概述：

哈瓦那老城始建于 1519 年，位于古巴的西北海岸，通过坚持原始的城市布局，保持了卓越的个性和风格的统一。城市广场周围环绕着许多具有杰出建筑价值的建筑，狭窄的街道上布满了更为流行或传统的风格，遍布城市的历史中心。它具有建筑、历史和环境连续性的整体感觉，使它成为加勒比地区最令人印象深刻的历史市中心，也是整个美洲大陆最著名的市中心之一。随着西班牙西印度群岛船队系统的建立和发展，哈瓦那在 16 世纪下半叶成为该地区最大的港口，并在 18 世纪发展了新世界最

图 7-14 古巴的区位图

完整的船坞，这两个港口必须进行军事保护。在 16 世纪和 19 世纪之间建立的广泛的防御设施网络包括一些如今美洲最古老和最大的石制防御工事（图 7-15）。

哈瓦那旧城由前城墙的范围界定，通过五个大广场保持了早期城市环境的格局，每个大广场

都有自己的建筑特色：阿玛斯广场、维耶哈广场、旧金山广场、德尔克里斯托广场和大教堂广场。在这些广场周围有许多杰出的建筑，包括伊格莱西亚哈瓦那的大教堂，圣安东尼奥安提瓜修道院，塞古多·卡波拉宫和洛斯卡皮塔将军宫。与巴洛克风格和新古典主义风格的纪念碑交织在一起的是一个带有连拱廊、阳台、锻铁大门和内部庭院的同质私人住宅群——其中许多都是令人难忘的过建筑。保护哈瓦那、哈瓦那港口和哈瓦那船坞的复杂防御体系包括位于哈瓦那湾入口的狭窄运河东侧的圣卡洛斯德拉卡巴尼亚城堡，以及美洲最古老的殖民堡垒之一的真实富尔扎城堡。

图 7-15　哈瓦那旧城及其工事体系

遗产评价：
哈瓦那由西班牙人于 1519 年建立，17 世纪成为了加勒比海主要的造船中心之一。虽然哈瓦那今天是一个有 200 万人口且不断扩张的都市，但其旧城中心仍保留着引人入胜的巴洛克式和新古典风格混合的建筑物，所有的民房都有拱廊、阳台、铸铁的大门和内院。

遗产保护：
哈瓦那及其防御工事主要由古巴国家拥有，另外些由私人或法人实体拥有。遗产受到 1976 年 2 月 24 日《古巴共和国宪法》和国家古迹委员会第 3/1978 号决议的保护，该决议指定了圣克里斯托瓦尔哈瓦那古城的历史城市中心和周围的殖民工事系统。它是一座国家纪念碑，适用于《保护文化财产法》（1977 年 8 月 4 日第 1 号法律）和《国家和地方纪念碑法》（1977 年 8 月 4 日第 2 号法律）。

国家古迹委员会第 12/1980 号和第 14/1980 号决议分别设立了一个国家工作组，负责哈瓦那老城历史中心及其防御工事，并采取措施界定历史中心的界限，通过停止拆除和规划加固工程保护其建筑物。阿萨布拉省人民权力会议负责哈瓦那历史中心的管理。

古巴文化部的一个专门机构为研究和制定保护和恢复历史中心的政策和项目提供法律、技术和行政支持。古巴政府为 1981 年开始的五年恢复计划提供资源，并通过与哈瓦那历史学家办公室（1938 年成立的自治市政府组织）达成协议，确保多年计划的可行性和可持续性，管理着修复和恢复的过程。

171. 海地：国家历史公园：城堡、圣苏西宫、拉米尔斯堡垒（文化遗产）
Haiti: National History Park – Citadel, Sans Souci, Ramiers（Cultural heritage）

入选时间：1982 年
入选标准：(iv)(vi)

图 7-16 海地的区位图

遗产概述：

1804 年 1 月 1 日，经过该岛的黑奴们与殖民者长达 14 年的斗争，革命的主要领导人让·雅克·德萨林宣布海地共和国独立。随后，德萨林委托他的一位将军亨利·克里斯托夫在拉菲里埃上建造一座巨大的堡垒，以保护这个年轻的共和国（图 7-16）。

无论是军事设施还是作为政治宣言，建于 970 米高的亨利城堡，都是 19 世纪早期军事工程艺术的最佳范例之一。亨利城堡占地约一公顷，是一个巨大的四边形建筑，由围绕中心庭院建造的四座侧翼塔楼及其相关建筑物组成，并在顶层形成一个由炮台和兵营组成的堡垒。突出的质量，综合火炮防护能力，一个精心设计的供水系统和蓄水池，以及巨大的防御墙，使该城堡坚不可摧。它可以满足 2000 人的驻军，甚至容纳 5000 人（图 7-17）。

1806 年，德萨林去世时，海地共和国被分为两个不同的州：南部由佩蒂翁统治，北部由克里斯托夫于 1811 年称王。亨利城堡最初被认为是捍卫自由的纪念碑，后被专制者加固为堡垒，并于 1813 年落成。与此同时，克里斯托夫国王（亨利一世）建造了一座由花园环绕的令人惊叹的宫殿：圣苏西宫，位于米洛特村附近通往城堡的通道旁。

这个大型建筑群满足了新君主围绕皇宫布局行政设施的需要。皇宫周围群山环绕，植被茂密，宫殿及其它建筑被一个占地约 8 公顷的圆形围墙

图 7-17 拉米尔斯堡垒的防御工事

所环绕。该建筑群包括皇家住宅，即亨利一世 1820 年去世前用作主要住宅的宫殿；行政建筑（国务院、各部委、皇家铸币厂、图书馆）；用于官方活动，位于滨海区西面的王储官邸；马厩，兵营、监狱、兵工厂、各种维修车间、医院、金店等。整个建筑群装点有花园、水池和喷泉。

1813 年，圣苏西宫落成，1820 年国王去世时遭到洗劫，随后被遗弃，1842 年的地震严重破坏了它。尽管如此，就其规模而言，它仍然是一个令人印象深刻和整体性的遗址，其独特的

风格与山区环境也十分融洽和谐，诸多不可调和的建筑类型：巴洛克式的楼梯和古典式的露台，让人联想起波茨坦和维也纳的阶梯式花园，以及凡尔赛宫的运河和花圃，这位自大的国王的创作给人带来了难以言喻的奇幻感觉。

拉米尔斯遗址位于一个小台地，有台基和一些围合的堡垒建筑群残迹，形成了一个极好的全景图视角，城堡的巨大轮廓突出于平缓的天际线。

遗产评价：

这些建筑可追溯到19世纪海地宣布独立的时期。作为最先由获得自由的黑人奴隶修造的建筑，圣苏西宫、拉米尔斯堡垒、尤其是古城堡，对全世界来说都是自由的象征。

遗产保护：

根据1978年总统令建立的国家历史公园—城堡、圣苏西宫、拉米尔斯堡垒是海地共和国的遗产。1941年的《古迹和遗址保护法》就涵盖了对该遗址的保护。1979年海地成立了一个专门机构负责其行政管理。2013年起，改由一个部际管理委员会领导，该委员会由共和国政府总理任主席，六个部委派驻代表，常设秘书处由国家协调中心担任。

172. 伯利兹：伯利兹堡礁保护区（自然遗产）
Belize：Belize Barrier Reef Reserve System（Natural heritage）

入选时间：1996年
入选标准：(vii)(ix)(x)

遗产概述：

伯利兹堡礁保护区体系（BBRRS），在1996年被列入联合国教科文组织世界遗产地，由七个保护区组成：巴卡拉奇科国家公园和海洋保护区、蓝洞自然保护区、半月凯伊自然保护区、南水凯伊海洋保护区、格洛弗礁海洋保护区、笑鸟凯耶国家公园和人心果海洋保护区。它是大西洋-加勒比海地区最大的珊瑚礁群，代表了世界上第二大珊瑚礁系统。构成保护体系的七个保护区占整个珊瑚礁群的12%。

一个独立区域内独特的礁型排列将保护体系与其他礁系区分开来。该遗址是西半球最原始的珊瑚礁生态系统之一，被查尔斯·达尔文称为"西印度群岛最引人注目的礁石"。在珊瑚礁

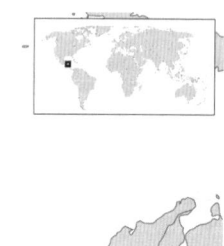

图 7-18 伯利兹的区位图

综合体之外，该遗产包含三个环礁；特内菲岛、灯塔礁和格洛弗礁石。堡礁和环礁显示了加勒比地区一些最佳的珊瑚礁增长。珊瑚礁群由大约450片沙滩和红树林礁组成。

该遗产为许多濒临灭绝的海洋物种提供了重要的栖息地，蕴藏着许多濒危物种，包括西印度海牛、绿海龟、玳瑁、长尾龟，美洲鳄鱼以及在开曼群岛、环礁和沿海地区的沿海森林中繁

殖的地方性候鸟。在该综合体系中有大约247种海洋植物群，除了海绵、海洋蠕虫和甲壳纲动物的多样性外，还发现了超过500种鱼类、65种鹰嘴豆珊瑚、45种水螅和350种软体动物（图7-18）。

遗产评价：
伯利兹海岸是一处风景绝佳的自然生态系统，由北半球最大的堡礁、近海环礁、几百个沙洲、美洲红树林、沿海潟湖、港湾组成。保护区内的七处景点展示了暗礁进化的历史，是包括海龟、海牛和美洲湾鳄在内的濒危物种的重要栖息地（图7-19）。

遗产保护：
从墨西哥北部的边界到毗邻危地马拉边界的南部，这一系列遗产的地理传播带来了许多管理挑战。根据国家宪法、《渔业法》和《国家公园法》，该系列遗产的组成部分已被公告为保护区，并提供法律保护措施。对所有保护区的监督，包括伯利兹堡礁保护区，都是通过伯利兹各省政府各部门管理的各种法规来管理的。

国家保护区政策也是伯利兹对保护区的政策，为遗产保护提供了总体的政策框架。伯利兹所有保护区的大部分财政支持都可以通过国家保护区保护信托基金获得。组成伯利兹堡礁保护区的这些地点和共同管理人也可以在保护区社区管理(契约)和其他国际资金来源下获得资金。

政府当局与各种非政府组织建立创新的共同管理协议，以更好地监督遗产保护。这些计划适用于每个保护区，包括资源保护、研究和监测、监督和执行、社区外联和教育以及财政可持续

图7-19　伯利兹堡礁保护区

性，得到国家立法的支持和官方管理计划的指导。然而，由于管理这一系列保护区的复杂性，在相当大的范围内，仍需要详细的制度协调机制，以确保遗产的有效保护并彰显其突出的生态价值。

海岸带管理当局和研究所负责沿海开发的政府机构之间的协调，包括红树林清理和疏浚等活动，这一措施将加强海岸综合管理。这项计划的实施将有助于控制、管制、缓解和尽量减少威胁，如不受控制的发展、不可持续的旅游和渔业，以及水质下降。伯利兹悠久的海洋物种保护历史，跨边界的海岸管理合作，以及参与多个区域的保护活动，是基于承认海洋和野生动植物不局限于保护区或政治边界的事实。

加强红树林条例、渔业和海洋保护条例以及环境影响评估过程将使伯利兹堡礁保护区和周边地区的资源得到更可持续的利用。随着这些监管和政策的改善，加强执法也将有助于管理和长期保护遗产。增加保护和管理措施，以及政府和非政府组织持续的奉献和协调工作，将确保伯利兹堡礁保护区的突出价值保持不变。

第四节
南美洲

南美洲位于西半球和南半球，东临大西洋，西濒太平洋，北接加勒比海。以巴拿马运河为界和北美洲相隔离，南部和南极洲隔海相望，地理位置十分独特（图7-20）。

印第安人是南美洲最早的开拓者，并在公元10世纪左右以秘鲁南部的库斯科为中心，建立起了印加帝国。此外，考古发现也证实，在这片神奇的土地上，也保存不同史前文化的印迹（案例178和案例179）。1533年，西班牙殖民者入侵印加帝国，使之成为又一个欧洲掠夺的对象。此后，葡萄牙人、英国人、法国人和荷兰人纷至沓来，不仅带来了基督教文化（案例174），也带来了战争、瘟疫和贫困，最终彻底改变了美洲文明的进程。

从16世纪到19世纪，为了谋取暴利，美洲殖民地经济大多是欧洲宗主国大西洋贸易的附庸，不仅生产单一，以农矿初级产品为主，而且为了弥补劳动力不足，还从非洲贩卖了大量的黑奴，前后持续了数百年奴隶主庄园经济。这也使得这一地区成为印第安人、白人、黑人及各种不同的混血型人种，以印欧混血型最多是使用拉丁语和信仰天主教为主的世界第四大洲。19世纪以后，南美洲国家纷纷摆脱殖民统治，走上了独立的发展之路。在南美洲面积最大的葡萄牙语国家巴西的新旧首都，正折射出南美洲殖民地统治，转向现代民族国家的历史变迁（案例176和案例177）。

南美洲大陆地形可分为东西两个纵带：西部为狭长的安第斯山脉，东部是广袤的平原和高原。南美洲的地形地貌极为丰富，火山和冰川也分布广泛，使得这里成为世界自然遗产最为集中和品类十分丰富的大洲。此外，占大陆主要部分的热带地区，平均气温超过20℃。冬季远比北美洲暖和，著名的亚马孙流域不仅是世界上水量最充沛的地方，也因热带雨林密布，而被誉为地球之肺。这里也栖息着欧亚大陆少有的各种动植物（案例175和案例180）。

图 7-20 南美洲的遗产案例分布图

173. 秘鲁：马丘比丘古神庙（双重遗产）
Peru：Historic Sanctuary of Machu Picchu（Mixed heritage）

入选时间：1983 年
入选标准：(i)(iii)(vii)(ix)

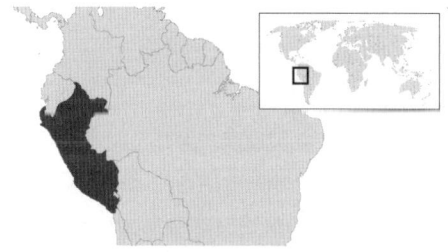

图 7-21 秘鲁的区位图

遗产概述：

马丘比丘，又译麻丘比丘，在克丘亚语中为"古老的山"之义，也被称作"失落的印加城市"，位于现今的秘鲁境内库斯科西北 75 千米，整个遗址高耸在海拔约 2350 米的山脊上，包括 32592 公顷的山坡、山峰和山谷。马丘比丘建于 15 世纪，16 世纪印加帝国被西班牙人征服时被遗弃，直到 1911 年，这座考古发现的建筑才为外界所知，它也被称为世界新七大奇迹之一（图 7-21）。

构成这座杰出的宗教、礼仪、天文和农业中心的大约 200 个结构位于陡峭的山脊上，有着纵横交错的石阶。这座城市按照严格的规划被分为上下两部分，把农业区和住宅区分开，两者之间有一个大广场。庞大而精致的建筑与令人叹为观止的自然环境完美地融合在一起。众多的辅助中心、一条宽阔的道路和小径系统、灌溉渠道和农业梯田见证了人类文明的发展。崎岖不平的地形使这里难以进入，限制了该地的人为使用，但也提供了多样的自然栖息地。热带安第斯山脉的东坡，从高海拔的"普纳"草原和"珀利莱贝斯"灌木丛一直到热带低地森林的山地云林，都有着丰富的生物多样性和具有全球意义的高度特有性。尽管遗址规模较小，但有助于保存这些丰富的栖息地和物种多样性，以及显著的特有和子遗的动植物群。

马丘比丘是最伟大的艺术、建筑和土地利用成就，也是印加文明最重要的有形遗产之一。直到今天，马丘比丘的许多谜团仍等着我们去探索（图7-22）。

遗产评价：
马丘比丘古神庙位于一座非常美丽的高山上，海拔2430米，为热带丛林所包围。该庙可能是印加帝国全盛时期最辉煌的城市建筑，那巨大的城墙、台阶、扶手都好像是在悬崖峭壁自然形成的一样。古庙矗立在安第斯山脉东边的斜坡上，环绕着亚马孙河上游的盆地，动植物非常丰富。

遗产保护：
马丘比丘是秘鲁国家保护区体系的组成部分，通过文化和自然遗产的综合法律框架来保护。保护区（UGM）的管理部门成立于1999年，负责领导总体规划中所包含的战略，这些定期更新的规划是管理该地产的管理文件。UGM于2011重新启用，由文化、环境和对外贸易

图7-22 马丘比丘古神庙

和旅游部、区域性地方政府、执行委员会主席和马丘比丘地方市政局的代表组成，汇集了各级政府代表，是必不可少的管理遗产的一部分。

尽管有充分的立法和正式管理框架，但机构间治理和管理和保护遗产的有效性面临重大挑战，各部委和政府层面的参与，从地方到国家不同的介入，都是复杂的任务。也许进一步协调管理可以改善这一局面。同时，旅游本身是一把双刃剑，通过提供经济效益，也产生了重大的文化和生态影响。马丘比丘历史保护区的游客数量急剧增加，必须有适当的管理层来配合，使服务多样化的同时努力减少旅游对遗产造成的影响。在可观的旅游收入中大部分的份额可以重新投资于规划和管理，比如，交通和基础设施建设的规划和组织，以及旅游业吸引的游客和新居民的卫生和安全条件，都需要有高质量和新的长期解决办法。

除此外，砍伐、木柴和商业植物收集等也造成了生态系统退化，在没有明确土地占有权安排的情况下，废物管理、偷猎、农业入侵、从城市垃圾和农用化学品中引入物种和水污染也不断给该地施加压力。遗产保护需要继续努力，以遵守保护区和其他立法和计划，防止情况恶化。

174. 阿根廷、巴西—瓜拉尼人聚居地的耶稣会传教区—阿根廷的圣伊格纳西奥米尼、圣安娜、罗雷托圣母村和圣母玛利亚艾尔马约尔村遗迹以及巴西的圣米格尔杜斯米索纳斯遗迹（文化遗产）

Argentina，Brazil—Jesuit Missions of the Guaranis—San Ignacio Mini, Santa Ana, Nuestra Señora de Loreto and Santa Maria Mayor (Argentina), Ruins of Sao Miguel das Missoes（Cultural heritage）

入选时间：1983 年,1984 年
入选标准：(iv)

遗产概述：

瓜拉尼人的耶稣会传教区是一系列跨国遗产，是在 17 世纪和 18 世纪在瓜拉尼土著社区土地上耶稣会传教士最初占领的定居点，这是一批令人印象深刻的遗迹。在巴西的指定遗产中，圣米格尔杜斯米索纳斯教堂的废墟显示出当时完整的社会结构。在阿根廷，位于米西奥内斯省南部的四个耶稣会使团，则是外来入侵者系统而有组织地占领瓜拉尼领土的一个典型例子（图 7-23）。

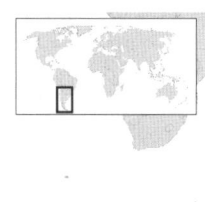

图 7-23 阿根廷的区位图

这些遗产的残存遗迹揭示了南美耶稣会的经历，该地区在 30 个定居点中形成了独特的空间、经济、社会和文化关系系统，其中包括牧场、伴侣种植园和横跨乌拉圭河及其支流的步道和水道网络（图 7-24）。在生产性土地中，这些要素紧密结合在一起，表现出该地区各个定居点和其他各省耶稣会的独特互补关系。同时，一些传教活动也是该地区的土著居民（主要是瓜拉尼人）与欧洲耶稣会传教士之间建立的文化关系的重要过程。

图 7-24 瓜拉尼人聚居地的耶稣会传教区

遗产评价：

在热带雨林的中心地带，保存了五个耶稣会传教区遗址，分别是：巴西的圣米格尔杜斯米索纳斯遗迹、阿根廷的圣伊格纳西奥米尼、圣安娜、罗雷托圣母村和圣母玛利亚艾尔马约尔村遗迹。他们建于 17—18 世纪的瓜拉尼人地区，各处遗址布局迥异，保护状况各不相同，反映了阿根廷与巴西一段重要的历史时期。

遗产保护：

这一系列跨国遗产是国有的，由巴西和阿根廷这两个国家在其各自领土内的考古点进行管理。

在巴西，圣米格尔杜斯米索纳斯遗迹于 1938 年由国家历史和艺术遗产研究所登记为编号 0141-T-38 项目。2009 年，建立了密西西斯国家历史公园，目的是对相关遗址进行综合和互补的管理，利用文化遗产来支持巴西社会经济发展。上述机构负责提供管理和保护文化遗产的必要技术，多年来作为协调者参加了会议，并指导和规范文化遗产周围地区的城市规划。

当前的机构行动与正在准备中的密西西斯国家历史公园管理计划有关，通过"加强瓜拉尼的耶稣会传教士的文化景观和国家历史公园"项目进行，目的是确保共享政府各级管理和建立伙伴关系，以促进社会经济可持续发展。同样有意义的还有两项举措：制定圣米格尔·达斯·密西斯市城市规划，并提出了针对圣米格尔的遗址建立的保护准则；以及拟议的保护耶稣会——瓜拉尼传教士文化路线，这是一个国际项目，涵盖了传教士活动的所有国家，其目标是对一些多民族遗产进行综合诠释和确认，这体现文化以及相互之间的联系网络。

在阿根廷，该遗址内的所有传教士建筑都受到国家一级法律保护：1983年《2217年国家行政命令》，宣布圣安娜和洛雷托为国家历史古迹；1943年，根据第16482号国家行政命令确认了圣伊格纳西奥；圣玛丽亚也于1945年通过国家行政命令31453予以确认。这四个场所还随着1983年的1280号省法律的颁布而被宣布为历史文化遗产。根据国家博物馆、古迹和历史遗址委员会的保护和保存，根据第12665号法律。国家建筑服务局是公共工程和服务部的一部分，对所有恢复和维护服务负主要责任。各个机构将需要制定行动计划，以确保对场地进行适当的管理。

米西奥内斯省战略管理秘书处技术规划局与国家主管部门达成协议，定期报告和规划阿根廷相关遗址的保护工作。管理计划必须遵守关于历史古迹的国家法律并与之保持一致。它还应考虑将旅游业作为对体系进行更广泛解释并在社区内促进文化活动的主要努力的一部分。2005—2007年，在世界文物基金会，各自的国家政府和米西奥内斯省政府的支持与合作下，耶稣会-瓜拉尼特派团历史遗址的负责管理人员举办了讲习班。

175. 阿根廷、巴西：伊瓜苏国家公园（自然遗产）
Argentina, Brazil：Iguazu National Park（Natural heritage）

入选时间：1984年
入选标准：(vii)(x)

遗产概述：
伊瓜苏国家公园位于阿根廷东北部的密西安斯省，毗邻巴西巴拉那州的北部，与巴西州的姊妹公园联合，是世界上视觉和声学上最引人注目的自然景观。伊瓜苏河由源出大西洋岸边的库里蒂巴附近的马尔山的溪流汇集而成，沿途不断有大溪小流汇入，向西穿过高地1320千米后，在阿根廷、巴拉圭和巴西

图 7-25 伊瓜苏国家公园

三国交界处注入巴拉那河，流出维多利亚山口后，河水以汹涌澎湃之势向阿根廷和巴西

交界的平原奔涌而去。流经伊瓜苏时，被阿古斯丁岛阻挡，河道宽达3千米，变成一个湖面，湖水深约1米，跨过绝壁时，湖水倾泻成一个大瀑布群，垂直下降约80米。这条河以"大水"命名，形成了两座公园中心的马蹄形大弯道，巨大的云雾地浸透了许多河流岛屿和周围的河流森林，创造了一个极其潮湿的小气候，有利于茂密的亚热带植被生长，拥有多样的动物群。

除了它惊人的自然美景——陆地和水之间的壮丽联系外，国家公园和邻近的遗产构成了大西洋森林的一个重要遗迹，这是全球最濒危的保护优先事项之一。这种森林生物群落历史上覆盖了巴西海岸的大部分地区，延伸到阿根廷北部和乌拉圭以及巴拉圭东部，以其极端的栖息地和物种多样性以及高度的特有性而闻名。大约有2000种植物，其中包括大约80种树种，以及大约400种鸟类，包括难以捉摸的美洲鹰。这些公园也是一些野生猫科动物和稀有物种的家园。

遗产评价：

该公园中心是一个半圆形瀑布群，高约80米，直径达2700米，处于玄武岩地带，横跨阿根廷与巴西两国边界。瀑布群由许多小瀑布组成，产生了大量水雾，是世界上最壮观的瀑布之一。瀑布周围生长着2000多种维管植物的亚热带雨林，是南美洲有代表性的野生动物貘、大水獭、吼猴、虎猫、美洲虎和大鳄鱼的快乐家园（图7-25）。

遗产保护：

伊瓜苏国家公园为政府所有，是阿根廷联邦保护区国家体系的一个组成部分（根据国家公园法第22351号）。保护区由训练有素的包括护林员在内的专业人员管理，国家下拨预算保障基础设施和设备的安全。此外，公园还有一个技术办公室提供专业支持，另一个亚热带研究中心从事相关的生态研究。但如今，新建的发电站、旅游、偷猎、森林砍伐、农业扩张等正给该遗产的保护带来威胁，需要尽快建立更有效的保护体系并严格执行，以保护遗产的普遍价值。

176. 巴西：巴伊亚州的萨尔瓦多历史中心（文化遗产）
Brazil：Historic Centre of Salvador de Bahia（Cultural heritage）

入选时间： 1985年
入选标准： (iv)(vi)

遗产概述：

萨尔瓦多·巴伊亚位于和大西洋海岸线平行的山脊上，是由葡萄牙人建造的，自1549年起它一直是巴西殖民地的首府，直到1763年首府迁往里约热内卢。和黑金城一样，萨尔瓦多·巴伊亚也是一座殖民城市，两座城市在巴西东北部相得益彰（图7-26）。

由于巴伊亚·多斯桑托斯的上城区丘陵起伏，风景宜人，且有很多居住区和行政大楼，于是

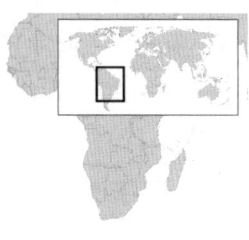

图7-26 巴西的区位图

附近兴起了繁荣的商业活动，这使它成为新世界第一个奴隶市场，并在16—18世纪成为欧洲、非洲和美洲印第安纳文化的主要交汇点。作为赫赫有名的文艺复兴时期城市，萨尔瓦

多·巴伊亚有许多著名的纪念碑和文艺复兴时期的建筑。除了许多17-18世纪重要的建筑物之外,还保留了一些16世纪的巴洛克式建筑和宫殿。这里的许多街道都带有殖民城市的特征,街道两边整齐地排列着各式漂亮的房屋,且房屋都被粉刷得五颜六色。

遗产评价:

萨尔瓦多是巴西第一个首都,在1549至1763年期间见证了欧洲文化、非洲文化和美洲文化在这里的融合。从1558年开始,殖民者将非洲奴隶贩卖到这里的甘蔗园地劳动,使得萨尔瓦多成为了新大陆第一个奴隶市场。城市保留了很多著名的文艺复兴时期典型建筑。老城的一个独特之处就是色彩鲜亮的房屋,通常都采用了上好的涂墙泥灰来装饰(图7-27)。

遗产保护:

萨尔瓦多·巴伊亚历史中心受三级政府颁布的法律保护:第25/1937号法令,由联邦政府通过国家历史和艺术遗产研究所实施;第3660/1978号法令,巴伊亚州政府通过巴伊亚艺术和文化遗产研究所落实;以及第3289/1983号市政法,规定了保护文化财产的

图7-27 巴伊亚州的萨尔瓦多历史中心

具体市政立法,通过它建立了一个保护区,并要求三级政府对保护区内所有拟议项目进行联合审查。2008年萨尔瓦多城市总体规划正式明确了现有的联邦指定遗产区和特别市政法规(第3289/1983号法律)所涵盖的遗产区。此外,设立了技术许可和审计办公室,以促进三级政府在巴伊亚萨尔瓦多历史中心采取协调一致的措施并进行监督,并加强该区域的一体化。

2010年萨尔瓦多历史中心的参与式复兴计划,旨在解决1960年代至1990年代复兴方案中没有充分解决的经济、社会、环境和城市问题,如增加佩洛里尼奥区的旅游设施和文化活动,完善历史中心相应的管理、行政和商业职能,减少人口外流,优化城市景观等。

177. 巴西:巴西利亚(文化遗产)
Brazil: Brasilia (Cultural heritage)

入选时间:1987年
入选标准:(i)(iv)

遗产概述:

巴西利亚是巴西联邦共和国首都,也是巴西第四大城市。位于中部戈亚斯州境内,马拉尼翁河和维尔德河汇合而成的三角地带上,以新市镇、城市规划方式兴建,也以大胆设计的建筑物及快速增长的人口而著名。

图7-28 巴西利亚的会议大厦

世界遗产概览

264

巴西利亚始建于 1956 年。当时，以发展主义著称的总统儒塞利诺·库比契克力图带动内陆地区发展及加强对各州的控制，遂耗费巨资，仅用 41 个月的时间就把海拔 1200 米、一片荒凉的中部高原建成一座现代化的新城市。

1960 年 4 月 21 日新都落成时只有十几万居民，现已变成一座近 240 万人口的大都市，这一天也被定为巴西利亚的市庆日。该城坐落于人工湖帕拉诺阿湖半岛上，形如一架朝向东南方的飞机。"机头"为突出于半岛尖端的三权广场，周围建有总统府、最高法院和议会大厦。"机身"为一条长 8 千米、宽 250 米的东西向大道。"前舱"是政府各部大厦、广场和大教堂；"后舱"是文教区、体育城、电视塔等；"机尾"是火车站和向南北伸去的铁路。是工业区和印刷出版区；再向后是小型工厂。"机翼"为住宅区，设有托儿所、学校、运动场、影剧院、医院、商场、餐馆等。"机翼"和"机身"的连接处为中央商业区，设有超级商场、银行、邮电大厦、国家剧院、大饭店等商业服务设施。生活区之间隔着绿地，或者花圃和丛林，四季常青，使人感到虽身处高楼群内，却不乏大自然的情趣。人工湖面积 44 平方千米，蓄水 5 亿立方米，分南湖和北湖。附近有动物园和植物园。湖滨为使馆区和私人住宅区，湖中岛上是称作水晶宫的外交部。绿地面积占市区面积的 60%。

巴西利亚是城市设计史上的里程碑。城市规划专家卢西奥·科斯塔和建筑师奥斯卡·尼迈尔设想了城市的一切，从居民区和行政区的布置到建筑物自身的对称，它表现了城市和谐的设计思想，故有"世界建筑艺术博物馆"的美称（图 7-28）。

遗产评价：

始建于 1956 年的巴西利亚位于巴西的中心，是城市规划史上的里程碑。城市规划师卢西奥·科斯塔和建筑师奥斯卡·尼迈尔认为城市中的一切元素都应该与城市的整体设计相吻合，巴西利亚城的城市布局常常被形容为"飞翔的鸟"，因为城市的行政管理区域和居民住宅区域布局对称，同时城中的每个建筑物也都是对称的，特别是政府办公楼，体现了极强的创新精神和丰富的想象力。

遗产保护：

巴西利亚的重要性从构思之初就得到了认可。1960 年，在新首都建成之前，联邦区组织法规定，对保护项目的任何拟议变更都必须提交联邦参议院审查。这个问题直到 20 世纪 80 年代初才开始随着城市的快速发展而变得有意义。1981 年，成立了巴西利亚历史，文化和自然遗产保护工作组（巴西利亚自然文化保护组织）。由国家专业记忆基金会，目前的国家历史和艺术遗产研究所，联邦区政府和大学的代表组成该机构的研究对巴西利亚（1987 年）而言至关重要，对于将巴西利亚（1987 年）列入联合国教科文组织的《世界遗产名录》，为伴随该城市候选资格的技术档案提供了基础。

当时，联邦政府文化部长通过其历史和艺术遗产部负责保护该遗址。这一决定是根据 1987 年 10 月 14 日第 10829 号政府法令建立的，该法令是巴西政府向世界遗产委员会提交的一项立法文书，作为对巴西利亚保护的有约束力的保证，一直延续至今。此外，应联合国教科文组织在同年的明确要求，联邦政府颁布了该市四级保护令，同时划定了 120 平方千米的区域，1990 年联邦将巴西利亚指定为历史遗址。

1990 年，巴西利亚城市框架被正式确认为国家历史遗产。目前，联邦区政府和联邦政府通过城市和住房发展国务秘书处共同承担着巴西利亚的管理和保护责任。

保护巴西利亚的挑战要求根据其独特的城市规划评估与该城市有关的当今问题和需求。这就需要对城市采取前瞻性的眼光，既要保护其杰出的普遍价值，又要实现可持续发展。

巴西利亚城市框架的保护受到一系列法律文书的约束，旨在确保在三个运营级别上对它进行保护：地方、联邦和全球。在地方一级，已经制定了一套由规范性法律组成的规范性文书，这些法律旨在保护遗产遗址以及基于联邦区的《城市和土地安置政策》的高度复杂的技术和运营性城市立法体系。

对遗产遗址施加的一些主要压力来源包括房地产开发，对公共区域和绿地的非法占用，与特定部门的最终用途不相符的活动的实施，对湖边私人财产的侵占增加了城市交通的压力，以及与大城市地区社会空间隔离相关的公共交通不足。

为了应对这些挑战，并认识到巴西利亚城市框架的保存和保护不能与城市的发展脱钩，巴西利亚城市框架保护计划将主要手段用于规划，保护和管理保护区，并协调与巴西利亚城市发展有关的措施和代理。

178. 秘鲁：纳斯卡和朱马纳草原的线条图（文化遗产）
Peru：Lines and Geoglyphs of Nasca and Palpa（Cultural heritage）

入选时间： 1994 年
入选标准： (i)(iii)(iv)

遗产概述：

位于利马南部约 400 千米的秘鲁沿海平原，纳斯卡和潘帕斯 - 德·胡玛纳的线条和地图学是世界上最令人印象深刻的考古学领域之一，也是西班牙殖民以前古代南美洲社会传统和千年神奇的宗教世界的典范，从前 8 世纪到 8 世纪，在秘鲁南部海岸盛行。

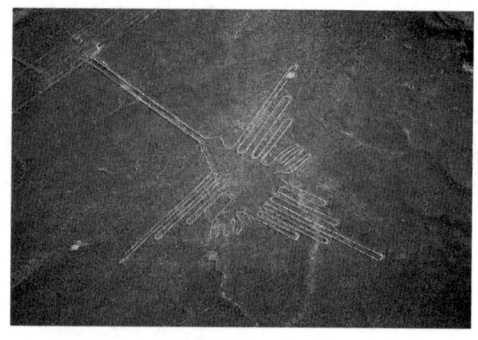

图 7-29 纳斯卡和朱马纳草原的线条图

斯卡和朱马纳草原的线条图位于里奥格兰德纳斯卡盆地流域的沙漠平原，占地约 75358 公顷，在近 2000 年不间断的年代，该地区的古代居民在干旱的土地上绘制了成千上万种大型动物造型和拟人化的图形和线条（图 7-29）。

对地图学的深入研究和与当代艺术形式的其他表现的比较表明，它们可以按时间顺序从中后期形成（公元前 500—公元 200 年）到区域发展时期（公元 200—公元 500 年），突出帕拉卡斯期（公元前 400—200 年）和纳斯卡时期（公元前 200—500 年）。象形文字有两种类型：第一组是代表性的，以图式形式描绘各种各样的自然形式，包括动物、鸟类、昆虫和其他生物和花、植物、树木、畸形或奇异的图形和日常生活的对象，人形化的人物很少。第二组包括线条，这些线条通常是横跨潘帕斯的某些部分交叉的直线，一些长度为几千米，并形成许多不同几何图形的设计三角形、螺旋、矩形、波浪线等。其他从中央岬角辐射或环绕。而另一组则由所谓的"铁轨"组成,这些铁轨的布置似乎是为了容纳大量的人。

遗产评价:

纳斯卡和朱马纳大草原在利马以南约 400 千米,位于秘鲁海岸的干旱草原上,占地约 450 平方千米。这些线条图大约刻于前 500 年到公元 500 年之间,就其数量、自然状态、大小以及连续性来说,都是考古学中最难解开的谜团之一。有些线条图描述了活着的动物、植物、想象的形象,还有数千米长的几何图形,被认为是用于与天文学有关的宗教仪式。

遗产保护:

《国家宪法》(第36条)和《法律》第28296条,《国家文化遗产通则》是纳斯卡和潘帕斯-德·胡玛纳的线条和地图学的主要法律保护工具。第421/INC 号决议规定保护区边界为考古保护区。然而,自1941 位外国科学家(特别是玛丽亚·雷施博士)和文化部先后开展考古调查、保护、永久保护和维护措施后,建议根据界线和地理纹的实际分布重新定义这些边界,并向世界遗产委员会提交一项新的提案。管理和保护纳斯卡和潘帕斯-德尤马纳的地线和地图集是文化部代表的秘鲁政府的责任。通过在纳斯卡和帕尔帕省境内实施国家和国际研究项目,与民间团体一起开展相关的文献研究、遗址保护和传播活动。

179. 阿根廷:库瓦·德·拉斯·马诺斯岩画(文化遗产)
Argentina: Cueva de las Manos, Río Pinturas (Cultural heritage)

入选时间:1999 年
入选标准:(iii)

遗产概述:

库瓦·德·洛斯·马诺斯拥有世界上独一无二的独特洞穴艺术组合,考古调查表明,这里最早的艺术创作始于 10 世纪,包含了一系列奇特的手印艺术,包括许多涂有油漆的岩石洞穴,其壮观的象形文字是一道杰出的风景。洞名取自洞穴中用人手印染的轮廓,即手洞。入口被一块由许多手工模具覆盖的岩石墙遮挡住。在岩石洞穴内部,有五种岩石艺术,有手掌描绘,也有许多动物的描绘,例如在该地区仍常见的骆驼(美洲驼),还有描绘了动物、人物和自然主义的方式互动的过程。后来的人物和图案通常叠加在早期时期的那些艺术品上。这些绘画是用天然矿物颜料——氧化铁(红色和紫色)、高岭土(白色)和钠铁矾(黄色)、氧化锰(黑色)研磨并与某种形式的黏合剂混合

图 7-30 洛斯马诺斯岩画

而成的(图 7-30)。

岩画的艺术成分、各种图案及其多色性是我们了解第一个巴塔哥尼亚猎人的行为及其狩猎技术的独特证据,被国际科学界认为是全新世早期,南美洲最早的狩猎—采集者群体中最重要的地点之一。

遗产评价:

洛斯·马诺斯岩画所体现的卓越洞窟艺术可追溯到 9500 至 13000 年以前。"手洞"的名字

取自洞窟中人手的雕画形象。此外还有很多当地常见动物的形象描绘，例如美洲驼，以及一些狩猎场景。创作这些岩画的人很可能是巴塔哥尼亚人的祖先。19 世纪，欧洲殖民者发现了这些以狩猎和采集为生的部落。

遗产保护：

1975，圣克鲁斯省颁布了保护历史、考古和古生物遗产的法律。阿根廷共和国国民大会在 1993 年 7 月 20 日的第 24225 号法律中宣布其为一个具有历史意义的国家纪念碑。1997，圣克鲁斯省政府颁布了《省级文物保护法》第 2472 条。2003 年颁布了《国家考古法》第 25743 条，保护考古和古生物遗产。

1997 年提出了一项全球参与的该场地的管理计划。它提出了在过去 10 年中管理中实施的许多具体行动：当地永久托管、游客管理策略和接待区的解释中心。此外，还对遗址的保护状况和自然退化原因进行了评估，并对该地区的地貌和岩土工程研究和岩石艺术保护调查进行了分析。

在 2006 年 3 月成立了地方委员会，要加强其活动的实施和确保其运行和连续性。在佩里托莫雷诺的村子里常驻委员会是非常重要的。这将有助于在需要解决具体问题时做出决策。

180. 巴西：亚马孙河中心综合保护区（自然遗产）
Brazil：Central Amazon Conservation Complex（Natural heritage）

入选时间：2003 年
入选标准：(ix)(x)

遗产概述：

亚马孙河中心综合保护区，位于巴西亚马逊州的马瑙斯市西北部大约 200 千米处。亚马孙河源于南美洲安第斯山中段的米斯米峰之巅，全长 6400 多千米，是世界上径流量最大 (5500 立方千米／年)、流域面积最广 (580 万平方千米) 的河流。亚马孙流域大部分在巴西境内，并在很大程度上保留了原生状态。

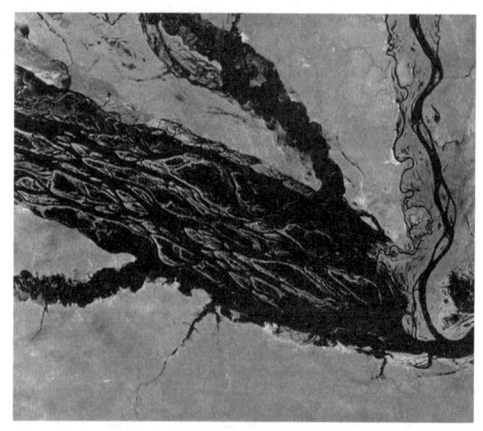

图 7-31 亚马孙河中心综合保护区

亚马孙河中心综合保护区是亚马逊最大的保护区，也是世界上生物最多样化的区域之一。亚马孙河中心综合保护区占地超过 600 万公顷，是亚马逊盆地中最大的保护区，它由雅乌国家公园和 3 个自然保护区组成。同时，也是地球上生物多样性最完整的地区。保育区内包含平原湿地生态系统及洪泛森林，湖泊及水道则不断进行各类型的生物演化，其中拥有的电鱼种类冠居世界。

该区亦庇护了面临生存威胁的重要物种，包括巨型象鱼、亚马逊海牛、黑凯门鳄及两种河豚类。平原湿地生态系统、洪泛森林、湖泊、河道及岛屿共同造就该地区的实体环境与生物型态，并展现出陆地与淡水生态系统发展中持续演进的生态过程。区内有不断改变演化的河道、湖泊及地貌。漂浮于平原湿地河道中的植物不断移动变化，其中包括许多当地原生物种，例如种类居世界之冠的电鱼。

对于研究亚马逊雨林的生物多样性来说，亚马孙河中心综合保护区的重要价值在于：保护区中大约拥有60%以上生活于黑水流域的鱼类以及60%以上出现在中亚马孙河地区的鸟类。亚马孙河中心综合保护区在历史上是亚马孙河流域人类居住的家园。

最近的考古研究在黑河的入口处识别出17处遗址，这表明这里有可能是连接索利姆艾斯和黑水地区的通道。无数的石头雕刻艺术品推动了考古学家对这里进行更深入的研究。当地的居民过着俭朴的乡村田园生活，他们有的是葡萄牙人的后裔，有的是本地土著居民。大多数居民都是土生土长的，他们沿袭着世世代代流传下来的传统的生活方式：栽种味道有些苦涩的树薯粉、狩猎、钓鱼（图7-31）。

遗产评价：
亚马孙河中心保护区占地超过600万公顷，是亚马逊盆地中最大的保护区，同时也是地球上生物多样性最丰富的地区之一。保护区内还有平坦耕地生态系统、洪泛森林生态系统，以及湖泊和河流的重要范例，多种水生动物不断进化，这里成为世界上最大的发电鱼类种群的栖息地。保护区为许多珍稀濒危动物提供保护，例如巨骨舌鱼、亚马逊海牛、黑凯门鳄和两种淡水豚类。

遗产保护：
保护区是中部亚马孙河保护区的一部分，在不同的时期创建：1980年的雅乌国家公园，1981年的阿纳维拉纳斯生态站（2008年被称为国家公园），1990年的玛玛拉可持续发展保护区和1998年的阿曼圣地可持续发展保护区。国家公园由国家生物多样性保护研究所管理，环境部是一个自治的联邦机构。可持续发展保护区与国家相连，由亚马逊州保护单位中心管理。除阿曼保护区外，其他三个保护区都有管理计划。技术、人力和财力资源的可用性是巩固物业管理的必要条件。

为了确保巴西立法所规定的参与式管理，国家公园有其运作的咨询委员会，而可持续发展储备有立法委员会。重要的是继续让土著人参与遗产管理，同时认识到这是一项长期活动。与国际旅游有关的需求和研究需有明确的公共使用计划。

为确保有效保护，各责任机构实施保护计划。鼓励和发展科学研究和环境教育活动。该遗产的所有保护区也是生物圈保护区的一部分，与其他地区一起，生物圈保护区包括"下里约热内卢保护区的马赛克"。整个保护区被纳入一个广泛的区域生态走廊方案，纳入旨在确保管理一体化和保护亚马逊生物群落的大部分物种。

第八章

世界非物质文化遗产

我们对世界遗产的认识经历了一个很长的过程，由古董到文物，从历史建筑到历史城区，由文化遗产到自然遗产，从物质文化遗产到非物质文化遗产，在此基础上，形成了科学、全面的世界遗产的概念。相比于文物、历史建筑类的遗产而言，非物质文化遗产是更加脆弱、复杂和容易变化的对象，尤其是在全球化和现代化的洗礼下，世界各地的生产、生活方式在短时间内，发生了巨大而深刻的变化，使得非物质文化遗产的保护与传承面临着巨大的挑战。

与此同时，非物质文化遗产又往往是我们直观地理解文化特性、激发创造力和保护文化多样性的重要一环，尤其是在不同文化需要相互宽容、相互借鉴、相互欣赏之时，保护和传承非物质文化遗产，将起着至关重要的作用。

第一节
基本界定与分类

根据联合国教科文组织的定义，"非物质文化遗产"指被各群体、团体、有时为个人所视为其文化遗产的各种实践、表演、表现形式、知识体系和技能及其有关的工具、实物、工艺品和文化场所。各个群体和团体随着其所处环境、与自然界的相互关系和历史条件的变化不断使这种代代相传的非物质文化遗产得到创新，同时使他们自己具有一种认同感和历史感，从而促进了文化多样性和激发人类的创造力。

非物质文化遗产的最大的特点是不脱离相关民族特殊的生产生活方式，是该民族个性、民族审美习惯的"活"的显现。它依托于人本身而存在，以声音、形象和技艺为表现手段，并以身口相传作为文化链而得以延续，是"活"的文化及其传统中十分脆弱的部分。

联合国教科文组织的《保护非物质文化遗产公约》所定义的"非物质文化遗产"包括以下五个方面：

(1) 口头传统和表现形式，包括作为非物质文化遗产媒介的语言；
(2) 表演艺术；
(3) 社会实践、仪式、节庆活动；
(4) 有关自然界和宇宙的知识和实践；
(5) 传统手工艺。

具体到《中华人民共和国非物质文化遗产法》的规定：非物质文化遗产是指各族人民世代相传并视为其文化遗产组成部分的各种传统文化表现形式，以及与传统文化表现形式相关的实物和场所。包括：

(1) 传统口头文学以及作为其载体的语言；
(2) 传统美术、书法、音乐、舞蹈、戏剧、曲艺和杂技；
(3) 传统技艺、医药和历法；
(4) 传统礼仪、节庆等民俗；
(5) 传统体育和游艺；

(6) 其他非物质文化遗产。

此外，属于非物质文化遗产组成部分的实物和场所，凡属文物的，适用《中华人民共和国文物保护法》的有关规定。

第二节
保护机制与申遗工作

2003年10月17日，联合国教科文组织第32届大会通过了《保护非物质文化遗产公约》（以下简称《公约》），成为非物质文化保护领域最重要的国际法文件，也是对此前《保护世界文化遗产和自然遗产公约》的重要补充，于2006年4月生效。2004年8月28日，经全国人民代表大会常务委员会批准，中国成为第6个加入该《公约》的国家。

根据《公约》规定，联合国教科文组织设立了人类非物质文化遗产代表作名录、急需保护的非物质文化遗产名录及优秀实践名册。其中，人类非物质文化遗产代表作名录吸收了《公约》生效前宣布的人类口头和非物质遗产代表作的90个项目。2001年5月，我国的昆曲被列入首批人类口头和非物质遗产代表作，这也是我国第一个入选联合国教科文组织非物质文化遗产名录（名册）的项目。

截至到2020年，我国入选人类非物质文化遗产代表作名录的项目有32个，入选急需保护的非物质文化遗产名录的项目有7个，入选优秀实践名册的项目1个，合计40项。

目前，我国非物质文化遗产保护工作的内容主要有下列四个方面：

（1）组织全国非物质文化遗产项目普查，在各省、自治区、直辖市及地、县级普查的基础上，基本摸清我国非物质文化遗产在当代的遗存状况，做到心中有数。

（2）在普查基础上，通过制定评定标准并经过科学认定建立国家级和省、市，县级非物质文化遗产名录体系及四级保护制度。

（3）加强非物质文化遗产的研究、认定、保存和传播。

（4）建立科学有效的非物质文化遗产传承机制，在动态整体性保护中使非物质文化遗产焕发生机。

此外，我国有关非物质文化遗产立法保护的进程也加快了步伐。包括：

（1）全国人大《中华人民共和国民族民间传统文化保护法草案》（2003年）；

（2）联合国《保护非物质文化遗产公约》（2003年）；

（3）国务院《关于加强我国非物质文化遗产保护工作的意见》（2005年）；

（4）全国人大《中华人民共和国非物质文化遗产保护法》（2011年）；

（5）文化与旅游部《国家级非物质文化遗产代表性传承人认定与管理办法》（2019年）。

从2003年启动中国民族民间文化保护工程，到2020年完善我国非物质文化遗产保护机制，我国已建立了较完备的非物质文化遗产保护体系，基本实现了非物质文化遗产保护工作的科学化、规范化和法制化。这些工作的实施和落实，标志着我国非物质文化遗产的保护，已由以往的项目性保护，开始走向全国性、整体性、系统性保护的新阶段。

目前，联合国有关人类口头与非物质遗产评选标准包括：

(1) 具备体现人类的创造天才的优秀作品的特殊价值。

(2) 表明其深深扎根于文化传统或有关社区文化历史之中。

(3) 能够作为一种手段对民间的文化特性和有关的文化社区起肯定作用，在智力借鉴和交流方面有重要价值，并促使各民族和各社会集团更加接近，对有关的群体起到文化和社会的现实作用。

(4) 能够很好开发技能，提高技术质量。

(5) 对现代的传统具有唯一见证的价值。

(6) 由于缺乏抢救和保护手段，或加速的演变过程、或城市化趋势、或适应新环境文化的影响而面临消失的危险。

我国有关非物质文化遗产的认定标准如下所述：

(1) 具有杰出价值的民间传统文化表现形式或文化空间；

(2) 具有见证现存文化传统的独特价值；

(3) 具有鲜明独特的民族、群体或地方文化特征；

(4) 具有促进民族文化认同或社区文化传承的作用；

(5) 具有精粹的技术性；

(6) 符合人性，具有影响人们思想情感的精神价值；

(7) 其生存呈现某种程度的濒危性。

准确科学地认定非物质文化遗产项目，是进行正确、有效保护的基础。特别是在确定各级保护名录时，要坚持科学认定该项目的确定性、自身价值、濒危性和保护主体保护行为的规范性，以及项目公布后应该具有的项目保护工作的示范性。

第三节
代表性遗产

一、口头传统和表现形式，包括作为非物质文化遗产媒介的语言

"口头传统"或称"口头传说"，是一个民族世代传承的史诗、歌谣、说唱文学、神话、传说、民间故事等口头文本以及与之相关的表达文化和口头艺术，它不仅是民族文化传统的重要组成部分，也是全人类共同的文化遗产和精神财富。

与物质文化遗产相比，非物质遗产的保护和传承面临着更严峻的形势，尤其是随着世界经济、文化全球化趋势的加剧，文化标准化、战争、旅游业、工业化、大众传媒、移民和环境恶化等使世界各个民族的本土文化传统面临日益严重的威胁，许多古老的口头文化传统和优美的口头文学迅速消亡。

有鉴于此，自 20 世纪 80 年代以来，在联合国教科文组织的倡议和推动下，世界各国日益把本民族口头和非物质遗产的保护纳入议事日程（案例 181）。

181. 伯利兹-危地马拉-洪都拉斯-尼加拉瓜：加利弗那语言、舞蹈和音乐（拉丁美洲）
Belize-Guatemala-Hoduras-Nicaragua：Language、dance and music of the Garifuna

入选年份：2001 年
申报国家：尼加拉瓜共和国、伯利兹、危地马拉共和国、洪都拉斯共和国
类别：口头传统

遗产概述：

伯利兹是位于中美洲东北部的一个国家，旧称英属洪都拉斯，也是中美洲唯一以英文为官方语言的国家。1981 年脱离英国独立。伯利兹西北部与墨西哥接壤，西部和南部与危地马拉接壤，面积 22963 平方千米。伯利兹东临洪都拉斯湾，与洪都拉斯共和国隔湾相望，两国最近距离只有 75 千米。伯利兹原为玛雅人居住地。16 世纪初成为西班牙殖民地。1786 年英国派驻行政官，取得实际管辖权。1862 年英国正式宣布伯利兹为其殖民地，改名为英属洪都拉斯。伯利兹的名字来自该国的河流伯利兹河及最大的城市伯利兹市，该市是伯利兹的原首都，目前新首都为贝尔墨邦。伯利兹经济在传统上以林业为主，特别是糖、柑桔类水果、可可、稻米、烟草等，渔业也颇为重要。

公元 250 年左右，玛雅人主要居住在伯利兹、南墨西哥、危地马拉。玛雅文化体现了当时最高的文明水平，令人惊奇的是在欧洲还处在黑暗时期的时候，玛雅居民已经可以描绘出太空的样子，演变出了美洲本土的文字书写系统，而且已经掌握了数学。大约在前 300 年，玛雅人采用了等级制度，由国王和贵族来制定相关法规，200—900 年，这个民族发展到了鼎盛时期。玛雅人信仰太阳神、月神、蛇神、风神、雨神、地神和农神，尤以崇拜玉米神为最。他们用占卜沟通人与神的联系。玛雅人祭神的规模很大，祭品除牲畜、飞禽、瓜果外，还一度盛行人祭。玛雅人是当时美洲大陆最正统的居

图 8-1　加利弗那的舞蹈和音乐

民，玛雅人发展了天文、历法系统、象形文字、当时的建筑水平相当高，包括金字塔、宫殿、天文台等都是没有使用铁制工具建造的。

加利弗那是由加勒比土著与祖籍非洲的族群杂居混和而形成的文化群体，他们于 1797 年被迫离开圣文森特岛，逃亡到中美洲的大西洋沿岸，现散居在洪都拉斯、危地马拉、尼加拉瓜和伯利兹等地。加利弗那语属于阿拉瓦人语系，历经数百年的迫害和语言上的霸权，而存活下来。这种语言内涵丰富的故事，起初在守夜或群众集会上讲述故事时使用。今天，这一语言用得越来越少，讲故事的艺术也濒临失传。加利弗那语言与歌舞有着非常密切的联系。音乐的旋律融合了非洲和美洲印第安的元素，歌词则成为加利弗那人的历史和传统知识的载体，如木薯种植、捕鱼、独木舟制作和用陶土建筑房屋。他们的舞蹈经常用三种不同的鼓伴奏，遇有仪式庆典，观众也参与其间，与表演者共舞。这些歌词含有大量的讽喻，专门用于讽刺某些行为表现（图 8-1）。

遗产保护：

加利弗那作为一种母语，却只在伯利兹一个小村里教授。而且这种语言没有任何文献记录。

由于经济不繁荣、都市化、歧视性的土地法规以及学校对语言文化的不重视,幸存下来的加利弗那语受到很大的威胁。另外,也有移民潮、种族歧视、缺乏政府和财政支持的因素存在。

遗产保护:

1977 年颁布了加利弗那民族语言政策,伯利兹、洪都拉斯、尼加拉瓜和危地马拉三国政府联合保护该语言和文化。此政策致力于记录并发展加利弗那语。加利弗那行动计划的目的是:通过土地、教育、语言文化、健康和其他社会事务等相关活动,寻求对该民族的关注,并支持其社会和经济发展。2001 年伯利兹申报的并由洪都拉斯和尼加拉瓜支持的"加利弗那语言、舞蹈和音乐"被联合国教科文组织列入《人类口头和非物质文化遗产代表作名录》。

二、社会实践、礼仪与节庆活动

社会实践、礼仪和传统节日是承载和展现广大民众社会思想情感、精神信仰、道德观念以及生活愿景的行为方式和固定的时间和空间样式。随着各国对于世界非物质文化遗产的关注与重视,我国也将春节、清明节、端午节、中秋节、重阳节、雪顿节、傣族泼水节等 27 个民族的 49 个传统节日分别列入第一批和第二批国家级非物质文化遗产名录。

此外,一大批与传统节日密切相关的礼仪或活动,如贴春联、贴年画、祭祀、煮腊八、吃月饼、登高、互相泼水祝福等,也越来越多地受到年轻人的欢迎,并参与其间。与世界各地的人们一样(案例 182),无论男女老幼,都通过传统习俗、礼仪、节日、游艺等各种活动以及相应的物质和空间载体,来表达对于生活的热爱和对未来的期待。

---

182. 韩国:宗庙祭礼(亚洲)

Korea:Royal ancestral ritual in the Jongmyo shrine and its music

入选年份: 2001 年
申报国家: 大韩民国
类别: 礼仪与节日活动

图 8-2 韩国宗庙祭礼乐

遗产概述:

祭礼又称宗庙大祭,是韩国宗庙祭祀朝鲜王朝君主和王妃的儒教仪式,最早是 9 世纪的新罗时代从中国传入朝鲜半岛,并在新罗之后的高丽王朝和朝鲜王朝得以延续。

宗庙祭礼是遵照儒教程序举行的最高品位的王室仪礼,目的在于整个国家实践东方基本理念"孝",从而起到形成民族共同体的纽带感和秩序的作用。与此同时,在宗庙这一特定建筑物中的宗庙祭礼庄严肃穆之美，是与大自然相融的东方综合艺术之精髓，是超越五百多年时间和空间的韩国珍贵的精神文化遗产。

宗庙祭礼大体分为定时祭和临时祭，以及供奉当年水果或谷物的荐新祭。定时祭在春（ ）、夏（ ）、秋（ ）、冬（ ）四季之首月1、4、7、10月和腊月（12月择日举行的腊月祭）举行；临时祭每在国家遇幸事或祸事时举行。这种宗庙祭在解放后一时被废弃，现在每年5月（公历）的第一个周日举行一次。

宗庙祭礼是祭祀法和礼节的典范，故祭礼十分庄重、严格。主要内容分为四大部分：
一、御驾出行。
二、宗庙祭礼程序。具体又分为以下几组环节：

（一）迎神程序：斋戒、就位、请行礼、晨裸礼。
（二）进馔程序：进馔、初献礼、亚献礼、终献礼、饮福。
（三）送神程序：撒笾豆、送神、望礼。
三、八佾舞。
四、祭后事宜。

遗产保护：

韩国重视对传统文化的继承和保护。1964年12月7日，宗庙祭礼乐成为第一个被列入韩国重要无形文化遗产名单的无形文化。宗庙在1995年就已被联合国教科文组织指定为世界文化遗产。2001年，宗庙祭礼和宗庙祭礼乐被联合国教科文组织列入人类非物质文化遗产代表作名录（图8-2）。

三、文化空间

"文化空间"也称为"文化场所"（Culture Place），是联合国教科文组织在保护非物质文化遗产时使用的一个专有名词，主要用来指人类口头和非物质遗产代表作的形态和样式。主要是指按照民间约定俗成的传统习惯，在固定的时间内举行各种民俗文化活动及仪式的特定场所，兼具时间性和空间性。

1998年，联合国教科文组织颁布的《宣布人类口头和非物质遗产代表作条例》中，明确将人类口头和非物质文化遗产划分为两大类，一类各种"民间传统文化表现形式"，包括语言、文学、音乐、舞蹈、游戏、神话、礼仪、习惯、手工艺、建筑术及其他艺术、传统形式的传播和信息等民间传统文化表现形式，另一类就是指文化空间。

如前所释，各国广泛使用是五大分类：①口头传统和表现形式；②表演艺术；③社会实践、仪式、节庆活动；④有关自然界和宇宙的知识和实践；⑤传统手工艺。虽然"文化空间"作为一种特定的非物质文化遗产现象，并没有出现在上面列出的五大类分类内容中，但2001年联合国教科文组织公布的第一批人类口头和非物质遗产代表作19种名录中便有5种属于"文化空间"的现象（案例183），2003年和2005年公布的第二、三批人类口头和非物质文化遗产代表作名录中也有属于文化空间的项目，这表明"文化空间"在非物质文化遗产的评定中占有十分醒目、突出的地位。

183. 摩洛哥：埃尔弗纳广场的文化空间（北非）
Morocco：Cultural space of Jemaa el-Fna Square

入选年份：2001 年
申报国家：摩洛哥王国
类别：文化空间

图 8-3　埃尔弗纳广场的文化空间

遗产概述：

吉马·埃尔弗纳广场位于马拉喀什市老城入口处，该广场自 11 世纪马拉喀什建成之初，就成为该城的标志之一。当地人和远来的游客都被这个文化和民族交汇点所吸引，蜂拥而至。广场上生意火红，娱乐兴盛，直至午夜。演出包括讲故事、音乐演奏、舞蹈、耍蛇、吞玻璃或动物表演。同时还有各种服务项目，如算命、占星、牙医、传统草药、天然染料文身，以及水果摊、运水和租借灯笼等。吉马·埃尔弗纳广场的世界性还体现在语言上，摩洛哥和欧洲的方言混合到一起。古老的传统是故事及其讲述吸引观众的基础，这就要求叙述技巧的丰富（图 8-3）。

吉马·埃尔弗纳广场是马拉喀什市的象征，它使摩洛哥民间的城市文化传统保持活力。

遗产保护：

吉马·埃尔弗纳广场文化空间得到摩洛哥国家立法的保护。但是，马拉喀什的城市发展和不断加快的现代化步伐，使得吉马·埃尔弗纳广场发生着异化。同时，广场周边的混乱交通状况、空气污染、城市膨胀和游客的激增，也使得城市的形象受到了损伤。联合国教科文组织为吉马·埃尔弗纳广场制定了详细的十年保护计划。这个计划的主要目标就是使吉马·埃尔弗纳广场成为马拉喀什城市里一个模范地区。百姓在此散步、各种文化活动在此传播，情人在此约会、商人在此交流。保护计划将会解决广场目前所遇到的主要问题，并且由联合国各相关机构加入保护工作。为使遗产的保护系统化，一座研究吉马·埃尔弗纳广场历史的国家口头遗产研究院正在建设之中。

四、传统手工艺

传统手工艺在漫长的历史发展进程中形成了以言传身教为主的知识体系传承方式，其不同于以历史文献等的文字记录传承的方式，主要以口头传承、实践传授为特点。

传统手工艺涉及到手工艺产品制作过程中的材料、工艺和形态等方面的专门知识与器物的选择、使用、维护、保存等的社会生活常识，以及与之有关的品质、规格、配置和传说故事等方面的内容。

在当代，传统手工艺主要是指在前工业时期以手工作业的方式对某种材料（或多种材料）施以某种手段（或多种手段）使之改变形态的过程及其结果。

长期以来，为了方便传承和传播，人们将与之相关的专门知识转化为具体的制作工艺和器物使用的范式、程序、口诀以及故事等，并通过传统手工艺的父子、师徒、作坊和社会生活等的途径进行传承和传播。历史上各种手工艺的实践证明，在传统手工艺的实施过程中，对材料、工艺和形态等体系化的专门知识的了解和把握是至关重要的（案例184）。

如今，在继承传统、恢复和重建中国手工艺文化的进程中，应当对传统手工艺之本体所体现和依托的知识体系予以重新认识，并重视和把握传统手工艺实践和传承的过程。

184. 立陶宛：十字架雕刻及其象征（欧洲）
Lithuania：Cross-crafting and its symbolism

入选年份：2001年
申报国家：立陶宛
类别：传统知识技艺

遗产概述：

立陶宛制作十字架的工艺起源大约可以追溯到15世纪时基督教传入立陶宛的时候。传统的木制十字架手工制作工艺反映了当地的文化特性、信仰和礼仪。制作十字架，在立陶宛已是风行全国的文化传统，它不仅是十字架和祭坛的制造，还包括十字架的圣化仪式和与之相连的仪式。由橡木雕成的十字架与天主教的仪式是联系在一起的，也与庆贺丰收和其他古代节庆活动密不可分。这些活动形成一种有400多年历史的文化，根植于基督教产生之前的异教传统之中。然而一旦十字架被牧师圣化，它即被赋予了不可分割的神圣意义。立陶宛十字架的工艺有很高的历史、艺术价值，其历史最早可追溯到立陶宛接受基督教以前的多神教时期，通过长期与基督教十字架造型的融合，形成自己独特的风格，十字架制作精细、大小形状各异（图8-4）。

19世纪立陶宛并入俄罗斯（东正教）帝国，在

图8-4 立陶宛的十字架雕刻

这个时期以至后来苏联政权的统治下，这些十字架成为立陶宛民族和宗教的独特象征。十字架高度为1～5米，常常饰有小屋顶、花卉和几何图形或雕像。十字架被放置在路边、村口、墓地和其他纪念碑旁。圣母玛利亚的雕像

和其他圣像经常给处境悲苦的人们带来一种慰藉。供品不仅有食物、玫瑰、金钱，还包括花色围巾（婚礼时）和围裙（象征人丁兴旺）。十字架也是村庄里重要的聚会场所和社群团结的象征。如今，十字架工艺作为一种受欢迎的传统方式，表达了人们的历史、艺术、社会和民族价值观。十字架有时独处一方，有时成群林立。树林里、田野上、山泉旁、路口边，随处可见。祈祷和祝福时十字架往往被视为神圣无比。除了宗教和社会意义外，十字架也有政治象征，比如自由独立。从 1920 年起，十字架一直被用作纪念国家节日的仪式。立陶宛十字架雕刻的一般的高度为 1.2～2 米，也有特大型的高度能达 5 米，用木头为材质，上面雕刻有典型的花纹和几何图形，并在显著位置雕刻有基督或圣徒塑像。现在立陶宛尚有 200 名十字架工艺师从事十字架的制作。

遗产保护：

当前立陶宛的这种木制十字架制作工艺以及社会传统已受到现代化和青年移民的威胁。联合国世界遗产委员会提出的保护计划，建议通过调查研究、建立音像文件来保护并发展十字架工艺，举办十字架工艺制作交流会，为年轻人开办培训班，并通过媒体和互联网组织教育促进项目。2001 年由立陶宛申报、拉脱维亚支持的"立陶宛十字架雕刻"被联合国教科文组织批准列入人类口头和非物质遗产代表作名录。

五、传统音乐

据考古学研究，中国音乐的产生距今约有 6700～7000 年的历史，如最早被发现的骨笛、陶盘等，到后期发现的陶钟、埙、鼓、陶铃以及编钟等，都是远古先秦时代演奏音乐的主要乐器。远古时代的音乐作品大多是自然形成并且带有宗教性的色彩，到商、周时期，乐师演奏制度开始完善。春秋战国时期则是根据各地的生产、生活需要发展出了各自的音乐派别，如《诗经》里所记载的各地的民歌民谣，就是传统音乐在汉义化地区的传承记录。

作为多元融合发展的中华文化，除了以中原为主体的音乐传承脉络外，发展到当代，在周边的少数民族聚居地，也还保留着丰富多彩的原生传统音乐。如我国第一批国家级非物质文化遗产中，就入选了《左权开花调》《河曲民歌》《蒙古族长调民歌》《蒙古族呼麦》《当涂民歌》《巢湖民歌》《畲族民歌》《兴国山歌》等百余种传统音乐品类，这也为我们对于传统音乐的研究，开启了一个新的时期（案例 185）。

185. 中国：福建南音
China：Nanyin

入选年份：2009 年
申报国家：中国
类别：传统音乐

遗产概述：

南音，发源于福建泉州，又称"南曲""弦管""郎君唱"等，各地名称不一。主要由"指""谱""曲"三大类组成，是我国古代音乐保存比较丰富、完整的一个大乐种。由于南音富有独特的民族风格和浓郁的乡土气息，具有曲调优美、易学易唱的特点，因而在闽南和海外拥有众多的知音。南音是中国现存最古老的乐种之一。2009 年 10 月 1 日，南音（泉州弦管）被联合国教科文组织列入人类非物质文化遗产代表作名录。

"南音"一词最早应该出现在汉代，张衡《南都赋》云："齐僮唱兮列赵女，坐南歌兮起郑舞。"一般认为南曲起源于唐，形成于宋。泉州南音由"大谱""散曲"和"指套"三大部分（俗称"指""谱""曲"）构成完整的音乐体系。"指"，即"指套"，亦称"套曲"，是一种有词、有谱、有指法（即琵琶弹奏指法）、比较完整的套曲。每套套曲由两首至七首散曲组成，以音乐的"管门"和"滚门"归类编成套，共 50 大套。"谱"是有标题的器乐套曲，附有琵琶弹法，是有标题的器乐套曲，没有曲词，以琵琶、洞箫及二弦、三弦为主奏乐器。每套包括三支至十多支曲牌，共 16 大套。内容多为描述四季景色、花鸟昆虫或骏马奔驰等情景。"曲"即散曲，又称草曲，只唱不说。有谱、有词，一般由琵琶、洞箫、二弦、三弦等四件主要乐器伴奏。内容大致可分为抒情、写景、叙事三类。曲词的内容，主要取材于唐传奇、话本和宋元及明代戏剧人物故事（图 8-5）。

图 8-5 福建南音表演

泉州南音有深厚的群众基础，作为陶冶情操、自娱自乐的文化表现形式，它与闽南人的生活密切相关，闽南人聚居之地几乎都有民间南音社团。除了在闽南地区的泉州、漳州、厦门和港、澳、台地区以外，泉州南音还流播到菲律宾、印尼、新加坡、马来西亚、泰国、缅甸、越南等国家，成为维系海外侨胞和台湾同胞乡情的精神纽带，对增进民族认同感也起到了积极作用。

遗产保护：

1949 年后，南音事业蓬勃发展。南音社团不仅有业余的组织，还有专业的组织。如 1960 年由视南音为无价之宝的王今生市长一手创建的泉州南音乐团，40 多年来，不仅培养造就了一批南音专业人员在各地区发挥骨干作用，而且在各种赛事及访问交流活动中为泉州争了不少荣誉。尤为值得一提的是，常年活跃在街头巷尾的众多业余南音社团，与群众的接触最为直接，也最受群众的欢迎，他们为泉州南音的普及与发展起了极大的推动作用。同时，泉州市南音爱好者、华侨、华人也不时给他们以各方面的支持与经济赞助，为弘扬泉州南音事业而作出了可贵的贡献。改革开放以来，泉州弦管重获生机与活力，民间的弦管团体恢复发展至 500 多个。在 1981 年至 2005 年期间，泉州市已成功举办了 8 届海内外南音大会唱。从 1990 年起，南音进入中小学课堂，并且年年举行中小学演唱演奏比赛，至今已举办了 20 届。泉州师院、泉州艺校招收南音专业学生，有效的开辟了传承新渠道。

六、表演艺术

表演艺术类的非物质文化遗产就是指人的演唱、演奏或者人体动作、表情等来塑造一种形象，以表达情感或情绪的一种艺术类型。其主要的表现形式有民间音乐、传统戏剧、曲艺以及民间舞蹈等。表演艺术强调以人为核心的技艺、经验、精神，其特点就是活态流变，受表演者以及观众的影响较大。

随着社会环境的变化，在市场经济的作用下，产生并附着于传统生产生活方式、价值观念、审美观念的各类非物质文化遗产受到了猛烈冲击，尤其是对活态表演艺术影响更加明显。据统计，中国戏曲剧种从 20 世纪 50 年代统计的 368 个，减少到 80 年代初的 317 个，到 2005 年又减少为 267 个，剧种消失的速度在加快。传统戏曲艺术不但逐步地退出城市文艺舞台，而且在农村的演出市场也日渐缩小。传统表演艺术的各类剧种，连带着声腔、剧本、表演程式等逐步失传。许多相关文化现象及其所蕴含的历史、文化、精神等多重价值也渐渐消失。

显然，保护传统表演艺术，包括一个地方的戏曲或剧种，单靠一两个人的力量是远远不够的，也不是一个剧团能够做到的。这一方面需要政府做出总体规划，制定相关配套措施，并拿出专项资金，按照非物质文化遗产的保护规程和要求来慎重对待。另一方面，与需要传统艺术面向社会群体的义化需要，在功能上、品质上、耐久性上适应巾场转变的要求。各国传衍至今的各类表演艺术，也是在这双重作用下，被保护和继承下来的（案例 186）。

---

186. 日本：能乐（亚洲）
Japan：Nogaku theatre

入选年份：2001 年
申报国家：日本
类别：表演艺术

遗产概述：
能乐是日本最古老的艺术形式之一，是一种综合性表演艺术形式，不仅是音乐、舞蹈和文学

图 8-6 日本的能乐表演

的艺术，更是雕刻、印染、编织以及建筑的艺术。能乐这一戏剧形式虽然于14-15世纪得到大发展，但自从8世纪中国的"散乐"传到日本时，就已经存在了。当时"散乐"的节目丰富多彩，包括杂技、歌曲、舞蹈和滑稽表演。随着时间的推移，它适应了社会环境，吸收了其他的传统艺术形式。今天，由于它对木偶剧和歌舞伎所产生的影响，能乐剧在日本戏剧中占据主导地位。能剧表演内容往往来自传统文学，使用面具、服装和各种道具，以舞蹈为基本表演形式。实际上，能乐对演员和乐师都有很高的素质要求。它包括两种戏剧类型："能"和"狂言"，二者要在同一空间表演出来。舞台伸向观众中间，舞台与后台之间由一条演员出场通道连接，后台又装有许多玻璃镜。能剧中的情感通过传统的程式动作来表达。主人公通常是超自然的形象，以凡人身形讲故事，然后消隐。能的特点是面具，通常是扮演鬼魂、妇女、儿童和老人时使用。狂言，是从散乐滑稽表演派生出来的，建立在喜剧对话的基础上，极少用面具。剧本用中世纪口语写成，是对12—16世纪的普通百姓生活的生动描述（图8-6）。

第四节
中国的非物质文化遗产

我国是一个历史悠久的文明古国，不仅有大量的物质文化遗产，而且有丰富的非物质文化遗产。我国各族人民在长期生产生活实践中创造的多姿多彩的非物质文化遗产，是中华民族智慧与文明的结晶，也是连结民族情感的纽带和维系国家统一的基础。截至2018年底，我国入选联合国教科文组织的非遗名录（含"急需保护名录"和"优秀实践名册"）的项目已达40个，也是世界上拥有世界非物质文化遗产数量最多的国家。

根据《国务院关于加强文化遗产保护的通知》的要求，从2006年起，将每年六月的第二个周六设为我国的"文化遗产日"，以提高全民对各类文化遗产的保护与关爱意识，并且还制定了"国家、省级市级、县级"四级非物质文化遗产名录体系，覆盖了全国数千个不同类别和等级的保护项目（案例187—案例200）。

由于非遗最大的特点是不脱离民族特殊的生活生产方式，是有关民族个性、民族审美习惯的"活"的显现，很多内容依托于人本身而存在，以声音、形象和技艺为表现手段，并以身口相传作为文化链而得以延续，因此非遗传承人的选拔和培养就显得尤为重要。

2011年6月1日起实施的《中华人民共和国非物质文化遗产法》规定：保护为主、抢救第一、合理利用、传承发展。在此基础上，非物质文化遗产保护的工作原则是：政府主导、社会参与、明确职责、形成合力；长远规划、分步实施、点面结合、讲求实效。并通过提高对非物质文化遗产的认识，重视对非物质文化遗产的研究，创造保护、传承、发展良好氛围，逐步加强和完善非遗项目的各项保护工作。

187. 中国：昆曲艺术
China：Kunqu opera

入选年份：2001 年
申报国家：中国
类别：表演艺术

遗产概述：

昆曲是现存的中国最古老的剧种之一，起源于明代 (14—17 世纪)。昆曲的唱腔具有很强的艺术性，对中国近代的所有戏剧剧种，如川剧、京剧都有着巨大的影响。昆曲表演包括唱、念、做、打、舞等，这些内容亦是培训京剧演员的基本科目。昆腔及其戏剧结构（旦、丑、生等角色）亦被其他剧种所借鉴。《牡丹亭》《长生殿》成为传统的保留剧目。昆曲表演用锣鼓、弦索及笛、箫、笙、琵琶等管弦和打击乐器伴奏，舞蹈动作主要分作两类，具有丰富的表现力。昆曲所代表的美学趣味凝聚了中国广大地区文人的美学追求以及艺术创造，是我国传统文化艺术中的珍品。

遗产评价：

昆曲在表演艺术上有很高的成就，歌、舞、介、白等表演手段高度综合。随着艺术形式的全面发展，昆曲脚色行当分工越来越细，包括老生、小生、旦、贴、老旦、外、末、净、付、丑等，并形成一定的程序和技巧，对中国其他剧种的形成发展产生了重要影响。昆曲音乐曲调旋律优美典雅，演唱技巧规范纯熟，字分头腹尾的发音吐字方式及流丽悠远的艺术风格使昆曲音乐获得了"婉丽妩媚，一唱三叹"的艺术效果（图 8-7）。

遗产保护：

1949 年前，全国范围内已没有一个职业昆剧团。20 世纪 50 年代，一出《十五贯》救活一个剧种，全国随之成立了 6 个昆曲院团。韩

图 8-7 昆曲剧照

世昌、白云生、顾传、朱传茗、周传瑛、俞振飞、侯永奎、北昆著名笛王田瑞亭及其女儿北方昆曲著名坤伶田菊林等老一辈表演艺术家及 1949 年后培养出的李淑君、蔡正仁、计镇华、张继青、洪雪飞、汪世瑜等一批优秀演员，整理、编演了《牡丹亭》《西厢记》《千里送京娘》《单刀会》《桃花扇》等大量优秀剧目。如今，昆曲严格的程式化表演、缓慢的板腔体节奏、过于文雅的唱词、陈旧的故事情节，离当代人的审美需求相距甚远，因而难以争得观众，演出越来越少，以致在演出市场上难觅其踪，形成了恶性循环。不少专家认为，昆曲演出可以从老戏中发掘，剧目应以继承、整理为主，如上海昆剧团近两年排演的《牡丹亭》，将汤显祖原作删减为上中下三本，配以现代化的舞台处理，既保持原作特色，又符合当今审美，收到了很好的市场效果。

昆曲因其传统艺术特性不可能在当今大红大紫，亦无法恢复往日的辉煌，但作为汉文化的瑰宝，以及世界遗产的重要代表，需要全社会的关注与保护。

188. 中国：古琴艺术
China：Guqin and its music

入选年份：2003 年
申报国家：中国
类别：表演艺术；传统手工艺

遗产概述：

在历史长河中，古琴占据着重要地位，和书画、诗歌以及文学一起成为中国传统文化的承载者。古琴是中国独奏乐器中最具代表性的一种。人们弹奏古琴往往不仅是为了演奏音乐，还和自娱自赏、冥思、个人修养以及挚友间的情感交流密不可分。

图 8-8 古琴弹奏场景

从早期的文学作品以及考古发现中可知古琴在中国已有 3000 多年的历史。它的演奏是一种高雅和身份的象征。实际上，古琴和中国文人的历史有着深厚的渊源，因为它是中国文人所必需的素质修养"琴、棋、书、画"当中的一种，且位居其首。古琴艺术吸纳了大量优雅动听的曲调，演奏技法复杂而精妙，而且有着独特的记谱法，大量乐谱都是由人们口头流传下来的。

作为非物质文化遗产，古琴艺术的价值不只在于古琴这种乐器本身，亦不限于古琴曲目或弹奏技术，最为重要的在于以古琴为聚合点而构建的传统美学特质及哲学意味，贯穿于中华雅文化的发展当中。其中最显著的，可以称之为"知音文化"。"知音文化"内核，其人文影响力与渗透力既深层又久远，辐射至极其宽广的范畴。

遗产评价：

作为中国古代雅士阶层的一种不可分割的人生内容，古琴的琴境与生命境界，乐品与诗品、文品，都是相通的。遵循"大音希声"的哲学原理，古琴艺术将儒家的中正平和、道家的清静淡远融汇于乐曲中，表现出声稀意深的境界（图 8-8）。

遗产保护：

清末与民国年间由于战乱和社会变迁，特别是古琴本身的局限性，使古琴音乐濒于绝灭。20 世纪 50 年代初，古琴音乐在奄奄一息的状态下，得到了政府部门的扶持和重视。以查阜西先生为首的前辈琴家，不论在介绍古琴音乐、整理古琴遗产、传授琴艺等各方面，都作出了巨大的贡献。整理的数百万字的文献，垒叠盈尺，推动了古琴音乐的理论研究。

1956 年始，"中央音乐学院""上海音乐学院"等几所音乐学院设置了古琴专业，培养了近 20 名古琴专业的学生，对于古琴音乐的继承与发展起到了承前启后的作用。近二三十年来，除古琴人才的培养、琴乐理论的研究之外，古琴音乐社会性的推广也取得了可喜的进展。除了古琴独奏以外，还出现了古琴与其他乐器的二重奏三重奏、打击乐器合成器为古琴的伴奏、大型民族乐队和交响乐队为古琴的伴奏、协奏。新演奏形式的出现，不仅有助于乐曲内容的表现与原曲情绪的渲染，同时也反映了今天社会文化生活对于古琴音乐的一种"需求"。说明了古琴这一古老的乐器，同样可以反映，表达今天的现实生活、表达今天人们思想情感。

这些社会实践说明了在思考古琴音乐在现实社会中如何生存与发展的时候,要将古琴音乐的社会定位定在反映社会现实、表达人们的思想感情上。

---

189. 中国:新疆维吾尔木卡姆艺术
China:Uyqhur Muqam of Xinjiang

入选年份:2005 年
申报国家:中国
类别:表演艺术;口头传统和表现形式,包括作为非物质文化遗产媒介的语言

遗产概述:

"新疆维吾尔木卡姆"是流传于中国新疆维吾尔族聚居区的各种木卡姆的总称,是集歌、舞、乐于一体的大型综合艺术形式。在维吾尔人的特定文化语境中,"木卡姆"已经成为包容文学、音乐、舞蹈、说唱、戏剧乃至民族认同、宗教信仰等各种艺术成分和文化意义的词语(图8-9)。

图 8-9 木卡姆艺术

新疆自古以来就是多民族聚居之地,地处古代丝绸之路的中心,多种宗教并存传播,东西方文化撞击交融,具有丰厚的民族文化积淀。疆维吾尔木卡姆有着漫长的形成和发展历史。

新疆维吾尔木卡姆艺术中的歌唱内容,包含了哲人箴言、文人诗作、先知告诫、民间故事等,是反映维吾尔人民生活和社会风貌的百科全书。歌曲体裁既有叙咏歌,又有叙事歌;演唱方式既有合唱,又有齐唱、独唱;唱词格律与押韵方式,复杂多样。载歌载舞,是维吾尔木卡姆最重要的特色。舞蹈技巧丰富多彩,集体舞的队形组合和步伐步态富于变化。

20 世纪 40 年代,能够完整演唱的艺人已屈指可数。50 年代,政府抢录下吐尔地阿洪等维吾尔木卡姆大师演唱的《十二木卡姆》。除主要代表《十二木卡姆》外,还流传着《刀郎木卡姆》《吐鲁番木卡姆》《哈密木卡姆》。

遗产评价:

维吾尔木卡姆艺术肇始于民间文化,发展于各绿洲城邦国宫廷及都府官邸,经过整合发展,形成了多样性、综合性、完整性、即兴性、大众性的艺术风格,并成为维吾尔族的杰出表现形式。此外,维吾尔木卡姆艺术的音乐形态丰富多样,有多种音律,繁复的调式,节拍、节奏和组合形式多样的伴奏乐器,显示出鲜明的民族特色和强烈的感染力。

遗产保护:

1978 年后,新疆维吾尔自治区政府及其他社会组织,重新开始大规模收集、整理民族民间文化的工作。但是近年来,与城市化、工业化一同兴盛的各类流行文化,风靡各维吾尔社区,使新疆维吾尔木卡姆等传统文化受到了强烈冲击。

190. 中国：蒙古族长调民歌
China-Mongolia：Urtiin Duu，traditional folk long song

入选年份：2005 年
申报国家：中国—蒙古国
类别：表演艺术；口头传统和表现形式，包括作为非物质文化遗产媒介的语言；社会实践、仪式、节庆活动

图 8-10　蒙古族长调民歌演唱

遗产概述：

蒙古歌曲分为两个主要品种，其一是乌日汀道或称"长调"，其二是"短调"。长调的历史可以追溯到 2000 年前，13 世纪以来的文学作品中已有记载。直至今日，长调仍保留着丰富的不同地域的风格。作为与盛大庆典、节日仪式有关的表达方式，长调在蒙古社会享有独特和受人推崇的地位，在蒙古国和中国北部的内蒙古自治区牧民社会的文化生活中、在表演和当代音乐创作中，长调都扮演着主要角色。婚礼、乔迁新居、婴儿降生、马驹标记以及其他蒙古游牧民族的社交活动和宗教节庆仪式上，都能听到长调的演唱。包含摔跤、射箭和马术比赛的狂欢运动会"那达慕"大会上，更能听到长调。

长调是抒情歌曲，由 32 种采用大量装饰音的旋律构成，它赞美美丽的草原、山川、河流、歌颂父母的亲情、亲密的友谊，表达人们对命运的思索。它的特点是：使用装饰音和假声，悠长持续的流动性旋律包含着丰富的节奏变化，极为宽广的音域和即兴创作形式。上行旋律节奏缓慢稳定，下行旋律常常插入活泼的三音重复句式，这来自对草原生活步调的模仿。长调的演唱和创作与牧民的田园式生活方式紧密相连，这是蒙古族至今仍然广泛延续的生活方式。长调的基本题材包括牧歌、思乡曲、赞歌、婚礼歌和宴歌（也称酒歌）等，代表曲目有《走马》《小黄马》《辽阔的草原》《辽阔富饶的阿拉善》等（图 8-10）。

遗产评价：

长调旋律悠长舒缓、意境开阔、声多词少、气息绵长，旋律极富装饰性（如前倚音、后倚音、滑音、回音等），尤以"诺古拉"（蒙古语音译，波折音或装饰音）演唱方式所形成的华彩唱法最具特色。体现了蒙古游牧文化的特色与特征，并与蒙古民族的语言、文学、历史、宗教、心理、世界观、生态观、人生观、风俗习惯等紧密联系在一起，贯穿于蒙古民族的全部历史和社会生活中。

遗产保护：

长调演唱艺术不仅有它独特美学本质及其风格，而且具有独特而科学的歌唱技术。蒙古长调通过演唱者的歌喉得以传承，同样的作品不同人演唱可以风格迥异，所以长调常"附着"在传承人身上。现在著名长调演唱艺人、流派代表人物有的年事已高，有的相继离世，一旦师承关系得不到延续，独特的演唱方式、方法不及时传承，必然危及长调保护与发展。

伴着中蒙两国联合申报蒙古长调为"世界口头文化遗产"的成功，长调艺术将得到进一步的

关注和保护，今后两国将在蒙古族长调民歌的田野调查、研究、保护方法、保护措施等方面，进行密切和有效的协同行动。这对于增进两国人民之间的相互了解和友谊、两国之间的文化交流与合作，特别是对于蒙古族长调民歌进行更好的保护，具有非常重要的意义。

191. 中国传统桑蚕丝织技艺
China：Sericulture and silk craftsmanship

入选年份：2009 年
申报国家：中国
类别：传统手工艺；社会实践、仪式、节庆活动

遗产概述：
蚕桑丝织是中国的伟大发明，是中华民族认同的文化标识。这一遗产包括栽桑、养蚕、缫丝、染色和丝织等整个过程的生产技艺，其间所用到的各种巧妙精到的工具和织机，以及由此生产出来的绚丽多彩的绫绢、纱罗、织锦和缂丝等丝绸产品，同时也包括这一过程中衍生出来的相关民俗活动（图 8-10）。

图 8-11 传统桑蚕丝织技艺

遗产评价：
5000 多年来，它对中国历史做出了重大贡献，并通过丝绸之路对人类文明产生了深远影响。这一传统生产手工技艺和民俗活动至今仍流传于浙江北部和江苏南部的太湖流域（包括杭州、嘉兴、湖州和苏州等市）以及四川成都等地，是中国文化遗产中不可分割的组成部分。

遗产保护：
当前中国大量蚕桑丝织传统技艺及相关风俗都受到了城市化、经济发展以及生活方式转变的影响，大量的桑地被改作它用，年轻人也不再养蚕，传统的手工艺面临失传的风险。如今在有关行业管理部门的协调下，国家正实施"东桑西移"的计划，但存在的问题是，历史上的蚕乡丝府无法保留传统的民俗，而新开辟的蚕桑基地只把它当作一种产业，无法移植传统文化。此外，与传统桑蚕丝织相关的技艺也受到工业化的巨大冲击。

2009 年，中国传统桑蚕丝织技艺成功入选人类非物质文化遗产名录，有关的保护规划和具体的扶持措施也开始由国家有关部门协同社会各界一起来制定和落实。

192. 中国：南京云锦织造技艺
China：The craftsmanship of Nanjing Yunjin brocade

入选年份：2009 年
申报国家：中国
类别：传统手工艺；社会实践、仪式、节庆活动

图 8-12 南京云锦织造技艺

遗产概述：

南京云锦织造技艺存续着中国皇家织造的传统，是中国织锦技艺最高水平的代表。它将"通经断纬"等核心技术运用在构造复杂的大型织机上，由上下两人手工操作，用蚕丝线、黄金线和孔雀羽线等材料织出华贵织物，如龙袍。南京云锦织造技艺有着完整的体系，是人类非凡创造力的见证。如今，因灿若云霞而得名的南京云锦，依然作为中国传统织造技艺的经典，用于高端织物的织造，为民众所喜爱。

南京云锦是我国汉族优秀传统文化的杰出代表，始于南朝而盛于明清，至今已有 1580 年历史。南京云锦与成都的蜀锦、苏州的宋锦、广西的壮锦并称"中国四大名锦"。在古代丝织物中"锦"是代表最高技术水平的织物。南京云锦集历代织绵工艺艺术之大成，位于中国古代三大名锦之首，元、明、清三朝均为皇家御用贡品，因其丰富的文化和科技内涵，被专家称作是中国古代织锦工艺史上最后一座里程碑。

南京云锦图案的配色，主调鲜明强烈，具有一种庄重、典丽、明快、轩昂的气势，这种配色手法与我国宫殿建筑的彩绘装饰艺术是一脉相承的。在云锦图案的配色中，很多是根据纹样的特定需要，运用浪漫主义的手法进行处理的。在云锦纹样设计上，"四合云""如意云""七巧云""行云""勾云"等等造型，根据不同云势的特征，运用形式美的法则，把它理想化、典型化（图 8-12）。

南京云锦在元、明、清王朝皇室御用龙袍、冕服，官吏士大夫阶层的贵妇衣装，以及民间宗室，喜庆、婚礼服饰等应用的范畴里，它是最华贵、最精美的工艺美术品之一。它汇集了以丝质肌理美、色彩和谐美、纹样情愫美的装饰美化特征，以"质与纹""巧与艺""意与象"三者结合的内容与形式，达到科技与人文，两者完善统一的形态美感。从云锦品种繁多，所表达的审美艺术观念的实质来看，它可以归纳为三种美的形式：即宫廷王室之美，是追求昂贵奢侈性的雍容华贵之美；士大夫、宗主儒生之美，是显示抒情雅洁之美；民间喜庆礼仪之美，是实用与华丽结合的纯真民风之美。因此，云锦妆花所特有的仪表装饰美，都能适应于人们对审美情愫性的高雅艺术价值的享用。这就是云锦作品真、善、美统一的艺术风格，它代表着民族服饰文化的时尚性和民俗性，亦是具有世界性的历史文化遗产之一的佐证。

遗产保护：

南京云锦价格昂贵，主要原因是其图案精致，工序复杂和完成全部工序均由手工制作而成，且制作缓慢。如何提高劳动生产力，降低生

产成本而增加效益，是云锦生存的关键问题。1949 年后，政府先后投资几千万元用于恢复和保护云锦，40 多年来，南京云锦的科研人员经过努力，把濒临消亡的南京云锦织造工艺逐渐恢复，并搜集整理了云锦图案和画稿，培训艺徒，恢复了失传品种"双面锦""凹凸锦""妆花纱"等，并征集收藏了 900 多件云锦实物资料，为南京云锦的研究发展打下了良好的基础。

193. 中国：宣纸传统制作技艺
China：The traditional handicrafts of making Xuan paper

入选年份：2009 年
申报国家：中国
类别：传统手工艺；社会实践、仪式、节庆活动

图 8-13 宣纸传统制作技艺

遗产概述：

造纸术是中国古代四大发明之一。宣纸是传统手工纸的杰出代表，具有质地绵韧、不蛀不腐等特点。自唐代（8 世纪初）以来，它一直是书法、绘画及典籍印刷的最佳载体，至今仍不能为机制纸所替代。宣纸传统制作技艺有 108 道工序，对水质、原料制备、器具制作、工艺把握都有严格要求（图 8-13）。这一技艺经口传心授世代相传，不断改进，与多种文化元素结合，不仅对传承中华民族文化产生了深远影响，也对促进民族认同和维护文化多样性起到了重要的作用。中国宣纸文化凝聚了几千年的中国文化艺术，蕴含着极其丰富的历史内涵。

遗产保护：

20 世纪初，由于战乱，宣纸生产一度濒临灭绝。1949 年以后，宣纸生产得以回复，特别是改革开放 40 年里，宣纸生产加速发展。宣纸生产企业也成为全国文房四宝行业中规模最大、实力最强的企业。因为宣纸制作要经过 100 多道工序，还要加上当地山水、原料才能形成真正的宣纸，工艺复杂，所以宣纸生产企业一直在不断探索宣纸的批量生产的新工艺。中国非常重视非物质文化遗产的保护，通过招收专门学生，聘请造纸专家和生产艺人亲自授课，培养宣纸技艺传人，让宣纸制作技艺代代相传。2005 年 5 月 20 日，该制作技艺经国务院批准列入第一批国家级非物质文化遗产名录。2007 年 6 月 5 日，经文化部确定，安徽省泾县的邢春荣为该文化遗产项目代表性传承人，并被列入第一批国家级非物质文化遗产项目 226 名代表性传承人名单。

194. 中国：侗族大歌
China：Grand song of the Dong ethnic group

入选年份：2009 年
申报国家：中国
类别：传统音乐

遗产概述：

侗族大歌起源于春秋战国时期，至今已有2500多年的历史，是中国侗族地区一种多声部、无指挥、无伴奏、自然合声的民间合唱形式（图8-14）。

图 8-14 侗族大歌

侗族大歌历史上分布在整个侗族南部方言区，目前主要流行于侗语南部方言第二土语区，其中心区域在黎平县南部及与之接壤的从江县北部、以及榕江县车江、宰麻、三宝和宰荡等侗寨。民间习惯称这些地区为"六洞""九洞"，代表性曲目有《耶老歌》《嘎胜》《嘎音也》《嘎戏》等。

大歌，侗语称"嘎老""嘎"就是歌，"老"具有宏大和古老的意思。侗族大歌以"众低独高"，复调式多声部合唱为主要演唱方式。侗族大歌需要3人以上的歌班（队）才能演唱，参加演唱的人越多，效果越好。"饭养身，歌养心"这是侗族人常说的一句话，也就是说，他们把"歌"看成是与"饭"同样重要的事。侗族人把歌当作精神食粮，用它来陶冶心灵和情操，视歌为宝，认为歌就是知识，就是文化，谁掌握的歌多，谁就是有知识的人。在侗族地区，歌师是被公认为最有知识、最懂道理的人，因而很受侗族人的尊重。侗族的各种民歌，特别是侗族大歌，便成了他们久唱不衰的一首古歌。侗族大歌按其风格、旋律、内容、演唱方式及民间习惯又可分为四类：即嘎听、嘎嘛、嘎想、嘎吉，演唱大歌时最主要的伴奏乐器是琵琶、牛腿琴，两者一起为大歌伴奏时，在齐奏为主的基础上即兴加花或加强节奏而产生和声效果，乐师们在演奏中使乐器发出的这种和声效果给歌手们提供了和声美的直感，促进了歌手们审美意识的形成。

侗族大歌不仅仅是一种音乐艺术，而且是了解侗族的社会结构、婚恋关系、文化传承和精神生活的重要组成部分，具有社会史、思想史、教育史、婚姻史等多方面的研究价值。保护和传承侗族大歌将会对侗族地区的文化建设和构建和谐社会产生重要的推动作用。

遗产保护：

侗族大歌的形成虽然已经有近千年的历史，但这种独具特色的中国民族音乐，直到1949年后才为老一辈音乐家肖家驹、郭可谌等发现，并组织音乐工作者深入黎平县侗族山区去收集发掘、记录整理。为保存侗族大歌作出了奠基石的贡献。经过20世纪50至70年代的厚重积淀，黎平县的侗族合唱团，已有35名侗家青年男女到过法国、意大利、新加坡等十多个国家和地区演唱《侗族大歌》。1986 年，贵州省黔东南苗族侗族自治州政府组织侗族合唱团 11 人赴法国巴黎参加秋季艺术节活动，她们在巴黎夏乐宫的演出非常受成功，仅谢幕就达 37 次。

随着市场经济的迅速发展和现代文化的广泛流播，侗族大歌这种传统的少数民族民间艺术已面临失传的危险，对它进行保护和传承已刻不容缓。

195. 中国：龙泉青瓷传统烧制技艺
China：The traditional firing technology of Longquan celadon

入选年份：2009 年
申报国家：中国
类别：传统手工艺

图 8-15　龙泉青瓷作品

遗产概述：

龙泉是浙江省历史文化名城，位于浙江西南部，与福建省接壤，以出产青瓷著称。龙泉青瓷分"哥窑"和"弟窑"两种类型。龙泉青瓷源于五代，盛行于宋，是中国制瓷史上一颗璀璨的明珠。有着"质如玉、亮如镜、声如磬"的美誉，深受中外人士的喜爱。1000 多年来行销亚、非、欧三大洲许多国家和地区被誉为"人类所发明的最美丽的东西"。

龙泉青瓷传统烧制技艺是一种具有制作性、技能性和艺术性的传统手工艺。至今已有 1700 余年的历史。龙泉青瓷传统烧制技艺包括原料的粉碎、淘洗、陈腐和练泥；器物的成型、晾干、修坯、装饰、素烧、上釉、装匣、装窑；最后在龙窑内用木柴烧成。在原料选择、釉料配制、造型制作、窑温控制方面，龙泉青瓷均具有独特的技艺。龙泉青瓷烧制技艺服务人类生活，其成品具有独特的审美价值。如，陈设瓷、装饰瓷、茶具、餐具等，是烧制技术与艺术表现的完美结合（图 8-15）。

龙泉青瓷分"哥窑"和"弟窑"两种。龙泉"哥窑"瓷品以紫口铁足、釉裂成纹幻变见长，釉层饱满丰厚，釉色清灰淡雅，素有"金丝铁线"之美称，瓷器古色古香，庄重典雅，因此被视为瓷中珍品，列为宋代五大名窑之一。而龙泉"弟窑"则以晶莹润泽的青釉闻名天下。白胎厚釉，釉层丰厚，光泽柔和，蕴润如美玉，其有棱线处，微露白痕为"出筋"，脚呈红色为"朱砂底"，被誉为"青瓷之花"。龙泉窑烧制的"粉青""梅子青"厚釉瓷，淡雅、含蓄、敦厚、宁静，是中国古典审美情趣的表现。

196. 中国：中国书法
China：Chinese calligraphy

入选年份：2009 年
申报国家：中国
类别：传统手工艺；社会实践、仪式、节庆活动

遗产概述：

中国书法是以笔、墨、纸等为主要工具材料，通过汉字书写，在完成信息交流实用功能的同时，以特有的造型符号和笔墨韵律，融入人们对自然、社会、生命的思考，从而表现出中国人特有的思维方式、人格精神与性情志趣的一种艺术实践。中国书法伴随着汉字的产生与演变而发展，历经3000多年，已成为中国文化的代表性符号。

中国五千年璀璨的文明及无与伦比的丰富文字记载都已为世人所认可，在这一博大精深的历史长河中，中国的书画艺术以其独特的艺术形式和艺术语言再现了这一历史性的嬗变过程。中国书法艺术的形成、发展与汉文字的产生与演进存在着密不可分的连带关系。书法是以汉字为基础、用毛笔书写的、具有四维特征的抽象符号艺术，它体现了万事万物的"对立统一"这个基本规律又反映了人作为主体的精神、气质、学识和修养（图8-16）。

中国汉字起源甚早,就书法看,尽管早期文字——甲骨文，还有象形字，同一字的繁简不同，笔画多少不一，但已具有了对称、均衡的规律，以及用笔（刀）、结字、章法的一些规律性因素。而且，在线条的组织，笔画的起止变化方面已带有墨书的意味、笔致的意义。所以书法的基础为："点画笔法"和"间架结构"。中国的历史文明

图 8-16 中国书法作品：王羲之的《兰亭集序》

是一个历时性、线性的过程，中国的书法艺术在这样大的时代背景下展示着自身的发展面貌，在书法的萌芽时期（殷商至汉末三国），文字经历由甲骨文、古文（金文）、大篆（籀文）、小篆、隶（八分）、草书、行书、真书等阶段，依次演进。在书法的明朗时期（晋南北朝至隋唐），书法艺术进入了新的境界。由篆隶趋从于简易的草行和真书，它们成为该时期的主流风格。大书法家王羲之的出现使书法艺术大放异彩，他的艺术成就传至唐朝倍受推崇。同时，唐代一群书法家蜂拥而起，如：虞世南、欧阳询、褚遂良、颜真卿、柳公权等大名家。在书法造诣上各有千秋、风格多样。经历宋、元、明、清，中国书法终成为一个民族符号，代表了中国文化博大精深和汉民族文化的永恒魅力。

在世界文化史上还没有哪一种文字的审美书写能够像汉字书法一样从未中断地流行数千年。在全球的多元文化互动中、在新的人类文化语境中，中国书法正在成为展示中华民族审美理想的灿烂瑰宝，成为中国向世界显示中华文化魅力的重要艺术。

197. 中国：中国篆刻
China：The art of Chinese seal engraving

入选年份：2009 年
申报国家：中国
类别：传统手工艺

遗产概述：

中国篆刻是以石材为主要材料，以刻刀为工具，以汉字为表象的一门独特的镌刻艺术。它由中国古代的印章制作技艺发展而来，至今已有3000 多年的历史。它既强调中国书法的笔法、结构，又突出镌刻中自由、酣畅的艺术表达，于方寸间施展技艺、抒发情感，深受中国文人及普通民众的喜爱。篆刻一词原为比喻书写和精心为文的意思，"篆谓篆书，刻谓雕刻文章也"。汉代扬雄《法言》一书中也说"童子雕虫篆刻""壮夫不为也"，也是指作辞赋时苦心孤诣地雕章琢句，后来却成为镌刻印章这一艺术的名称。篆刻艺术作品既可以独立欣赏，又可以在书画作品等领域广泛应用（图8-17）。

先秦及秦、汉的玺印，是古代人们在交往时，作为权力和凭证的信物。汉代是玺印发展空前灿烂辉煌的时期。汉印无论从内容到形式比以前都更为丰富，尤以私印的种类最为繁多。汉印以缪篆体入印。这种字体与汉代隶书的兴起有关系，结体简化，笔画平整方直。汉印中还有以鸟虫书入印的，装饰性很强，是古代的一种美术字体。三国两晋南北朝时代的印章，基本上是沿袭汉印的形制。隋唐宋元时代，书法绘画都有了长足的进展，一些人出于鉴藏书画的目的和书画家在作品上钤盖印章渐成风气，从而收藏印、斋馆印和闲文印盛行，这是实用的玺印向篆刻艺术发展的重要因素。在书法和绘画作品上加盖鲜红夺目的印章，使书画作品能收烘托之妙，印章与书画有机的融为一体，

图 8-17 中国篆刻作品

印章成为人们同时欣赏的对象，称金石书画。如宋徽宗赵佶敕撰的《宣和印史》、杨克一的《集古印格》和王俅的《啸堂集古录》对古代玺印都有辑录，元代吾丘衍写成中国最早印学理论著作《学古篇》。书画家赵孟頫以擅长刻圆朱文而著称。

明代中叶，印章已发展为独特的篆刻艺术。它从实用品、书画艺术的附属品，而发展成为独立的艺术。篆刻艺术在明清两代好手如林、派别繁多。明代的文彭是书画家文徵明的长子，诗书画均传家法，尤以篆刻擅名当代，后来的篆刻家奉他为篆刻之祖。文彭对恢复汉印的传统作出了努力，他的圆珠文印，参以小篆结体，秀丽典雅，最有特色；刀法明快自如；章法安排也颇具匠心。他的以"六书为准则"的主张，至今仍是篆刻家所遵循的法则。由于文彭的倡导，篆刻艺术"一时靡漫，畅开风气"。清代篆刻流派之多也为前所未有。清代初期以程邃最为出色，他的篆刻能"力变文（彭）、何（震）旧习"，清代初期以程邃最为出色，富有创造性。他的白文印师法汉印，厚重凝练；朱文印喜用大篆，离奇错落，奠定了皖派的基础。清代中叶篆刻艺术进入了兴盛时期，

高凤翰、汪士慎、巴慰祖、董洵、胡唐等人的篆刻都能自出新意和富有个性。

现代的篆刻家在继续开创篆刻流派艺术的发展道路，借鉴民族的优秀艺术传统，突破秦、汉玺印和明、清流派篆刻的规范，勇于革新，不断探索，揭开了现代篆刻艺术新的一页。现代有成就的篆刻家有丁仁、王褆、易熹、王大昕、乔曾劬、钱瘦铁、赵叔孺、陈半丁、寿石工、来楚生、傅抱石等，而现代的篆刻家在继续开创篆刻流派艺术的发展道路，借鉴民族的优秀艺术传统，以齐白石影响最大。

198. 中国：中国雕版印刷技艺
China：China engraved block printing technique

入选年份：2009 年
申报国家：中国
类别：传统手工艺

遗产概述：

雕版印刷技艺是运用刀具在木板上雕刻文字或图案，再用墨、纸、绢等材料刷印、装订成书籍的一种特殊技艺，迄今已有 1300 多年的历史，比活字印刷技艺早 400 多年。它开创了人类复印技术的先河，承载着难以计量的历史文化信息，在世界文化传播史上起着无与伦比的重要作用。

雕版印刷——大约在 3 世纪，东晋时期，石碑拓印得到了发展，它把印章和拓印结合起来，再把印章扩大成一个版面，蘸好墨，仿照拓印的方式，把纸铺到版上印刷，即为雕版印刷的雏形。约在 7 世纪前，世界上最早的雕版印刷术在唐朝诞生了。雕版印刷需要先在纸上按所需规格书写文字，然后反贴在刨光的木板上，再根据文字刻出阳文反体字，这样雕版就做成了（图 8-18）。接着在版上涂墨，铺纸，用棕刷刷印，然后将纸揭起，就成为印品。我们现在所能看到的最早的雕版印刷实物是在敦煌发现的印刷于 868 年的唐代雕版印刷《金刚经》，印制工艺非常精美。

图 8-18　雕版的制作过程

雕版印刷术是一种具有突出价值且民族特征鲜明、传统技艺高度集中的人类非物质文化遗产。它凝聚着中国造纸术、制墨术、雕刻术、摹拓术等几种优秀的传统工艺，最终形成了这种独特文化工艺；它为后来的活字印刷术开了技术上的先河，是世界现代印刷术的最古老的技术源头，对人类文明发展有着突出贡献；它的实施对文化传播和文明交流提供了最便捷的条件。换句话说，在中国的四大发明中，有两项即造纸术和印刷术与它直接相关，这在中国其他传统工艺中是罕见的。雕版印刷术是唯一没有区域限制影响遍布全国的文化形态，它的影响甚至传及海外。作为一种民族遗产，它不仅是中国的，也是世界的。传统技艺是民族优秀文化的重要组成部分，但更重要的是在保护传统的优秀民族工艺过程中进行创新，在延续传统工艺历史文化和原有的、传统的艺术风格基础上，为之注入更多更好的现代元素和活力，使之更能展示中国传统特色文化，更能适应现代人的价值取向和对传统文化的需求。

遗产保护：
扬州是中国雕版印刷术的发源地，是国内唯一保存全套古老雕版印刷工艺的城市。目前，扬州藏有近30万片明清以来的古籍版片，并采用雕版印刷出版了大量的古籍线装书籍，成为全国最大的线装书加工基地。随着现代激光照排技术的兴起，活字印刷的市场空间越来越小。入选国家级非物质文化遗产项目代表性的传承人陈义时已年过六旬，由于从事雕版行业收入偏低，很少有年轻人愿意拜师学艺，目前扬州雕版印刷技艺仅剩一个"传人"。

传统技艺是民族优秀文化的重要组成部分，为能让这些濒临消失的传统技艺传承下去，扬州市政府非常重视相关的保护工作，2005年7月12日，扬州"雕版印刷技艺传习所"正式挂牌成立，采用"口传心授 定向培养 上门学艺"的开放式传承方式，为雕版印刷队伍补充新鲜血液。2005年10月，江苏省扬州雕版印刷博物馆对外试开放。被誉为清代扬州雕版印刷极盛时期标志的《全唐诗》初刻初印本，回到扬州与世人见面。

---

199. 中国：羌年
China：Qiang New Year festival

入选年份： 2009年
申报国家： 中国
类别： 表演艺术

遗产概述：
羌族的传统节日就是羌历年，羌语称"日美吉"，根据地方的不同，又有"羌历新年""过小年""丰收节""还原节"等多种叫法，虽名称不同，但内容却完全一样，都以庆祝丰收和感恩还愿为主要内容，具有浓郁的宗教色彩。

羌族，自称尔玛，是中国西南的一个古老民族，主要聚居在四川省阿坝藏族羌族自治州东部、绵阳市的北川县、平武县等地。现有人口约30.6万人（2000年）。羌族地区至今仍保

图8-19　羌族活动

留原始宗教，盛行万物有灵，多种信仰的灵物崇拜。今天的羌族正是古代羌支中保留羌族族称以及最传统文化的一支，与汉族、藏族、彝族、纳西族、白族、哈尼族、傈僳族、普米族、景颇族、拉祜族、基诺族等为兄弟民族，皆出

自古羌。迄今为止，我国境内发现的最古老而又是比较成熟的文字便是 3000 多年前殷商时代的代表文字——甲骨文。甲骨文中有一个也是唯一关于民族（或氏族、部落）称号的文字，即"羌"，是中国人类族号最早的记载。

羌年节，羌语称"日美吉"，意为吉祥欢乐的节日，是羌民族一年一度庆丰收、话团圆的民族传统盛会。其内涵与汉区之春节，藏区之藏历年等民族节日相近。农历十月初一为羌族年节。年节的宴会又称"收成酒"。年节这天全寨人到"神树林"还愿，焚柏香孝敬祖先和天神，要用荞麦粉做成一种馅为肉丁豆腐的荞面饺，有的还要用面粉做成牛、羊、马、鸡等形状不同的动物作为祭品。次日，设家宴，请出嫁的女儿回娘家。进行各项节日活动（图 8-19）。

祈祷丰收的祭山会是全村寨的一种祭祀活动，除已婚的妇女不准参加外，全寨的人都要带上酒、肉和馍去赴会。会首由全寨各户轮流担任。届时要备好 1 只黑公羊、1 只红公鸡、1 坛咂酒、3 斤猪肉、1 斗青稞、13 斤面做的大馍和香蜡、爆竹、纸钱等，按规定摆好，由"许"（巫师）主持祭祀，祈求天神和山神保佑全寨人寿年丰，并将山羊宰杀后煮熟，连同其他食品分给各户，称"散分子"。最后大家席地而坐，互相品尝各自的祭祀食品。

羌人实行灵物崇拜，多神信仰，因而进入农业社会后的羌人，不仅把命运和土地紧紧联系在了一起，希望天神保佑羌人，年年风调雨顺，岁岁吉祥安康，因而每年羌历年期间，要举行"祭天还愿"仪式。与此同时，羌人在长期的生产劳动中同耕牛结下了特殊的感情，羌人认为，粮食的丰收同样离不开牛王爷的帮助，故在一些地区至今仍保留着"牛王会"习俗。严格讲，"祭山会"是表达羌人美好愿望的一种寄托行为（民间称为"许愿"），而羌历年则是表达羌人美好情感的一种答谢方式（民间称为"还愿"）。因而，祭山会属"春祷"，羌历年属"秋酬"。同属农事活动，其间不仅折射出羌族古老民族传统文化的光芒，也集中展示出羌族民俗文化的深刻内涵。

羌年是中国四川省羌族的传统节日，通过庆祝新年，羌族的传统、历史积淀和文化信息得以继承和传播，族人的社会习性得以巩固，羌族人民也借以表达了对所有生灵、对祖国和对祖先的尊重与崇拜。

遗产保护：

近年来，由于人们的迁徙活动日益频繁、年轻人对羌族传统文化的兴趣不断减弱，加之外来文化的冲击，庆祝羌历新年的人越来越少；2009 年 10 月羌历新年被列入联合国教科文组织急需保护非物质文化遗产名录。

200. 中国："二十四节气——中国人通过观察太阳周年运动而形成的时间知识体系及其实践"

China：The Twenty-Four Solar Terms, knowledge in China of time and practices developed through observation of the sun's annual motion

入选年份：2016 年
申报国家：中国
类别：礼仪与节日活动

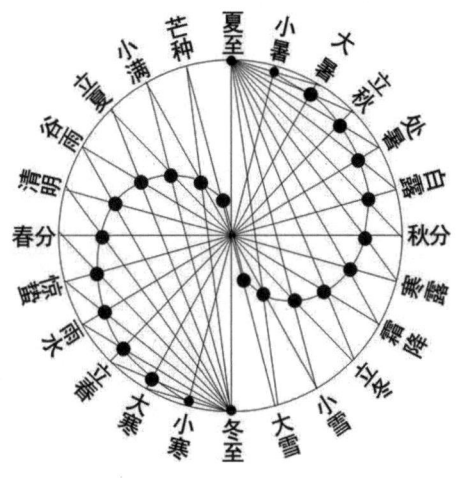

图 8-20　二十四节气分时图

遗产概述：

古代中国人将太阳的年度圆周运动分为 24 段。每个细分都称为一个特定的"太阳能术语"。二十四节气的要素起源于中国的黄河。它的制定标准是通过观察该地区的季节，天文学和其他自然现象的变化而制定的，并已在全国范围内逐步应用。它从春季开始到大寒结束，并以周期移动（图 8-20）。该元素已代代相传，并在传统上用作指导生产和日常工作的时间表。对于指导农民的实践仍然特别重要。它已集成到公历中，在社区中得到广泛使用，并在中国许多民族中共享。中国的一些仪式和庆祝活动与节气有关，例如，壮族的第一届霜节和九华的春节。这些术语也可以在童谣，民谣和谚语中引用。该元素的各种功能增强了其作为非物质文化遗产形式的可行性，并维持了其对社区文化特征的贡献。有关元素的知识是通过正规和非正式的教育手段传播的。

为了便于记忆，中国人将二十四节气编为歌谣广为传颂：春雨惊春清谷天，夏满芒夏暑相连。秋处露秋寒霜降，冬雪雪冬小大寒。

遗产保护：

2006 年，"二十四节气"被列入第一批国家级非物质文化遗产代表性项目名录；2011 年，九华立春祭、班春劝农、石阡说春被列入该遗产项目的扩展名录；2014 年，三门祭冬、壮族霜降节、苗族赶秋、安仁赶分社被列入该遗产项目的扩展名录。

2016 年 11 月 30 日，在联合国教科文组织保护非物质文化遗产政府间委员会第 11 届常务会议上，中国的"二十四节气"被列入人类非物质文化遗产代表作名录。在国际气象界，这一时间认知体系被誉为"中国的第五大发明"。

结语：探寻文化基因：世界遗产与人类文明

1972年10月17日至11月21日，在巴黎举行的第17届联合国教科文组织全体大会通过《保护世界文化和自然遗产公约》，强调了文化和自然遗产对于人类社会发展的重要意义。此后，包括非物质文化遗产在内的各类世界遗产，在经过上万年的历史涤荡与积淀后，开始迎来了一个全新的时代，成为人类社会共同的文化财富。在此基础上，对相关资源的保护与研究不仅是一项独特的全球性事业，同时也成为一个社会文明程度的标志。

本书所列举的200个案例，无论是自然遗产还是文化遗产，也无论是物质遗产，还是非物质遗产，都是历史上相关族群生存和繁衍的共同记忆，将人们的过去、现在以及将来联系起来。可以说，这些共同体所认可并保留下来的世界遗产，都是一定范围内相关文化认同与传承的重要载体，是一种重要的"文化基因"，蕴含了人类文明从无到有，从有到纷繁复杂的传承因子，也在不同的历史阶段，通过相互作用、融合，而产生变异甚至"突变"，由此构成了更为丰富多彩的人类时空。

近50年来，联合国教科文组织领导的世界遗产委员会，通过全方面协调与不懈努力，在全世界相关管理机构、保护组织、个人和缔约国的积极参与下，使世界遗产及其所蕴含的文化价值得到了最大程度的保全和弘扬。与此同时，世界遗产的各项事务也仍处于不断的发展与深化过程中，相关研究涉及历史学、考古学、建筑学、生态学、地质学、人类学、经济学、管理学、艺术学、旅游学、民族学、语言学、科技史等众多学科的交叉与探索，并为世界遗产学成为一门内容丰富、前景广阔的独立学科奠定了坚实的基础。

本书以联合国教科文组织的官方资料为依据，"见微知著，格物明理"，通过不同地区、不同历史阶段、不同类型的世界遗产，串接起人类不同时期、不同文明的发展脉络，是我们在世界遗产通识教育方面的一次尝试。所选取的各个案例中，除了介绍相关遗产的基本特点、历史事件、美学价值、科技成就以及社会影响等不同内容外，还着重分析了有关遗产的保护与管理体系、法律法规以及相应的成效，目的是使读者，尤其是新一代的大学生能更全面地认识、理解与掌握不同文明发展及其内在的传承逻辑。

世界遗产作为一种全球性与本土化相结合的新事物，以其独特性、不可再生以及对人类发展具有的重要意义，近年来在国际交往中受到了广泛的重视。在中国越来越自信、越来越开放的新时代，我们需要更多的人，特别是面向"一带一路"国家战略的年轻人，能够通过书中所介绍的世界遗产，正确、理性、平和地看待人类文明的进程，从不同的时空维度和跨学科视角，从"人类命运共同体"的高度，来审视、思考和面对世界发展的新挑战和新机遇。

附录

附录 A 案例索引

（中国遗产分类型按入选时间排列，外国遗产分地区按入选时间排列）

一、中国的世界遗产（分布地点，入选时间）

（一） 中国的文化遗产

(1) 明清故宫（北京故宫，1987；辽宁沈阳故宫，2004）
(2) 秦始皇陵及兵马俑坑（陕西，1987）
(3) 敦煌莫高窟（甘肃，1987）
(4) 周口店北京人遗址（北京，1987）
(5) 长城（北京，河北，甘肃，1987）
(6) 武当山古建筑群（湖北，1994）
(7) 拉萨布达拉宫历史建筑群（西藏，布达拉宫1994；大昭寺2000；罗布林卡2001）
(8) 曲阜孔庙、孔府、孔林（山东，1994）
(9) 平遥古城（山西，1997）
(10) 苏州古典园林（江苏，拙政园、网师园、留园和环秀山庄1997；艺圃、藕园、沧浪亭、狮子林和退思园2000）
(11) 天坛北京皇家祭坛——（北京，1998）
(12) 皖南古村落——西递、宏村（安徽，2000）
(13) 澳门历史城区（澳门，2005）
(14) 殷墟（河南，2006）
(15) 福建土楼（福建，2008）
(16) 元上都遗址（内蒙古，2012）
(17) 丝绸之路：长安—天山廊道的路网（陕西、河南、甘肃、新疆，2014）
(18) 良渚古城遗址（浙江，2019）

（二） 中国的自然遗产

(19) 黄龙风景名胜区（四川，1992）
(20) 九寨沟风景名胜区（四川，1992）
(21) 武陵源风景名胜区（湖南，1992）
(22) 四川大熊猫栖息地——卧龙、四姑娘山和夹金山（四川，2006）
(23) 中国丹霞（贵州、福建、湖南、广东、江西、浙江，2010）
(24) 湖北神农架（湖北，2016）

（三） 中国的双重遗产

(25) 泰山（山东，1987）
(26) 黄山（安徽，1990）
(27) 武夷山（福建，1999；江西，2017）

（四） 中国的文化景观

(28) 庐山国家公园（江西，1996）
(29) 杭州西湖（浙江，2011）
(30) 红河哈尼梯田（云南，2013）

二、亚太其他地区的世界遗产（分布地点，入选时间）遗产类型

（一）东亚地区
- (31) 法隆寺地区的佛教古迹（日本，1993）文化遗产
- (32) 姬路城（日本，1993）文化遗产
- (33) 古京都遗址（京都、宇治和大津城）（日本，1994）文化遗产
- (34) 广岛和平纪念公园（原爆遗址）（日本，1996）文化遗产
- (35) 古都奈良的历史城区（日本，1998）文化遗产
- (36) 海印寺（韩国，1995）文化遗产
- (37) 昌德宫（韩国，1997）文化遗产
- (38) 济州火山岛和熔岩洞（韩国，2007）自然遗产

（二）东南亚地区
- (39) 婆罗浮屠寺庙建筑群（印度尼西亚，1991）文化遗产
- (40) 吴哥窟（柬埔寨，1992）文化遗产
- (41) 科迪勒拉山的水稻梯田（菲律宾，1995）文化遗产
- (42) 新加坡植物园（新加坡，2015）文化遗产

（三）南亚地区
- (43) 加德满都谷地（尼泊尔，1979）文化遗产
- (44) 塔克特依巴依佛教遗址和萨尔依巴赫洛古遗址（巴基斯坦，1980）文化遗产
- (45) 泰姬陵（印度，1983）文化遗产
- (46) 科纳拉克太阳神殿（印度，1984）文化遗产
- (47) 辛哈拉加森林保护区（斯里兰卡：1988）自然遗产
- (48) 佛祖诞生地兰毗尼（尼泊尔，1997）文化遗产
- (49) 山地铁路（印度，1999）文化遗产

（四）中西亚地区
- (50) 波斯波利斯（伊朗，1979）文化遗产
- (51) 伊斯坦布尔历史城区（土耳其，1985）文化遗产
- (52) 撒马尔罕—文化交汇之地（乌兹别克斯坦，2001）文化遗产
- (53) 贾姆的尖塔和考古遗址（阿富汗，2002）文化遗产
- (54) 巴米扬山谷的文化景观和考古遗迹（阿富汗，2003）文化遗产

（四）大洋洲
- (55) 卡卡杜国家公园（澳大利亚，1981）双重遗产
- (56) 大堡礁（澳大利亚，1981）自然遗产
- (57) 乌卢鲁—卡塔曲塔国家公园（澳大利亚 1987，1994）双重遗产
- (58) 汤加里罗国家公园（新西兰，1992）双重遗产
- (59) 次南极区群岛（新西兰，1998）自然遗产
- (60) 皇家展览馆和卡尔顿园林（澳大利亚，2004）文化遗产
- (61) 悉尼歌剧院（澳大利亚，2007）文化遗产

三、阿拉伯地区的世界遗产（分布地点，入选时间）遗产类型

（一）两河流域

(62)　大马士革古城（叙利亚，1979）文化遗产

(63)　耶路撒冷古城及其城墙（约旦，1981）文化遗产

(64)　亚述古城（伊拉克，2003）文化遗产

（二）阿拉伯半岛

(65)　萨拉古城（也门，1986）文化遗产

(66)　阿拉伯大羚羊保护区（阿曼，1994，2007年被除名）自然遗产

(67)　德拉伊耶遗址的阿图赖夫区（沙特阿拉伯，2010）文化遗产

(68)　吉达古城，通往麦加的门户（沙特阿拉伯，2014）文化遗产

（三）北部非洲

(69)　从阿布·辛拜勒至菲莱的努比亚遗址（埃及，1979）文化遗产

(70)　孟菲斯及其墓地金字塔——从吉萨到达舒尔（埃及，1979）文化遗产

(71)　杰姆的圆形竞技场（突尼斯，1979）文化遗产

(72)　突尼斯的麦地那（突尼斯，1979，2000）文化遗产

(73)　伊其克乌尔国家公园（突尼斯，1980）自然遗产

(74)　塔德拉尔特·阿卡库斯岩画遗址（利比亚，1985）文化遗产

(75)　马扎甘葡萄牙城（摩洛哥，2004）文化遗产

四、非洲其他地区的世界遗产（分布地点，入选时间）遗产类型

（一）东部非洲

(76)　拉利贝拉岩石教堂（埃塞俄比亚，1978）文化遗产

(77)　恩戈罗恩戈罗自然保护区（坦桑尼亚，1979）自然遗产

(78)　阿瓦什低谷（埃塞俄比亚，1980）文化遗产

(79)　塞伦盖蒂国家公园（坦桑尼亚，1981）自然遗产

(80)　乞力马扎罗国家公园（坦桑尼亚，1987）自然遗产

(81)　莫桑比克岛（莫桑比克，1991）文化遗产

(82)　图尔卡纳湖国家公园（肯尼亚，1997，2001）自然遗产

(83)　巴干达国王们的卡苏比陵（乌干达，2001）文化遗产

(84)　阿钦安阿纳雨林（马达加斯加，2007）自然遗产

(85)　肯尼亚山国家公园及自然森林（肯尼亚，2013）自然遗产

（二）中部非洲

(86)　维龙加国家公园（刚果（布），1979）自然遗产

(87)　马诺沃-贡达、圣绅罗里斯国家公园（中非共和国，1998）自然遗产

(88)　洛佩——奥坎德生态系统与文化遗迹景观（加蓬，2007）自然遗产/文化景观

(89)　桑加河（喀麦隆、刚果（金）、中非共和国，2012）三国联合自然遗产

(90)　姆班扎刚果——前孔戈王国的首都遗迹（安哥拉，2017）文化遗产

(三) 西部非洲

- (91) 戈雷岛（塞内加尔，1978）文化遗产
- (92) 沃尔特大阿克拉中西部地区的要塞和城堡（加纳，1979）文化遗产
- (93) 尼奥科罗-科巴国家公园（塞内加尔，1981）自然遗产
- (94) 宁巴山自然保护区（科特迪瓦、几内亚，1981）自然遗产
- (95) 阿波美皇宫（贝宁，1985）文化遗产
- (96) 邦贾加拉悬崖(多贡斯土地)（马里，1989）文化遗产
- (97) 宿库卢文化景观（尼日利亚，1999）文化遗产
- (98) 塞内冈比亚石圈（冈比亚，2006）文化遗产

(四) 南部非洲

- (99) 大圣卢西亚湿地公园（南非，1999）自然遗产
- (100) 斯泰克方丹、斯瓦特科兰斯、科罗姆德拉伊和维罗恩斯的化石遗址（南非，1999）文化遗产
- (101) 马洛蒂-德拉根斯堡跨国公园（南非，2000）自然遗产
- (102) 措迪洛山（博兹瓦纳，2001）文化遗产
- (103) 推菲尔泉岩画（纳米比亚，2007）文化遗产

五、欧洲与北美的世界遗产（分布地点，入选时间）遗产类型

(一) 南部欧洲

- (104) 奥赫里德地区的自然与文化遗产（北马其顿，1979，1980，2019）双重遗产
- (105) 绘有达·芬奇《最后的晚餐》的圣玛丽亚感恩教堂和多明各会修道院（意大利，1980）文化遗产
- (106) 罗马历史中心（意大利，1980）文化遗产
- (107) 佛罗伦萨历史中心（意大利，1982）文化遗产
- (108) 科尔多瓦历史中心（西班牙，1984）文化遗产
- (109) 安东尼·高迪的建筑作品（西班牙，1984，2005）文化遗产
- (110) 梵蒂冈城（梵蒂冈，1984）文化遗产
- (111) 雅典卫城（希腊，1987）文化遗产
- (112) 威尼斯及潟湖（意大利，1987）文化遗产
- (113) 曼代奥拉（希腊，1988）文化遗产
- (114) 奥林匹亚考古遗址（希腊，1989）文化遗产
- (115) 多瑙河三角洲（罗马尼亚，1991）自然遗产
- (116) 比利牛斯——珀杜山（西班牙、法国，1997，1999）双重遗产
- (117) 科索沃中世纪古迹（塞尔维亚，2004，2006）文化遗产

(二) 西部欧洲

- (118) 韦泽尔峡谷史前遗址和石窟绘画（法国，1979）文化遗产
- (119) 圣米歇尔山及其海湾（法国，1979，2007，2008）文化遗产
- (120) "巨人之路"及其海岸（英国，1986）自然遗产
- (121) "巨石阵"、埃夫伯里及周围的遗迹（英国，1986）文化遗产

- (122) 罗马帝国的疆界（英国、德国，1987，2005，2008）联合文化遗产
- (123) 威斯敏斯特宫殿和教堂以及圣玛格丽特教堂（英国，1987）文化遗产
- (124) 巴黎塞纳河畔（法国，1991）文化遗产
- (125) 卢森堡市、要塞及老城区（卢森堡，1994）文化遗产
- (126) 米迪运河（法国，1996）文化遗产
- (127) 肯德代克-埃尔斯豪特的风车体系（荷兰，1997）文化遗产
- (128) 比利时和法国钟楼（比利时、法国，1999，2005）文化遗产
- (129) 英国皇家植物园邱园（英国，2003）文化遗产
- (130) 勒·柯布西埃的建筑作品，对现代主义运动的贡献（法国等七国联合遗产，2016）文化遗产

（三）中部欧洲

- (131) 亚琛大教堂（德国，1978，2013）文化遗产
- (132) 前纳粹德国奥斯维辛-比克瑙集中营（波兰，1979年）文化遗产
- (133) 华沙历史城区（波兰，1980年）文化遗产
- (134) 伯尔尼古城（瑞士，1983年）文化遗产
- (135) 布达佩斯（多瑙河两岸、布达城堡区和安德拉什大街）（匈牙利，1987年，2002年）文化遗产
- (136) 波茨坦与柏林的宫殿与庭园（德国，1990年，1992年,1999年）文化遗产
- (137) 阿格泰列克洞穴和斯洛伐克喀斯特地貌（匈牙利、斯洛文尼亚，1995年，2005年，2008年）自然遗产
- (138) 布拉格历史中心（捷克，1992年,2012年）文化遗产
- (139) 魏玛、德绍和贝尔瑙的包豪斯建筑及其遗址（德国，1996年，2017年）文化遗产
- (140) 维也纳历史中心（奥地利，2001年）文化遗产
- (141) 少女峰–阿雷奇冰河–毕奇霍恩峰（瑞士，2001年，2007年）自然遗产
- (142) 易北河谷景观（德国，2004，2009年被除名）文化景观

（四）东部欧洲

- (143) 莫斯科克里姆林宫和红场（俄罗斯：1990年）文化遗产
- (144) 圣彼得堡历史中心及其相关古迹群（俄罗斯，1990，2013）文化遗产
- (145) 贝加尔湖（俄罗斯，1996年）自然遗产
- (146) 斯特鲁维地理探测弧线（白俄罗斯等10国联合遗产，2005年）文化遗产
- (147) 喀尔巴阡及欧洲其他地区的古代和原始山毛榉森林（乌克兰等18国联合遗产，2007年，2011年，2017年，2021年）自然遗产

（五）北部欧洲

- (148) 卑尔根市布吕根区（挪威，1979年）文化遗产
- (149) 瓦特纳冰川国家公园——火与冰的动态自然（冰岛，1979年）自然遗产
- (150) 德罗特宁霍尔摩皇宫（瑞典，1991年，2019年）文化遗产
- (151) 苏奥曼林斯纳城堡（芬兰，1991年）文化遗产
- (152) 高海岸／瓦尔肯群岛（芬兰、瑞典，2000年，2006年）自然遗产
- (153) 冰与海之间的因纽特人狩猎场阿斯维斯尤特–尼皮萨特（丹麦，2018年）文化遗产

（六）美洲北部

(154) 黄石国家公园（美国，1978 年）自然遗产
(155) 独立大厅（美国，1979 年）文化遗产
(156) 大峡谷国家公园（美国，1979 年）自然遗产
(157) 美洲野牛涧地带（加拿大，1981 年）文化遗产
(158) 自由女神像（美国，1984 年）文化遗产
(159) 魁北克古城区（加拿大，1985 年）文化遗产
(160) 夏洛茨维尔的蒙蒂塞洛和弗吉尼亚大学（美国，1987 年，2015 年）文化遗产
(161) 夏威夷火山国家公园（美国，1987 年）自然遗产
(162) 帕帕哈瑙莫夸基亚国家海洋保护区（美国，2010 年）双重遗产

六、拉丁美洲与加勒比地区的世界遗产（分布地点，入选时间）遗产类型

（一）墨西哥

(163) 墨西哥城与赫霍奇米尔科历史中心（墨西哥，1987 年）文化遗产
(164) 帕伦克古城和国家公园（墨西哥，1987 年）文化遗产
(165) 圣卡安（墨西哥，1987 年）自然遗产
(166) 奇琴伊察古城（墨西哥，1988 年）文化遗产

（二）中美洲

(167) 加勒比海岸的防御工事：波托韦洛 - 圣洛伦索（巴拿马，1980 年）文化遗产
(168) 塔拉曼卡山脉及拉阿米斯塔德保护区/拉阿米斯塔德国家公园（巴拿马、哥斯达黎加，1983 年，1990 年）自然遗产
(169) 霍亚－德赛伦考古遗址（萨尔瓦多，1993 年）文化遗产

（三）西印度群岛（加勒比地区）

(170) 哈瓦那旧城及其工事体系（古巴，1982 年）文化遗产
(171) 国家历史公园：城堡、圣苏西宫、拉米尔斯堡垒（海地，1982 年）文化遗产
(172) 伯利兹堡礁保护区（伯利兹，1996 年）自然遗产

（四）南美洲

(173) 马丘比丘古神庙（秘鲁，1983 年）双重遗产
(174) 瓜拉尼人聚居地的耶稣会传教区：阿根廷的圣伊格纳西奥米尼、圣安娜、罗雷托圣母村和圣母玛利亚艾尔马约尔村遗迹以及巴西的圣米格尔杜斯米索纳斯遗迹（阿根廷、巴西，1983 年，1984 年）文化遗产
(175) 伊瓜苏国家公园（阿根廷、巴西，1984 年）自然遗产
(176) 巴伊亚州的萨尔瓦多历史中心（巴西，1985 年）文化遗产
(177) 巴西利亚（巴西，1987 年）文化遗产
(178) 纳斯卡和朱马纳草原的线条图（秘鲁，1994 年）文化遗产
(179) 洛斯马诺斯岩画（阿根廷，1999 年）文化遗产
(180) 亚马孙河中心综合保护区（巴西，2003 年）自然遗产

七、人类口头与非物质文化遗产（分布地点，入选时间）遗产类型

(181) 加利弗那语言、舞蹈和音乐（伯利兹，2001年）口头传统和表现形式

(182) 宗庙祭礼（韩国，2001年）社会实践、礼仪与节庆活动

(183) 埃尔弗纳广场的文化空间（摩洛哥，2001年）文化空间

(184) 十字架雕刻及其象征（立陶宛，2001年）传统手工艺

(185) 福建南音（中国，2009年）传统音乐

(186) 能乐（日本，2001年）表演艺术

(187) 昆曲（中国，2001年）表演艺术

(188) 古琴艺术（中国，2003年）表演艺术、传统手工艺

(189) 新疆维吾尔木卡姆艺术（中国，2005年）表演艺术、口头传统和表现形式

(190) 蒙古族长调民歌（中国，2005年 与蒙古国联合申报）口头传统和表现形式，以及社会实践、仪式、节庆活动

(191) 中国传统桑蚕丝织技艺（中国，2009年）传统手工艺；社会实践、仪式、节庆活动

(192) 南京云锦织造技艺（中国，2009年）传统手工艺；社会实践、仪式、节庆活动

(193) 宣纸传统制作技艺（中国，2009年）传统手工艺；社会实践、仪式、节庆活动

(194) 侗族大歌（中国，2009年）传统音乐

(195) 龙泉青瓷传统烧制技艺（中国，2009年）传统手工艺

(196) 中国书法（中国，2009年）传统手工艺；社会实践、仪式、节庆活动

(197) 中国篆刻（中国，2009年）传统手工艺

(198) 中国雕版印刷技艺（2009年）传统手工艺

(199) 羌年（中国，2009年）表演艺术，急需保护的非物质文化遗产

(200) 中国：二十四节气——中国人通过观察太阳周年运动而形成的时间知识体系及其实践（中国，2016年）礼仪与节日活动

附录 B　图片索引

1. 图 0-1 世界遗产分布区划示意图（图片来源：自制）
2. 图 1-1（a）全球通用的世界遗产标志（图片来源：自制）
3. 图 1-1（b）中国通用的世界遗产标志（图片来源：自制）
4. 图 2-1 中国的遗产案例分布图（一）（图片来源：自制）
5. 图 2-2 中国的遗产案例分布图（二）（图片来源：自制）
6. 图 2-3 中国的遗产案例分布图（三）（图片来源：自制）
7. 图 2-4 中国的区位图（图片来源：自制）
8. 图 2-5 北京故宫（图片来源：whc.unesco.org/en/documents/127039）
9. 图 2-6 秦始皇陵兵马俑坑（图片来源：whc.unesco.org/en/documents/127045）
10. 图 2-7 敦煌莫高窟（图片来源：whc.unesco.org/en/documents/122939）
11. 图 2-8 周口店北京人遗址主入口（图片来源：http://www.chnbloger.com/yichan4.htm）
12. 图 2-9 八达岭长城（图片来源：whc.unesco.org/en/documents/126049）
13. 图 2-10 武当山古建筑群（图片来源：whc.unesco.org/en/documents/126092）
14. 图 2-11 拉萨布达拉宫（图片来源：whc.unesco.org/en/documents/126121）
15. 图 2-12 曲阜孔林（图片来源：whc.unesco.org/en/documents/126617）
16. 图 2-13 平遥古城（图片来源：whc.unesco.org/en/documents/126186）
17. 图 2-14 苏州退思园（图片来源：whc.unesco.org/en/documents/126015）
18. 图 2-15 天坛祈年殿（图片来源：（德）席梅尔著，邵思婵译．世界文化遗产［M］．杭州：浙江人民美术出版社，2002：343）
19. 图 2-16 皖南民居（图片来源：whc.unesco.org/en/documents/126420）
20. 图 2-17 澳门的历史建筑（图片来源：whc.unesco.org/en/documents/126401）
21. 图 2-18 殷墟遗址俯瞰（图片来源：ly.com/scenery/BookSceneryTicket_1837.html?spm=8.71820098.743.1）
22. 图 2-19 福建南靖的田螺坑土楼群（图片来源：whc.unesco.org/en/documents/115040）
23. 图 2-20 元上都遗址（图片来源：whc.unesco.org/en/documents/126238）
24. 图 2-21 哈萨克斯坦的区位图（图片来源：自制）
25. 图 2-22 丝绸之路跨国廊道（图片来源：whc.unesco.org/en/documents/129564）
26. 图 2-23 良渚古城遗址（图片来源：whc.unesco.org/en/documents/166301）
27. 图 2-24 中国的遗产案例分布图（四）（图片来源：自制）
28. 图 2-25 黄龙风景名胜区（图片来源：whc.unesco.org/en/documents/122962）
29. 图 2-26 九寨沟自然保护区（图片来源：whc.unesco.org/en/documents/126080）
30. 图 2-27 武陵源自然保护区（图片来源：whc.unesco.org/en/documents/122986）
31. 图 2-28 四川大熊猫栖息地（图片来源：whc.unesco.org/en/documents/126343）
32. 图 2-29 丹霞地貌奇特的风化效果（图片来源：whc.unesco.org/en/documents/167545）
33. 图 2-30 神农架自然保护区（图片来源：whc.unesco.org/en/documents/141267）
34. 图 2-31 中国的遗产案例分布图（五）（图片来源：自制）
35. 图 2-32 泰山的南天门（图片来源：寒悦主编．中国世界自然文化遗产［M］．北京：中国科学技术出版社，1999：12）

36.	图 2-33 黄山迎客松（图片来源：whc.unesco.org/en/documents/110970）	
37.	图 2-34 武夷山自然保护区（图片来源：whc.unesco.org/en/documents/126385）	
38.	图 2-35 庐山观云亭（图片来源：https://whc.unesco.org/en/list/778）	
39.	图 2-36 重建后的西湖雷峰塔（图片来源：nipic.com/detail/huitu/20190427/102544137070.html）	
40.	图 2-37 红河哈尼梯田（图片来源：zyzw.com/zgsjyc/zgsjyc045.htm）	
41.	图 3-1 东亚和东南亚的遗产案例分布图（图片来源：自制）	
42.	图 3-2 日本的区位图（图片来源：自制）	
43.	图 3-3 法隆寺的金堂与五重塔（图片来源：whc.unesco.org/en/documents/170417）	
44.	图 3-4 姬璐城天守阁（图片来源：whc.unesco.org/en/documents/112111）	
45.	图 3-5 古京都金阁寺（图片来源：whc.unesco.org/en/documents/112511）	
46.	图 3-6 广岛核爆纪念地（图片来源：陈子明）	
47.	图 3-7 奈良的历史建筑（图片来源：whc.unesco.org/en/documents/155434）	
48.	图 3-8 韩国的区位图（图片来源：自制）	
49.	图 3-9 海印寺大藏经经版库（图片来源：https://class.duitang.com/blog/?id=245653610）	
50.	图 3-10 昌德宫仁政殿（图片来源：陈子明）	
51.	图 3-11 济州岛的最高峰汉拿山（图片来源：whc.unesco.org/en/documents/125768）	
52.	图 3-12 婆罗浮屠寺庙建筑群（图片来源：whc.unesco.org/en/documents/148274）	
53.	图 3-13 柬埔寨的区位图（图片来源：自制）	
54.	图 3-14 吴哥窟（图片来源：whc.unesco.org/en/documents/112175）	
55.	图 3-15 科迪勒拉山的水稻梯田（图片来源：whc.unesco.org/en/documents/129330）	
56.	图 3-16 新加坡植物园（图片来源：whc.unesco.org/en/documents/136228）	
57.	图 3-17 南亚的遗产案例分布图（图片来源：自制）	
58.	图 3-18 尼泊尔的区位图（图片来源：自制）	
59.	图 3-19 加德满都谷地（图片来源：whc.unesco.org/en/documents/147218）	
60.	图 3-20 巴基斯坦的区位图（图片来源：自制）	
61.	图 3-21 塔克特依巴依佛教遗址和萨尔依巴赫洛占城遗址（图片来源：2qq.net/book/UploadFile/2016587033.jpg）	
62.	图 3-22 印度的区位图（图片来源：自制）	
63.	图 3-23 泰姬陵（图片来源：whc.unesco.org/en/documents/136836）	
64.	图 3-24 科纳拉克太阳神殿（图片来源：whc.unesco.org/en/documents/136845）	
65.	图 3-25 斯里兰卡的区位图（图片来源：自制）	
66.	图 3-26 辛哈拉加森林保护区（图片来源：whc.unesco.org/en/documents/136493）	
67.	图 3-27 佛祖诞生地兰毗尼（图片来源：whc.unesco.org/en/documents/147241）	
68.	图 3-28 喜马拉雅的山地铁路（图片来源：whc.unesco.org/en/documents/130020）	
69.	图 3-29 西亚与中亚的遗产案例分布图（图片来源：自制）	
70.	图 3-30 伊朗的区位图（图片来源：自制）	
71.	图 3-31 伊斯法罕的伊玛目广场（图片来源：whc.unesco.org/en/documents/107876）	
72.	图 3-32 土耳其的区位图（图片来源：自制）	
73.	图 3-33 俯瞰伊斯坦布尔历史城区（图片来源：纪江红主编，郑建唐，龚勋编撰. 典藏世界名胜（中）[M]. 北京：北京出版社，2004：154）	
74.	图 3-34 乌兹别克斯坦的区位图（图片来源：自制）	
75.	图 3-35 撒马尔罕的历史遗迹（图片来源：whc.unesco.org/en/documents/147287）	

76.	图 3-36 阿富汗的区位图（图片来源：自制）	
77.	图 3-37 贾姆尖塔（图片来源：whc.unesco.org/en/documents/119616）	
78.	图 3-38 巴米扬山谷的文化景观和考古遗迹（图片来源：whc.unesco.org/en/documents/109141）	
79.	图 3-39 大洋洲的遗产案例分布图（图片来源：自制）	
80.	图 3-40 澳大利亚的区位图（图片来源：自制）	
81.	图 3-41 卡卡杜国家公园（图片来源：whc.unesco.org/en/documents/120285）	
82.	图 3-42 大堡礁（图片来源：whc.unesco.org/en/documents/147873）	
83.	图 3-43 乌卢鲁巨石（图片来源：whc.unesco.org/en/documents/109940）	
84.	图 3-44 新西兰的区位图（图片来源：自制）	
85.	图 3-45 汤加里罗国家公园（图片来源：whc.unesco.org/en/documents/109551）	
86.	图 3-46 新西兰次南极区群岛（图片来源：whc.unesco.org/en/documents/124822）	
87.	图 3-47 墨尔本皇家展览馆和卡尔顿园林（图片来源：whc.unesco.org/en/documents/147978）	
88.	图 3-48 悉尼歌剧院（图片来源：whc.unesco.org/en/documents/147988）	
89.	图 4-1 阿拉伯地区的遗产案例分布图（一）（图片来源：自制）	
90.	图 4-2 叙利亚的区位图（图片来源：自制）	
91.	图 4-3 大马士革古城（图片来源：whc.unesco.org/en/documents/132593）	
92.	图 4-4 约旦的区位图（图片来源：自制）	
93.	图 4-5 约旦申报的耶路撒冷古城及其城墙（图片来源：（德）席梅尔著，邵思婵译．世界文化遗产［M］．杭州：浙江人民美术出版社，2002：209）	
94.	图 4-6 伊拉克的区位图（图片来源：自制）	
95.	图 4-7 亚述古城遗址（图片来源：whc.unesco.org/en/documents/115195）	
96.	图 4-8 阿拉伯地区的遗产案例分布图（二）（图片来源：自制）	
97.	图 4-9 也门的区位图（图片来源：自制）	
98.	图 4-10 萨拉古城（图片来源：whc.unesco.org/en/documents/111110）	
99.	图 4-11 阿曼的区位图（图片来源：自制）	
100.	图 4-12 阿拉伯大羚羊（图片来源：http://www.71.cn/2014/0930/780327.shtml）	
101.	图 4-13 沙特阿拉伯的区位图（图片来源：自制）	
102.	图 4-14 德拉伊耶遗址（图片来源：whc.unesco.org/en/documents/114914）	
103.	图 4-15 吉达古城的老建筑（图片来源：whc.unesco.org/en/documents/130791）	
104.	图 4-16 北部非洲的遗产案例分布图（图片来源：自制）	
105.	图 4-17 埃及的区位图（图片来源：自制）	
106.	图 4-18 复建后的阿布·辛拜勒神庙（图片来源：whc.unesco.org/en/documents/132032）	
107.	图 4-19 古埃及金字塔与斯芬克斯狮身人面像（图片来源：whc.unesco.org/en/documents/108470）	
108.	图 4-20 突尼斯的区位图（图片来源：自制）	
109.	图 4-21 杰姆圆形竞技场（图片来源：whc.unesco.org/en/documents/132134）	
110.	图 4-22 突尼斯的阿拉伯人聚集区（图片来源：whc.unesco.org/en/documents/107861）	
111.	图 4-23 伊其克乌尔国家公园（图片来源：whc.unesco.org/en/documents/107498）	
112.	图 4-24 阿卡库斯石窟内的岩画（图片来源：whc.unesco.org/en/documents/109810）	
113.	图 4-25 摩洛哥的区位图（图片来源：自制）	
114.	图 4-26 马扎甘葡萄牙城（图片来源：whc.unesco.org/en/documents/114561）	

115.	图 5-1 东部非洲的遗产案例分布图（图片来源：自制）
116.	图 5-2 埃塞俄比亚的区位图（图片来源：自制）
117.	图 5-3 拉利贝拉的岩石教堂（图片来源：whc.unesco.org/en/documents/107572）
118.	图 5-4 坦桑尼亚的区位图（图片来源：自制）
119.	图 5-5 恩戈罗恩戈罗自然保护区（图片来源：whc.unesco.org/en/documents/107902）
120.	图 5-6 阿瓦什低谷（图片来源：whc.unesco.org/en/documents/156649）
121.	图 5-7 塞伦盖蒂国家公园（图片来源：whc.unesco.org/en/documents/108463）
122.	图 5-8 乞力马扎罗国家公园（图片来源：whc.unesco.org/en/documents/159390）
123.	图 5-9 莫桑比克的区位图（图片来源：自制）
124.	图 5-10 莫桑比克岛（图片来源：whc.unesco.org/en/documents/123811）
125.	图 5-11 肯尼亚的区位图（图片来源：自制）
126.	图 5-12 图尔卡纳湖国家公园（图片来源：whc.unesco.org/en/documents/111824）
127.	图 5-13 乌干达的区位图（图片来源：自制）
128.	图 5-14 巴干达国王们的卡苏比陵（图片来源：whc.unesco.org/en/documents/114316）
129.	图 5-15 马达加斯加的区位图（图片来源：自制）
130.	图 5-16 阿钦安阿纳雨林（图片来源：whc.unesco.org/en/documents/123822）
131.	图 5-17 肯尼亚山国家公园中栖息的非洲野牛（图片来源：whc.unesco.org/en/documents/125208）
132.	图 5-18 中部非洲的遗产案例分布图（图片来源：自制）
133.	图 5-19 刚果（金）的区位图（图片来源：自制）
134.	图 5-20 维龙加国家公园（图片来源：whc.unesco.org/en/documents/107997）
135.	图 5-21 中非共和国的区位图（图片来源：自制）
136.	图 5-22 马诺沃 - 贡达、圣绅罗里斯国家公园的冈达河（图片来源：whc.unesco.org/en/documents/110104）
137.	图 5-23 加蓬的区位图（图片来源：自制）
138.	图 5-24 洛佩 - 奥坎德生态系统与文化遗迹景观（图片来源：whc.unesco.org/en/documents/115304）
139.	图 5-25 喀麦隆的区位图（图片来源：自制）
140.	图 5-26 刚果（布）的区位图（图片来源：自制）
141.	图 5-27 桑加河自然保护区里的赞加大象空地（图片来源：whc.unesco.org/en/documents/115221）
142.	图 5-28 安哥拉的区位图（图片来源：自制）
143.	图 5-29 远眺前孔戈王国的首都遗迹（图片来源：whc.unesco.org/en/documents/158843）
144.	图 5-30 西部非洲的遗产案例分布图（图片来源：自制）
145.	图 5-31 塞内加尔的区位图（图片来源：自制）
146.	图 5-32 戈雷岛上保留的殖民建筑（图片来源：whc.unesco.org/en/documents/159309）
147.	图 5-33 加纳的区位图（图片来源：自制）
148.	图 5-34 沃尔特大阿克拉中西部地区的要塞和城堡（图片来源：whc.unesco.org/en/documents/107842）
149.	图 5-35 尼奥科罗 - 科巴国家公园（图片来源：whc.unesco.org/en/documents/131353）
150.	图 5-36 科特迪瓦的区位图（图片来源：自制）
151.	图 5-37 几内亚的区位图（图片来源：自制）

152.	图 5-38 宁巴山自然保护区（图片来源：whc.unesco.org/en/documents/108445）	
153.	图 5-39 贝宁的区位图（图片来源：自制）	
154.	图 5-40 阿波美皇宫（图片来源：whc.unesco.org/en/documents/120903）	
155.	图 5-41 马里的区位图（图片来源：自制）	
156.	图 5-42 邦贾加拉悬崖 (多贡斯土地)（图片来源：whc.unesco.org/en/documents/110589）	
157.	图 5-43 尼日利亚的区位图（图片来源：自制）	
158.	图 5-44 宿库卢文化景观（图片来源：whc.unesco.org/en/documents/120867）	
159.	图 5-45 冈比亚的区位图（图片来源：自制）	
160.	图 5-46 塞内冈比亚石圈（图片来源：whc.unesco.org/en/documents/113968）	
161.	图 5-47 南部非洲的遗产案例分布图（图片来源：自制）	
162.	图 5-48 南非的区位图（图片来源：自制）	
163.	图 5-49 大圣卢西亚湿地公园（图片来源：whc.unesco.org/en/documents/113324）	
164.	图 5-50 南非的原始人化石遗址（图片来源：whc.unesco.org/en/documents/113350）	
165.	图 5-51 马洛蒂 - 德拉根斯堡公园（图片来源：whc.unesco.org/en/documents/113963）	
166.	图 5-52 博兹瓦纳的区位图（图片来源：自制）	
167.	图 5-53 措迪洛山文化遗址（图片来源：whc.unesco.org/en/documents/124282）	
168.	图 5-54 纳米比亚的区位图（图片来源：自制）	
169.	图 5-55 推菲尔泉岩画（图片来源：whc.unesco.org/en/documents/114272）	
170.	图 6-1 南部欧洲的遗产案例分布图（图片来源：自制）	
171.	图 6-2 北马其顿的区位图（图片来源：自制）	
172.	图 6-3 北马其顿奥赫里德地区的自然与文化遗产（图片来源：whc.unesco.org/en/documents/123969）	
173.	图 6-4 意大利区位图（图片来源：自制）	
174.	图 6-5 达 · 芬奇绘制的《最后的晚餐》（图片来源：whc.unesco.org/en/documents/137378）	
175.	图 6-6 罗马历史中心（图片来源：whc.unesco.org/en/documents/108684）	
176.	图 6-7 佛罗伦萨历史中心（图片来源：whc.unesco.org/en/documents/137386）	
177.	图 6-8 西班牙的区位图（图片来源：自制）	
178.	图 6-9 西班牙的科尔多瓦历史中心（图片来源：whc.unesco.org/en/documents/137496）	
179.	图 6-10 西班牙安东尼 · 高迪的建筑作品（图片来源：whc.unesco.org/en/documents/110251）	
180.	图 6-11 梵蒂冈的区位图（图片来源：自制）	
181.	图 6-12 梵蒂冈城（图片来源：纪江红主编，郑建唐，龚勋编撰 . 典藏世界名胜（上）[M]. 北京：北京出版社，2004：60）	
182.	图 6-13 希腊的区位图（图片来源：自制）	
183.	图 6-14 雅典卫城（图片来源：(德) 席梅尔著，邵思婵译 . 世界文化遗产 [M]. 杭州：浙江人民美术出版社，2002：141）	
184.	图 6-15 威尼斯及潟湖（图片来源：whc.unesco.org/en/documents/159503）	
185.	图 6-16 希腊的曼代奥拉修道院（图片来源：whc.unesco.org/en/documents/110057）	
186.	图 6-17 古希腊遗留下来的奥林匹亚考古遗址（图片来源：whc.unesco.org/en/documents/110609）	
187.	图 6-18 罗马尼亚的区位图（图片来源：自制）	

188.	图 6-19 多瑙河三角洲（图片来源：whc.unesco.org/en/documents/129080）
189.	图 6-20 比利牛斯——珀杜山（图片来源：whc.unesco.org/en/documents/127427）
190.	图 6-21 塞尔维亚的区位图（图片来源：自制）
191.	图 6-22 科索沃中世纪的古迹（图片来源：whc.unesco.org/en/documents/165788）
192.	图 6-23 西部欧洲的遗产案例分布图（图片来源：自制）
193.	图 6-24 法国的区位图（图片来源：自制）
194.	图 6-25 韦泽尔峡谷洞窟里的壁画（图片来源：(德)席梅尔著，邵思婵译. 世界文化遗产 [M]. 杭州：浙江人民美术出版社，2002：28）
195.	图 6-26 圣米歇尔山及其海湾（图片来源：whc.unesco.org/en/documents/108220）
196.	图 6-27 英国的区位图（图片来源：自制）
197.	图 6-28 "巨人之路"及其海岸（图片来源：whc.unesco.org/en/documents/126767）
198.	图 6-29 埃夫伯里"巨石阵"（图片来源：whc.unesco.org/en/documents/136711）
199.	图 6-30 英国与德国的联合遗产：罗马帝国的边墙（图片来源：https://upload.wikimedia.org）
200.	图 6-31 伦敦泰晤士河边的威斯敏斯特宫（图片来源：whc.unesco.org/en/documents/144233）
201.	图 6-32 巴黎塞纳河中的西岱岛（图片来源：whc.unesco.org/en/documents/111423）
202.	图 6-33 卢森堡的区位图（图片来源：自制）
203.	图 6-34 卢森堡市、要塞及老城区（图片来源：whc.unesco.org/en/documents/112576）
204.	图 6-35 俯瞰米迪运河（图片来源：whc.unesco.org/en/documents/113349）
205.	图 6-36 荷兰的区位图（图片来源：自制）
206.	图 6-37 肯德代克 - 埃尔斯豪特的风车体系（图片来源：(德)席梅尔著，邵思婵译. 世界文化遗产 [M]. 杭州：浙江人民美术出版社，2002：23）
207.	图 6-38 比利时的区位图（图片来源：自制）
208.	图 6-39 比利时和法国钟楼（图片来源：whc.unesco.org/en/documents/113589）
209.	图 6-40 英国皇家植物园（图片来源：whc.unesco.org/en/documents/144257）
210.	图 6-41 现代建筑大帅勒·柯布西埃的作品：弗吕热斯城（图片来源：whc.unesco.org/en/documents/140694）
211.	图 6-42 中部欧洲的遗产案例分布图（图片来源：自制）
212.	图 6-43 德国的区位图（图片来源：自制）
213.	图 6-44 亚琛大教堂（图片来源：whc.unesco.org/en/documents/107488）
214.	图 6-45 波兰的区位图（图片来源：自制）
215.	图 6-46 奥斯维辛 - 比克瑙集中营（图片来源：(德)席梅尔著，邵思婵译. 世界文化遗产 [M]. 杭州：浙江人民美术出版社，2002：91）
216.	图 6-47 重建后的华沙历史中心（图片来源：whc.unesco.org/en/documents/127955）
217.	图 6-48 瑞士的区位图（图片来源：自制）
218.	图 6-49 伯尔尼古城（图片来源：whc.unesco.org/en/documents/109634）
219.	图 6-50 匈牙利的区位图（图片来源：自制）
220.	图 6-51 布达佩斯老城（图片来源：whc.unesco.org/en/documents/123928）
221.	图 6-52 波茨坦与柏林的宫殿与庭园（图片来源：whc.unesco.org/en/documents/110756）
222.	图 6-53 斯诺文尼亚的区位图（图片来源：自制）
223.	图 6-54 阿格泰列克洞穴（图片来源：whc.unesco.org/en/documents/112918）

224. 图 6-55 捷克的区位图（图片来源：自制）
225. 图 6-56 布拉格历史中心（图片来源：whc.unesco.org/en/documents/132922）
226. 图 6-57 魏玛的包豪斯建筑及其遗址（图片来源：whc.unesco.org/en/documents/117996）
227. 图 6-58 奥地利的区位图（图片来源：自制）
228. 图 6-59 维也纳历史中心（图片来源：whc.unesco.org/en/documents/120259）
229. 图 6-60 少女峰 – 阿雷奇冰河 – 毕奇霍恩峰（图片来源：whc.unesco.org/en/documents/114422）
230. 图 6-61 德累斯顿易北河谷（图片来源：whc.unesco.org/en/documents/121318）
231. 图 6-62 东部欧洲的遗产案例分布图（图片来源：自制）
232. 图 6-63 俄罗斯的区位图（图片来源：自制）
233. 图 6-64 克里姆林宫和红场（图片来源：whc.unesco.org/en/documents/128900）
234. 图 6-65 圣彼得堡历史中心（图片来源：whc.unesco.org/en/documents/155604）
235. 图 6-66 贝加尔湖（图片来源：whc.unesco.org/en/documents/113193）
236. 图 6-67 白俄罗斯的区位图（图片来源：自制）
237. 图 6-68 斯特鲁维地理探测弧线的纪念地标（图片来源：whc.unesco.org/en/documents/113658）
238. 图 6-69 乌克兰的区位图（图片来源：自制）
239. 图 6-70 喀尔巴阡及欧洲其他地区的原始山毛榉森林（图片来源：whc.unesco.org/en/documents/147546）
240. 图 6-71 北部欧洲的遗产案例分布图（图片来源：自制）
241. 图 6-72 挪威的区位图（图片来源：自制）
242. 图 6-73 卑尔根市的布吕根区（图片来源：whc.unesco.org/en/documents/107984）
243. 图 6-74 冰岛的区位图（图片来源：自制）
244. 图 6-75 瓦特纳冰川国家公园（图片来源：whc.unesco.org/en/documents/166206）
245. 图 6-76 瑞典的区位图（图片来源：自制）
246. 图 6-77 德罗特宁霍尔摩皇宫（图片来源：whc.unesco.org/en/documents/174878）
247. 图 6-78 芬兰的区位图（图片来源：自制）
248. 图 6-79 苏奥曼林纳城堡（图片来源：whc.unesco.org/en/documents/111272）
249. 图 6-80 芬兰和瑞典的高海岸与瓦尔肯群岛（图片来源：whc.unesco.org/en/documents/113248）
250. 图 6-81 丹麦的区位图（图片来源：自制）
251. 图 6-82 冰与海之间的因纽特人狩猎场(图片来源 whc.unesco.org/en/documents/165771）
252. 图 6-83 北美洲北部的遗产案例分布图（图片来源：自制）
253. 图 6-84 美国的区位图（图片来源：自制）
254. 图 6-85 黄石国家公园的地热泉（图片来源：whc.unesco.org/en/documents/125355）
255. 图 6-86 美国费城的独立大厅（图片来源：whc.unesco.org/en/documents/126684）
256. 图 6-87 大峡谷国家公园（图片来源：whc.unesco.org/en/documents/108212）
257. 图 6-88 美洲野牛涧地带（图片来源：whc.unesco.org/en/documents/119572）
258. 图 6-89 纽约哈德逊河口的自由女神像（图片来源：whc.unesco.org/en/documents/110027）
259. 图 6-90 魁北克古城区（图片来源：whc.unesco.org/en/documents/124181）
260. 图 6-91 杰斐逊风格的弗吉尼亚大学建筑（图片来源：whc.unesco.org/en/

261. 图 6-92 夏威夷的火山国家公园（图片来源：whc.unesco.org/en/documents/124830）
262. 图 6-93 帕帕哈瑙莫夸基亚国家海洋保护区（图片来源：whc.unesco.org/en/documents/167623）
263. 图 7-1 古代美洲与墨西哥的遗产案例分布图（图片来源：自制）
264. 图 7-2 墨西哥的区位图（图片来源：自制）
265. 图 7-3 墨西哥城的精品艺术馆（图片来源：whc.unesco.org/en/documents/109489）
266. 图 7-4 帕伦克古城遗址（图片来源：whc.unesco.org/en/documents/109469）
267. 图 7-5 圣卡安自然保护区（图片来源：whc.unesco.org/en/documents/136621）
268. 图 7-6 奇琴伊察古玛雅金字塔（图片来源：whc.unesco.org/en/documents/128143）
269. 图 7-7 中美洲的遗产案例分布图（图片来源：自制）
270. 图 7-8 巴拿马的区位图（图片来源：自制）
271. 图 7-9 加勒比海岸防御工事（图片来源：whc.unesco.org/en/documents/108175）
272. 图 7-10 塔拉曼卡山脉-拉阿米斯塔德保护区（图片来源：whc.unesco.org/en/documents/109136）
273. 图 7-11 萨尔瓦多的区位图（图片来源：自制）
274. 图 7-12 萨尔瓦多的霍亚－德赛伦考古遗址（图片来源：whc.unesco.org/en/documents/120783）
275. 图 7-13 西印度群岛（加勒比海）的遗产案例分布图（图片来源： ）
276. 图 7-14 古巴的区位图（图片来源：自制）
277. 图 7-15 哈瓦那旧城及其工事体系（图片来源：whc.unesco.org/en/documents/109120）
278. 图 7-16 海地的区位图（图片来源：自制）
279. 图 7-17 拉米尔斯堡垒的防御工事（图片来源：whc.unesco.org/en/documents/108939）
280. 图 7-18 伯利兹的区位图（图片来源：自制）
281. 图 7-19 伯利兹堡礁保护区（图片来源：whc.unesco.org/en/documents/131175）
282. 图 7-20 南美洲的遗产案例分布图（图片来源：自制）
283. 图 7-21 秘鲁的区位图（图片来源：自制）
284. 图 7-22 马丘比丘古神庙（图片来源：whc.unesco.org/en/documents/120275）
285. 图 7-23 阿根廷的区位图（图片来源：自制）
286. 图 7-24 瓜拉尼人聚居地的耶稣会传教区（图片来源：whc.unesco.org/en/documents/122413）
287. 图 7-25 伊瓜苏国家公园（图片来源：whc.unesco.org/en/documents/109964）
288. 图 7-26 巴西的区位图（图片来源：自制）
289. 图 7-27 巴伊亚州的萨尔瓦多历史中心(图片来源 whc.unesco.org/en/documents/110100）
290. 图 7-28 巴西的首都巴西利亚（图片来源：whc.unesco.org/en/documents/109889）
291. 图 7-29 纳斯卡和朱马纳草原的线条图（图片来源：（德）席梅尔著，邵思婵译.世界文化遗产［M］.杭州：浙江人民美术出版社，2002：195）
292. 图 7-30 洛斯马诺斯岩画（图片来源：whc.unesco.org/en/documents/113534）
293. 图 7-31 亚马孙河中心综合保护区（图片来源：whc.unesco.org/en/documents/114116）
294. 图 8-1 加利弗那的舞蹈和音乐（图片来源：71.cn/2014/1023/782888.shtml）
295. 图 8-2 韩国宗庙祭礼乐（图片来源：jingyan.baidu.com/article/86fae346b5cd623c49121ad5.html）
296. 图 8-3 埃尔弗纳广场的文化空间（图片来源：ihchina.cn/uploadfiles/2006050816375412.

jpg）

297. 图 8-4 立陶宛的十字架雕刻（图片来源：ihchina.cn/uploadfiles/2006050816345621.jpg）
298. 图 8-5 福建南音表演（图片来源：tongji.edu.cn/info/1032/6066.htm）
299. 图 8-6 日本的能乐表演（图片来源：digjapan.travel/zh_tw/blog/id=12135）
300. 图 8-7 昆曲剧照（图片来源：ihchina.cn/Uploads/Picture/2018/11/24/s5bf94ecacedfd.jpg）
301. 图 8-8 古琴弹奏场景（图片来源：ihchina.cn/Uploads/Picture/2018/11/24/s5bf9507e7fa1d.jpg）
302. 图 8-9 木卡姆艺术（图片来源：ihchina.cn/Uploads/Picture/2018/11/25/s5bfaa1d78a6da.jpg）
303. 图 8-10 蒙古族长调民歌演唱（图片来源：ihchina.cn/directory_details/11753）
304. 图 8-11 传统桑蚕丝织技艺（图片来源：ihchina.cn/Uploads/Picture/2019/01/31/s5c527c07af37b.jpg）
305. 图 8-12 南京云锦织造技艺（图片来源：sns.91ddcc.com/t/65437）
306. 图 8-13 宣纸传统制作技艺（图片来源：ihchina.cn/Uploads/Picture/2019/01/31/s5c5291ac235bc_496_325_25_0.jpg）
307. 图 8-14 侗族大歌（图片来源：upload.71.cn/2013/0927/1380263670831.jpg）
308. 图 8-15 龙泉青瓷作品（图片来源：ihchina.cn/Uploads/Picture/2019/01/31/s5c5290b6081cd.jpg）
309. 图 8-16 中国书法作品：王羲之的《兰亭集序》（图片来源：sohu.com/a/291617481_658109）
310. 图 8-17 中国篆刻作品（图片来源：71.cn/2013/0912/734081.shtml）
311. 图 8-18 雕版的制作过程（图片来源：71.cn/2014/0113/738603.shtml）
312. 图 8-19 羌族活动（图片来源：upload.71.cn/2014/1024/1414140987605.jpg）
313. 图 8-20 二十四节气分时图（图片来源：k.sina.com.cn/article_6424876637_17ef3d65d001004bcd.html?from=history）

附录C 参考文献

1. 郭万平. 世界自然与文化遗产[M]. 杭州：浙江大学出版社，2006.
2. 彭兆荣. 文化遗产十讲[M]. 昆明：云南教育出版社，2012.
3. 顾军，苑利. 文化遗产报告——世界文化遗产保护运动的理论与实践[M]. 北京：社会科学文献出版社，2005.
4. 席梅尔. 世界文化遗产[M]. 邵思婵，译. 杭州：浙江人民美术出版社，2002.
5. 寒悦. 中国世界自然文化遗产[M]. 北京：中国科学技术出版社，1999.
6. 纪江红. 典藏世界名胜[M]. 北京：北京出版社，2004.
7. UNESCO. World Heritage Centre [EB/OL].[2020-12-31]. https://whc.unesco.org/.
8. 中国大山. 中国大山的博客 [EB/OL].[2020-12-31]. http://blog.sina.com.cn/dashan523.

图书在版编目（CIP）数据

世界遗产概览 / 黄松编著 . -- 上海：同济大学出版社，2021.5
ISBN 978-7-5608-9752-3

Ⅰ . ①世… Ⅱ . ①黄… Ⅲ . ①文化遗产－世界 Ⅳ . ① K103

中国版本图书馆 CIP 数据核字 (2021) 第 073044 号

世界遗产概览

黄松　编著

责任编辑	荆　华	责任校对	徐春莲	装帧设计	张　微

出版发行　同济大学出版社 www.tongjipress.com.cn
　　　　　（地址：上海市四平路 1239 号　邮编：200092　电话：021-65985622）
经　　销　全国各地新华书店
印　　刷　上海安枫印务有限公司
开　　本　787mm×1092mm　1/16
印　　张　20
字　　数　499 000
版　　次　2021 年 5 月第 1 版
印　　次　2024 年 8 月第 2 次印刷
书　　号　ISBN 978-7-5608-9752-3
定　　价　80.00 元

本书若有印装质量问题，请向本社发行部调换
版权所有　侵权必究